Oppermann/Ostrowicz · Betriebliche Altersregelungen

Klaus Oppermann
Dr. Alexander Ostrowicz

Betriebliche Altersregelungen
und ihre Auswirkungen im Arbeits-, Steuer- und Sozialversicherungsrecht

Arbeitsrechtliche Grundlagen

Altersregelungs-/Vorruhestandsmodelle

Leistungen der Arbeitsverwaltung

Erstattungspflicht

Beitragsrecht

Steuerliche Behandlung

Rentenrechtliche Auswirkungen

Rentenarten

Bibliografische Information der Deutschen Bibliothek
Die Deutsche Bibliothek verzeichnet diese Publikation in der Deutschen Nationalbibliografie; detaillierte bibliografische Daten sind im Internet über http://dnb.ddb.de abrufbar.

ISBN 978-3-89577-455-3
2. überarbeitete Auflage 2008

Alle Rechte vorbehalten

© 2008 by DATAKONTEXT GmbH
Augustinusstraße 9 d, 50226 Frechen
Tel.: 0 22 34/9 66 10-0
Fax: 0 22 34/9 66 10-9

www.datakontext.com – www.datakontext-press.de
E-Mail: fachverlag@datakontext.com

Dieses Werk, einschließlich aller seiner Teile, ist urheberrechtlich geschützt. Jede Verwertung außerhalb der engen Grenzen des Urheberrechtsgesetzes ist ohne schriftliche Zustimmung des Verlages unzulässig und strafbar. Das gilt insbesondere für Vervielfältigungen, Mikroverfilmungen, Übersetzungen und die Einspeicherung und Verarbeitung in elektronischen Systemen.
Lizenzausgaben sind nach Vereinbarung möglich.

Covergestaltung: Jasmin Dainat, DATAKONTEXT, Frechen
Druck: Köppl und Schönfelder, Stadtbergen

Printed in Germany

Vorwort

Der steigende Kostendruck, günstigere Betriebsstrukturen und Produktionsweisen sowie Arbeitszeitverkürzungen und Anpassung des Arbeitskräftepotentials, das sind die vorrangigen Themen der heutigen Arbeitswelt. Diese tiefgreifenden Veränderungen führen nicht zuletzt zu erheblichen Personalabbaumaßnahmen.

In diesem Zusammenhang sind Kündigungen zwar denkbar, aber insbesondere bei älteren Arbeitnehmern mit vielen Restriktionen verbunden. Hierbei ist vor allem das Kündigungsschutzrecht der Betroffenen von Bedeutung. Deswegen betreiben die Unternehmen vorwiegend die so genannte Vorpensionierung, nach der ältere Arbeitnehmer in einen außerplanmäßigen Ruhestand versetzt werden.

Bei dieser Vorgehensweise muss eine ausreichende Altersversorgung sichergestellt sein und insbesondere Sorge dafür getragen werden, dass die Altersrente in angemessener Höhe rechtzeitig bezogen werden kann.

In größeren Betrieben werden üblicherweise Betriebsvereinbarungen abgeschlossen, die Grundlage der Leistungen eines Unternehmens unter Berücksichtigung der einschlägigen Regelungen des SGB III und in Verbindung mit der Anwendung der Bestimmungen über die Altersrenten sind. Hinzu kommen die Regelungen nach dem Altersteilzeitgesetz, dessen bedeutungsvolle Inhalte behandelt werden, in zunehmenden Maße entsprechende Dispositionen der Betriebe, nicht zuletzt auch Freistellungen von der Arbeit bis zum möglichen Rentenbezug aufgrund von Zeit- bzw. Geldwertguthaben.

Dieses Buch enthält alle im Zusammenhang mit einer Vorpensionierung relevanten rechtlichen Rahmenbedingungen und gesetzlichen Regelungen des Arbeits- und Sozialrechts und zeigt Möglichkeiten für betriebliche Dispositionen auf. Sie gibt aber auch Aufschluss über die für den Arbeitnehmer wichtigen Aspekte, so dass der Arbeitgeber entsprechende Empfehlungen geben kann (= Fürsorgepflicht). Das bezieht sich auf die Ansprüche gegen die Bundesagentur für Arbeit ebenso wie auf die Auswirkungen im Renten-, Steuer- und Beitragsrecht.

Wegen der mehrfachen Änderungen der gesetzlichen Grundlagen hat sich die Neuauflage dieses Werkes verzögert. Einbezogen sind jetzt alle aktuellen Gesetzesänderungen zur Thematik nach dem Stand bis 2007.

Berücksichtigt sind alle maßgebenden Gesetze, wovon die wichtigsten Bestimmungen dem Abschnitt XIII zu entnehmen sind, sowie die sich aus den veröffentlichten Hinweisen der Bundesagentur für Arbeit ergebenden Weisungen.

Die wesentlichen ab 2002 wirksamen Gesetze im Zusammenhang mit Vorruhestand und anschließendem Altersrentenbezug sind:

1. Erstes Gesetz für moderne Dienstleistungen am Arbeitsmarkt („Hartz I") vom 23.12.2002
2. Drittes Gesetz für moderne Dienstleistungen am Arbeitsmarkt („Hartz III") vom 23.12.2003
3. RV-Nachhaltigkeitsgesetz vom 21.7.2004
4. Fünftes Gesetz zur Änderung des SGB III und anderer Gesetze vom 22.12.2005
5. Gesetz zur Förderung der ganzjährigen Beschäftigung vom 24.4.2006
6. GKV-Wettbewerbsstärkungsgesetz vom 26.3.2007
7. RV-Altersgrenzenanpassungsgesetz vom 20.4.2007

Abkürzungsverzeichnis

A

AA	Agentur für Arbeit
ABM	Arbeitsbeschaffungsmaßnahme
Abs.	Absatz
ABS	Arbeitsbeschaffung
AFG	Arbeitsförderungsgesetz
AG	Arbeitgeber
Alg	Arbeitslosengeld
Alhi	Arbeitslosenhilfe
ALV	Arbeitslosenversicherung
AN	Arbeitnehmer
AnV	Angestelltenversicherung
AP	Arbeitsrechtliche Praxis (Nachschlagewerk des Bundesarbeitsgerichts)
ArbuR	Arbeit und Recht
Art.	Artikel
ArV	Arbeiterrentenversicherung
AtG	Altersteilzeitgesetz
AVAVG	Gesetz über Arbeitsvermittlung und Arbeitslosenversicherung (aufgehoben, jetzt: AFG)

B

BA	Bundesagentur für Arbeit
BAG	Bundesarbeitsgericht
BB	Betriebsberater (Zeitschrift)
BBG	Beitragsbemessungsgrenze
BGB	Bürgerliches Gesetzbuch
BGBl	Bundesgesetzblatt
beE	betriebsorganisatorisch eigenständige Einheit
BetrRG	Betriebsverfassungsgesetz
BSGE	Entscheidungssammlung des Bundessozialgerichts
Buchst.	Buchstabe
bzw.	beziehungsweise

D

DEVO	Datenerfassungsverordnung
d.h.	das heißt
DÜVO	Datenübermittlungsverordnung

E

EStG	Einkommensteuergesetz
EU	Europäische Union
evtl.	eventuell

F

ff.	ferner folgend

G

GBL	Gesetzesblatt
GewO	Gewerbeordnung
GG	Grundgesetz
ggf.	gegebenenfalls

H

Halbs.	Halbsatz
HGB	Handelsgesetzbuch

I

i.a.R.	in aller Regel
i.d.F.	in der Fassung
i.d.R.	in der Regel
i.S.d.	im Sinne des
i.V.m.	in Verbindung mit

J

JAE	Jahresarbeitsentgelt

K

KSchG	Kündigungsschutzgesetz
Kug	Kurzarbeitergeld
KV	Krankenversicherung

L

L+G	Lohn und Gehalt (Zeitschrift)
LohnFG	Lohnfortzahlungsgesetz
LStDV	Lohnsteuerdurchführungs-Verordnung
lt.	laut

M

mtl.	monatlich

O

o.ä.	oder ähnliche

P

PKV	Private Krankenversicherung
PV	Pflegeversicherung

R

RRG	Rentenreformgesetz
RV	Rentenversicherung

S

S.	Seite
SchwbG	Schwerbehindertengesetz
SGB	Sozialgesetzbuch
SolZ	Solidaritätszuschlag
Std.	Stunden
SV	Sozialversicherung

T

tgl.	täglich

U

u.a.	unter anderem
USK	Urteilssammlung der Krankenkassen
usw.	und so weiter

V

vgl. vergleiche
v.H. vom Hundert
VRG Vorruhestandsgesetz

Z

z.B. zum Beispiel
ZVK Zusatzversorgungskasse

Inhaltsverzeichnis

ABSCHNITT I: Arbeitsrechtliche Rahmenbedingungen für betriebliche Altersregelungen — 19

1 **Grundsätze** — 19
2 **Ausgangslage** — 19
3 **Altersgrenzenregelungen** — 20
   3.1 Grundsätze — 20
   3.2 Zulässigkeit von Altersgrenzenregelungen — 20
      3.2.1 Erreichen der gesetzlichen Altersrente mit Vollendung des 65. Lebensjahres — 20
      3.2.2 Beendigung vor Vollendung des 65. Lebensjahres — 22
      3.2.3 Änderungen durch das RV-Altersgrenzenanpassungsgesetz — 22
4 **Aufhebungsvereinbarungen** — 23
   4.1 Grundsätze — 23
   4.2 Rechtsgrundlagen für die Altersregelung — 24
   4.3 Abgrenzung zum Abwicklungsvertrag — 25
   4.4 Abfindungsanspruch nach § 1a KSchG — 26
   4.5 Aufklärungspflichten und Haftung — 26
   4.6 Anzeigepflichtige Entlassungen — 29
   4.7 Abschluss der Aufhebungsvereinbarung — 31
      4.7.1 Form der Aufhebungsvereinbarung — 31
      4.7.2 Das Zustandekommen der Aufhebungsvereinbarung — 32
      4.7.3 Bedenkzeit und Widerrufsmöglichkeit — 32
5 **Der Inhalt der Vereinbarung** — 33
   5.1 Grundsätze — 33
   5.2 Ende des Arbeitsverhältnisses — 33
   5.3 Abfindungsvereinbarung — 34
      5.3.1 Rechtsnatur der Abfindung — 34
      5.3.2 Formulierung der Abfindungsvereinbarung — 34
      5.3.3 Höhe der Abfindung – Entstehen und Fälligkeit des Anspruchs — 34
   5.4 Steuerliche Behandlung von Abfindungen — 36
   5.5 Abfindung und Sperrzeit — 37
   5.6 Sonstiger Inhalt der Aufhebungsvereinbarung — 38
      5.6.1 Freistellung bis zur Beendigung des Arbeitsverhältnisses — 38

	5.6.2	Zukünftige Vergütung – Jahresleistungen – Tantiemen	39
	5.6.3	13. Monateinkommen - Gratifikationen	39
	5.6.4	Arbeitnehmerdarlehen	40
	5.6.5	Arbeitnehmererfindungen	40
	5.6.6	Dienstwagen	41
	5.6.7	Werkswohnungen	41
	5.6.8	Betriebliche Altersversorgung - Abfindung	42
	5.6.9	Wettbewerbsverbot	43
	5.6.10	Allgemeine Ausgleichsklauseln („Generalquittung")	43
5.7		Anfechtung - Wegfall der Geschäftsgrundlage bei gesetzlichen Änderungen	45
6 Vereinbarungen über Altersteilzeitarbeit			**46**
6.1		Grundsätze	46
6.2		Abschluss des Altersteilzeitvertrages	46
	6.2.1	Abschlussfreiheit	46
	6.2.2	Form und Zeitpunkt	47
6.3		Inhalt des Vertrages	47
6.4		Abfindungsvereinbarungen	48

ABSCHNITT II: Mitbestimmungs- und Beteiligungsrechte des Betriebsrates — 51

1	**Allgemeines**		**51**
2	**Arten der Beteiligungsrechte des Betriebsrates**		**51**
3	**Mitwirkungs- und Mitbestimmungsrechte bei Aufhebungsvereinbarungen**		**53**
	3.1	Grundsätze	53
	3.2	Teilnahme des Betriebsrats an den Gesprächen	53
	3.3	Personalplanung (§ 92 BetrVG)	54
	3.4	Einstellung und Versetzung (§ 99 BetrVG)	54
	3.5	Mitbestimmung bei Kündigungen (§ 102 BetrVG)	54
	3.6	Betriebsänderung – Interessenausgleich und Sozialplan (§§ 111, 112 BetrVG)	55
4	**Mitbestimmungsrechte bei Altersteilzeitvereinbarungen**		**56**
	4.1	Einführung betrieblicher Altersteilzeitregelungen	56
		4.1.1 Grundsätze	56
		4.1.2 Mitbestimmung bei Sozialeinrichtungen (§ 87 Abs. 1 Nr. 8 BetrVG)	56
		4.1.3 Mitbestimmung bei der betrieblichen Lohngestaltung (§ 87 Abs. 1 Nr. 10 BetrVG)	57
		4.1.4 Auswahlrichtlinien (§ 95 BetrVG)	57

	4.1.4	Betriebsänderung – Interessenausgleich und Sozialplan (§§ 111, 112 BetrVG)	57
4.2		Durchführung betrieblicher Altersteilzeitregelungen	58
	4.2.1	Auswahl der Arbeitnehmer	58
	4.2.2	Lage der Arbeitszeit (§ 87 Abs. 1 Nr. 2 BetrVG)	58
	4.2.3	Vorübergehende Verkürzung der betriebsüblichen Arbeitszeit (§ 87 Abs. 1 Nr. 3 BetrVG)	59
	4.2.4	Einstellung und Versetzung (§ 99 BetrVG)	59
	4.2.5	Kündigung (§ 102 BetrVG)	60
	4.2.6	Beteiligungsrechte des Betriebsrats aus Altersteilzeit-Tarifverträgen	60

5 Mitbestimmungsrechte bei Kurzarbeit (§ 87 Abs. 1 Nr. 3 BetrVG) 60

ABSCHNITT III: Altersregelungsmodelle 61

1 Einstellung der Tätigkeit und Freistellung von der Arbeit unter Fortzahlung der Bezüge 61
   1.1 Allgemeines 61
   1.2 Absicherung der Versicherungspflicht durch Einbringung von Wertguthaben 61
   1.3 Freistellung von der Arbeitsleistung ohne Einbringung von Wertguthaben 62

2 Teilzeitarbeit nach dem Altersteilzeitgesetz 66
   2.1 Allgemeines 66
   2.2 Arbeitsrechtliche Aspekte 67
      2.2.1 Arbeitsrechtliche Voraussetzungen 67
      2.2.2 Auswirkungen von Nebenbeschäftigungen und Mehrarbeit während der Altersteilzeit 68
      2.2.3 Eintritt von Arbeitsunfähigkeit wegen Krankheit vor Beginn der vereinbarten Altersteilzeit 73
   2.3 Leistungen der Bundesagentur für Arbeit 74
      2.3.1 Voraussetzungen des begünstigten Personenkreises 74
      2.3.2 Gesetzliche Mindestleistungen des Arbeitgebers 77
      2.3.3 Bemessungsgrundlagen für die Aufstockungsleistungen 79
      2.3.4 Betriebliche Zusatzregelungen 83
      2.3.5 Fördervoraussetzungen 83
      2.3.6 Höhe der Förderung 84
      2.3.7 Dauer des Anspruches auf Förderung 88
      2.3.8 Erlöschen des Anspruches auf Förderung 90

	2.3.9	Antragsverfahren	92
	2.3.10	Mitwirkungspflichten der Arbeitgeber und Arbeitnehmer	96
2.4		Soziale Absicherung des teilzeitarbeitenden Arbeitnehmers	98
	2.4.1	Versicherungsschutz	98
	2.4.2	Anspruch auf Arbeitslosengeld	98
	2.4.3	Kurzarbeitergeld/Winterausfallgeld	99
	2.4.4	Lohnersatzleistungen während der Altersteilzeitarbeit	99
2.5		Ausgleichszahlungen des Arbeitgebers für Rentenminderungen	101
	2.5.1	Allgemeines	101
	2.5.2	Zusätzliche Rentenversicherungsbeiträge nach § 187a SGB VI	102
	2.5.3	Erhöhung der Beiträge zur Rentenversicherung	104
	2.5.4	Abschluss einer Direktversicherung	104
	2.5.5	Aufstockung einer betrieblichen Altersrente	104
	2.5.6	Zahlung einer Abfindung	104
2.6		Altersteilzeitarbeitsverträge (Beispiele für die Praxis)	105
	2.6.1	Vorbemerkungen	105
	2.6.2	Muster von Altersteilzeitarbeitsverträgen	105
3		**Altersteilzeitarbeit mit eingebrachtem Wertguthaben (= Zeit- oder Geldguthaben)**	**112**
	3.1	Allgemeines	112
	3.2	Vorzeitige Verwendung des Wertguthabens	113
	3.3	Insolvenzsicherung von Wertguthaben	113
	3.4	Steuer- und sozialversicherungsrechtliche Auswirkungen	117
4		**Teilzeitarbeit mit Rentenbezug**	**118**
	4.1	Allgemeines	118
	4.2	Arbeitsrechtliche Fragen beim Übergang in die Teilrente	119
	4.3	Hinzuverdienstgrenzen	120
5		**Transferkurzarbeitergeld**	**122**
	5.1	Allgemeines	122
	5.3	Dauerhafter Arbeitsausfall	124
	5.4	Betriebliche Voraussetzungen	124
	5.5	Persönliche Voraussetzungen	124
	5.6	Betriebliche Strukturveränderungen	124
	5.7	Bezugsfrist	125
	5.8	Anspruchsausschlüsse	125
	5.9	Höhe des Transfer-Kug	126
	5.10	Zuschuss zum Kug	129
6		**Ausscheiden mit Fortzahlung gekürzter Bezüge bis zu einem bestimmten Zeitpunkt**	**131**

7	Ausscheiden im beiderseitigen Einvernehmen mit Zahlung einer Abfindung	132
8	Austritt durch Kündigung des Arbeitgebers mit Zahlung einer Abfindung	132
9	Beendigung des Arbeitsverhältnisses durch Aufhebungsvertrag mit Zahlung von Überbrückungsgeld / Vorruhestandsgeld	133
10	Vorruhestandleistungen aus Lebensarbeitszeitkonten	138
	10.1 Allgemeines	138
	10.2 Sozialversicherungsrecht	139
	10.3 Steuerrecht	140

ABSCHNITT IV: Gesetzliche Altersrenten und ihre Bezugsvoraussetzungen — 141

1	Allgemeines	141
2	Regelaltersrente (§§ 35, 235 SGB VI)	143
3	Altersrente für langjährig Versicherte (§§ 36, 236 SGB VI)	146
4	Altersrente für besonders langjährig Versicherte (neues Recht / § 38 SGB VI)	152
5	Altersrente für Schwerbehinderte (§§ 37, 236a SGB VI)	153
6	Altersrente wegen Arbeitslosigkeit oder nach Altersteilzeitarbeit (§ 237 SGB VI)	161
	6.1 Allgemeines	161
	6.2 Anhebung der Altersgrenze von 60 Jahren nach altem Recht	167
7	Altersrente für Frauen (§ 237a SGB VI)	173
8	Altersrente für langjährig unter Tage beschäftigte Bergleute (§§ 40, 238 SGB VI)	180
9	Stufenweise Anhebung der Altersgrenzen	181
10	Ausgleichszahlungen des Arbeitgebers für Rentenminderungen	182
	10.1 Allgemeines	182
	10.2 Zusätzliche Rentenversicherungsbeiträge nach § 187a SGB VI	183
	10.3 Erhöhung der Beiträge zur Rentenversicherung	184
	10.4 Abschluss einer Direktversicherung	184
	10.5 Aufstockung einer betrieblichen Altersrente	184
	10.6 Zahlung einer Abfindung	185

ABSCHNITT V: Leistungen der Arbeitslosenversicherung — 187

1	Arbeitslosengeld	187
	1.1 Allgemeines	187

1.2	Anspruchsvoraussetzungen	187
1.3	Höhe des Arbeitslosengeldes	190
1.4	Anspruchsdauer	191
1.5	Minderung der Anspruchsdauer / Ruhen des Anspruchs	191

ABSCHNITT VI: Auswirkungen von Ruhens- und Sperrzeiten 195

1 **Minderung der Anspruchsdauer auf Arbeitslosengeld bei Sperrzeit nach § 128 SGB III** 195
2 **Ruhen des Anspruchs auf Arbeitslosengeld nach § 143 SGB III (bei Entgeltbezug und Urlaubsabgeltung)** 196
3 **Auswirkungen von Entlassungsentschädigungen auf das Arbeitslosengeld nach § 143a SGB III** 196
    3.1 Allgemeines 196
    3.2 Kündigungsfrist 197
    3.3 Entlassungsentschädigung 199
    3.4 Berechnung des Ruhenszeitraumes 201
4 **Sperrzeit nach § 144 SGB III (Lösung des Arbeitsverhältnisses durch Verhalten des Arbeitnehmers)** 202
5 **Ruhen des Anspruchs auf Arbeitslosengeld nach § 142 SGB III (bei Bezug einer Altersrente oder anderer Sozialleistungen)** 205

ABSCHNITT VII: Erstattungspflichten des Arbeitgebers nach § 147a SGB III 207

1 **Allgemeines** 207
2 **Entfall der Erstattungspflicht** 208
    2.1 Grundsätzliches 208
    2.2 Kleinunternehmenregelung 210
    2.3 Arbeitnehmerkündigung ohne Abfindung 210
    2.4 Sozial gerechtfertigte Kündigung durch den Arbeitgeber 211
    2.5 Berechtigung zur außerordentlichen Kündigung 214
    2.6 Drastischer Personalabbau von mindestens 20 % 214
    2.7 Entfallen der Erstattungspflicht bei unzumutbarer wirtschaftlicher Belastung 216
3 **Minderung der Erstattungsforderung** 217
4 **Mitwirkungspflicht des Arbeitslosen** 218
5 **Verfahren** 218
6 **Sonstiges** 219

ABSCHNITT VIII: Kranken- und Pflegeversicherungsschutz 221

1 **Allgemeines** 221

2	Sperr- und Ruhenszeiten nach dem SGB III		222
3	Krankenversicherungsschutz ab Rentenbeginn		223
4	Pflegeversicherung für Rentner		229

ABSCHNITT IX: Beitragsrechtliche Auswirkungen — 233

1 Grundsätzliches — 233
2 Weiterbestehen des Arbeitsverhältnisses unter Fortzahlung der Bezüge — 236
3 Altersteilzeitbeschäftigung — 237
   3.1 Allgemeines — 237
   3.2 Krankenversicherung — 238
      3.2.1 Eintritt von Krankenversicherungspflicht — 238
      3.2.2 Beurteilung der Versicherungsfreiheit bei Entgelterhöhung während der Altersteilzeit — 239
      3.2.3 Auswirkungen bei Privatversicherten — 239
      3.2.4 Freiwillige Krankenversicherung — 241
   3.3 Pflegeversicherung — 242
   3.4 Renten- und Arbeitslosenversicherung — 243
   3.5 Beitragszuschüsse zur Kranken- und Pflegeversicherung nach den §§ 257 SGB V, 61 SGB XI — 243
   3.6 Arbeitgeberbeiträge (Beitragszuschuss) zur Rentenversicherung nach § 172 Abs. 2 SGB VI — 244
4 Beiträge — 245
   4.1 Beitragspflicht — 245
   4.2 Beitragsberechnung — 245
5 Beendigung des Arbeitsverhältnisses mit Zahlung einer Abfindung — 246
6 Beendigung des Arbeitsverhältnisses mit Gewährung von Vorruhestandsleistungen/ Überbrückungsgeld — 246
7 Beiträge für Zeiten des Bezuges von Kurzarbeitergeld — 248
8 Versicherungsrechtliche Beurteilung der Beschäftigungsverhältnisse von Altersrentnern — 249
9 Meldeverfahren — 251
10 Beiträge im U1/U2-Umlageverfahren — 255

ABSCHNITT X: Steuerrecht — 259

1 Steuerpflicht und -freiheit allgemein — 259
2 Abfindungen wegen Auflösung des Dienstverhältnisses — 259
   2.1 Allgemeines — 259
   2.2 Abfindungsbegriff — 259
   2.3 Freibeträge — 261
   2.4 Behandlung des steuerpflichtigen Teils — 264

3	Aufstockungsbeträge nach dem Altersteilzeitgesetz	265
4	Lohnzahlungszeitraum	269
5	Lohnkonto und Lohnsteuerbescheinigung	269
6	Lohnsteuer-Jahresausgleich	270
7	Progressionsvorbehalt	270
8	Versorgungsfreibetrag	273
9	Bruttoverdienstumwandlung (Direktversicherung mit Pauschalversteuerung)	279
10	Arbeitslohn bei Altersteilzeitarbeit mit Arbeitsfreistellung (Blockbildung)	281
11	Altersteilzeitarbeit mit Wertguthaben	282

ABSCHNITT XI: Abrechnungsrelevante Aspekte 283

1	Teilmonatsverdienstberechnung bei Ausscheiden vor Ultimo eines Kalendermonats	283
2	Abgeltung von Urlaubsansprüchen	288
3	Berechnung einer Abfindung	290
4	Erfassung der Aufstockungsbeträge bei Altersteilzeitarbeit im Rahmen der Abrechnung	291

ABSCHNITT XII: Rentenrechtliche Auswirkungen 295

1	Grundsätzliches	295
2	Bezieher von Arbeitslosengeld/Arbeitslosengeld II	296
3	Fehlender Anspruch auf Leistungen der Bundesagentur für Arbeit	296
4	Übersicht über die rentenrechtlichen Auswirkungen von Arbeitslosigkeit	297
5	Arbeitslosengeld unter erleichterten Bedingungen des § 428 SGB III	298

ABSCHNITT XIII: Maßgebende Rechtsgrundlagen (nach Stand 1.1.2007) 299

1	Altersteilzeitgesetz	299
2	Betriebsverfassungsgesetz	317
3	Bürgerliches Gesetzbuch	323
4	Einkommensteuergesetz	324
5	Kündigungsschutzgesetz	337
6	Sozialgesetzbücher	340

ABSCHNITT I:
Arbeitsrechtliche Rahmenbedingungen für betriebliche Altersregelungen

1 Grundsätze

Im Vordergrund der Darstellung stehen die sozialversicherungsrechtlichen Möglichkeiten für Altersregelungen (Vorruhestandsvereinbarungen im weitesten Sinne). Dabei geht es in aller Regel darum, Lösungen zu finden, die bei vertretbarem wirtschaftlichem Aufwand dem Arbeitnehmer den Rentenbebzug nach Beendigung des Arbeitsverhältnisses, ggf. nach einer vorangegangenen Arbeitslosigkeit, ermöglichen und zugleich sozialrechtliche Nachteile, wie etwa Sperr- und Ruhenszeiten beim Arbeitslosengeld, vermeiden. Bei der Planung und dem Abschluss solcher Vereinbarungen müssen jedoch die nachfolgend dargestellten arbeitsrechtlichen Regeln für solche Vereinbarungen beachtet werden. Scheitert die Vereinbarung, weil diese Regeln missachtet werden, kann das für das Unternehmen schwerwiegende wirtschaftliche Folgen haben. Die Vereinbarung kann unwirksam sein mit der Folge, dass die von den Parteien gewollten Ziele nicht erreicht werden oder dass unter Umständen Schadensersatz an den Arbeitnehmer zu leisten ist.

2 Ausgangslage

Eine Altersgrenzenvereinbarung führt zur automatischen Beendigung des Arbeitsverhältnisses. Demgegenüber geht es bei vertraglichen Altersregelungen darum, dass der Arbeitnehmer vor Erreichung der regelmäßigen Altersrente aus dem Arbeitsverhältnis ausscheidet. Im Allgemeinen wird bei erforderlichem Personalabbau wegen Kostenreduzierung so vorgegangen, dass vorzeitig das Ausscheiden aus den Diensten eines Unternehmens ermöglicht wird. Dabei handelt es sich um einen Austritt aus „Altersgründen" oder aber ein um eine sog. Vorpensionierung. Bei notwendigem Personalabbau wird es in aller Regel den Interessen aller Beteiligten besser gerecht, den Arbeitnehmern, die längere Zeit im Unternehmen gearbeitet haben, eine Möglichkeit des Ausscheidens anzubieten, als alternativ jüngeren Arbeitnehmern zu kündigen.

Die Auflösung des Arbeitsverhältnisses kann dabei auf verschiedenen Wegen erfolgen. Die Angebote der Unternehmen gehen über eine Kündigung des Arbeitnehmers auf Betreiben des Arbeitgebers, eine Kündigung durch das Unternehmen mit vorangegangener oder nachfolgender Absprache (sog. Abwicklungsvertrag) bis hin zu einem Ausscheiden im gegenseitigen Einvernehmen durch Aufhebungsvertrag. Dabei werden üblicherweise neben der Auflösung des Arbeitsverhältnisses die finanziellen Bedingungen für die Beendigung des Arbeitsverhältnisses geregelt. Denkbar ist aber auch die Änderung des bisherigen Anstellungsverhältnisses durch Übergang zur Teilzeitarbeit unter den Voraussetzungen des Altersteilzeitgesetzes oder eine Freistellung von der Arbeit unter Fortzahlung der Bezüge in voller Höhe oder in gekürzter Form bis zum Rentenbeginn sowie die Einführung von Kurzarbeit mit Transfer-Kurzarbeitergeld nach Paragraph 216b SGB III mit der sog. Null-Lösung, das heißt ohne Teilarbeit (siehe hierzu auch Abschn. III Ziff. 5).

3 Altersgrenzenregelungen

3.1 Grundsätze

Der Bezug der gesetzlichen Altersrente führt entgegen einer viel verbreiteten Meinung nicht ohne weiteres zur Beendigung des Arbeitsverhältnisses. Der Anspruch auf eine Rente wegen Alters allein ist auch nicht als Grund anzusehen, der die Kündigung eines Arbeitsverhältnisses durch den Arbeitgeber nach dem Kündigungsschutzgesetz rechtfertigen kann (§ 41 Abs. 4 S. 1 SGB VI). Bei einer Kündigung aus dringenden betrieblichen Erfordernissen darf bei der sozialen Auswahl auch der Anspruch des Arbeitnehmers auf eine Rente wegen Alters vor Vollendung des 65. Lebensjahres nicht berücksichtigt werden (§ 41 S.1 SGB VI). Das Arbeitsverhältnis wird bei Erreichen der gesetzlichen Altersrente auch nicht konkludent aufgehoben, weil ein Aufhebungsvertrag nur bei Wahrung der Schriftform (§ 623 BGB) wirksam ist. Erforderlich ist deswegen eine arbeitsvertragliche oder tarifvertragliche Altersgrenzenregelung, wonach der Arbeitnehmer zu dem Zeitpunkt aus dem Arbeitsverhältnis ausscheidet, in dem er das für den Bezug der gesetzlichen Altersrente erforderliche Alter, zurzeit Vollendung des 65. Lebensjahres, erreicht.

3.2 Zulässigkeit von Altersgrenzenregelungen

3.2.1 Erreichen der gesetzlichen Altersrente mit Vollendung des 65. Lebensjahres

Das Bundesarbeitsgericht erkennt in ständiger Rechtsprechung die Zulässigkeit von einzelvertraglichen Altersgrenzenregelungen, wonach das Arbeitsverhältnis bei Erreichung der gesetzlichen Altersrente mit Vollendung des 65. Lebensjahres beendet wird, an (Urteil vom 06.08.2003 – 7 AZR 9/03 –, NZA 2004, 96; Urteil vom 19.11.2003 – 7 AZR 296/03 -, BAGE 109, 6 = NZA 2004, 1336; Urteil vom 27.7.2005 – 7 AZR 443/04 –, NZA 2006, 37). Die Parteien vereinbaren damit eine Befristung des Arbeitsverhältnisses mit Sachgrund (BAG, Urteil vom 19.11.2003, a.a.O.). Die Vereinbarung muss seit dem 1.1.2001 schriftlich abgeschlossen werden (§ 14 Abs. 4 TzBfG) und ist wirksam, wenn der Arbeitnehmer nach dem Vertragsinhalt und der Vertragsdauer mit Vollendung des 65. Lebensjahres eine gesetzliche Altersrente erwerben kann oder bereits erworben hat; auf die individuelle Rentenhöhe und die wirtschaftliche Absicherung des Arbeitnehmers kommt es nicht an. Dem Bezug der gesetzlichen Altersrente gleichgestellt ist, wenn der von einer Altersgrenze betroffene Arbeitnehmer bei Abschluss der Befristungsabrede entweder versicherungsfrei (§ 5 SGB VI) beschäftigt wird oder aufgrund einer durch Gesetz gleichgestellten anderweitigen Alterssicherung von der Rentenversicherungspflicht befreit ist (§ 6 SGB VI) und die Altersgrenze auf den Zeitpunkt der gesetzlichen Altersrente bezogen ist. In diesen Fällen liegt entweder eine anderweitige Altersversorgung mit einer gleichwertigen wirtschaftlichen Absicherung vor oder es ist ein Sachverhalt gegeben, bei dem der Gesetzgeber den Aufbau einer Altersversorgung in der gesetzlichen Rentenversicherung für entbehrlich halten durfte. (Urteil vom 27.7.2005, a.a.O.).

Formulierung:

Das Arbeitsverhältnis endet in dem Zeitpunkt, in dem der Arbeitnehmer Anspruch auf die ungekürzte Altersrente hat, d.h. mit Vollendung des 65. Lebensjahres

oder

Das Arbeitsverhältnis endet in dem Monat, in dem der Arbeitnehmer ...

Eine solche Altersgrenzenvereinbarung hält der Inhaltskontrolle nach §§ 305 ff. BGB stand, wenn sie auch optisch im Vertrag durch Überschrift und eigenen Paragrafen hervorgehoben und nicht z.B. unter „Schlussbestimmungen" versteckt wird. Unter dieser Voraussetzung handelt es nicht um eine überraschende Klausel (§ 305c Abs. 1 BGB); die Klausel ist auch nicht unangemessen (§ 307 BGB; BAG, Urteil vom 27.7.2005, a.a.O). Die Vereinbarung einer Altersgrenze mit Erreichen der gesetzlichen Altersrente ist auch keine unzulässige Diskriminierung wegen des Alters nach dem Allgemeinen Gleichbehandlungsgesetz (AGG; Inkrafttreten 18.8.2006), sondern ist in § 10 Nr. 6 AGG gesetzlich ausdrücklich als zulässig anerkannt.

Altersgrenzenregelungen in Tarifverträgen oder Betriebsvereinbarungen sind unter den gleichen Voraussetzungen zulässig. Ist der Arbeitgeber tarifgebunden oder ist der Tarifvertrag allgemeinverbindlich, genügt der Hinweis gemäß § 2 Abs. 1 Nr. 10 NachwG auf die Tarifverträge und Betriebsvereinbarungen. in diesem Fall ist die Aufnahme der Altersgrenzenregelung in den Arbeitsvertrag entbehrlich. Ist der Arbeitgeber nicht tarifgebunden, kann durch die Bezugnahme auf den einschlägigen Tarifvertrag eine tarifliche Altersgrenzeregelung in den Vertrag übernommen werden, ohne dass die Altersgrenzenvereinbarung nochmals im Arbeitsvertrag erwähnt werden muss.

3.2.2 Beendigung vor Vollendung des 65. Lebensjahres

Eine Vereinbarung, nach der das Arbeitsverhältnisses eines Arbeitnehmers ohne Kündigung zu dem Zeitpunkt endet, in dem der Arbeitnehmer vor Vollendung des 65. Lebensjahres eine Rente wegen Alters beantragen kann, ist nicht unwirksam, sondern gilt dem Arbeitnehmer gegenüber als auf die Vollendung des 65. Lebensjahres abgeschlossen, es sei denn, dass die Vereinbarung innerhalb der letzten drei Jahre vor diesem Zeitpunkt abgeschlossen oder von dem Arbeitnehmer bestätigt worden ist (§ 41 S. 2 SGB VI in seiner bis zum 31.3.2007 geltenden Fassung). Das bedeutet, dass entsprechende Regelungen bereits im Arbeitsvertrag in der Regel ins Leere gehen. Die Vorschrift schränkt lediglich reine Altergrenzenvereinbarungen ein. Nicht davon berührt werden Vorruhestandsvereinbarungen, wie z.B. Altersteilzeitvereinbarungen, die eine Beendigung des Arbeitsverhältnisses bereits zu einem Zeitpunkt vorsehen, in dem der Arbeitnehmer eine gekürzte Altersrente in Anspruch nehmen kann.

3.2.3 Änderungen durch das RV-Altersgrenzenanpassungsgesetz

Die bisherige Regelaltersgrenze von 65 Jahren ist mit Wirkung zum 1.4.2007 für Versicherte, die nach dem 31.12.1946 geboren sind, stufenweise gemäß der Tabelle zu § 235 Abs. 2 S. 2 SGB VI angehoben worden; Die Altersrente für schwerbehinderte Menschen wird entsprechend vom 63. auf das 65. Lebensjahr angehoben (§ 37 SGB VI). Für Versicherte, die vor dem 1.1.1947 geboren sind, wird sie unverändert mit Vollendung des 65. Lebensjahres erreicht (§ 235 Abs. 1 und 2 SGB VI. Wegen der Möglichkeit der vorzeitigen Inanspruchnahme der Altersrente für nach dem 1.1.1947 Geborene wird auf die Ausführungen in Abschnitt IV verwiesen.

Vertrauensschutz besteht für

- Altersteilzeit: Arbeitnehmer, die vor dem 1.1.1955 geboren sind und vor dem 1.1.2007 Altersteilzeit vereinbart haben (§ 236 Abs. 1 S.3 Nr. 1 SGB VI); ein entsprechender Vertrauensschutz für sonstige Vorruhestandsregelungen ist nicht vorgesehen,

- besonders langjährig Versicherte (Erfüllung einer Wartezeit von 45 Jahren (§ 38 SGB VI),

- entlassene Arbeitnehmer des Bergbaus, die Anpassungsgeld bezogen haben (§ 235 Abs. 2 S. 3 Nr. 2 SGB VI).

Die Neuregelung hat zur Folge, dass bei Altergrenzenvereinbarungen ab dem 1.4.2007 mit Arbeitnehmern, die nach dem 31.12.1946 geboren sind, die konkrete Regelaltergrenze der Tabelle zu entnehmen ist. Es wird empfohlen, nicht nur allgemein zu vereinbaren, dass das Arbeitsverhältnis „mit Erreichen der Regelaltersgrenze endet", sondern auch die konkrete Regelaltergrenze des Arbeitnehmers hinzuzusetzen. Andernfalls droht im Rahmen der Inhaltskontrolle der Einwand der Unbestimmtheit (§ 307 Abs. 1 S. 2 BGB).

Weitere Einzelheiten zu den Rentenarten sind dem Abschn. IV zu entnehmen.

Formulierungsvorschlag für Jahrgänge ab 1947:

Das Arbeitsverhältnis endet mit Erreichen der gesetzlichen Regelaltersrente, d.h. in dem Zeitpunkt, in dem der Arbeitnehmer 65 Jahre und x Monate alt wird.

§ 41 S. 2 SGB VI ist aufgrund der Änderungen bei der Regelaltersrente redaktionell neu gefasst worden: An die Stelle des „65. Lebensjahres" tritt nunmehr die „Regelaltergrenze". Die Neuregelung hat für Altergrenzenvereinbarungen, die vor dem 1.4.2007 mit Arbeitnehmern, die nach dem 31.12.1946 geboren sind, und die eine Beendigung bei Erreichen des 65. Lebensjahres vorsehen, zur Folge, dass sich das Erreichen der Regelaltersrente verschiebt. Eine Vertragsanpassung erscheint aber nicht erforderlich und kann vom Arbeitnehmer auch nicht gefordert werden. Änderungen des gesetzlichen Rentenrechts, die im Zeitpunkt des Vertragsabschlusses nicht vorhersehbar waren, gehen zu Lasten des Arbeitnehmers, es sei denn, der Arbeitgeber hat das Risiko gesetzlicher Änderungen vertraglich ausdrücklich übernommen (BAG, Urteil vom 14.3.2000 - 9 AZR 493 -, DB 2000, 680; Urteil vom 16.8.2003 - 9 AZR 378/04 - , DB 2006, 790). Da es für das Vorliegen eines sachlichen Grundes bei einem befristeten Arbeitsverhältnis allein auf den Zeitpunkt des Abschlusses des befristeten Vertrages ankommt, bleibt es bei der vereinbarten Grenze. Der Arbeitnehmer kann aber gemäß § 41 S. 2 SGB VI in der ab 1.4.2007 geltenden Fassung verlangen, bis zum Erreichen seiner individuellen Regelaltersgrenze weiterbeschäftigt zu werden (s. hierzu Bauer, Betriebsberater 2006 Nr. 8 S. 1; zu einem entsprechenden Ergebnis kommt man über eine ergänzende Vertragsauslegung).

4 Aufhebungsvereinbarungen

4.1 Grundsätze

Streitigkeiten über Kündigungen werden in der der überwiegenden Zahl der Fälle durch außergerichtlichen oder gerichtlichen Vergleich durch Abschluss von Aufhebungsvereinbarungen beendet. Der Arbeitgeber erreicht durch den Abschluss einer solchen Vereinbarung Planungssicherheit und vermeidet die

Risiken eines arbeitsgerichtlichen Kündigungsschutzverfahrens, insbesondere das Risiko bei negativem Ausgang für erhebliche Zeiträume das Entgelt nachzuzahlen. Den Interessen des Arbeitnehmers wird in der Regel durch Zusage einer Abfindung für den Verlust des Arbeitsplatzes Rechnung getragen. Der Aufhebungsvertrag ist gesetzlich nicht geregelt. Ein Aufhebungsvertrag ist eine Vereinbarung über das vorzeitige Ausscheiden eines Arbeitnehmers aus einem Dauerarbeitsverhältnis. Er ist seinem Regelungsgehalt nach auf eine alsbaldige Beendigung der arbeitsvertraglichen Beziehungen gerichtet. Das bringen die Parteien durch die Wahl einer zeitnahen Beendigung, die sich häufig an der jeweiligen Kündigungsfrist orientiert, und weiteren Vereinbarungen über Rechte und Pflichten aus Anlass der vorzeitigen Vertragsbeendigung zum Ausdruck. Der Abschluss eines solchen Aufhebungsvertrages ist nach dem Grundsatz der Vertragsfreiheit zulässig (§ 305 BGB). Es ist Ausdruck der freien Entscheidung des Arbeitnehmers, ob er an seinem Dauerarbeitsverhältnis festhalten will oder dem Aufhebungsangebot des Arbeitgebers zustimmt. Die arbeits- und sozialrechtlichen Rahmenbedingungen solcher Vereinbarungen müssen jedoch eingehalten werden, um zu verhindern, dass es nachträglich doch noch zu Streitigkeiten zwischen den Parteien kommt.

Ein Sonderfall liegt vor, wenn der Aufhebungsvertrag nicht auf die Beendigung, sondern auf eine befristete Fortsetzung eines Dauerarbeitsverhältnisses gerichtet ist. Diese Vereinbarung bedarf allerdings zu ihrer Wirksamkeit eines sachlichen Grundes. Er unterliegt wie die nachträgliche Befristung eines unbefristeten Arbeitsvertrages der arbeitsgerichtlichen Befristungskontrolle, um eine funktionswidrige Verwendung des Rechtsinstituts des befristeten Arbeitsvertrages in der Form eines Aufhebungsvertrages auszuschließen. Für das Eingreifen der Befristungskontrolle ist nicht die von den Parteien gewählte Vertragsbezeichnung entscheidend, sondern der Regelungsgehalt der getroffenen Vereinbarung. Besteht dieser in der befristeten Fortsetzung eines Dauerarbeitsverhältnisses, kann eine funktionswidrige Verwendung der vom Gesetz in § 620 BGB vorgesehenen Möglichkeit, einen befristeten Arbeitsvertrag abzuschließen, vorliegen. Das gilt vor allem dann, wenn der von den Parteien gewählte Beendigungszeitpunkt die jeweilige Kündigungsfrist um ein Vielfaches überschreitet und es an weiteren Vereinbarungen im Zusammenhang mit der Beendigung des Arbeitsverhältnisses fehlt, wie sie im Aufhebungsvertrag regelmäßig getroffen werden, z.B. Freistellungen, Urlaubsregelungen, ggf. auch Abfindungen (zum Ganzen BAG, Urteil vom 23.11.2006 - 6 AZR 394/06 -, noch nicht veröff.).

4.2 Rechtsgrundlagen für die Altersregelung

Eine Altersgrenzenvereinbarung führt zur automatischen Beendigung des Arbeitsverhältnisses. Demgegenüber geht es bei vertraglichen Altersregelungen darum, dass der Arbeitnehmer vor Erreichung der regelmäßigen Altersrente aus dem Arbeitsverhältnis ausscheidet. Im Rahmen dieser Vertragsverhandlungen mit dem Arbeitnehmer sind bestimmte rechtliche Regeln zu beachten bzw. rechtliche Vorüberlegungen anzustellen.

Neben individualrechtlichen Vorfragen ist bei der Planung von betrieblichen Altersregelungen zu berücksichtigen, ob eine Regelung in einem Tarifvertrag anwendbar ist, insbesondere ob sich aus einem Tarifvertrag ein Anspruch des Arbeitnehmers auf Abschluss einer entsprechenden Vereinbarung ergibt. Tarifliche Rechtsansprüche finden sich insbesondere im Bereich der Altersteilzeit. Besteht kein tariflicher Anspruch, so besteht Vertragsfreiheit. Weder kann der Arbeitgeber den Arbeitnehmern zu einer Altersregelung zwingen noch hat der Arbeitnehmer einen Rechtsanspruch auf eine solche Vereinbarung. Der Arbeitgeber muss allerdings den Gleichbehandlungsgrundsatz beachten. Bietet er etwa einer Gruppe von Arbeitnehmern eine Vorruhestandsvereinbarung an, darf er einzelne Arbeitnehmer dieser Gruppe nur davon ausschließen, wenn er hierfür einen sachlichen Grund hat. Die Auswahl muss überdies diskriminierungsfrei im Sinne des Allgemeinen Gleichbehandlungsgesetzes erfolgen.

4.3 Abgrenzung zum Abwicklungsvertrag

Im Unterschied zu Aufhebungsvereinbarung spricht bei Abwicklungsvertrages der Arbeitgeber zunächst eine betriebsbedingte Kündigung aus und innerhalb der Klagefrist des § 4 KSchG schließen sodann der Arbeitgeber und der Arbeitnehmer eine Vereinbarung über die Folgen der Kündigung ab. Bei der Kündigung ist das Anhörungsverfahren gemäß § 102 BetrVG zu beachten. Der Abwicklungsvertrag hat seine praktische Bedeutung weitgehend verloren. Durch ihn sollte zum einen die Erstattungspflicht gemäß § 147a SGB III und zum anderen die Verhängung einer Sperrzeit (§ 144 SGB III) vermieden werden. Die Erstattungspflicht gilt nur noch, wenn der Anspruch auf Arbeitslosengeld bis zum 31.1.2006 entstanden ist oder wenn der Arbeitgeber das Arbeitsverhältnis bis zum 26.9.2003 beendet hat (§ 434 I Abs. 3 SGB III). Außerdem entfällt die Erstattungspflicht für Ansprüche auf Arbeitslosengeld, deren Dauer sich nach § 127 Abs. 2 SGB III in der ab 1.1.2004 geltenden Fassung richtet, d.h., wenn der Anspruch auf Arbeitslosengeld nach dem 31.1.2006 entstanden ist (§ 434 Abs. 1 SGB III); vgl. hierzu ausführlich Abschnitt VII). Auch eine Sperrzeit lässt sich durch den Abwicklungsvertrag nicht mehr vermeiden. Seit der Entscheidung des Bundessozialgerichts vom 18.12.2003 (-B 11 AL 35/03 R -, NZA 2004, 661) wirkt der der Arbeitnehmer nämlich auch beim Abschluss eines Abwicklungsvertrages an der Aufhebung des Arbeitsverhältnisses im Sinne von § 144 SGB III mit (Weisungen der BA zu § 144 SGB III, 2.2.2. (1) (b).

4.4 Abfindungsanspruch nach § 1a KSchG

Einen neuen und nach den Weisungen der Bundesagentur sperrzeitfreien Weg einer Abfindungsregelung bietet § 1a KSchG. Der Arbeitnehmer hat unter folgenden Voraussetzungen einen Abfindungsanspruch: Der Arbeitgeber, der wegen dringender betrieblicher Erfordernisse kündigt, weist in der Kündigungserklärung darauf hin, dass

- die Kündigung auf dringende betriebliche Erfordernisse gestützt ist und
- der Arbeitnehmer bei Verstreichenlassen der Klagefrist des § 4 KSchG die Abfindung beanspruchen kann.

Die gesetzlich festgelegte Höhe der Abfindung beträgt 0,5 Monatsverdienste für jedes Jahr des Bestehens des Arbeitsverhältnisses. § 10 Abs. 3 KSchG gilt entsprechend. Bei der Ermittlung der Dauer des Arbeitsverhältnisses ist ein Zeitraum von mehr als sechs Monaten auf ein volles Jahr aufzurunden.

Die Regelung erscheint für betriebliche Altersregelungen wenig geeignet, da Gespräche über eine Altersregelung erst nach Ausspruch einer Kündigung nur wenig Erfolg versprechend sein dürften. Werden solche Gespräche geführt und als Ergebnis das Verfahren nach § 1a KSchG einvernehmlich abgesprochen, dürfte die Sperrzeitfreiheit entfallen, da in diesem Fall eine Mitwirkung des Arbeitnehmers in der Aufhebung des Arbeitsverhältnisses im Sinne von § 144 SGB III vorliegen dürfte. Zum anderen wird eine Sperrzeit verhängt, wenn eine höhere Abfindung als die gesetzliche angeboten wird und diese Abweichung auf einer Vereinbarung beruht (Weisungen der BA zu § 144 SGB III, 2.2.2. (1) (a). Überdies ist bei der Kündigung das Anhörungsrecht des Betriebsrats gemäß § 102 BetrVG zu beachten (siehe hierzu auch Abschn. VI Ziff. 3, Abschn. XI Ziff. 3).

4.5 Aufklärungspflichten und Haftung

Der Abschluss eines Aufhebungsvertrages kann für den Arbeitnehmer nachteilige rechtliche Folgen haben.

Beispiele:

- Verlust einer noch nicht unverfallbar gewordenen Anwartschaft auf betriebliche Altersversorgung,
- Rentenminderung bei vorgezogener Altersrente,
- Sperrzeit und Ruhen des Arbeitslosengeldes,
- Anrechnung von Abfindungen auf das Arbeitslosengeld.

Problematisch ist, ob und unter welchen Voraussetzungen der Arbeitgeber den Arbeitnehmer auf Grund der ihm obliegenden Fürsorgepflicht über die Folgen der Vereinbarung aufklären und belehren muss. Verletzt der Arbeitgeber ihm obliegende Pflichten, kann dies zu Schadensersatzansprüchen des Arbeitnehmers führen. Unklarheiten lösen später Auseinandersetzungen darüber aus, ob das Unternehmen seine Fürsorgepflicht verletzt hat.

Deswegen ist vor Auskünften über die sozialrechtlichen Folgen solcher Vereinbarungen zu warnen.

Das Bundesarbeitsgericht hat hierzu folgende Rechtsgrundsätze entwickelt

1. Erkundigt sich der Arbeitnehmer vor der Auflösung des Arbeitsverhältnisses nach den rechtlichen Auswirkungen der vorgesehenen Beendigungsvereinbarung, so besteht eine Aufklärungspflicht des Arbeitgebers. Dabei hat der Arbeitgeber ein Wahlrecht:

   - Er kann die Frage selbst beantworten oder

   - die Frage an die zuständigen Stellen, z. B. die Agentur für Arbeit, den Träger der gesetzlichen Rentenversicherung oder der betrieblichen Altersversorgung weiterleiten oder den Arbeitnehmer an diese zuständigen Stellen oder auch an sachkundige Stellen verweisen.

Entschließt sich der Arbeitgeber, die Frage selbst zu beantworten, haftet er für die Richtigkeit der Auskunft (BAG, Urteil vom 23.9.2003 - 3 AZR 658 -, EzA § 611 BGB 2002 Fürsorgepflicht Nr. 1). Aus diesem Grunde ist vor einer verbindlichen Auskunft durch den Personalverantwortlichen bzw. den Verhandlungspartner des Arbeitnehmers dringend zu warnen. Jedenfalls ist in jedem Fall (schriftlich!) deutlich zu machen, dass etwaige Auskünfte nur ungefähre Angaben enthalten, rechtlich nicht verbindlich sind und verbindliche Auskünfte des Rentenversicherungsträgers, der Träger der Zusatzversorgung und der Agenturen für Arbeit nicht ersetzen (vgl. hierzu zuletzt BAG, Urt. vom 21.2.2002, EzA § 1 KSchG Wiedereinstellungsanspruch Nr. 7). Zahlreiche Rechtsstreitigkeiten wegen unrichtiger Auskunftserteilung belegen die Risiken. Andererseits hat der Arbeitgeber ein Interesse am Zustandekommen der Vereinbarung; ein formaler Hinweis, er könne keine Auskunft geben, ist für die Verhandlungen kaum förderlich. Zu empfehlen ist, dass der Personalverantwortliche vor dem Gespräch bereits möglichst verbindliche Auskünfte der zuständigen Stellen einholt, die er dann dem Arbeitnehmer mitteilen kann oder aber dadurch, dass er dem Arbeitnehmer eine zunächst unverbindliche Auskunft gibt, zugleich aber ein Gespräch mit der zuständigen Stelle direkt vermittelt, z. B. durch telefonische Verabredung.

2. Schwieriger und unklarer ist die Rechtslage, wenn der Arbeitnehmer sich nicht nach den rechtlichen Folgen der Vereinbarung erkundigt. Ob den Arbeitgeber insoweit eine Aufklärungspflicht trifft, hängt nach der

Rechtsprechung des Bundesarbeitsgerichts von der Abwägung der Interessen der Arbeitsvertragsparteien unter Billigkeitsgesichtspunkten mit Rücksicht auf alle Umständen des Einzelfalles ab. Die Kriterien können wie folgt präzisiert werden:

a) Eine Aufklärungspflicht des Arbeitgebers besteht grundsätzlich dann nicht, wenn der Arbeitnehmer aus persönlichen Gründen die vorzeitige Auflösung des Arbeitsvertrages selbst verlangt, es sei denn, es besteht erkennbar ein besonderes und gesteigertes Informationsbedürfnis. Das gilt auch dann, wenn der Aufhebungsvertrag auf einen Formulierungsvorschlag des Arbeitgebers hin „auf Veranlassung des Arbeitgebers" abgeschlossen worden ist (BAG, Urteil vom 11.12.2001 - 3AZR 339/00 -, NZA 2002, 1150).

b) Gesteigerte Hinweispflichten können den Arbeitgeber vor allem treffen, wenn die Aufhebungsvereinbarung auf seine Initiative und in seinem Interesse zustande kommt (z.B. BAG, Urteil vom 23.9.2003, a.a.O.). Auch hier kann zunächst davon ausgegangen werden, dass der Arbeitnehmer vor Abschluss des Aufhebungsvertrages dessen Folgen überlegt und sich notfalls über etwaige Nachteile selbst informiert. Der Arbeitgeber ist regelmäßig nicht gehalten, von sich aus auf schädliche Auswirkungen hinzuweisen, es sei denn, er kann erkennen, dass der Arbeitnehmer weiteren Informationsbedarf hat und er die Auskünfte selbst unschwer erteilen bzw. beschaffen kann. Die Aufklärungspflicht verschärft sich insbesondere dann, wenn die Aufhebung des Arbeitsverhältnisses in einem zeitlichen bzw. sachlichen Zusammenhang mit dem Eintritt des Arbeitnehmers in den Ruhestand steht und besonders hohe Versorgungseinbußen drohen.

Solche gesteigerten Aufklärungspflichten hat das Bundesarbeitsgericht etwa in einem Fall angenommen, in dem er im betrieblichen Interesse den Abschluss eines Aufhebungsvertrages vorgeschlagen hat, der Arbeitnehmer offensichtlich mit den Besonderheiten der ihm zugesagten Zusatzversorgung des öffentlichen Dienstes nicht vertraut war, sich der baldige Eintritt eines Versorgungsfalles (Berufs- oder Erwerbsunfähigkeit nach längerer Krankheit) bereits abzeichnete und durch die vorzeitige Beendigung des Arbeitsverhältnisses außergewöhnlich hohe Versorgungseinbußen drohten. Unter diesen Umständen reichen der allgemeine Hinweis auf mögliche Versorgungsnachteile und die bloße Verweisung an die Zusatzversorgungskasse unter Einräumung einer Bedenkzeit nicht aus. In einem solchen Fall ist der Arbeitnehmer darauf hinzuweisen, dass sich seine Zusatzversorgung bei Abschluss des Aufhebungsvertrages beträchtlich verringern kann. Auch über die Ursache dieses Risikos (Ausscheiden aus dem Arbeitsverhältnis vor Eintritt eines Versorgungsfalles) hat der Arbeitgeber den Arbeitnehmer in groben Umrissen zu unterrichten (Versicherungsrente statt Versorgungsrente; Urteil vom 17.10.2000 - 3 AZR 650/99 -, NZA 2002, 206; zu dem Hinweis auf ein erhöhtes Risiken bei einer Vertragsumstellung auf einen anderen Arbeitgeber BAG, Urteil vom 21.2.2002 - 2 AZR 749/00 -, NZA 2002, 1416). Hingegen ist der Arbeitgeber auch dann, wenn die Initiative von ihm ausgeht, nicht verpflichtet, auf den möglichen Eintritt einer Sperrzeit nach Ablauf des Altersteilzeitverhältnisses hinzuweisen, wenn die Vereinbarung die Voraussetzungen gemäß § 8 Abs. 3 AtG erfüllt (Urteil vom 16.11.2005 - 7 AZR 86/05 -, NZA 2006, 535).

Generell wird dem Arbeitgeber nicht mehr Aufklärung zugemutet werden können, als er auch erfüllen kann. Das bedeutet, dass er in erster Linie über Sachverhalte zu unterrichten hat, die zu seinem Verantwortungsbereich gehören z. B. über Auswirkungen auf das betriebliche Altersruhegeld. Die sozialversicherungsrechtlichen Konsequenzen aus einem Aufhebungsvertrag gehören hier in der Regel nicht dazu. Der Arbeitgeber genügt deshalb seiner Verantwortung, wenn er diese Konsequenzen anspricht und ihre Klärung dem Arbeitnehmer anheim gibt.

Empfehlung: Mit dem Mitarbeiter sollte folgende Vereinbarung getroffen werden (in der Aufhebungsvereinbarung selbst oder in einer gesonderten Vereinbarung):

Dem Mitarbeiter ist bekannt, dass verbindliche Auskünfte über die steuer- und sozialversicherungsrechtlichen Folgen und die Wirkungen der Aufhebungsvereinbarung für die Zusatzversorgung nur das zuständige Finanzamt/die zuständige Agentur für Arbeit/der Träger der Zusatzversorgung erteilen kann.

Soweit Hinweise im Rahmen der Aufhebungsvereinbarung gegeben worden sind, handelt es sich um unverbindliche Erklärungen des Arbeitgebers.

4.6 Anzeigepflichtige Entlassungen

Der Arbeitgeber ist verpflichtet, der Agentur für Arbeit Anzeige zu erstatten, bevor er in Betrieben mit in der Regel

- mehr als 20 und weniger als 60 AN mehr als 5 AN,
- mindestens 60 und weniger als 500 AN 10% der im Betrieb regelmäßig beschäftigten AN oder aber mehr als 25 AN,
- mindestens 500 AN mindestens 30 AN

innerhalb von 30 Kalendertagen entlässt.

„Entlassungen" in diesem Sinne sind nicht nur betriebsbedingte Kündigungen, sondern alle Beendigungen von Arbeitsverhältnissen, die vom AG veranlasst sind, d.h. auch vom AG veranlasste Eigenkündigungen und aus betriebsbedingten Gründen abgeschlossene Aufhebungsvereinbarungen, auch solche im Rahmen betrieblicher Altersregelungsmodelle fallen regelmäßig hierunter. Bislang war das Bundesarbeitsgericht in ständiger Rechtsprechung davon ausgegangen, das mit „Entlassung" nicht der Ausspruch der Kündigung, sondern der Vollzug der Kündigung gemeint war. Hier ist auf Grund der Rechtsprechung des Europäischen Gerichtshofs eine Änderung eingetreten. Unter "Entlassung" i.S.v. § 17 Abs. 1 Satz 1 KSchG ist der Ausspruch der Kündigung des Arbeitsverhältnisses zu verstehen (BAG, Urt. vom 23.3.2006 - 2 AZR 343/05 -, AP KSchG 1969 § 17 Nr. 21). Insoweit ist jedoch ein Vertrauensschutz zu gewähren. Das Vertrauen in die bisherige Rechtsprechung des BAG zur Auslegung von § 17 Abs. 1 S 1 KSchG kann frühestens mit der Bekanntgabe der Entscheidung des EuGH vom 27.1.2005 C-188/03 (NZA 2005, 213) entfallen sein (BAG, Urt. vom 23.3.2006 - 2 AZR 343/05 - NZA 2006, 1971; Urt. vom 13.7.2006 - 6 AZR 25/06 -, nicht veröff.).

Beabsichtigt der Arbeitgeber, anzeigepflichtige Entlassungen vorzunehmen, hat er nach § 17 Abs. 2 KSchG den Betriebsrat rechtzeitig über die Gründe für die Entlassungen, die Zahl der zu entlassenden Arbeitnehmer, die Zahl der in der Regel beschäftigten Arbeitnehmer und den Zeitraum, in dem die Entlassungen vorgenommen werden sollen, schriftlich zu unterrichten sowie weitere zweckdienliche Auskünfte zu erteilen. Arbeitgeber und Betriebsrat haben insbesondere die Möglichkeiten zu beraten, Entlassungen zu vermeiden oder einzuschränken und ihre Folgen zu mildern. Eine Abschrift der Mitteilung an den Betriebsrat hat der Arbeitgeber gleichzeitig der Agentur für Arbeit zuzuleiten. Die Anzeige ist schriftlich unter Beifügung der Stellungnahme des Betriebsrats zu den Entlassungen zu erstatten. Liegt eine Stellungnahme des Betriebsrats nicht vor, so ist die Anzeige wirksam, wenn der Arbeitgeber glaubhaft macht, dass er den Betriebsrat mindestens zwei Wochen vor Erstattung der Anzeige unterrichtet hat, und er den Stand der Beratungen darlegt. Die Anzeige hat Angaben über den Namen des Arbeitgebers, den Sitz und die Art des Betriebes, die Zahl der in der Regel beschäftigten Arbeitnehmer, die Zahl der zu entlassenden Arbeitnehmer, die Gründe für die Entlassungen und den Zeitraum, in dem die Entlassungen vorgenommen werden sollen, zu enthalten. In der Anzeige sollen ferner im Einvernehmen mit dem Betriebsrat für die Arbeitsvermittlung Angaben über Geschlecht, Alter, Beruf und Staatsangehörigkeit der zu entlassenden Arbeitnehmer gemacht werden. Der Arbeitgeber hat dem Betriebsrat eine Abschrift der Anzeige zuzuleiten. Der Betriebsrat kann gegenüber der Agentur für Arbeit weitere Stellungnahmen abgeben. Er hat dem Arbeitgeber eine Abschrift der Stellungnahme zuzuleiten. Ist der Arbeitgeber nicht in der Lage, die Arbeitnehmer bis zu dem in § 18 Abs. 1 und 2 KSchG bezeichneten Zeitpunkt voll zu beschäftigen, so kann die Regionaldirektion der Bundesagentur für Arbeit nach § 19 KSchG zulassen, dass der Arbeitgeber für die Zwischenzeit Kurzarbeit einführt. Der Arbeitgeber ist im Falle der Kurzarbeit berechtigt, Lohn oder Gehalt der mit verkürzter Arbeitszeit beschäftigten Arbeitnehmer entsprechend zu kürzen; die Kürzung des Arbeitsentgelts wird jedoch erst von dem Zeitpunkt an wirksam, an dem das Arbeitsverhältnis nach den allgemeinen gesetzlichen oder vereinbarten Bestimmungen enden würde.

4.7 Abschluss der Aufhebungsvereinbarung

4.7.1 Form der Aufhebungsvereinbarung

Seit 1.5.2000 ist für Aufhebungsvereinbarungen Schriftform gesetzlich vorgeschrieben (§ 623 BGB). Die elektronische Form (Fax oder E-Mail) ist ausgeschlossen. Die Schriftform hat Warnfunktion. Mündliche Vereinbarungen sind demnach unwirksam (§ 125 BGB). Die Schriftform ist nur gewahrt, wenn die Urkunde von dem Aussteller (Arbeitgeber) eigenhändig durch Namensunterschrift oder mittels notariell beglaubigten Handzeichens unterzeichnet worden ist (§ 126 Abs. 1 BGB) ist und der Arbeitnehmer auf derselben Urkunde unterzeichnet, § 126 Abs. 2 Satz 1 BGB. Nicht ausreichend ist ein bloßer Briefwechsel oder z.B., wenn der Arbeitnehmer nach Erhalt der Vertragsurkunde lediglich durch Brief bestätigt, dass er mit der Vereinbarung einverstanden ist. Werden allerdings über den Vertrag mehrere gleich lautende Urkunden aufgenommen, so genügt es, wenn jede Partei die für die andere Partei bestimmte Urkunde unterzeichnet, § 126 Abs. 2 Satz 2 BGB (BAG, Urteil vom 23.11.2006, a.a.O.). Durch den gerichtlich protokollierten Vergleich wird die Schriftform eingehalten. Das gilt auch für einen gerichtlichen Vergleich nach § 278 Abs. 6 ZPO in der bis zum 31.8.2004 geltenden Fassung (nunmehr § 278 Abs. 6 Satz 1, 2. Alt. ZPO: Vergleich auf Vorschlag des Gerichts; BAG, Urteil vom 23.11.2006, a.a.O.). Soweit Anlagen zu der Aufhebungsvereinbarung genommen werden, müssen die Vereinbarung und die Anlagen vor Unterzeichnung der Vereinbarung fest miteinander verbunden werden, z.B. durch Heftmaschine. Sicherer ist es, auch die Anlagen zu unterzeichnen. Ist ein ausländischer Arbeitnehmer betroffen und nicht sicher, dass dieser über die erforderlichen deutschen Sprachkenntnisse verfügt, sollte der Vertragsurkunde eine Übersetzung beigefügt oder ein Dolmetscher hinzugezogen werden.

Die Berufung auf den Mangel der gesetzlichen Schriftform kann ausnahmsweise gegen Treu und Glauben verstoßen. Grundsätzlich ist die Einhaltung der gesetzlich vorgeschriebenen Form jedoch zu beachten. Wenn die Formvorschriften des bürgerlichen Rechts nicht ausgehöhlt werden sollen, kann ein Formmangel nur ausnahmsweise nach § 242 BGB als unbeachtlich angesehen werden (BAG, Urteil vom 16.9.2004 - 2 AZR 659/03 -, NZA 2005, 232).

4.7.2 Das Zustandekommen der Aufhebungsvereinbarung

Die Aufhebungsvereinbarung kommt als Vertrag durch schriftliches Angebot und schriftliche Annahme als gemeinsame Zustimmung zu einem schriftlichen Vertragstext zu Stande. Ein dem anwesenden Arbeitnehmer in seiner Anwesenheit gemachtes Angebot kann nur sofort angenommen werden (§ 147 Abs. 1 S. 1 BGB), es sei denn, dem Mitarbeiter wird ausdrücklich eine Bedenkzeit von z.b. 24 oder 48 Stunden eingeräumt, was dringend zu empfehlen ist. Der einem Abwesenden gemachte Antrag kann nur bis zu dem Zeitpunkt angenommen werden, in welchem der Eingang der Antwort unter regelmäßigen Umständen erwarten darf (§ 147 Abs. 2 BGB). Auch in diesem Fall ist zu empfehlen, dem Arbeitnehmer eine angemessene Frist von z.b. ein oder zwei Wochen zusetzen. Mindestinhalt des Aufhebungsvertrages ist die Abrede, dass das Arbeitsverhältnis zu einem bestimmten Zeitpunkt enden soll. Hingegen muss die der Aufhebungsvertrag nicht zwingend einer Abfindungsregelung enthalten. Wollen die Parteien aber über alle mit der Beendigung zusammenhängenden Fragen, z. B. Abfindung, Freistellung von der Arbeit, Abgeltung von Urlaub, Rückgabe von Arbeitsmitteln oder eines Dienstwagens, Rückzahlung eines Arbeitgeberanteiles, Erteilung eines Zeugnisses, eine Einigung erzielen, gilt die Aufhebungsvereinbarung im Zweifel erst dann als geschlossen, wenn die Parteien sich über alle Punkte geeinigt haben.

Wird ein Vertragsangebot des Arbeitgebers verspätet angenommen, gilt das als neuer Antrag (§ 150 Abs. 1 BGB). Enthält die Annahmeerklärung des Arbeitnehmers Zusätze, Erweiterungen, Einschränkungen oder sonstige Änderungen so gilt das als Ablehnung verbunden mit einem neuen Antrag (§ 150 Abs. 2 BGB). In beiden Fällen kann der Arbeitgeber frei entscheiden, ob der diesen Antrag annehmen will.

4.7.3 Bedenkzeit und Widerrufsmöglichkeit

Dem Arbeitnehmer sollte selbstverständlich bei einer so wichtigen Vereinbarung wie einer Aufhebungsvereinbarung im Rahmen einer betrieblichen Altersregelung eine ausreichende Bedenkzeit eingeräumt werden. Das erspart spätere Auseinandersetzungen. Die Wirksamkeit der Aufhebungsvereinbarung hängt jedoch nicht von einer solchen Bedenkzeit ab. Das Bundesarbeitsgericht ist dieser Auffassung in seinem Urteil vom 30.9.1993 (DB 1994, 200) entgegengetreten. Es gehört zum Grundrecht der Berufsfreiheit des Arbeitgebers nach Art. 12 Abs. 1 GG und seiner Privatautonomie aus Art. 2 Abs.1 GG den Arbeitsvertrag einvernehmlich mit dem Arbeitnehmer beenden zu können. Der Arbeitnehmer habe grundsätzlich selbst zu bestimmen und zu verantworten, welche Entscheidungen er treffe. An eine wirksam abgeschlossene Aufhebungsvereinbarung müsse er sich festhalten lassen. Allerdings sehen einige Tarifverträge eine Bedenkzeit oder ein Widerrufsrecht für Aufhebungsvereinbarungen vor. Enthalten die Tarifverträge die Möglichkeit, auf diese Bedenkzeit oder das Widerrufsrecht zu verzichten, kann dieser Verzicht kann auch in der Aufhebungsvereinbarung selbst vereinbart werden. Ein gesetzliches Widerrufsrecht des Arbeitnehmers nach wirksamen Zustandekommen der Vereinbarung gibt es nicht, da die Aufhebungsvereinbarung kein Haustürgeschäft im Sinne von § 312 BGB ist (BAG, Urt. vom 27.11.2003 - 2 AZR 135/05 -, NZA 2004, 597).

5 Der Inhalt der Vereinbarung

5.1 Grundsätze

Bei der Abfassung einer Vorruhestandsvereinbarung ist besondere Sorgfalt geboten. Scheitert die Durchführung der Vereinbarung wegen rechtlicher Fehler, kann das Schadensersatzansprüche des Arbeitnehmers auslösen. Mit einem solchen Fall rechtlicher Fehler bei Abschluss einer Vereinbarung im Bereich der Altersteilzeit hat sich das Bundesarbeitsgericht im Urt. vom 10.2.2004 (– 9 AZR 401/02 –, NZA 2004. 606) befasst: Das Unternehmen hatte dem Arbeitnehmer den Abschluss eines Altersteilzeitarbeitsvertrages angeboten, der dann auch zu Stande gekommen ist. Noch am Tage des Abschlusses der Vereinbarung hatte das Unternehmen den Arbeitnehmer für die gesamte Dauer des Altersteilzeitarbeitsverhältnisses (Arbeitsphase und Freistellungsphase) freigestellt. Das Bundesarbeitsgericht hat entschieden, dass damit die Voraussetzungen für Altersteilzeit im Sinne des Altersteilzeitgesetzes und für einen vorzeitigen Rentenbezug wegen Altersteilzeit nicht gegeben sind. Da in dem Angebot eines Arbeitgebers auf Abschluss eines Altersteilzeitarbeitsvertrages gegenüber dem Arbeitnehmer die Erklärung liegt, er könne bei Annahme dieses Angebots einen Anspruch auf vorzeitige Altersrente wegen Altersteilzeit erwerben, haftet der Arbeitgeber für diese objektiv falsche Erklärung. Der Arbeitnehmer ist so zu stellen, als wäre die „Altersteilzeitvereinbarung" nicht abgeschlossen worden. In diesem Fall hätte das Arbeitsverhältnis im Zweifel fortbestanden.

5.2 Ende des Arbeitsverhältnisses

Durch die Aufhebungsvereinbarung bzw. Vorruhestandsvereinbarung ist genau festzulegen, zu welchem (kalendermäßig bezeichneten) Termin das Arbeitsverhältnis enden soll.

5.3 Abfindungsvereinbarung

5.3.1 Rechtsnatur der Abfindung

Zentraler Punkt der Altersregelungen sind Vereinbarungen. in denen sich der Arbeitgeber zur Zahlung einer Abfindung für den Verlust des Arbeitsplatzes verpflichtet. Die Abfindung hat als vermögensrechtliches Äquivalent für den Verlust des Arbeitsplatzes Entschädigungsfunktion. Sie wird dem Arbeitnehmer dafür gewährt, dass er seinen Arbeitsplatz verliert, obwohl ein die Kündigung rechtfertigender Grund (möglicherweise) nicht vorliegt bzw. dafür, dass Arbeitnehmer darauf verzichtet, Kündigungsschutzklage zu erheben. Mit der Abfindung sollen alle unmittelbar den Verlust des Arbeitsplatzes entstehenden vermögensrechtlichen und immateriellen Nachteile des Arbeitnehmers ausgeglichen werden. Schadensersatzansprüche für den Verlust des Arbeitsplatzes oder will wegen des Verlustes von Vergütung für die Zeit nach der Beendigung des Arbeitsverhältnisses bestehen daneben nicht.

5.3.2 Formulierung der Abfindungsvereinbarung

Aus sozialversicherungs- und steuerrechtlichen Gründen ist die Abfindungsvereinbarung sorgfältig zu formulieren. Geht der Vereinbarung keine Arbeitgeberkündigung voraus, ist festzulegen, dass die Abfindung zur Vermeidung einer arbeitgeberseitigen Kündigung gezahlt wird; außerdem ist festzulegen, dass die Abfindung für den Verlust des Arbeitsplatzes gezahlt wird. Die Abfindung ist „brutto" zu zahlen, es sei denn, der Arbeitgeber verpflichtet sich ausnahmsweise ausdrücklich zu einer Nettozahlung.

Formulierungsvorschlag:

Der Arbeitnehmer erhält zur Vermeidung einer arbeitgeberseitigen betriebsbedingten Kündigungen für den Verlust des Arbeitsplatzes in entsprechender Anwendung der §§ 9, 10 KSchG eine Abfindung in Höhe von 30.000,00 € brutto.

5.3.3 Höhe der Abfindung – Entstehen und Fälligkeit des Anspruchs

Soweit die Höhe der Abfindung sich nicht aus einem Sozialplan oder aus einem Tarifvertrag ergibt, kann sie zwischen den Parteien frei vereinbart werden. Da die Höhe der Abfindung in aller Regel an die Höhe der Vergütung anknüpft, ist die Berechnungsgrundlage konkret zu regeln. Dabei kann § 10 Abs. 3 KSchG herangezogen werden. Danach gilt als Monatsverdienste, was dem Arbeitnehmer bei der für ihn maßgebenden regelmäßigen Arbeitszeit in dem Monat, in dem das Arbeitsverhältnis endet, an Geld- und Sachbezügen zusteht. Bei unregelmäßigem Einkommen ist üblich, auf das Jahreseinkommen einschließlich der Sachbezüge abzustellen und dies durch 12 zu teilen. Zu regeln ist, ob und inwieweit Einmalzahlungen/Sonderzahlungen in die Berechnung einzubeziehen sind. Ein (echtes) 13. Monatseinkommen ist in die Berechnung einzubeziehen, hingegen bleiben in der Praxis Gratifikationen im engeren Sinne (Belohung für Betriebstreue) ebenso unberücksichtigt wie (echter) Aufwendungsersatz. Die konkrete Festlegung der Höhe der Abfindung kann Schwierigkeiten bereiten, wenn die Vergütungsansprüche, wie z. B. Provisionsansprüche oder Ansprüche auf Bonuszahlungen im Zeitpunkt des Abschlusses der Vereinbarung noch nicht entstanden oder noch nicht fällig sind. Auch in diesem Fall sollte zur Vermeidung späterer Streitigkeiten auf der Grundlage der Leistungen in der Vergangenheit und einer Hochrechnung der zu erwartenden Zahlungen ein konkreter Betrag ohne Anspruch auf Nachbesserung zugrunde gelegt werden.

Bei dem Aushandeln der Höhe der Abfindung kann von den gerichtlichen Erfahrungen ausgegangen werden. Überwiegend gehen die Arbeitsgerichte als „Daumenregel" davon aus, dass im Regelfall pro Jahr der Betriebszugehörigkeit eine Abfindung in Höhe von 0,5 eines Bruttomonatverdienstes anzusetzen ist. Von dieser „Regelabfindung" kann jedoch je nach Lage des Falles nach oben oder unten abgewichen werden. So kann die Abfindung etwa bei einem Personalabbau aus wirtschaftlichen Gründen unter Umständen geringer, hingegen bei Personalabbau aus organisatorischen Gründen bei guter Ertrags- und Gewinnsituation des Unternehmens höher ausfallen. Insoweit müssen die Parteien im Rahmen der Vertragsfreiheit zu einer Vereinbarung kommen. Dabei spielt natürlich auch das Verhandlungsgeschick der Parteien bzw. ihrer Vertreter eine wesentliche Rolle.

Schließlich ist konkret zu regeln, wann der Abfindungsanspruch entsteht und fällig wird. Von dem Zeitpunkt des Entstehens der Forderung hängt es ab, ob der Anspruch vererbt wird, wenn der Arbeitnehmer nach Abschluss der Vereinbarung, jedoch vor dem Ausscheiden aus dem Arbeitsverhältnis verstirbt. Entsteht der Anspruch bereits mit Abschluss der Vereinbarung und wird er bei Ausscheiden fällig, geht der Anspruch auf die Erben über. Der Arbeitgeber sollte überdies sicherstellen, dass er keine Abfindung zahlen muss, wenn ihm nach Abschluss der Vereinbarung ein Sachverhalt bekannt wird, der eine fristlose Kündigung gemäß § 626 BGB rechtfertigt (s. zum Ausspruch der außerordentlichen Kündigung oben 5.7). Ist das Entstehen des Abfindungsanspruchs nicht ausdrücklich geregelt, ist es durch Auslegung zu ermitteln. Wird die Abfindung „für den Verlust des Arbeitsplatzes" bzw. „für die Aufhebung des Arbeitsverhältnisses" vereinbart, so entsteht der Anspruch grundsätzlich erst zum Ende des Arbeitsverhältnisses (BAG, Urteil vom 26.8.1997, EzA § 611 BGB Aufhebungsvertrag Nr. 29). Bei Ansprüchen aus einem Sozialplan ist wegen des Zwecks des Sozialplans grundsätzlich davon auszugehen, dass diese Ansprüche erst bei Beendigung des Arbeitsverhältnisses entstehen, es sei denn, im Sozialplan ist das ausdrücklich anders geregelt (BAG, Urt. vom 27.6.2006 – 1 AZR 322/05 –, NZA 2006, 1238).

Die Fälligkeit der Abfindung hat insbesondere Bedeutung für die Verpflichtung des Arbeitgebers, die Abfindung zu verzinsen. Zinsen sind ab Verzug zu zahlen (§ 288 BGB). Ist der Zeitpunkt der Fälligkeit zu einem bestimmten Termin vereinbart, z.B. bei Beendigung des Arbeitsverhältnisses, tritt Verzug mit der Folge der Pflicht zur Zinszahlung von diesem Tage an ein, ohne dass eine Mahnung erforderlich ist (§ 286 Abs. 1 Nr. 1 BGB). Auch wenn in der Vereinbarung eine Fälligkeitsbestimmung fehlt, tritt Fälligkeit im Zweifel mit der Beendigung des Arbeitsverhältnisses ein; hier ist jedoch erst eine Mahnung erforderlich, um Verzug des Arbeitgebers herbeizuführen und damit den gesetzlichen Zinsanspruch auszulösen (§ 286 Abs. 1 BGB).

Formulierungsvorschlag:

Der Anspruch auf die Abfindung entsteht mit der Beendigung des Arbeitsverhältnisses am 31.12.2007 und wird zu diesem Zeitpunkt fällig.

Der Anspruch auf die Abfindung entfällt, wenn dem Arbeitgeber nach Abschluss dieser Vereinbarung ein Sachverhalt bekannt wird, der eine außerordentliche Kündigung aus wichtigem Grund im Sinne von § 626 BGB rechtfertigt.

Oft fordern neuerdings die Arbeitnehmer eine Vereinbarung, dass im Falle des Vorversterbens der Anspruch auf die Abfindung auf ihre Erben übergeht. An dieser Forderung wird der Arbeitgeber die Vereinbarung meist im Ergebnis nicht scheitern lassen.

Formulierungsvorschlag:

Für den Fall, dass der Arbeitnehmer vor Beendigung des Arbeitsverhältnisses sterben sollte, geht der Anspruch auf die Abfindung auf seine Erben über.

5.4 Steuerliche Behandlung von Abfindungen

Die Steuerfreiheit gemäß § 3 Nr. 9 EStG ist aufgrund des Gesetzes zum Einstieg in ein steuerliches Sofortprogramm vom 22.12.2005 (BGBl I S. 3682) weggefallen. Vertrauensschutz wird gewährt für die vor dem 1.1.2006 entstandenen Abfindungsansprüche oder für Abfindungen wegen einer vor dem 1.1.2006 getroffenen gerichtlichen Entscheidung oder einer am 31.12.2005 anhängigen Klage, sofern die Abfindung vor dem 1.1.2008 ausgezahlt wird (§ 52 Abs. 4a EStG). Unverändert ist die Steuerbegünstigung gemäß § 34 EStG. Sie hierzu die Ausführungen in Abschnitt X Ziff. 2. Zu Besonderheiten bei der Altersteilzeit s. unter Ziff. 6.4).

5.5 Abfindung und Sperrzeit

Der Abschluss eines Aufhebungsvertrages kann die Verhängung einer Sperrzeit (§ 144 SGB III) zur Folge haben. Nach den Weisungen der Bundesagentur für Arbeit ist eine Aufhebungsvereinbarung grundsätzlich geeignet, eine Sperrzeit auszulösen. Dieses Risiko erschwert die Verhandlungen über eine Aufhebung des Arbeitsverhältnisses. Oft wird der Arbeitnehmer eine Aufhebungsvereinbarung nur dann unterschreiben, wenn der Arbeitgeber sich verpflichtet, ihm das Risiko dadurch abzunehmen, dass die Abfindung um den voraussichtlichen Verlust aus der Sperrzeit erhöht wird.

Bei vertraglichen Altersregelungen, von denen die Parteien mit ihrer Vereinbarung das Ziel verfolgen, dass der Arbeitnehmer die vorgezogene Rente in Anspruch nimmt, gehen beide Seiten davon aus, dass der Arbeitnehmer dies auch tut und nicht noch Arbeitslosengeld in Anspruch nimmt. Er kann allerdings hierzu nicht wirksam vertraglich verpflichtet werden (§ 32 SGB I). Nimmt der Arbeitnehmer entgegen dieser Erwartung z.B. stattdessen nach dem planmäßigen Ende einer Altersteilzeit noch Arbeitslosengeld in Anspruch, so hat er die Beschäftigungslosigkeit selbst herbeigeführt (SG Karlsruhe, Urt. vom 25.5.2004 – S 2 AL 2/03 –, NZA-RR 2005, 275; Weisungen der BA zu § 144 SGB III, 2.4. (7).

Überaus bedeutsam und auch für Altersgrenzenvereinbarungen erheblich sind die beiden Urteile des Bundessozialgerichts vom 17.11.2005 (- B 11a/11 AL 69/04 R -, BSGE 95, 232: Fall eines leitenden Angestellten) und vom 12.7.2006 (B 11a 47/05 R -, NZA 2006, 1359). Danach gilt zunächst unverändert, dass der Arbeitnehmer, der keine konkrete Aussicht auf einen Anschlussarbeitsplatz hat, durch den Abschluss eines Aufhebungsvertrages das Beschäftigungsverhältnis löst und dadurch die Arbeitslosigkeit zumindest grob fahrlässig herbeiführt. Unerheblich ist dabei, ob die Arbeitslosigkeit auch unabhängig vom Abschluss des Aufhebungsvertrages aufgrund einer ansonsten ausgesprochenen Arbeitgeberkündigung eingetreten wäre; insoweit kommt es allein auf den tatsächlichen Geschehensablauf an. Neu und weiterführend sind die Ausführungen des Bundessozialgerichts zu der Frage, ob der Arbeitnehmer hierfür einen wichtigen Grund hatte. Das Bundessozialgericht führt hierzu aus: Ein Arbeitnehmer kann sich im Falle der Lösung des Beschäftigungsverhältnisses durch Aufhebungsvertrag auf einen wichtigen Grund berufen, wenn ihm der Arbeitgeber mit einer objektiv rechtmäßigen Kündigung droht und ihm die Hinnahme dieser Kündigung nicht zuzumuten ist. Ein wichtiger Grund liegt nicht nur dann vor, wenn ein Abwarten der arbeitgeberseitigen Kündigung deshalb unzumutbar ist, weil Nachteile für das berufliche Fortkommen zu befürchten sind; vielmehr handelt es sich hierbei nur um einen der in Betracht zu ziehenden Gesichtspunkte. Demgemäß können auch sonstige Umstände zu der Annahme führen, dass ein Abwarten der Arbeitgeberkündigung unzumutbar war. Anders formuliert: Bei einem Aufhebungsvertrag ist zu prüfen, ob "Anhaltspunkte dafür vorliegen, dass die mit einer Kündigung typischerweise einhergehenden Nachteile ... nicht eingetreten wären". Hierzu genügt, dass bereits das Interesse, sich (im Hinblick auf den ohnehin nicht zu vermeidenden Eintritt der Beschäftigungslosigkeit) durch den Aufhebungsvertrag wenigstens die ihm angebotene Abfindung zu sichern, im Rahmen der Prüfung des wichtigen Grundes als schützenswert anzusehen ist.

Unter Hinweis auf § 1a KSchG deutet das Bundessozialgericht weiterhin an (Urt. vom 12.7.2006, a.a.O.), dass die durch Gesetzgeber geschaffene Möglichkeit einer Abfindungslösung „Veranlassung dafür geben könnte, künftig einen wichtigen Grund bei Abschluss eines Aufhebungsvertrages ohne die ausnahmslose Prüfung der Rechtmäßigkeit der drohenden Arbeitgeberkündigung anzuerkennen. Letzteres erwägt der Senat für Sperrzeiten wegen Arbeitsaufgabe mit einem Lösungssachverhalt ab dem 1. Januar 2004, wenn die Abfindungshöhe die in § 1a Abs. 2 KSchG vorgesehene nicht überschreitet".

Siehe im Übrigen zu den sozialversicherungsrechtlichen Folgen von Aufhebungsvereinbarungen die Abschnitte VI und VII.

5.6 Sonstiger Inhalt der Aufhebungsvereinbarung

Bei jeder Aufhebungsvereinbarung muss sorgfältig geprüft werden, ob und ggf. welche Ansprüche noch zwischen den Vertragsparteien bestehen und wie diese ausgeglichen werden sollen. Im Rahmen von Altersregelungsvereinbarungen kommt es dabei vor allem auf die im Folgenden dargestellten Aspekte an.

5.6.1 Freistellung bis zur Beendigung des Arbeitsverhältnisses

Auch im Zusammenhang mit Altersregelungen wird häufig vereinbart, dass der Arbeitnehmer zur Beendigung des Arbeitsverhältnisses von der weiteren Arbeitsleistung unter Fortzahlung der Vergütung freigestellt wird. Arbeitsrechtlich ist für das unbedenklich. Insoweit ist zu regeln, ob der Arbeitnehmer während dieser Zeit anderweitig tätig werden darf und sich ggf. Verdienst bei einem anderen Arbeitgeber anrechnen lassen muss (§ 615 S. 2 BGB). Die Freistellung allein hat nicht den Verzicht der Anrechnung zur Folge. Mit der Freistellung sollte zugleich der Resturlaub gewährt werden, um Urlaubsaggeltungsansprüche zu vermeiden. Der Urlaub kann konkret terminlich festgelegt werden. Der Arbeitgeber kann aber auch Urlaubsanspruch des Arbeitnehmers dadurch erfüllen, dass er dem Arbeitnehmer das Recht einräumt, die konkrete Lage des Urlaubs innerhalb eines bestimmten Zeitraums selbst zu bestimmen. Er überlässt damit dem Arbeitnehmer die zeitliche Festlegung der Urlaubszeit und gerät während der verbleibenden Zeit gem. § 293 BGB in Annahmeverzug (BAG, Urteil vom 6.9.2006 – 5 AZR 703/05 –, NZA 2007, 36). Ist der Arbeitnehmer damit nicht einverstanden, weil er ein Annahmeverweigerungsrecht geltend macht (dazu ErfK/Dörner 6. Aufl. § 7 BUrlG Rn. 20), hat er dies dem Arbeitgeber unverzüglich mitzuteilen. Unterbleibt eine solche Mitteilung, kann der Arbeitgeber davon ausgehen, der Arbeitnehmer lege die Urlaubszeit innerhalb der Kündigungsfrist selbst fest. Ein späteres Urlaubsabgeltungsverlangen des Arbeitnehmers wäre rechtsmissbräuchlich (§ 242 BGB) und deshalb nicht begründet.

Sozialversicherungsrechtlich hat insbesondere die unwiderrufliche Freistellung ihre Tücken. Soweit nicht ein vorher erarbeitetes Wertguthaben eingebracht wird, kann die Freistellung sozialversicherungsrechtlich zur Beendigung des Beschäftigungsverhältnisses führen. Daraus können sich erhebliche Schadensersatzansprüche des Arbeitnehmers ergeben. Auf die Ausführungen in Abschnitt III unter Ziff. 1 wird hierzu verwiesen (lesen!).

5.6.2 Zukünftige Vergütung – Jahresleistungen – Tantiemen

Die Höhe der noch bis zur Beendigung des laufenden Arbeitsverhältnisses regelmäßig zu zahlenden Vergütung steht meist fest oder wird in der Praxis eindeutig geregelt. Schwierigkeiten ergeben sich in der Praxis, wenn Vergütungsansprüche erst nach der Beendigung des Arbeitsverhältnisses fällig werden, z.B. bei Tantiemen und Umsatz- oder Ergebnisbeteiligungen. Es sollte geregelt werden, dass die Ansprüche auch nach Beendigung des Arbeitsverhältnisses bei Fälligkeit ordnungsgemäß abgerechnet und ausgezahlt werden. Streitig ist oft, ob der Arbeitnehmer für den Fall einer Freistellung während eines Freistellungszeitraums Ansprüche auf solche Leistungen hat. Um spätere Auseinandersetzungen zu vermeiden, sollte das in der Aufhebungsvereinbarung festgelegt werden. Wird eine allgemeine Ausgleichsklausel vereinbart, erlöschen solche Ansprüche, soweit auf diese kein zwingender tariflicher Anspruch besteht.

5.6.3 13. Monateinkommen - Gratifikationen

Soweit ein (echtes) 13. Monatseinkommen verdient worden ist, ggf. anteilig, ist es auszuzahlen. Bei Gratifikationen (Belohnung auch der Betriebstreue) hängt es von der tariflichen oder einzelvertraglichen Regelung ab, ob diese gezahlt werden muss, wenn das Arbeitsverhältnis im Auszahlungszeitpunkt bereits beendet ist. Fehlt eine Regelung, ist in aller Regel davon auszugehen, dass kein Anspruch besteht. Enthält der Tarifvertrag oder Arbeitsvertrag eine Rückzahlungsklausel für Gratifikationen bei Ausscheiden im Folgejahr, sollte in der Aufhebungsvereinbarung klargestellt werden, ob diese Rückzahlungsverpflichtung aufgehoben werden soll.

5.6.4 Arbeitnehmerdarlehen

Bei Arbeitnehmerdarlehen muss überlegt werden, ob die Rückzahlungsmodalitäten bei Beendigung des Arbeitsverhältnisses geändert werden sollen. Probleme entstehen, wenn in der Darlehensvereinbarung keine Regelung getroffen ist, wonach das Darlehen bei der Beendigung des Arbeitsverhältnisses sofort auf einmal fällig werden soll. Diese Klausel ist jedenfalls bei einer betriebsbedingten Beendigung des Arbeitsverhältnisses zulässig, wenn die sofortige Rückzahlung für den Arbeitnehmer zumutbar ist. Im Übrigen ist das Fortbestehen des Arbeitsverhältnisses nicht Geschäftsgrundlage für das Darlehen, d.h. durch die Beendigung des Arbeitsverhältnisses ändern sich nicht automatisch die Tilgungsvereinbarungen Auch eine ordentliche Kündigung des Darlehens, um eine Änderung des vereinbarten Tilgungsplanes zu erreichen, scheidet in der Regel aus. Da beide Seiten mit der Beendigung des Arbeitsverhältnisses meist auch die Beendigung ihrer sonstigen Rechtsbeziehungen wünschen, sollte eine entsprechende Vereinbarung über die sofortige Rückzahlung des Darlehens getroffen werden; zugleich könnte dann eine Verrechnungsabrede hinsichtlich der auszuzahlenden Abfindung vereinbart werden.

5.6.5 Arbeitnehmererfindungen

Hat der Arbeitnehmer dem Arbeitgeber während des bestehenden Arbeitsverhältnisses schriftlich eine Diensterfindung oder einen technischen Verbesserungsvorschlag gemeldet bzw. mitgeteilt (§§ 5, 20 ArbNErfG) und ist über den Anspruch auf Vergütung noch nicht entschieden oder einen Vergütung noch nicht ausgezahlt, können auf das Unternehmen später noch Forderungen zukommen. Von den Vorschriften des Arbeitnehmererfindungsgesetzes (ArbNErfG) darf nicht zuungunsten des Arbeitnehmers abgewichen werden (§ 22 Satz 1 ArbNErfG). Die Auflösung des Arbeitsverhältnisses berührt auch die Rechte und Pflichten aus dem Gesetz nicht (§ 26 ArbNErfG). Auch eine allgemeine Ausgleichsklausel erfasst nicht etwaige Ansprüche des Arbeitnehmers auf Vergütung einer Arbeitnehmererfindung oder eines technischen Verbesserungsvorschlags. Die Fragen sollten deswegen möglichst in der Aufhebungsvereinbarung mit geregelt werden. Zulässig sind Vereinbarungen über Diensterfindungen nach ihrer Meldung, über freie Erfindungen und technische Verbesserungsvorschläge nach ihrer Mitteilung (§ 22 Satz 2 ArbNErfG). Diese Ansprüche können bei Beendigung des Arbeitsverhältnisses z.B. in der Aufhebungsvereinbarung, geregelt werden, es sei denn, die Vereinbarung ist in erheblichem Maße unbillig (§ 23 Abs. 1 ArbNErfG). Auf die Unbilligkeit können sich Arbeitgeber oder Arbeitnehmer nur berufen, wenn sie diese innerhalb von sechs Monaten nach Beendigung des Arbeitsverhältnisses durch schriftliche Erklärung gegenüber dem anderen Teil geltend machen (§ 23 Abs. 2 ArbNErfG).

5.6.6 Dienstwagen

Bei einem auch zur privaten Nutzung überlassenen Dienstwagen ist eine Regelung für Freistellungszeiträume erforderlich (entweder Rückgabe des Wagens gegen entsprechenden finanziellen Ausgleich oder weiterer Nutzung). Die Freistellung allein ist kein Grund, der eine entschädigungslose Entziehung des überlassenen Fahrzeugs rechtfertigt, es sei denn, das ist in der Dienstwagenvereinbarung geregelt.

5.6.7 Werkswohnungen

Ist dem Arbeitnehmer vom Arbeitgeber Wohnraum überlassen worden, ist eine Vereinbarung über die weitere Nutzung und die Bedingungen der Abwicklung erforderlich. Rechtlich zu unterscheiden sind nach der neueren Terminologie des BGB

- einfache Werkmietwohnungen,
- funktionsgebundene Werkmietwohnungen und
- Werkdienstwohnungen.

In den beiden ersten Fällen (§ 576 Abs. 1 Nr. 1 BGB - einfache Dienstmietwohnung - und Nr. 2 - das Dienstverhältnis erfordert seiner Art nach die Überlassung des Wohnraums, der in unmittelbarer Beziehung oder Nähe zum Arbeitsort steht -) ist neben dem Arbeitsverhältnis ein eigenständiges Mietverhältnis vereinbart. Die Beendigung des Arbeitsverhältnisses führt nicht automatisch zur Beendigung des Mietverhältnisses. Es gilt das Mietrecht mit der Besonderheit, dass die Kündigungsfristen für den Arbeitgeber gegenüber den Kündigungsfristen des allgemeinen Mietrechts verkürzt sind (§ 576 Abs. 1 BGB). Daher muss in beiden Fällen eine Vereinbarung über die Beendigung des Mietverhältnisses über die Werkmietwohnung getroffen werden, wenn die Werkmietwohnung z.B. für den Nachfolger benötigt wird. Denkbar ist bei langjähriger Nutzung auch eine Eigentumsübertragung auf den Arbeitnehmer; dabei sollte der Kaufpreis der Höhe nach festgelegt und dann eine Verrechnungsabrede mit der Abfindung getroffen werden.

Bei der Werkdienstwohnung ist in die Überlassung des Wohnraums Bestandteil des Arbeitsvertrages und Teil der Vergütung. Es handelt sich um ein gemischtes Rechtsverhältnis vor. Die Rechte und Pflichten daraus richten sich während des Arbeitsverhältnisses nach dem Arbeitsvertrag mit entsprechenden Ergänzungen durch die Mietvorschriften. In aller Regel steht die Lage des Wohnraums in enger Beziehung zur Arbeitsleistung (z. B. Hausmeisterwohnung). An sich endet das Mietverhältnis mit dem Ende des Arbeitsverhältnisses. Das ist jedoch aus Gründen des Sozialschutzes stark eingeschränkt: Es gelten hinsichtlich der Beendigung des Mietverhältnisses die Vorschriften der Mietverhältnis entsprechend, wenn der Arbeitnehmer den Wohnraum überwiegend mit Einrichtungsgegenständen ausgestattet hat oder den Wohnraum mit seiner Familie oder Personen, mit denen er einen auf Dauer angelegten gemeinsamen Haushalt führt, bewohnt (§ 576b BGB). Im Bereich des öffentlichen Dienstes sind die Sonderregelungen über die Überlassung und Nutzung von Dienstwohnungen zu beachten.

5.6.8 Betriebliche Altersversorgung - Abfindung

Vor Abschluss einer Altersregelung muss geprüft werden, ob und in welcher Höhe der Arbeitnehmer Ansprüche aus betrieblicher Altersversorgung erworben hat und inwieweit diese nach dem Gesetz zur Verbesserung der betrieblichen Altersversorgung unverfallbar sind. Wegen der näheren Einzelheiten muss insoweit auf Speziallliteratur Bezug genommen werden.

Das Betriebsrentengesetz (BetrAVG) schränkt in § 3 die Möglichkeit ein, gesetzlich unverfallbare Anwartschaft abzufinden. Entsprechendes gilt für laufende Leistungen, wenn der Rentenbeginn nach dem 31.12.2004 liegt. Die Regelung gilt seit dem 1.1.2005 für Arbeitnehmer, die nach dem 31.12.2004 ausscheiden oder bereits vor dem 1.1.2005 ausgeschieden sind und nach dem 31.12.2005 eine Abfindung vorgenommen wird; für Regelungen bis zum 31.12.2004 wird auf die Vorauflage verweisen.

Das Gesetz ermöglicht dem Arbeitgeber wegen des Verwaltungsaufwandes unter den nachfolgenden Voraussetzungen sog. Mini-Anwartschaften abzufinden. Ausgeschlossen ist die Abfindung jedoch, wenn der Arbeitnehmer von seinem Recht auf Übertragung der Anwartschaft Gebrauch macht (§ 3 Abs. 2 S. 3 BetrAVG). Entscheidend für die Zulässigkeit einer Abfindungsregelung ist der bei Erreichen der vorgesehenen Altersgrenze aus der Anwartschaft zu leistende maßgebliche Monatsbetrag der laufenden Versorgungsleistung bzw. die dann zu zahlende Kapitalleistung ist. Der Monatsbetrag bzw. die Kapitalleistung ist an der monatlichen Bezugsgröße gern. § 18 SGB IV zu messen. Der Arbeitgeber kann die Anwartschaft ohne Zustimmung des Arbeitnehmers abfinden, wenn die monatliche Anwartschaft bis zu 1 vom Hundert und bei Kapitalleistungen 12 Zehntel der monatlichen Bezugsgröße gemäß § 18 SGB IV nicht übersteigen würde (§ 3 Abs. 2 S. 1 BetrAVG). Das gilt entsprechend für die Abfindung einer laufenden Leistung (§ 3 Abs. 2 S. 2 BetrAVG). Für die Berechnung der Abfindung gilt über § 3 Abs. 5 der § 4 Abs. 5 BetrAVG; s. dort! Nicht geregelt ist, welcher Zeitpunkt für die Ermittlung der Zulässigkeit einer Abfindungsvereinbarung maßgeblich ist; die Frage ist wegen der jährlichen Änderung der monatlichen Bezugsgröße praktisch wichtig. Die Frage ist umstritten; richtig dürfte sein, auf den Zeitpunkt des Ausscheidens des Arbeitnehmers abzustellen (vgl. hierzu Blomeyer, NZA 1998, 912). Wichtig ist, dass die Abfindung für die Anwartschaft gesondert auszuweisen und einmalig zu zahlen ist (§ 3 Abs. 5

BetrAVG). Sie darf also nicht mit anderen Abfindungsleistungen in einem Betrag genannt sein oder ratenweise ausgezahlt werden.

5.6.9 Wettbewerbsverbot

Nach § 60 HGB bzw. aufgrund seiner Treuepflicht hat der Arbeitnehmer während des rechtlichen Bestandes des Arbeitsverhältnisses Wettbewerb zu unterlassen. Bei einer Freistellungsvereinbarung sollte klar geregelt werden, ob das Verbot fortbestehen soll oder nicht. Besteht ein Interesse an der Aufrechterhaltung, sollte das Fortbestehen bis zum rechtlichen Ende des Arbeitsverhältnisses ausdrücklich festgelegt werden. Das gilt besonders dann, wenn eine allgemeine Ausgleichsklausel vereinbart wird.

Nach der Beendigung des Arbeitsverhältnisses ist der Arbeitnehmer ohne die Vereinbarung eines nachvertraglichen Wettbewerbsverbots nicht gehindert, sein Erfahrungswissen auch für eine Beschäftigung im Dienste eines Wettbewerbers zu nutzen. Ist ein Wettbewerbsverbot im Sinne der §§ 74 - 75c HGB vereinbart, muss überlegt werden, ob dieses Wettbewerbsverbot einvernehmlich aufgehoben werden soll. Bleibt das Verbot aufrechterhalten, muss der Arbeitgeber nach Beendigung des Arbeitsverhältnisses Karenzentschädigung zahlen, wenn der Arbeitnehmer sich dem Wettbewerb enthält. Allgemeine Ausgleichsklauseln erfassen grundsätzlich das Wettbewerbsverbot nicht. Andererseits ist für das Unternehmen bei Know-how-Trägern und Spitzenkräften ein Festhalten am Wettbewerbsverbot trotz der finanziellen Aufwendungen unter Umständen unverzichtbar. Ein einseitiger Verzicht des Arbeitgebers auf das Wettbewerbsverbot hilft nur wenig, da der Arbeitgeber noch ein Jahr lang nach der Erklärung die Karenzentschädigung zahlen muss. Der Arbeitnehmer kann wegen Artikel 12 GG vertraglich auch nicht verpflichtet werden, eine mögliche vorgezogene Altersrente in Anspruch zu nehmen und daneben weder selbständig noch als Arbeitnehmer tätig zu werden.

5.6.10 Allgemeine Ausgleichsklauseln („Generalquittung")

Üblicherweise wird in Aufhebungsvereinbarungen abschließend eine allgemeine Ausgleichsklausel („Generalquittung") vereinbart.

Formulierung:

Mit dem Abschluss und der Erfüllung der Verpflichtungen aus dieser Vereinbarung sind alle Ansprüche aus dem Arbeitsverhältnis und im Zusammenhang damit, gleich aus welchem Rechtsgrund, erledigt.

Diese Vereinbarung ist ein Erlassvertrag im Sinne von § 397 Abs. 1 BGB, der alle Ansprüche zum Erlöschen bringt, die den Erklärenden bekannt waren oder mit deren Bestehen zu rechnen war (hierzu BAG, Urteil vom 20.1.1998 - 9 AZR 812/96 -). Die Vereinbarung der Ausgleichsquittung bedarf deswegen gründlicher Prüfung aller noch zwischen den Parteien bestehender Forderungen.

Ausgleichsquittungen sind grundsätzlich zulässig und zwar auch unter Berücksichtigung der Inhaltskontrolle nach den §§ 305 ff. BGB. Sie müssen jedoch eindeutig formuliert sein, da sie sonst wegen Verstoßes gegen das Transparenzgebot unwirksam sein können (§ 307 Abs. 1 S. 2 BGB) oder die Unklarheitenregel zu Lasten des Arbeitgebers eingreift (§ 305c Abs. 2 BGB). Im Zusammenhang mit Altersregelungen dürfte die Frage, wann solche Klauseln im Einzelfall unangemessen sind, keine praktische Bedeutung haben.

Nicht verzichten kann der Arbeitnehmer

- auf gesetzlich unabdingbare Ansprüche, z.B. den gesetzlichen Mindesturlaubsansprüche,
- bei beiderseitiger Tarifbindung auf Ansprüche aus Tarifverträgen (Zustimmung der Tarifvertragsparteien erforderlich) und
- auf Ansprüche aus Betriebsvereinbarungen (Zustimmung des Betriebsrats erforderlich!).

Zulässig ist aber ein sog. Tatsachenvergleich (BAG, Urteil vom 5.11.1997 - 4 AZR 682/95 -, NZA 1998, 434).

Formulierungsbeispiel:

Der dem Arbeitnehmer zustehende Urlaub ist dem Arbeitnehmer gewährt worden.

Bestimmte Ansprüche werden von allgemeinen Ausgleichsklauseln nicht erfasst; diese Ansprüche müssen ggf. ausdrücklich in der Ausgleichsquittung aufgeführt werden.

Hierzu gehören:

- Ruhegeldansprüche und Anwartschaften,
- als Schadensersatz geschuldete Versorgungsverschaffungsansprüche,
- Zeugnisansprüche,
- Ansprüche des Arbeitnehmers aus dem ArbNErfG,
- Rechte aus einem vertraglichen Wettbewerbsverbot,
- noch nicht fällige Ansprüche auf Entgeltfortzahlung wegen Krankheit.

Auf Kündigungsschutz kann nicht generell verzichtet werden. Ist jedoch eine Kündigung durch den Arbeitgeber ausgesprochen, kann auf die Erhebung der Kündigungsschutzklage verzichtet werden. Die allgemeine Ausgleichsklausel oder auch eine Erklärung „... mir stehen aus Anlass der Beendigung des Arbeitsverhältnisses keine Ansprüche mehr zu ..." reicht nicht aus.

5.7 Anfechtung - Wegfall der Geschäftsgrundlage bei gesetzlichen Änderungen

Eine Anfechtung von Aufhebungsvereinbarungen im Zusammenhang mit Vorruhestands- oder Altersteilzeitvereinbarungen dürfte relativ selten sein. Eine Anfechtung wegen arglistiger Täuschung oder widerrechtlicher Nötigung (§ 123 BGB) ist denkbar, wenn der Arbeitgeber Aufklärungspflichten nicht beachtet oder unrichtige Angaben gemacht hat; hierzu kann auf die Ausführungen unter 4.4 verwiesen werden. Eine Anfechtung wegen Inhaltsirrtums (§ 119 Abs. 1 BGB) kann nicht allein darauf gestützt werden, dass der Arbeitnehmer die Folgen einer Vereinbarung unrichtig bewertet hat; subjektive Vorstellungen über den Inhalt und die Ausübung des Vertragsabschlusses rechtfertigen keine Anfechtung.

Die Geschäftsgrundlage kann bei einem betriebsbedingten Aufhebungsvertrag später wegfallen mit der Folge, dass auch die Verpflichtung des Arbeitgebers auf Zahlung der vereinbarten Abfindung entfällt. Der Aufhebungsvertrag steht nach Auffassung des BAG (Urteil 29.1.1997, EzA § 611 BGB Nr. 27) 5 in der Regel unter der aufschiebenden Bedingung, dass das Arbeitsverhältnis bis zum vereinbarten Ende fortgesetzt wird. Diese Geschäftsgrundlage fällt deswegen weg, wenn eine (berechtigte) außerordentliche Kündigung das Arbeitsverhältnis vor dem vorgesehenen Auflösungszeitpunkt auflöst, hingegen nicht schon dann, wenn das Arbeitsverhältnis später durch eine fristgemäße verhaltensbedingte Kündigung zum gleichen Beendigungszeitpunkt beendet wird.

Zu Auseinandersetzungen kommt es in der Praxis, wenn sich nach Abschluss der Vereinbarung die gesetzlichen Regelungen ändern, z.B. bei späteren Rentenminderungen bei Inanspruchnahme des vorgezogenen Altersruhegeldes, Änderungen bei der Bezugsdauer des Arbeitslosengeld oder Änderungen im Steuerrecht. Das Bundesarbeitsgericht hat sich in seinen Urteilen vom 14.3.2000 (- 9 AZR 493/99 -, vom 20.6.2000 (- 3 AZR 52/00 -, EzA § 242 BGB Geschäftsgrundlage Nr. 6) mit der Frage befasst, ob spätere gesetzliche Änderungen im Rentenrecht zum Wegfall der Geschäftsgrundlage der Vorruhestandsvereinbarung führen.

Im dem Fall vom 14.3.2000 kam es durch das am 23.7.1996 verkündete Gesetz zur Förderung eines gleitenden Übergangs in den Ruhestand die Altersgrenze zu Rentenkürzungen für den Kläger. Er forderte Wiedereinstellung, hilfsweise Ausgleich der Rentenminderung. Im Fall vom 20.6.2000 forderte der Arbeitnehmer einen Ausgleich wegen Einbußen an der gesetzlichen Rente bei vorgezogenen Eintritt in den Ruhestand wegen lang andauernder Arbeitslo-

45

sigkeit, die aufgrund des Gesetzes zur Förderung von Wachstum und Beschäftigung vom 25.9.1996 eingetreten sind. Das Bundesarbeitsgericht hat beide Klagen abgewiesen. Eingriffe des Gesetzgebers in das Rentensystem und sich daraus für den Arbeitnehmer ergebenden Nachteile in der gesetzlichen Altersversorgung gehören nach der Konzeption der Sozialversicherung grundsätzlich zu dem Risiko, das der Arbeitnehmer zu tragen hat und das er nicht, auch nicht anteilig, auf den Arbeitgeber abwälzen kann. Eine Korrektur dieses Ergebnisses mit Hilfe der Regeln über den Wegfall der Geschäftsgrundlage ist ausgeschlossen. Diese Rechsprechung kann auf die Fälle sonstiger Änderungen im Sozialversicherungs- und Steuerrecht übertragen werden.

Anders liegt der Fall, wenn der Arbeitgeber sich vertraglich verpflichtet hat oder auf Grund eines Tarifvertrages oder einer Betriebsvereinbarung verpflichtet ist, Nachteile, die sich aus zukünftigen Änderungen des Rentenrechts ergeben, auszugleichen. Es besteht dann ggf. ein Erfüllungsanspruch des Arbeitnehmers.

6 Vereinbarungen über Altersteilzeitarbeit

6.1 Grundsätze

Kollektive Altersgrenzeregelungen sind insbesondere Bereich der Altersteilzeit stark verbreitet. Ist der Arbeitgeber tarifgebunden, d.h. Mitglied des tarifschließenden Verbandes oder selbst Tarifvertragspartei, muss er die tariflichen Vorgaben beachten. Die Altersteilzeittarifverträge enthalten inhaltliche Regelungen, insbesondere darüber, ob und unter welchen Voraussetzungen Arbeitnehmer - meist ab einem bestimmten Lebensalter - einen Rechtsanspruch des Arbeitnehmers auf Altersteilzeit haben sowie über die Höhe der vom Arbeitgeber zu leistenden Aufstockungszahlung und die vom Arbeitgeber abzuführen Rentenversicherungsbeiträge. festgelegt. Schließlich legen die Altersteilzeit-Tarifverträge oft Überforderungsgrenzen fest, insbesondere, dass ab einem bestimmten Prozentsatz der Belegschaft (3 % - 5 %) die freie Entscheidungsmöglichkeit des Arbeitgebers erhalten bleibt.

6.2 Abschluss des Altersteilzeitvertrages

6.2.1 Abschlussfreiheit

Altersteilzeitarbeit setzt stets einen zwischen Arbeitgeber und Arbeitnehmer schriftlichen vereinbarten Altersteilzeitvertrag voraus. Der Arbeitgeber kann nicht zur Einführung der Altersteilzeitarbeit gezwungen werden, soweit er hierzu nicht durch Tarifvertrag oder Betriebsvereinbarung verpflichtet ist. Der Arbeitnehmer kann den Abschluss des Vertrages nur dann fordern, wenn ihm aufgrund eines Tarifvertrages, einer freiwilligen Betriebsvereinbarung oder ausnahmsweise individualrechtlich ein solcher Anspruch zusteht und die erforderlichen Voraussetzungen für diesen Anspruch vorliegen (s. hierzu oben 4.2). Andererseits ist auch der Arbeitnehmer in seiner Entscheidung frei, ob er in Altersteilzeit gehen und einen Altersteilzeitarbeitsvertrag abschließen will. Nach § 8 Abs. 1 AtG darf dem Arbeitnehmer nicht gekündigt werden, weil er die Anspruchsvoraussetzungen für die Altersteilzeitarbeit erfüllt, sie aber nicht in Anspruch nimmt. Auch andere Nachteile wegen der Weigerung, in Altersteilzeit zu gehen, sind gemäß § 612a BGB (Maßregelungsverbot) unzulässig. Die Möglichkeit der Altersteilzeitarbeit darf auch nicht im Rahmen einer Sozialauswahl zu Lasten des Arbeitnehmers gewichtet werden.

6.2.2 Form und Zeitpunkt

Der Altersteilzeitarbeitsvertrag muss als befristeter Arbeitsvertrag schriftlich abgeschlossen werden (s. hierzu die Ausführungen unter 4.7.1). Das ergibt sich aus § 623 BGB bzw. aus § 14 Abs. 4 des Gesetzes über Teilzeit und befristete Arbeitsverträge. Danach bedarf die Befristung eines Arbeitsvertrages zu ihrer Wirksamkeit der Schriftform. Altersteilzeitarbeit beginnt nach Abschluss der schriftlichen Vereinbarung mit Vorliegen der hierfür maßgeblichen Voraussetzungen. Die Vereinbarung kann nur für die Zukunft abgeschlossen werden. Bei diskontinuierlicher Verteilung der Arbeitszeit gilt dies ab Beginn der für die Ansparung (Vorarbeit) von Wertguthaben für eine Freistellung schriftlich vereinbarten Arbeitsphase des Blockmodells. Bereits abgelaufene Arbeitszeiten, in denen tatsächlich keine Altersteilzeitarbeit ausgeübt worden ist, können nicht nachträglich in ein Altersteilzeitarbeitsverhältnis umgewandelt werden. Eine Rückdatierung von Altersteilzeitverträgen ist rechtlich ausgeschlossen (RdSchr. der Spitzenverbände vom 9.3.2004, 2.1.6).

6.3 Inhalt des Vertrages

In dem Altersteilzeitvertrag muss Altersteilzeitarbeit im Sinne des AtG vereinbart werden. Insoweit wird auf die Ausführungen in Abschnitt III Ziff. 2 verwiesen. Der notwendige Inhalt und der Umfang der Vereinbarung richten sich danach, ob der Vertrag auf der Grundlage eines Altersteilzeit-Tarifvertrages geschlossen wird oder nicht. Im ersteren Fall genügt es, die individuellen Punkte niederzulegen und im Übrigen auf den Tarifvertrag Bezug zu nehmen; im anderen Fall muss der Altersteilzeitvertrag die Bedingungen der Altersteilzeitarbeit umfassend regeln. Außerdem kann es erforderlich sein, einzelne Punkte hinsichtlich der Rechtsstellung des Altersteilzeitarbeitnehmers zu regeln, insbesondere was seine Rechtsstellung in der

Freistellungsphase beim Blockmodell betrifft. Der Vertrag muss die Dauer der Altersteilzeit individualrechtlich festlegen, wenn sich die Dauer nicht aus tariflichen oder betrieblichen Regelungen ergibt. Ergibt sich die Dauer des Altersteilzeitverhältnisses allein aus dem geschlossenen Altersteilzeitarbeitsvertrag, kann die Dauer auch nur durch Änderungsvertrag geändert werden (vgl. hierzu BAG, Urteil vom 18.11.2003 – 9 AZR 659/02 –, nicht veröff.). Beispiele für Altersteilzeitvereinbarungen sind in der Anlage zu Abschnitt III aufgeführt.

6.4 Abfindungsvereinbarungen

Der Altersteilzeitarbeitnehmer scheidet aufgrund des Altersteilzeitvertrages vorzeitig aus dem Arbeitsverhältnis aus. Er verzichtet dadurch auf den gesetzlichen Kündigungsschutz, da er mit der Änderung des bisher unbefristeten in ein befristetes Arbeitsverhältnis einverstanden ist. Außerdem kann durch die vorzeitige Inanspruchnahme einer Altersrente wegen Altersteilzeit eine Rentenminderung eintreten, für die der Arbeitnehmer einen Ausgleich fordert. Wird der Altersteilzeitvertrag auf Veranlassung des Arbeitgebers abgeschlossen, kann hierfür die Zahlung einer Abfindung für den Verlust des Arbeitsplatzes vereinbart werden. Nach den Lohnsteuerrichtlinien ist zwischen Austritt und Zahlung einer Abfindung neben dem sachlichen kein zeitlicher Zusammenhang erforderlich. Laut Verwaltungsanweisung soll ein Zeitraum von fünf Jahren zwischen Auszahlung und Ausscheiden ohne weitere Prüfung akzeptiert werden. Der Wegfall der Steuerfreiheit gemäß § 3 Nr. 9 EStG durch das Gesetz zum Einstieg in ein steuerliches Sofortprogramm vom 22.12.2005 (BGBl I S. 3682; zum Vertrauensschutz s.o. 5.4) kann gerade bei Altersteilzeitvereinbarungen zu Problemen führen, wenn der vereinbarte Auszahlungszeitpunkt nach dem 31.12.2007 liegt und der Auszahlungszeitpunkt nicht rechtzeitig bis zum 31.1.2005 vorverlegt worden ist. Es sprechen gute Gründe dafür, derartige Änderungsvereinbarungen für Abfindungsvereinbarungen, die bis zum 31.12.2005 abgeschlossen worden sind, auch nach dem 31.12.2005 zuzulassen, weil der Anspruch bereits bei Abschluss der Vereinbarung entstanden ist und lediglich der Fälligkeitszeitpunkt nachträglich verändert wird und das Gesetz nach seinem Wortlaut nur auf den Auszahlungszeitpunkt abstellt. Erhält nach dem Altersteilzeitvertrag der Arbeitnehmer in Altersteilzeit am Ende des Altersteilzeitarbeitsverhältnisses eine Abfindung, die danach berechnet wird, wie viele Monate zwischen dem Ende des Altersteilzeitarbeitsverhältnisses und dem Zeitpunkt liegen, zu dem der Arbeitnehmer Anspruch auf ungeminderte Altersrente hätte, hat auch der Arbeitnehmer Anspruch auf eine Abfindung, dessen Altersteilzeitarbeitsverhältnis vorzeitig wegen einer Rente für schwerbehinderte Menschen endet (Landesarbeitsgericht Berlin, Urteil vom 20.2.2004 – 13 Sa 2465/03 –, NZA-RR 2004, 398: Weil der Schwerbehinderte die Rente „vorzeitig" in Anspruch genommen hatte, war der Zugangsfaktor um 0,003 für insgesamt 15 Monate gekürzt worden). Abfindungen aus Anlass der Beendigung des Altersteilzeitarbeitsverhältnisses, z.B. zum Ausgleich einer Rentenminderung bei vorzeitiger Inanspruchnahme einer Altersrente, sind als Abfindungen für den Verlust des Arbeitsplatzes anzusehen und gehören damit nicht zum Arbeitsentgelt i. S. der Sozialversicherung (Rdschr. der Spitzenverbände vom 9.3.2004, 3.6).

ABSCHNITT II:
Mitbestimmungs- und Beteiligungsrechte des Betriebsrates

1 Allgemeines

Bei der Planung von betrieblichen Altersregelungen ist auch zu berücksichtigen, ob und in welchem Umfang der Betriebsrat bei der Einführung und Durchführung zu beteiligen ist. Mitbestimmungs- oder sonstige Beteiligungsrechte des Betriebsrats können sich aus dem Betriebsverfassungsgesetz oder etwa bei Altersteilzeit aus einem Altersteilzeit-Tarifvertrag ergeben. Dabei ist zu unterscheiden, ob der Betriebsrat von der Arbeitgeberseite freiwillig in die Planung einbezogen wird oder ob dem Betriebsrat solche Rechte zustehen. Ein Verstoß gegen Beteiligungsrechte kann erhebliche Nachteile bis hin zur Unwirksamkeit getroffener Maßnahmen haben. Der Arbeitgeber sollte bei betrieblichen Altersregelungen aber nicht das Gesetz oder ggf. den Tarifvertrag „unter dem Arm herumtragen". Er sollte den Betriebsrat unabhängig davon, ob formal Beteiligungsrechte des Betriebsrats bestehen, umfassend über Pläne für Alterregelungen unterrichten, die Pläne mit dem Betriebsrat auch inhaltlich erörtern und wenn das möglich ist, durch ggf. freiwillige Betriebsvereinbarung eine Regelung vereinbaren. Auch über einzelne Aufhebungsvereinbarungen sollte der Betriebsrat unterrichtet werden. Auf fehlende Beteiligungsrechte des Betriebsrats sollte der Arbeitgeber sich erst dann berufen, wenn diese Gespräche nicht konstruktiv geführt werden können und eine einvernehmliche Lösung mit dem Betriebsrat nicht möglich ist. Die folgenden Ausführungen sollen nur die Grundsätze aufzeigen und können nur einen Überblick als „Checkliste" geben; in Zweifelsfällen müssen insbesondere die einschlägigen Spezialkommentare zum BetrVG hinzugezogen werden.

2 Arten der Beteiligungsrechte des Betriebsrates

Dem Betriebsrat stehen im Überblick folgende Beteiligungsrechte zu:

▶ **Unterrichtungs- und Informationsrechte:**

Der Arbeitgeber ist bei allen Mitbestimmungsrechten und in weiteren im Betriebsverfassungsgesetz geregelten Fällen vor einer Entscheidung bzw. vor der Durchführung einer Maßnahme verpflichtet, den Betriebsrat rechtzeitig und umfassend über die geplante Maßnahme zu unterrichten.

Der allgemeine Unterrichtungsanspruch des Betriebsrats ist in § 80 Abs. 2 BetrVG geregelt.

▶ **Erörterungs- und Beratungsrechte:**

Der Betriebsrat kann Vorschlags-, Beratungs- und Anhörungsrechte haben, z.b. in allgemeinen Angelegenheiten (§ 80 Abs. 1 BetrVG). Bei diesen Rechten geht es nicht um eine Beteiligung des Betriebsrats bei der Entscheidung selbst, sondern um eine Beteiligung im Vorfeld von Maßnahmen, die Zustimmung des Betriebsrats für diese Maßnahmen ist nicht erforderlich. Anhörungs- und Beratungsrechte sind bei der Personalplanung (§ 92 BetrVG) zu beachten. Nach § 92 a BetrVG hat der Betriebsrat ein Vorschlags- und Beratungsrecht zur Beschäftigungssicherung, u.a. zur Förderung von Teilzeitarbeit und Altersteilzeit.

▶ **Mitbestimmung bei Kündigungen:**

Besonders ausgestaltet ist das Anhörungsrecht bei Kündigungen (§ 102 BetrVG). Vor jeder Kündigung ist der Betriebsrat nach § 102 BetrVG unter Angabe der Kündigungsgründe (soziale Daten, Art der Kündigung, Beendigungszeitpunkt und eigentliche Kündigungsgründe) zu hören. Der Betriebsrat hat bei einer fristgemäßen Kündigung innerhalb von einer Woche seine Bedenken gegen die Kündigung schriftlich dem Arbeitgeber mitzuteilen. Andernfalls gilt seine Zustimmung als erteilt. Wird der Betriebsrat nicht oder nicht ordnungsgemäß angehört, ist eine ausgesprochene Kündigung unwirksam. Der Arbeitgeber kann nur solche ihm bekannten Kündigungsgründe im Kündigungsschutzprozess vortragen, die er dem Betriebsrat im Rahmen der Anhörung mitgeteilt hat.

▶ **Zustimmungsverweigerungsrecht:**

Wiederum eine Stufe höher ist das Zustimmungsverweigerungsrecht des Betriebsrats anzusiedeln. Dabei ist zwar vor Durchführung der Maßnahme die Zustimmung des Betriebsrates zu der Maßnahme erforderlich, der Betriebsrat kann die Zustimmung jedoch nur aus bestimmten im Gesetz ausdrücklich festgelegten Gründen verweigern. Wichtigster Fall ist das Beteiligungsrecht des Betriebsrats bei personellen Einzelmaßnahmen (§ 99 BetrVG: Einstellung, Eingruppierung, Umgruppierung und Umsetzung). Ein Initiativrecht steht dem Betriebsrat in diesen Fällen nicht zu.

▶ **Mitbestimmungsrechte:**

Die stärkste Form des Beteiligungsrechts ist das Mitbestimmungsrecht im engeren Sinne. Die wichtigsten Mitbestimmungsrechte finden sich in § 87 Abs. 1 Nr. 1 – 13 BetrVG. Mitbestimmung bedeutet, dass eine Einigung mit dem Betriebsrat über die Maßnahme erforderlich ist. Der Arbeitgeber kann in diesen Angelegenheiten ohne den Betriebsrat keine rechtswirksamen Entscheidungen treffen. Im Nichteinigungsfall entscheidet die betrieblich zu errichtende Einigungsstelle, die Entscheidung der Einigungsstelle ist verbindlich. Der Betriebsrat hat in diesen Fragen grundsätzlich auch ein Initiativrecht.

3 Mitwirkungs- und Mitbestimmungsrechte bei Aufhebungsvereinbarungen

3.1 Grundsätze

Der Abschluss einer Aufhebungsvereinbarung ist grundsätzlich nicht mitbestimmungspflichtig; § 102 BetrVG (Anhörung bei Kündigungen) gilt nicht. Ob der Arbeitgeber den Betriebsrat bei den Verhandlungen freiwillig hinzuzieht, hängt letztlich von dem betriebserfassungsrechtlichen „Klima" ab. Dagegen ist das Anhörungsverfahren gemäß § 102 BetrVG einzuhalten, wenn ein Abwicklungsvertrag geschlossen oder der Weg über § 1a KSchG gewählt wird (s. dazu oben Abschnitt I, 4.3 und 4.4).

3.2 Teilnahme des Betriebsrats an den Gesprächen

Das Bundesarbeitsgericht hat sich im Urteil vom 16.11.2004 (- 1 ABR 53/03 -, NZA 2005, 416) erstmals zu der Frage geäußert, ob der Arbeitnehmer bei den Gesprächen über eine Aufhebungsvereinbarung die Hinzuziehung eines Betriebsratsmitglieds verlangen kann. Ein Recht hierzu kann sich allein aus § 82 Abs. 2 Satz 2 BetrVG ergeben. Danach hat der Arbeitnehmer das Recht, dass mit ihm die Beurteilung seiner Leistungen sowie die Möglichkeiten einer beruflichen Entwicklung im Betrieb erörtert werden. Personalgespräche über den Abschluss eines Aufhebungsvertrags werden – so das Bundesarbeitsgericht - häufig zumindest auch diese zum Gegenstand haben. In der Praxis wird es jedenfalls dem Arbeitnehmer oft nicht nur um die Modalitäten des Ausscheidens, sondern auch darum gehen, ob er sich überhaupt auf den Abschluss eines Aufhebungsvertrags einlässt. Dabei können für ihn sowohl die Beurteilung seiner Leistungen als auch die etwa noch vorhandenen Möglichkeiten einer beruflichen Entwicklung im Betrieb - sei es zu geänderten oder gar schlechteren Bedingungen - von Bedeutung sein. Das Personalgespräch wird sich in diesen Fällen oft gar nicht auf die Ausscheidensvereinbarung beschränken lassen. Dies gilt auch dann, wenn der Arbeitgeber das Gespräch mit dem erklärten und ausschließlichen Ziel der Beendigung des Arbeitsverhältnisses führt. Auch in diesem Fall hat der Arbeitnehmer nach § 82 Abs. 2 Satz 1 BetrVG regelmäßig einen Anspruch darauf zu erfahren, wie seine bisherigen Leistungen beurteilt werden und warum es für ihn keine beruflichen Entwicklungsmöglichkeiten im Betrieb mehr geben soll.

Etwas anderes gilt, wenn bei einem Gespräch über den Abschluss eines Aufhebungsvertrags nicht mehr sinnvoll über die Leistungsbeurteilung oder die weitere berufliche Entwicklung des Arbeitnehmers im Betrieb gesprochen werden kann. So ist etwa bei einer vollständigen Betriebsstilllegung nicht erkennbar, dass Personalgespräche, die aus diesem Anlass geführt werden, noch diese Themen zum Inhalt haben können. Ebenso sind Fallgestaltungen denkbar, in denen schon bei vorangegangenen Personalgesprächen, ggf. sogar unter Hinzuziehung eines Betriebsratsmitglieds, Leistungsbeurteilungen und berufliche Entwicklungsmöglichkeiten im Betrieb erschöpfend erörtert worden sind und es bei dem Gespräch über den Abschluss eines Aufhebungsvertrags tatsächlich nur noch um dessen Modalitäten geht. Zumindest in solchen Fällen begründet § 82 Abs. 2 Satz 2 BetrVG keinen Anspruch auf Hinzuziehung eines Betriebsratsmitglieds. Gerade der letztgenannte Weg einer Zweiteilung der Gespräche bietet sich an, wenn man die Heranziehung eines Betriebsratsmitglieds vermeiden will.

3.3 Personalplanung (§ 92 BetrVG)

Der Arbeitgeber hat den Betriebsrat gemäß § 92 BetrVG über die Personalplanung, insbesondere über den gegenwärtigen und künftigen Personalbedarf sowie über die sich daraus ergebenden personellen Maßnahmen an Hand von Unterlagen rechtzeitig und umfassend zu unterrichten; er hat mit dem Betriebsrat über Art und Umfang der erforderlichen Maßnahmen und über die Vermeidung von Härten zu beraten. Zur Personalplanung gehören u.a. die Planung des Personalbedarfs, der Personalbeschaffung und des Personalabbaus, so auch, ob und durch welche Maßnahmen ein Personalabbau sozialverträglich durchgeführt werden und ob Pläne bestehen, mit den Arbeitnehmern des Betriebes Altersregelungen zu vereinbaren sowie ob beabsichtigt ist, die frei werdenden Arbeitsplätze wiederzubesetzen oder abzubauen.

3.4 Einstellung und Versetzung (§ 99 BetrVG)

Aufhebungsvereinbarungen berühren für sich betrachtet keinen der Tatbestände des § 99 Abs. 1 BetrVG (Einstellung, Eingruppierung, Umgruppierung und Versetzung).

3.5 Mitbestimmung bei Kündigungen (§ 102 BetrVG)

Der Abschluss einer Aufhebungsvereinbarung ist grundsätzlich nicht mitbestimmungspflichtig; § 102 BetrVG (Anhörung bei Kündigungen) gilt nicht. Ob der Arbeitgeber den Betriebsrat bei den Verhandlungen freiwillig hinzuzieht, hängt letztlich von dem betriebserfassungsrechtlichen „Klima" ab.

3.6 Betriebsänderung – Interessenausgleich und Sozialplan (§§ 111, 112 BetrVG)

Gemäß § 111 BetrVG hat der Unternehmer in Unternehmen mit in der Regel mehr als 20 wahlberechtigten Arbeitnehmern den Betriebsrat über geplante Betriebsänderungen, die wesentliche Nachteile für die Belegschaft oder erhebliche Teile der Belegschaft zur Folge haben können, rechtzeitig und umfassend zu unterrichten und die geplanten Betriebsänderungen mit dem Betriebsrat zu beraten. Als Betriebsänderung im Sinne dieser Regelung gilt unter anderem die Einschränkung und Stilllegung des ganzen Betriebes oder von wesentlichen Betriebsteilen. Neben der Einschränkung oder Stilllegung der Produktionsmittel gehört herzu auch der reine Personalabbau. Das bedeutet: Auch der reine Personalabbau kann selbst dann, wenn er nicht mit unternehmens- oder betriebsorganisatorischen Maßnahmen anderer Art verbunden ist, unter bestimmten Voraussetzungen eine Betriebsänderung im Sinne § 111 BetrVG sein. Das löst neben einem Unterrichtungs- und Beratungsanspruch des Betriebsrats die Verpflichtung aus, das Verfahren über einen Interessenausgleich zu betreiben, unter bestimmten Voraussetzungen auch einen Sozialplan abzuschließen (§ 112 BetrVG).

§ 111 S. 1 BetrVG legt lediglich fest, dass von dem Personalabbau „erhebliche Teile der Belegschaft" betroffen sein müssen. Nach ständiger Rechtsprechung des Bundesarbeitsgerichts sind dabei in Anlehnung an § 17 KSchG folgende Zahlen der von der Entlassung betroffenen Mitarbeiter maßgeblich:

Zahl der AN im Betrieb	Mindestzahl der entlassenen AN
> 20 und < 60	> 5 AN
60 und < 500	10 % oder > als 25 AN
500-600	mind. 30 AN
> 600	mind. 5 % der AN

Beim reinen Personalabbau gelten gemäß § 112a BetrVG besondere höhere Schwellenwerte. Das bedeutet, dass nur dann Sozialplanpflicht besteht, wenn bei der Entlassung von Arbeitnehmern folgende Schwellenwerte überschritten werden:

Zahl der AN im Betrieb	Mindestzahl der Entlassungen
bis 59 AN	20 %, mindestens aber 6 AN
60 bis 249	20 %, mindestens aber 37 AN
250 bis 499	15 %, mindestens aber 60 AN
500 und mehr	10 %, mindestens aber 60 AN

Einzubeziehen in die Berechnung sind nicht nur die Arbeitnehmer, denen vom Arbeitgeber betriebsbedingt gekündigt worden ist, sondern auch diejenigen, deren Arbeitsverhältnis aus Gründen der Betriebsänderung auf Veranlassung des Arbeitgebers durch Abschluss einer Aufhebungsvereinbarung oder durch Eigenkündigung endet (§§ 17 Abs. 1 S. 2 KSchG, 112a Abs. 1 S. 2 BetrVG). Veranlasst ist der Aufhebungsvertrag vom Arbeitgeber, wenn er bei dem Arbeitnehmer die Erwartung hervorgerufen hat, durch den Aufhebungsvertrag komme er der sonst notwendig werdenden betriebsbedingten Kündigung nur zuvor.

4 Mitbestimmungsrechte bei Altersteilzeitvereinbarungen

4.1 Einführung betrieblicher Altersteilzeitregelungen

4.1.1 Grundsätze

Die Voraussetzungen für die Einführung und Durchführung von Altersteilzeit ergeben sich aus dem Alterteilzeitgesetz. Weder aus dem Altersteilzeitgesetz noch aus dem Betriebsverfassungsgesetz ergibt sich ein erzwingbarer Anspruch des Betriebsrats auf Einführung einer betrieblichen Altersteilzeitregelung. Auch bei den vom Arbeitgeber im Rahmen der Altersteilzeitarbeit zu erbringenden Leistungen besteht kein Mitbestimmungsrecht. § 3 Abs. 1 AtG sieht folgende Rechtsgrundlagen für eine Altersteilzeitvereinbarung vor:

- Tarifvertrag,
- Betriebsvereinbarung oder
- eine arbeitsvertragliche Vereinbarung mit dem Arbeitnehmer.

Soweit ein Tarifvertrag die vom Arbeitgeber gemäß § 3 Abs. 1 Nr. 1a und b AtG zu erbringenden Leistungen abschließend regelt, scheidet bereits deswegen ein Mitbestimmungsrecht des Betriebsrats aus (§ 77 Abs. 3 BetrVG), es sei denn, der Tarifvertrag enthält eine Öffnungsklausel für die Betriebsparteien. Rechtsgrundlage für die vom Arbeitgeber zu erbringenden Leistungen kann auch eine Betriebsvereinbarung sein. Es kann sich insoweit nur um freiwillige Betriebsvereinbarungen handeln, da im BetrVG eine Rechtsgrundlage für das Mitbestimmungsrecht nicht erkennbar ist. Die Frage ist in der Rechtsprechung allerdings bislang ungeklärt.

4.1.2 Mitbestimmung bei Sozialeinrichtungen (§ 87 Abs. 1 Nr. 8 BetrVG)

Die Durchführung betrieblicher Altersteilzeitregelungen ist nicht mitbestimmungspflichtig. Altersteilzeitregelungen sind wie die sonstigen Frühpensionierungsregelungen keine Sozialeinrichtungen im Sinne von § 87 Abs. 1 Nr.

8 BetrVG, da es an einem zweckgebundenen Sondervermögen fehlt. Mitbestimmungsrecht scheidet insoweit aus.

4.1.3 Mitbestimmung bei der betrieblichen Lohngestaltung (§ 87 Abs. 1 Nr. 10 BetrVG)

Aufstockungsleistungen des Arbeitgebers bei Altersteilzeitarbeit gehören ebenso wenig wie Abfindungen im Rahmen von Altersvereinbarungen zur betrieblichen Lohngestaltung im Sinne von § 87 Abs. 1 Nr. 10 BetrVG. Abfindungen werden für den Verlust des Arbeitsplatzes und nicht als Entlohnung für geleistete Arbeit gezahlt, die Aufstockungsleistungen als Ausgleich für die Bereitschaft, die Arbeitszeit zu reduzieren. Der Betriebsrat kann insbesondere eine Erhöhung der Aufstockungsleistungen nicht erzwingen, da sich das Mitbestimmungsrecht allein auf die sog. Verteilungsgrundsätze im Rahmen der vom Arbeitgeber zur Verfügung gestellten finanziellen Mittel bezieht.

4.1.4 Auswahlrichtlinien (§ 95 BetrVG)

Die Regelung über die Auswahlrichtlinien ist bereits ihrem Wortlaut nach nicht auf Altersteilzeitregelungen anzuwenden, da es bei der Regelung nicht um „Einstellungen, Versetzungen, Umgruppierungen, Kündigungen" geht.

4.1.4 Betriebsänderung – Interessenausgleich und Sozialplan (§§ 111, 112 BetrVG)

Ungeklärt ist bislang, ob das zu Aufhebungsvereinbarungen Ausgeführte (s. dazu oben 3.6) auch bei Abschluss von Altersteilzeitverträgen gilt, wenn der freigemachte Arbeitsplatz nicht wiederbesetzt wird. Altersteilzeitvereinbarungen in größerem Umfang können dann auch dem Personalabbau dienen. Zweifelhaft ist dennoch, ob das Ausscheiden von Altersteilzeitarbeitnehmern eine Betriebsänderung ist oder ob ggf. diese Arbeitnehmer bei der Ermittlung der Schwellenwerte mitzuzählen sind. Durch den Altersteilzeitvertrag wird der unbefristete Arbeitsvertrag in einen befristeten Arbeitsvertrag umgewandelt. Das Ausscheiden aus dem Arbeitsverhältnis ist lediglich Folge dieser Befristung. Es bleibt abzuwarten, wie die Rechtsprechung die Frage beurteilen wird. Werden mit dem Betriebsrat freiwillige Betriebsvereinbarungen abgeschlossen, sollte für den Fall, dass die freigemachten Stellen nicht wiederbesetzt werden sollen, in der Betriebsvereinbarung eine Regelung vereinbart werden, dass mit den Leistungen aus der Betriebsvereinbarung zugleich etwaige Forderungen wegen einer Betriebsänderung erfüllt sind.

4.2 Durchführung betrieblicher Altersteilzeitregelungen

4.2.1 Auswahl der Arbeitnehmer

Dem Betriebsrat steht auch dann, wenn der Tarifvertrag keine konkreten Kriterien für die Auswahl festlegt, bei der Auswahl der Bewerber ein Mitbestimmungsrecht gemäß § 87 Abs. 1 Nr. 8 und 10 oder einer anderen Bestimmung des § 87 Abs. 1 BetrVG nicht zu (BAG, a.a.O., S. 238). Der Tarifvertrag kann aber in einer Öffnungsklausel ein Mitbestimmungsrecht des Betriebsrats anordnen. Sieht der Tarifvertrag lediglich den Abschluss freiwilliger Betriebsvereinbarungen vor, kann der Abschluss von keiner Seite erzwungen werden.

4.2.2 Lage der Arbeitszeit (§ 87 Abs. 1 Nr. 2 BetrVG)

Durch die Vereinbarung von Altersteilzeitarbeit mit dem Arbeitnehmer wird zunächst die Dauer der individuellen Arbeitszeit des Arbeitnehmers geändert, nämlich auf die Hälfte reduziert und zugleich das bisher unbefristete Arbeitsverhältnis in ein befristetes Arbeitsverhältnis umgewandelt. Beim Blockmodell wird der Arbeitnehmer in der zweiten Hälfte der Altersteilzeitarbeit von der weiteren Arbeitsleistung freigestellt. Der Arbeitnehmer scheidet, sofern das Altersteilzeitarbeitsverhältnis nicht ausnahmsweise vor seiner Beendigung gekündigt wird, ohne Kündigung mit Ablauf der Befristung aus dem Arbeitsverhältnis aus. Ein Mitbestimmungsrecht bei der Änderung der Dauer der individuellen Arbeitszeit nach § 87 Abs. 1 Nr. 2 BetrVG besteht nicht; maßgeblich ist hier allein die individualrechtliche Vereinbarung. Mitzubestimmen hat der Betriebsrat nach dieser Vorschrift aber bei „Beginn und Ende der täglichen Arbeitszeit einschließlich der Pausen sowie bei der Verteilung der Arbeitszeit auf die einzelnen Wochentage". Das bedeutet: Wie die geänderte (verkürzte) Arbeitszeit verteilt wird, kann damit mitbestimmungspflichtig sein. Dabei sind folgende Fälle zu unterscheiden:

Bei kontinuierlicher Verteilung der Arbeitszeit kann sich die Lage der Arbeitszeit verändern. Das ist etwa der Fall, wenn die tägliche Arbeitszeit halbiert oder die Arbeit in der Woche von fünf auf zweieinhalb Tage verteilt wird; in letzterem Fall ändert sich die Lage jedenfalls hinsichtlich des halben Tages. Der Betriebsrat hat in diesen Fällen ein Mitbestimmungsrecht bei der Lage der Arbeitszeit wie bei den anderen Teilzeitbeschäftigten. Besteht eine Rahmenvereinbarung über die Lage der Arbeitszeit der Teilzeitbeschäftigten, fallen auch die Altersteilzeitarbeitnehmer hierunter. Mitbestimmungsrechte im Einzelfall bestehen außerdem nicht, wenn im Betrieb eine flexible Arbeitszeit besteht, die den Arbeitnehmern im Rahmen einer vorgegebenen Betriebsöffnungszeit die Festlegung der individuellen Arbeitszeit, ggf. nach Absprache in der Organisationseinheit, überlässt. Nicht mitbestimmungspflichtig ist schließlich die Halbierung der Arbeitszeit in der Weise, dass der

Altersteilzeitarbeitnehmer wochenweise im Wechsel arbeitet und nicht arbeitet, ohne dass sich die Lage der Arbeitszeit an den Arbeitstagen ändert.

Bei diskontinuierlicher Verteilung der Arbeitszeit (Blockmodell) hat der Betriebsrat kein Mitbestimmungsrecht gemäß § 87 Abs. 1 Nr. 2 BetrVG, es sei denn, die Vertragsparteien ändern zugleich im Einzelfall die Lage der Arbeitszeit.

Besteht danach ein Mitbestimmungsrecht, kann dieses dennoch durch den Tarifvertrag ausgeschlossen sein. Sieht etwa der Tarifvertrag vor, dass Arbeitgeber und Arbeitnehmer die Verteilung der Arbeitszeit einzelvertraglich regeln können, dürfte das zugleich eine abschließende Regelung dahingehend darstellen, dass das Mitbestimmungsrecht auch hinsichtlich der Verteilung der Arbeitszeit ausscheidet.

Bei Einvernehmen zwischen Arbeitgeber und Arbeitnehmer werden Streitigkeiten wegen eines Mitbestimmungsrechtes die Ausnahme sein. Meist wird die Frage der Lage der Arbeitszeit, falls erforderlich, einvernehmlich mit dem Betriebsrat geregelt werden können. Bei Abschluss einer Betriebsvereinbarung über Altersteilzeitarbeit sollte aus diesen Gründen auf jeden Fall die Klausel aufgenommen werden, dass der Betriebsrat der Veränderung der individuellen Lage der Arbeitszeit der Altersteilzeitarbeitnehmer vorab zustimmt, soweit Arbeitgeber und Arbeitnehmer hierüber Einvernehmen erzielen. In Zweifelsfällen sollte der Betriebsrat bei der Verteilung der Arbeitszeit beteiligt werden.

4.2.3 Vorübergehende Verkürzung der betriebsüblichen Arbeitszeit (§ 87 Abs. 1 Nr. 3 BetrVG)

Die vertragliche Halbierung der individuellen Arbeitszeit ist keine „vorübergehende Verkürzung der betriebsüblichen Arbeitszeit", da sie auf Dauer bis zum Ausscheiden des Arbeitnehmers vereinbart wird. Ein Mitbestimmungsrecht scheidet demnach aus.

4.2.4 Einstellung und Versetzung (§ 99 BetrVG)

Der Übergang von der bisherigen Arbeitszeit zur Altersteilzeitarbeit ist keine Einstellung im Sinne von § 99 Abs. 1 BetrVG (BVerwG, Urt. vom 12.6.2001, NZA 2001, 1091). Die Veränderung der Dauer oder Lage der Arbeitszeit ist auch keine zustimmungspflichtige Versetzung, da der Arbeitsbereich (§ 95 Abs. 3 BetrVG) nicht geändert wird (BAG, Beschl. vom 19.2.1991, EzA § 95 BetrVG 1972 Nr. 23; Beschl. vom 23.11.1993, EzA § 95 BetrVG 1972 Nr. 28), eben sowenig die Freistellung des Arbeitnehmers von der Arbeitspflicht beim Blockmodell in der zweiten Hälfte der Altersteilzeitarbeit (BAG, Beschl. vom 28.3.2000, NZA 2000, 1355).

4.2.5 Kündigung (§ 102 BetrVG)

Ein Anhörungsrecht des Betriebsrats nach § 102 BetrVG scheidet aus, da der der Arbeitnehmer bei Beendigung des Altersteilzeitarbeitsverhältnisses nicht durch Kündigung, sondern durch Ablauf der Befristung ausscheidet.

4.2.6 Beteiligungsrechte des Betriebsrats aus Altersteilzeit-Tarifverträgen

Mitbestimmungsrechte des Betriebsrats können sich aus dem einschlägigen Altersteilzeit-Tarifvertrag ergeben. Zuweilen sehen Tarifverträge über Altersteilzeitregelungen Mitbestimmungsrechte des Betriebsrats vor, insbesondere bei der Frage der Überforderungsgrenze, d.h. bei der Festlegung, wie viel Prozent der Belegschaft berechtigt sind, von der Regelung Gebrauch zu machen und wie die Auswahl unter den Arbeitnehmern zu treffen ist. Nicht um Mitbestimmungsrechte handelt es sich, wenn der Tarifvertrag den Abschluss freiwilliger Betriebsvereinbarungen vorsieht.

5 Mitbestimmungsrechte bei Kurzarbeit (§ 87 Abs. 1 Nr. 3 BetrVG)

Die Einführung von Kurzarbeit mit Transfer-Kurzarbeitergeld nach Paragraph 216b SGB III mit der sog. Null-Lösung ist gemäß § 87 Abs.1 Nr. 3 BetrVG mitbestimmungspflichtig, da die Arbeitszeit des Betriebs vorübergehend verkürzt wird. Die Kurzarbeit kann daher nur mit Zustimmung des Betriebsrats eingeführt werde, im Nichteinigungsfall nur durch Spruch der Einigungsstelle.

ABSCHNITT III:
Altersregelungsmodelle

1 Einstellung der Tätigkeit und Freistellung von der Arbeit unter Fortzahlung der Bezüge

1.1 Allgemeines

Im Rahmen einer Vorpensionierung ist es denkbar, dass der Arbeitgeber den älteren Arbeitnehmer ganz oder teilweise von der Arbeit freistellt und die üblichen Bezüge bis zum Beginn

— der eigentlichen Altersregelung (beispielsweise mit Überbrückungsgeld) oder

— der Altersteilzeitarbeit oder

— der gesetzlichen Altersrente (z.B. mit 63 Jahren)

fortzahlt.

Denkbar ist auch eine Freistellung von der Arbeit unter Fortzahlung der Bezüge während der Arbeitsphase des so genannten Blockmodells bei Altersteilzeit.

Diese Fälle sind vergleichbar mit einem aktiven Arbeitsverhältnis, während dessen nach tarifvertraglichen Bestimmungen oder sonstigen Regelungen unter besonderen Voraussetzungen eine Arbeitsfreistellung mit Fortzahlung der Bezüge erfolgt (z.B. nach § 616 BGB).

Wenn das Arbeitsverhältnis nicht aufgelöst wird, bestehen alle Rechte und Pflichten weiter. Dabei ist jedoch zu beachten, dass das Beschäftigungsverhältnis im versicherungsrechtlichen Sinne trotz Weiterbestehen des Arbeitsverhältnisses nur unter bestimmten Voraussetzungen erhalten bleibt. Nach der Rechtsprechung und den allgemeinen Grundsätzen des Sozialversicherungsrechts ist dies nur gegeben, wenn der Arbeitnehmer vorübergehend von der Arbeit freigestellt ist.

1.2 Absicherung der Versicherungspflicht durch Einbringung von Wertguthaben

Im Falle der Freistellung von der Arbeit bzw. Arbeitsbefreiung unter Fortzahlung der Bezüge ist für eine ordnungsgemäße Absicherung der Versicherungspflicht und weiterer Auswirkungen der § 7 Abs. 1a SGB IV bedeutsam.

Danach besteht während der Freistellung von der Arbeitsleistung unter Fortzahlung des Arbeitsentgelts eine Beschäftigung gegen Arbeitsentgelt mit der Folge der Versicherungspflicht im Sinne des § 7 Abs. 1 SGB IV, wenn ein Arbeitentgelt fällig wird, das mit einer „vor oder nach diesen Zeiten erbrachten Arbeitsleistung erzielt wird (Wertguthaben)" und wenn

1. die Freistellung aufgrund einer schriftlichen Vereinbarung erfolgt und
2. die Höhe des für die Zeit der Freistellung und des für die vorausgegangenen zwölf Kalendermonate monatlich fälligen Arbeitsentgelts nicht unangemessen voneinander abweichen und diese Arbeitsentgelte 400,00 € übersteigen.

Im Einzelnen kann Wertguthaben u.a. entstehen und eingebracht werden aus

– vorgetragenen Mehrarbeitsstunden,

– nicht in Anspruch genommenen Urlaub,

– laufenden und einmaligen Bezügen, die in einem Fonds eingezahlt wurden (einschl. Wertzuwächse),

– Bonuszahlungen.

Wichtig ist, dass solche Entgeltteile grundsätzlich vor Beginn der Freistellung von der Arbeit erwirtschaftet wurden und für die Freistellung von der Arbeit zurückgestellt werden (Nacharbeit im Allgemeinen nicht üblich).

Im Falle einer längeren Freistellung von der Arbeit (= länger als „vorübergehend") sind die nachfolgenden Ausführungen, die insbesondere bei Altersteilzeit zu beachten sind, bedeutungsvoll.

Diese Aspekte gelten auch für Zeiten der Arbeitsfreistellung vor Beginn einer etwaigen Altersteilzeit oder eines Altersrentenbezuges ohne vorausgehende Altersteilzeit.

1.3 Freistellung von der Arbeitsleistung ohne Einbringung von Wertguthaben

Wenn die vorerwähnten Voraussetzungen nicht vorliegen, sind für die sozialversicherungsrechtliche Beurteilung von Zeiten ohne Arbeitsleistung nach Auffassung der Autoren zwei Fallgruppen zu unterscheiden:

1. Unwiderrufliche Freistellung von der Arbeit ohne Arbeitspflicht mit Fortzahlung der Bezüge und
2. widerrufliche Arbeitsbefreiung unter Beibehaltung des Direktionsrechts und der Arbeitspflicht mit Fortzahlung der Bezüge.

In den Rundschreiben der Spitzenverbände der Sozialversicherungsträger vom 6.9.2001 und vom 9.3.2004 bezüglich der sozialversicherungsrechtlichen Auswirkungen bei Altersteilzeitarbeit sind nur Fälle der einvernehmlichen unwiderruflichen Freistellung der Arbeit angesprochen. Die Auswirkungen einer einseitigen unwiderruflichen Freistellung durch den Arbeitgeber und der widerruflichen Arbeitsbefreiung werden nicht hinreichend deutlich.

Auch das Besprechungsergebnis der Spitzenverbände der Sozialversicherungsträger vom 5./6.7.2005 über den „Fortbestand des versicherungspflichtigen Beschäftigungsverhältnisses bei Verzicht des Arbeitgebers auf die Arbeitsleistung unter Fortzahlung des Arbeitsentgelts" führt zu keiner eindeutigen Aussage bei Altersteilzeit.

Mit einem längeren unwiderruflichen Verzicht des Arbeitgebers auf die geschuldete Arbeitsleistung während der Aktivphase des Blockmodells und dem späteren Ausscheiden des Arbeitnehmers aus dem Erwerbsleben – nach der Passivphase – mit dem Ziel des Altersrentenbezuges können folgende Probleme verbunden sein:

1. Beendigung des sozialversicherungsrechtlichen Beschäftigungsverhältnisses
2. fehlender Versicherungsschutz
3. Entfall als Pflichtbeitragszeit in der Rentenversicherung
4. Entfall der Altersrente nach Altersteilzeit
5. Steuerpflicht der Aufstockungsbeträge
6. keine Erstattung der Aufstockungsleistungen im Förderfall
7. Schadenersatzpflicht des Arbeitgebers.

▶ Fallgruppe 1: Unwiderrufliche Freistellung von der Arbeit

Den genannten Rundschreiben der Spitzenverbände der Sozialversicherungsträger liegen offensichtlich die allgemeinen Grundsätze für das Weiterbestehen eines Beschäftigungsverhältnisses im Sinne des § 7 SGB IV zugrunde, die in der Vergangenheit wiederholt durch höchstrichterliche Rechtsprechung bestätigt wurden. Auch das BAG hat sich mit Urteil vom 10.2.2004 dazu geäußert.

In diesem Zusammenhang ist Folgendes bedeutsam:

Verzichtet der Arbeitgeber aus betriebsbedingten Gründen während einer im Rahmen der Altersteilzeitarbeit vertraglich vorgesehenen Arbeitsphase – nicht nur vorübergehend – auf die tatsächliche Arbeitsleistung des Arbeitnehmers unter Fortzahlung der Bezüge, ohne zu vereinbaren, dass ein bereits angesammeltes Wertguthaben in dieser Freistellungsphase abgebaut wird, und besteht keine Vereinbarung, dass diese Freistellung noch nachgearbeitet und damit ein negatives Wertguthaben ausgeglichen wird, sind nach Auffassung der Spitzenverbände der Sozialversicherungsträger die Voraussetzungen des § 7 Abs. 1a SGB IV für das Vorliegen eines Beschäftigungsverhältnisses gegen Arbeitsentgelt in Zeiten einer Freistellung von der Arbeitsleistung nicht erfüllt. Aus diesem Grunde liegen auch die Voraussetzungen des Altersteilzeitgesetzes während der Freistellung in der Arbeitsphase dann nicht vor.

Sofern der Arbeitgeber jedoch lediglich vorübergehend den Arbeitnehmer von der Arbeitsleistung freistellt, besteht das Beschäftigungsverhältnis nach § 7 Abs. 1 SGB IV fort, wenn der Arbeitnehmer weiterhin dienstbereit bleibt und der Verfügungsmacht des Arbeitgebers untersteht. Dies müsste zu Prüfungszwecken in der Weise sichergestellt werden, dass durch schriftliche Vereinbarung oder andere Dokumentation die jederzeitige Heranziehung zur Arbeitsleistung (z.B. zur Aushilfe oder zu einer Projekterledigung) realisiert wird. Mit der Vergütung für die Zeit der vorübergehenden Freistellung in der Arbeitsphase wird auch das Wertguthaben für ein Beschäftigungsverhältnis im Sinne des § 7 Abs. 1a SGB IV für die spätere Freistellungsphase eingespart.

Leider haben die Spitzenverbände der Sozialversicherungsträger keine Aussage darüber getroffen, welche Zeitspanne bei Altersteilzeit als „vorübergehend" anzusehen ist. Bei der Beantwortung der Frage, wann eine Freistellung als vorübergehend gilt, sollte Folgendes in Betracht gezogen werden.

Orientiert man sich an § 7 Abs. 3 Satz 1 SGB IV, der für unbezahlten Urlaub von Bedeutung ist, wäre ein Monat Freistellung von der Arbeit unter Fortzahlung der Bezüge mit anschließender Weiterbeschäftigung unschädlich. Allenfalls könnten zwei oder drei Monate Freistellung noch vertretbar sein, wozu aber aus Sicherheitsgründen eine schriftliche Zustimmung der zuständigen Krankenkasse einzuholen wäre.

Im Falle eines vollständigen Verzichts des Arbeitgebers auf die Arbeitsleistung bis zum Beginn der Passivphase des Blockmodells kann ein Beschäftigungsverhältnis im versicherungsrechtlichen Sinn nicht begründet werden, es sei denn, die Zeit wird durch ein vorher erwirtschaftetes Wertguthaben, beispielsweise aus Rückstellungen von Entgeltteilen (lfd. Entgelt, Einmalzahlungen) abgedeckt oder es wird teilweise tatsächlich Arbeit verrichtet (stundenweises Aufsuchen des Arbeitsplatzes oder Heimarbeit).

In seiner – in einem anderen Zusammenhang – ergangenen Entscheidung vom 28.9.1993 – 11 RAr 69/92 – (BSGE 73, 126 ff) hat das Bundessozialgericht seine ständige Rechtssprechung nochmals dahingehend bestätigt, nach der eine „vorübergehende Unterbrechung der tatsächlichen Arbeitsleistung den Bestand des Beschäftigungsverhältnisses unberührt lassen soll, wenn das Arbeitsverhältnis fortbesteht und der Arbeitgeber und Arbeitnehmer den Willen haben, das Beschäftigungsverhältnis fortzusetzen". Nur unter diesen Voraussetzungen würde eine vorübergehende Freistellung von der Arbeitsleistung, auch beispielsweise während einer im Rahmen einer Altersteilzeitarbeit vertraglich vorgesehenen Arbeitsphase, ein Beschäftigungsverhältnis nach § 7 Abs. 1 SGB IV begründen. Hingegen wären Freistellungen, die nicht von lediglich vorübergehender Natur, sondern darauf gerichtet sind, nach der Zeit der Beschäftigungslosigkeit in den gesetzlichen Altersruhestand überzugehen, von der Rechtssprechung nicht gedeckt. Denn auch die Verfügungsmacht und die Dienstbereitschaft kann während einer derartigen zwischen Arbeitgeber und Arbeitnehmer vereinbarten Arbeitsfreistellung tatsächlich nicht wahrgenommen werden. Hinzu kommt, dass beim Blockmodell infolge der Wahrnehmung der Passivphase und der anschließenden Rentenbezugszeit eine Fortsetzung des aktiven Beschäftigungsverhältnisses entfällt.

▶ Fallgruppe 2: Widerrufliche Arbeitsbefreiung unter Beibehaltung des Direktionsrechts und der Arbeitspflicht

In diesen Fällen dürfte das sozialversicherungsrechtliche Weiterbestehen des Beschäftigungsverhältnisses mit Versicherungspflicht unter folgenden Voraussetzungen unbedenklich sein:

— Es wird vertraglich die Verpflichtung zur Arbeitsleistung auf Abruf festgelegt.

— Der/die Betreffende hat sich jederzeit zur Arbeitsleistung zur Verfügung zu halten.

— Es ist tatsächlich hin und wieder eine Arbeitsleistung zu erbringen (z.B. Vertretung eines anderen Beschäftigten, Projektarbeit, Heimarbeit mit Telearbeit).

— Das Direktionsrecht des Unternehmens bleibt in vollem Umfang bestehen.

— Der/die Betreffende hat seine/ihren Urlaub wie üblich zu beantragen.

— Jede Abwesenheit vom Wohnort, die länger als einen Arbeitstag dauert, bedarf der vorherigen Genehmigung des Unternehmens.

— Zeiten der Arbeitsunfähigkeit wegen Krankheit sind zu melden.

— Nebentätigkeiten bei einem anderen Arbeitgeber müssen vom Unternehmen genehmigt werden.

Diese Bedingungen sollten bei der zweiten Fallgruppe schriftlich festgelegt werden.

Auf jeden Fall ist es zu empfehlen, bei längerer Arbeitsbefreiung bzw. Freistellung von der Arbeit den zuständigen Versicherungsträger (im Allgemeinen die Krankenkasse) einzuschalten und eine Entscheidung zu erwirken.

Bei Entfall der Versicherungspflicht als „Beschäftigter" wäre dann zu prüfen, ob die Bezüge zu den Vorruhestandsleistungen gehören, die zur Beitragspflicht in der Kranken-, Pflege- und Rentenversicherung führen (siehe Abschn. IX Ziff. 5).

2 Teilzeitarbeit nach dem Altersteilzeitgesetz

2.1 Allgemeines

Altersteilzeitarbeit kann im weitesten Sinne dem Vorruhestand zugerechnet werden. Zumindest handelt es sich dabei um einen Teilruhestand durch Reduzierung der üblichen Arbeitszeit älterer Arbeitnehmer, um so längere Freizeit zu erhalten und auf diese Weise harmonischer in den vollen Ruhestand überzugehen.

Altersteilzeitarbeit ist einerseits möglich mit Förderung durch die Bundesagentur für Arbeit bei Erfüllung der nach dem Altersteilzeitgesetz festgelegten Voraussetzungen. Sie ist aber andererseits auch realisierbar ohne Anspruch auf Förderung durch die Bundesagentur für Arbeit. Die Regelungen des Altersteilzeitgesetzes über die Zahlung von Aufstockungsbeträgen und Zusatzbeiträgen zur Rentenversicherung müssen jedoch entsprechend angewendet werden, um nicht zuletzt die Voraussetzungen für die Rente nach Altersteilzeitarbeit zu erfüllen. Die Auswirkungen im Sozialversicherungsrecht sind dem Abschn. IX und im Steuerrecht dem Abschn. X zu entnehmen.

Arbeitsmarktpolitisch dient das Altersteilzeitgesetz der Entlastung des Arbeitsmarktes. Es handelt sich dabei um ein Subventionsgesetz, mit dem versucht wird, auf die Arbeitsmarktsituation Einfluss zu nehmen und durch das Freiwerden von Arbeitsplätzen jüngeren Arbeitnehmern den Eintritt ins Arbeitsleben zu ermöglichen, abgesehen von der Entlastung der gesetzlichen Rentenversicherung. Um dies zu erreichen, zahlt die Bundesagentur für Arbeit (BA) bei Verkürzung der Arbeitszeit älterer Arbeitnehmer unter bestimmten Voraussetzungen (z.B. Ersatzeinstellung) Zuschüsse zu dem Arbeitsentgelt, das der Arbeitgeber aufgrund eines Tarifvertrages, einer Betriebsvereinbarung oder einer Einzelvereinbarung erbringt. Aus Sicht des älteren Arbeitnehmers liegt bei Inanspruchnahme des Gesetzes zwar im gewissen Umfange Vorruhestand vor, das Arbeitsverhältnis bleibt jedoch im Gegensatz zu anderen Vorruhestandsmodellen mit Zahlung einer Abfindung oder eines Überbrückungsgeldes bestehen. Die üblichen Rechtsbeziehungen zwischen Arbeitgeber und Arbeitnehmer bleiben grundsätzlich erhalten. Dies bedeutet, dass der Arbeitnehmer Anspruch auf Arbeitsentgelt für die verkürzte Arbeitszeit hat und sonstige Forderungen aus dem Arbeitsverhältnis gegen den Arbeitgeber geltend machen kann, wie beispielsweise Urlaub und Freistellungen nach den tariflichen und gesetzlichen Vorschriften.

Darüber hinaus sind weitere Voraussetzungen zu erfüllen, wenn der Arbeitgeber die im Gesetz vorgesehenen Leistungen der Bundesagentur für Arbeit in Anspruch nehmen will.

2.2 Arbeitsrechtliche Aspekte

2.2.1 Arbeitsrechtliche Voraussetzungen

Zu berücksichtigen ist, dass das Altersteilzeitarbeitsverhältnis nur einvernehmlich vereinbart werden kann. Es ist also nicht möglich, den Arbeitnehmer gegen seinen Willen in die Altersteilzeit zu zwingen; andererseits ist es auch nicht möglich, den Arbeitgeber entsprechend zwangsweise zu verpflichten. Auch wenn der Arbeitnehmer keinen Anspruch auf Abschluss eines Altersteilzeitarbeitsvertrages hat, darf der Arbeitgeber den Abschluss eines solchen Vertrages nicht ohne sachlichen Grund ablehnen. Seine Entscheidung muss billigem Ermessen entsprechen. § 315 Abs. 1 BGB ist entsprechend anzuwenden. Konkurrieren hingegen Arbeitnehmer mit einem Anspruch auf Altersteilzeitarbeit und wird dabei die Belastungsgrenze überschritten, wenn mit sämtlichen Arbeitnehmern eine Altersteilzeit vereinbart wird, kann die Auswahl etwa nach Alter und Dauer der Betriebszugehörigkeit erfolgen (Urt. des BAG v. 21.01.1987 - 4 AZR 486/86 - DB 1987, 492 : AP Nr. 46 zu Art. 9 GG). Allerdings besteht die Möglichkeit, dass Altersteilzeitverpflichtungen mit in den Tarifvertrag aufgenommen werden. Gegebenenfalls kann der ältere Arbeitnehmer die Altersteilzeitarbeit beanspruchen. Das gilt auch, wenn dem Verlangen des Arbeitnehmers eine Regelung der Kirchen und der öffentlich-rechtlichen Religionsgesellschaften, eine Betriebsvereinbarung oder eine Individualabrede mit dem Arbeitgeber zugrunde liegt (Einschränkungen bei Verteilung der Arbeitszeit auf 10 Jahre siehe nachfolgend).

Wollen mehr als 5 % der Arbeitnehmer eines Betriebs die Altersteilzeitabrede in Anspruch nehmen, muss die freie Entscheidung des Arbeitgebers sichergestellt sein oder eine Ausgleichskasse der Arbeitgeber oder eine gemeinsame Einrichtung der Tarifvertragsparteien bestehen, wobei beide Voraussetzungen in Tarifverträgen verbunden werden können (§ 3 Abs. 1 Nr. 3 AtG).

Die Möglichkeit eines Arbeitnehmers zur Inanspruchnahme von Altersteilzeitarbeit gilt nicht als eine die Kündigung des Arbeitsverhältnisses durch den Arbeitgeber begründende Tatsache im Sinne des § 1 Abs. 2 Satz 1 des Kündigungsschutzgesetzes.

Die Vereinbarung der Beendigung des Arbeitsverhältnisses ohne Kündigung vor dem 65. Lebensjahr des Arbeitnehmers ist möglich (§ 8 Abs. 3 AtG). Im Rahmen einer Altersteilzeitabrede bietet sich an, die Beendigung des Arbeitsverhältnisses mit Erreichen eines Alters, mit dem der abschlagfreie Bezug einer Rente möglich ist, zu vereinbaren. Für den Anspruch auf Förderleistungen der BA ist es jedoch nach den Verlautbarungen der Bundesagentur für Arbeit erforderlich, den Vertrag über die Altersteilzeitarbeit vor ihrem Beginn zu vereinbaren. Die Vereinbarung ist so abzufassen, dass die Altersteilzeitarbeit zumindest bis zum frühest möglichen Zeitpunkt reicht, zu dem der Arbeitnehmer eine Altersrente - auch mit Abschlägen - beanspruchen kann. Liegt das vereinbarte Ende der Altersteilzeitarbeit vor dem Erreichen des Rentenalters, sind die Voraussetzungen für das Altersteilzeitgesetz nicht erfüllt. Der Zeitpunkt des frühest möglichen Rentenbeginns wird in aller Regel durch eine entsprechende Auskunft des zuständigen Rentenversicherungsträgers nachzuweisen sein.

Der Arbeitgeber sollte sich vertragliche Regressansprüche sichern, falls der Arbeitnehmer durch sein Verhalten die Aufstockungsleistungen der Bundesagentur für Arbeit zum Ruhen oder Erlöschen bringt. Vor einer rückwirkenden Aufhebung des Bewilligungsbescheids über Aufstockungsleistungen durch die Bundesagentur für Arbeit ist der Arbeitgeber allerdings geschützt, wenn er das Erlöschen oder Ruhen des Anspruchs nicht - zumindest grob fahrlässig - zu verantworten hat (§ 5 Abs. 5 AtG).

Der Arbeitgeber kann die Aufstockungszahlungen nach § 3 Abs. 1 Nr. 1 AtG allerdings nicht für den Fall ausschließen, dass sein Anspruch auf die Förderleistungen der Bundesagentur nach § 4 AtG nicht besteht, weil der frei werdende Arbeitsplatz nicht entsprechend den Anforderungen des AtG wiederbesetzt wird. Das gleiche gilt für den Fall, dass der Arbeitgeber die Förderleistungen nur deshalb nicht erhält, weil er den Antrag nach § 12 AtG nicht, nicht richtig, nicht vollständig oder nicht rechtzeitig gestellt hat oder seinen Mitwirkungspflichten nicht nachgekommen ist, ohne dass dafür eine Verletzung der Mitwirkungspflichten des Arbeitnehmers ursächlich war (§ 8 Abs. 2 AtG).

2.2.2 Auswirkungen von Nebenbeschäftigungen und Mehrarbeit während der Altersteilzeit

▶ Allgemeines

Da Altersteilzeitarbeit ein normales Arbeitsverhältnis ist, kann auch bei Altersteilzeit die Notwendigkeit bestehen, dass der Mitarbeiter in Altersteilzeit Mehrarbeit leisten muss. Auch Nebentätigkeiten bei anderen Arbeitgebern oder selbständige Tätigkeiten sind grundsätzlich möglich. Ob der Altersteilzeiter zur Ableistung von Mehrarbeit verpflichtet ist oder ob Neben- oder selbständige Tätigkeiten zulässig sind, richtet sich nach den tarif- oder einzelvertraglichen Regelungen.

Das AtG selbst regelt nur die Auswirkung auf die Förderung durch die Bundesagentur im Falle der Wiederbesetzung. Danach ruht der Anspruch auf Förderung, wenn das Arbeitseinkommen aus Mehrarbeit, einer Tätigkeit bei einem anderen Arbeitgeber oder aus einer selbständigen Tätigkeit die Geringfügigkeitsgrenze des § 8 SGB IV von 400,00 € monatlich überschreitet (§ 5 Abs. 3 Satz 1 AtG).

Bei der Beurteilung der Frage, ob die Geringfügigkeitsgrenze des § 8 SGB IV durch eine mehr als geringfügige Nebentätigkeit oder eine mehr als geringfügige Mehrarbeit überschritten wird, werden beide Sachverhalte für sich betrachtet. Die für die Nebentätigkeit und Mehrarbeit erzielten Entgelte werden nicht zusammengerechnet.

Die 400,00 €-Grenze hat grundsätzlich auch Bedeutung für Fälle ohne Förderansprüche (siehe nachfolgende Ausführungen).

▶ Nebentätigkeiten

- Allgemeines

    Von einer Nebenbeschäftigung kann eigentlich nur die Rede sein, wenn neben dem eigentlichen Arbeitsverhältnis mit Altersteilzeit bei einem anderen Arbeitgeber Tätigkeiten gegen Arbeitsentgelt verrichtet werden bzw. eine selbständige Tätigkeit ausgeübt wird.

    Die Wahrnehmung anderer Tätigkeiten zusätzlich zur Hauptaufgabe, wie beispielsweise der Einsatz als Hausmeister neben der Hauptaufgabe als Bandarbeiter beim selben Arbeitgeber ist in diesem Sinne keine Nebenbeschäftigung, sondern eingebunden in das Arbeitsverhältnis des Arbeitgebers, bei dem Altersteilzeitarbeit ausgeübt wird.

    Arbeitsrechtlich bedarf es im Übrigen der Zustimmung des eigentlichen Arbeitgebers zur Ausübung einer Nebenbeschäftigung. Wird diese einvernehmlich ausgeübt, ist Folgendes bedeutsam:

- Weiterführen einer bisherigen Nebenbeschäftigung

    Eine unselbständige oder selbständige Nebentätigkeit innerhalb der Geringfügigkeitsgrenze (bis 400,00 € mtl.) und darüber ist unschädlich, wenn sie der Betreffende innerhalb der letzten fünf Jahre vor Beginn der Altersteilzeit nicht nur gelegentlich, sondern ständig ausgeübt hat (§ 5 Abs. 3 Satz 4 AtG). Eine Ausdehnung während der Altersteilzeit, etwa in der Freistellungsphase, ist allerdings nicht zulässig.

    Nimmt der Betreffende neben der zulässigen Nebentätigkeit eine weitere geringfügige Beschäftigung auf (bis insgesamt mtl. 400,00 €), ist dies unschädlich.

    Die Unschädlichkeit bezieht sich auf die mögliche Förderung der BA, die Steuerfreiheit der Aufstockungsleistungen und die rentenrechtlichen Ansprüche (Altersrente).

- Beginn einer Nebenbeschäftigung während der Altersteilzeit

    Bei Aufnahme einer Nebentätigkeit bei einem anderen Arbeitgeber während der Altersteilzeit mit kontinuierlich halbierter Wochenarbeitszeit und entsprechend verminderten Grundbezügen sowie während der

Vollzeitarbeitsphase des Blockmodells ist eine Dauernebenbeschäftigung bzw. Aushilfstätigkeit bis zur Geringfügigkeitsgrenze von mtl. 400,00 € (tgl. 13,33 €) unschädlich bezüglich der Förderung durch die Bundesagentur. Der Dienstanweisung der Bundesagentur ist zu entnehmen, dass dies auch für zeitlich unbegrenzte Nebenbeschäftigungen während der Freistellungsphase des Blockmodells gilt.

Eine Nebentätigkeit oberhalb der Geringfügigkeitsgrenze (über mtl. 400,00 €, tgl. 13,33 €) führt zum Ruhen des Förderanspruchs gegen die BA an den Tagen, an denen die Nebentätigkeit ausgeübt wurde. Das kommt zum Tragen bei Nebentätigkeit für den gesamten Zeitraum und bei Aushilfsbeschäftigung an den Tagen, an denen die Nebentätigkeit ausgeübt wurde. Im Falle der Überschreitung der Geringfügigkeitsgrenze von 400,00 € monatlich aufgrund einer selbständigen Tätigkeit ruht der Anspruch auf Förderleistungen für den gesamten Zeitraum, in dem die selbständige Tätigkeit ausgeübt wurde. Das bedeutet aber auch, dass in Fällen ohne Anspruch auf Förderung (z.B. weil keine Ersatzeinstellung erfolgte) eine Nebenbeschäftigung mit einem Arbeitsentgelt über der Geringfügigkeitsgrenze keine negativen Folgen hat.

Die Ausübung eines Ehrenamtes, das durch Wahl oder Delegation der öffentlichen Hand übertragen wurde (kommunale Ehrenämter oder Mandatsausübung), zählt dabei nicht als Nebentätigkeit, die Auswirkung auf die Förderung hat.

Auch ehrenamtliche Betätigungen, soweit sie unentgeltlich ausgeübt werden, dem Gemeinwohl dienen und bei einer Organisation erfolgen, die ohne Gewinnerzielungsabsicht Aufgaben ausführt, die im öffentlichen Interesse liegen oder gemeinnützige, mildtätige oder kirchliche Zwecke fördern, haben keine Auswirkungen auf die Förderung. Ein gewährter Aufwendungssatz der tatsächlich entstandenen Auslagen berührt die Unentgeltlichkeit nicht. Aufwandsentschädigungen sind bis zu einer Höhe von monatlich 554,00 € (400,00 € geringfügiges Entgelt nach § 8 SGB IV zuzüglich 154,00 € in Anlehnung an § 3 Nr. 26 EStG) unschädlich.

Der Anspruch auf Förderung erlischt, wenn er mindestens 150 Tage geruht hat, mehrere Ruhenszeiten werden zusammengerechnet (§ 5 Abs. 3 Satz 2 AtG).

Das Ruhen bzw. Erlöschen der Förderung ändert nichts an der renten-, sozialversicherungs- und steuerrechtlichen Bewertung des Altersteilzeitbeschäftigungsverhältnisses.

Dies gilt auch für Nichtförderfälle. Insofern sind Ruhens- und Erlöschenstatbestände ohnehin nicht relevant, weil der Arbeitgeber alle Kosten trägt.

▶ Mehrarbeit

Unter Mehrarbeit versteht man nur die Zeiten, die nach den einschlägigen tarifrechtlichen Bestimmungen als Mehrarbeit definiert sind. Bereitschaftsdienst- und Rufbereitschaftsentgelte, etwa im öffentlichen Dienst, sind keine Mehrarbeit. Nur die im Rahmen der Bereitschaftsdienste tatsächlich geleisteten Arbeitsstunden sind Mehrarbeit und führen dann, wenn dadurch die Geringfügigkeitsgrenze überschritten wird, zum Ruhen des Anspruchs auf Förderung.

Die Auswirkungen von Mehrarbeit sind unterschiedlich, je nachdem ob sie im kontinuierlichen Teilzeitmodell bzw. in der Arbeitsphase des Blockmodells oder während der Freistellungsphase des Blockmodells geleistet wird. Im Einzelnen ist dabei Folgendes zu beachten:

- Mehrarbeit während der kontinuierlichen Teilzeitarbeit und der Arbeitsphase des Blockmodells

  Geringfügige Mehrarbeit bis 400,00 € monatlich ist im kontinuierlichen Teilzeitmodell oder in der Arbeitsphase des Blockmodells sowohl förderungsrechtlich als auch sozialversicherungsrechtlich unschädlich (keine Gefährdung des Rentenzugangs), und zwar für länger dauernde wie auch für vorübergehende (kurzfristige) Mehrarbeit. Es bestehen auch hinsichtlich der renten-, steuer- und sozialversicherungsrechtlichen Belange keine Probleme. Dies gilt ebenso für Nichtförderfälle.

  Mehr als geringfügige Mehrarbeit führt dann nicht zum Ruhen des Anspruchs auf Förderung, wenn sie nicht ausgezahlt, sondern in Freizeit ausgeglichen wird. Dies gilt auch dann, wenn beanspruchbare Mehrarbeitszuschläge ausgezahlt werden.

  Mehrarbeitszuschläge können aber auch in Arbeitszeit umgerechnet und entsprechend durch Freizeit ausgeglichen werden.

  Werden nur etwaige Zuschläge ausgezahlt, verlieren sie den Charakter einer Mehrarbeitsvergütung und sind jeweils in die Bemessungsgrundlage für die gesetzlichen Aufstockungsleistungen einzubeziehen.

  Mehrarbeit oberhalb der Geringfügigkeitsgrenze führt bei kontinuierlicher Teilzeitarbeit sowie beim Blockmodell in der Arbeitsphase zum Ruhen und ggf. zum Erlöschen des Förderanspruchs für die Tage, an denen die Mehrarbeit verrichtet wurde. Nach den Rundschreiben der Spitzenverbände der Sozialversicherungsträger steht nicht nur in geringfügigem Umfang geleistete Mehrarbeit der Altersteilzeitarbeit im sozialversicherungsrechtlichen Sinne – abweichend von den vorerwähnten Regelungen für die Förderleistungen der Bundesagentur – nicht entgegen. Damit werden solche Zeiten auch zur Erfüllung der Voraussetzungen für Altersrente nach Altersteilzeitarbeit herangezogen. Dies gilt entsprechend für Nichtförderfälle.

- Mehrarbeit während der Freistellungsphase des Blockmodells

  In der Freistellungsphase des Blockmodells kann es grundsätzlich nicht zu Mehrarbeit kommen, da in der Freistellungsphase des Blockmodells keine Verpflichtung zur Arbeitsleistung mehr besteht und von daher auch Mehrarbeit nicht möglich ist. Wird dennoch in der Freistellungsphase des Blockmodells eine Arbeitsleistung erbracht, etwa wegen einer Krankheitsvertretung oder für einen Projektabschluss, ist dies nur dann förderungsrechtlich unschädlich, wenn sie von vornherein nicht geplant und nur ausnahmsweise (vorübergehend und geringfügig) anfällt und den Charakter der Altersteilzeit – Halbierung der Arbeitszeit – nicht verändert. Die Prüfung, ob die geleistete Arbeit förderungsunschädlich ist, erfolgt durch die Agentur für Arbeit jeweils im Einzelfall. Eine Dauernebenbeschäftigung ist damit grundsätzlich ausgeschlossen.

  Eine Arbeitsleistung oberhalb der Geringfügigkeitsgrenze ist nicht zulässig, da sich wegen der fehlenden Möglichkeit, diese Arbeitsleistung durch Freizeit auszugleichen, der Charakter der Altersteilzeit verändert (keine Halbierung der Arbeitszeit).

  Der Anspruch auf Förderung durch die BA entfällt, wenn eine unzulässige Mehrarbeit geleistet wird (= Ruhenszeit). Er erlischt, wenn eine Ruhenszeit von 150 Kalendertagen und mehr vorliegt.

  Von Bedeutung ist in diesem Zusammenhang, dass durch unzulässige Mehrarbeit das Altersteilzeitarbeitsverhältnis im Sinne des Gesetzes während solcher Zeiten durch ein normales versicherungspflichtiges Beschäftigungsverhältnis abgelöst wird. Die Versicherungspflicht ergibt sich schon daraus, dass Arbeitsentgelt aus einem während der Arbeitsphase erarbeiteten und vorgetragenen Wertguthaben entnommen wird (§ 7 Abs. 1a SGB IV). Zudem ist eine beitragspflichtige Vergütung der Mehrarbeit vorhanden, die nicht in Freizeit abgegolten werden kann. Damit ist auch der Versicherungsschutz gewährleistet. Das gilt ohnehin entsprechend für Fälle ohne Anspruch auf Förderung (= Nichtförderfälle).

  Durch den Entfall der Altersteilzeitarbeit können allerdings rentenrechtliche Probleme auftreten. Diese Zeiten gelten nämlich nicht als Vorversicherungszeit für den vorzeitigen Bezug von Altersrente nach Altersteilzeitarbeit (24 Monate). Der Anspruch auf eine Altersrente ist nur gewährleistet, wenn die Voraussetzungen für die Altersrente nach Altersteilzeitarbeit (24 Monate) vor bzw. nach der Unterbrechung erfüllt werden oder eine Altersrente mit anderen Voraussetzungen beansprucht werden kann, wie beispielsweise Altersrente für Schwerbehinderte.

Wird eine Zeit wegen Erbringung von Mehrarbeit nicht als Altersteilzeit gewertet, kommt hinzu, dass weitergewährte Aufstockungsleistungen steuer- und damit auch beitragspflichtig werden.

Sollte sich die Notwendigkeit für eine Arbeitsleistung oberhalb der Geringfügigkeitsgrenze auch in der Freistellungsphase ergeben oder wegen längerer Mehrarbeit, also nicht nur vorübergehend, im Rahmen der Geringfügigkeitsgrenze, bliebe nur die Möglichkeit, das Altersteilzeitarbeitsverhältnis zu verlängern, um die erneute Arbeitsphase in Freizeit auszugleichen oder das Altersteilzeitarbeitsverhältnis selbst zu unterbrechen. Eine solche begrenzte Unterbrechung kann z.B. dann erforderlich sein, wenn der gesetzlich oder vertraglich zulässige Verteilzeitraum für die Halbierung der Arbeitszeit eine Verlängerung der Altersteilzeit nicht zulässt.

2.2.3 Eintritt von Arbeitsunfähigkeit wegen Krankheit vor Beginn der vereinbarten Altersteilzeit

Bei Eintritt von Arbeitsunfähigkeit wegen Krankheit vor Beginn der vereinbarten Altersteilzeitarbeit sind die Auswirkungen unterschiedlich, je nachdem, ob

- die Entgeltfortzahlungsfrist von 6 Wochen während der Altersteilzeitarbeit – also am ersten Tag oder später – endet und anschließend Krankengeld gezahlt wird

oder

- die Krankenentgeltzahlung nach Ablauf der 6-Wochenfrist bereits vor Beginn der Altersteilzeitarbeit einsetzt.

Im Fall der über den Beginn der Altersteilzeitarbeit andauernden Entgeltfortzahlung ist das Altersteilzeitarbeitsverhältnis wirksam geworden, so dass anschließend Krankengeld nach dem durch die Altersteilzeitarbeit verminderten Arbeitsentgelt berechnet wird. Mithin ergeben sich die Auswirkungen wie im Falle des Eintritts der Arbeitsunfähigkeit während der bereits begonnenen Altersteilzeitarbeit: Zahlung von Aufstockungsleistungen und erhöhten Rentenversicherungsbeiträgen, ggf. Einstellung von Wertguthaben. Sozialversicherungsrechtlich ergeben sich damit keine Nachteile, ebenso wie bezüglich der Förderung durch die BA.

Hingegen beginnt das Altersteilzeitarbeitsverhältnis bei Eintritt von Arbeitsunfähigkeit und Einsetzen der Krankengeldzahlung vor dem ursprünglichen Beginn des Altersteilzeitarbeitsverhältnisses erst zum Zeitpunkt der Wiederaufnahme der Arbeit. In diesem Falle zahlt die Krankenkasse Krankengeld auf der Basis des bisherigen Arbeitsentgelts mit der Folge, dass solche Zeiten nicht als Altersteilzeitarbeit im Sinne des AtG gelten.

2.3 Leistungen der Bundesagentur für Arbeit

2.3.1 Voraussetzungen des begünstigten Personenkreises

Die Bundesagentur für Arbeit gewährt nach § 2 AtG Leistungen für Arbeitnehmer, die

- das 55. Lebensjahr vollendet haben,

- nach dem 14.2.1996 mit ihrem Arbeitgeber eine Vereinbarung über die Reduzierung der Arbeitszeit getroffen haben,

- aufgrund einer Vereinbarung die Arbeitszeit auf die Hälfte der bisherigen wöchentlichen Arbeitszeit vermindert haben,

- während der reduzierten Arbeitszeit eine versicherungspflichtige Beschäftigung im Sinne des SGB III ausüben, also zum Personenkreis nach §§ 24,25 SGB III gehören und keinen Befreiungstatbestand für eine versicherungsfreie Beschäftigung nach §§ 27, 28 SGB III erfüllen; sie müssen damit eine mehr als geringfügige Beschäftigung im Sinne des § 8 SGB IV ausüben,

- innerhalb der letzten 5 Jahre unmittelbar vor Beginn der Altersteilzeitarbeit mindestens 1080 Kalendertagen (= 3 Jahre) in einer die Beitragspflicht zur Arbeitslosenversicherung begründenden Vollzeitbeschäftigung gestanden haben.

Die Ausübung einer versicherungspflichtigen Beschäftigung, also keine versicherungsfreie geringfügige Beschäftigung, ist erforderlich, damit weiterhin Beitragspflicht zur Arbeitslosenversicherung besteht. Falls der ältere Arbeitnehmer aus nicht vorhersehbaren Gründen (z.B. bei Insolvenz) arbeitslos wird, hätte er dann noch Anspruch auf Arbeitslosengeld. Dieses würde ggf.` nach dem Vollentgelt, nicht nach dem Altersteilzeitentgelt bemessen.

Die Rahmenfrist von fünf Jahren geht dem Beginn der Altersteilzeit unmittelbar vorauf und kann nicht verlängert werden. Es sind auch Zeiten der Arbeitslosigkeit mit Anspruch auf Arbeitslosengeld oder Arbeitslosenhilfe in die Zahl 1080 einzurechnen. Außerdem gibt es Zeiten, die einer die Beitragspflicht begründenden Beschäftigung gleichgestellt sind, wie Bezug von Krankengeld, Mutterschaftsgeld u.ä.

Die Vereinbarung über die vom älteren Arbeitnehmer zu leistende Arbeitszeit erfolgt im Interesse des Betriebes und des Arbeitnehmers und kann recht unterschiedlich gestaltet werden. Es sind alle Gestaltungen möglich, zum Beispiel kontinuierliche Halbtagsbeschäftigung, täglicher/wöchentlicher Wechsel (Vollzeit/Freizeit), monatlicher/jährlicher Wechsel.

▶ Blockmodell (Hälfte der Gesamtzeit Vollarbeit, danach Freistellung)

Es ist auch möglich, dass der ältere Arbeitnehmer z.b. erst ein halbes Jahr voll und dann ein halbes Jahr gar nicht arbeitet.

Beispiel:

Bei der Verteilung innerhalb eines Jahres arbeitet der Arbeitnehmer sechs Monate voll und sechs Monate überhaupt nicht. Das ergibt wiederum eine Reduzierung auf die Hälfte. Der Betrieb zahlt seine Leistungen (Entgelt plus Aufstockungsbetrag) laufend und bekommt dann von der Agentur für Arbeit vom Zeitpunkt der Ersatzeinstellung an den Zuschuss.

Wird die Altersteilzeitarbeit im so genannten Blockzeitmodell durchgeführt und in der Vollzeitarbeitsphase eine Entgeltersatzleistung, wie z.B. Krankengeld, Kurzarbeitergeld oder Winterausfallgeld, bezogen, kann ein Wertguthaben für die Freistellungsphase nicht bzw. nur teilweise erarbeitet werden. Arbeitsrechtliche Regelungen können deshalb vorsehen, dass Zeiten mit Bezug von Entgeltersatzleistungen in der Freistellungsphase zur Hälfte nachgearbeitet werden müssen; der Beginn der Freistellungsphase wird entsprechend hinausgeschoben. Wird Nacharbeit nicht vereinbart, stellt aber der Arbeitgeber zur Auffüllung des Wertguthabens entsprechende Leistungen in das Wertguthaben ein, kann die Freistellungsphase zum vereinbarten Termin beginnen.

Die Beschäftigung kann auch nach Vollendung des 55. Lebensjahres auf Phasen mit Arbeitsleistung und Phasen der Freistellung für einen Zeitraum von bis zu 10 Jahren verteilt werden, so genannte Arbeitszeitkonten. Es werden von der BA jedoch innerhalb des längeren Zeitraums nur 6 Jahre gefördert, in denen die Arbeitszeit halbiert ist und Aufstockungsleistungen in gesetzlicher Höhe gezahlt werden müssen. Der Förderzeitraum von 6 Jahren liegt dann innerhalb des Gesamtzeitraums der Altersteilzeitarbeit von bis zu 10 Jahren. So ist es möglich, dass ältere Arbeitnehmer zunächst ihre Arbeitsleistung weiter in einer Vollzeittätigkeit erbringen, um anschließend ganz freigestellt zu werden (Mobilzeitabrede). Die Verteilung auf einen längeren Zeitraum als drei Jahre ist jedoch nur möglich, wenn ein Tarifvertrag, aufgrund eines Tarifvertrages eine Betriebsvereinbarung oder eine entsprechende kirchenrechtliche Regelung einen mehr als dreijährigen Verteilzeitraum ausdrücklich zulässt (§ 2 Abs. 2 Nr. 1

AtG). Im Betrieb eines nicht tarifgebundenen Arbeitgebers kann eine solche tarifvertragliche Regelung durch Betriebsvereinbarung oder, wenn ein Betriebsrat nicht besteht, durch schriftliche Vereinbarung zwischen dem Arbeitgeber und dem Arbeitnehmer übernommen werden. Können auf Grund eines solchen Tarifvertrages abweichende Regelungen in einer Betriebsvereinbarung getroffen werden, kann auch in Betrieben eines nicht tarifgebundenen Arbeitgebers davon Gebrauch gemacht werden. Das gilt auch für einen Zeitraum mit Altersteilzeitarbeit über drei Jahre. Allerdings ist eine volle Übernahme der tariflichen Regelungen erforderlich.

Sofern in einem Bereich tarifvertragliche Regelungen zur Verteilung der Arbeitszeit nicht getroffen sind oder üblicherweise nicht getroffen werden, kann eine Regelung über Altersteilzeitarbeit über drei Jahre auch durch Betriebsvereinbarung oder, wenn ein Betriebsrat für einen bestimmten Personenkreis nicht zuständig ist (z.B. leitende Angestellte), durch schriftliche Vereinbarung zwischen Arbeitgeber und Arbeitnehmer getroffen werden. Das gilt auch für die unter das Betriebsverfassungsgesetz fallenden Angestellten, wenn sie aus dem Geltungsbereich des Tarifvertrages ausgenommen sind und für sie eine Betriebsvereinbarung abgeschlossen ist oder wenn mit ihnen in Betrieben ohne Betriebsrat eine einzelvertragliche Vereinbarung getroffen wurde.

Es ist davon auszugehen, dass nach § 2 Abs. 3 AtG bei unterschiedlicher Verteilung der wöchentlichen Arbeitszeit über einen Zeitraum von mehr als fünf Jahren im Rahmen der festgelegten Grenzen (z.B. nicht mehr als die Hälfte der tariflichen wöchentlichen Arbeitszeit) nur bis zu 6 Jahren innerhalb des längeren Zeitraums Leistungen von der Bundesagentur für Arbeit erbracht werden. Damit beschränkt sich auch die Verpflichtung des Arbeitgebers zur Aufstockung des Arbeitsentgelts und zur Entrichtung zusätzlicher Rentenversicherungsbeiträge auf den Zeitraum, für den eine Förderung durch die Bundesagentur für Arbeit möglich ist.

1. Beispiel:

Der für die Altersteilzeit vorgesehene Arbeitnehmer, mit dem die Vereinbarung geschlossen worden ist, arbeitet zunächst 2 ½ Jahre voll und dann 2 ½ Jahre nicht. Der Betrieb zahlt seine Leistungen kontinuierlich laufend und bekommt dann nach den 2 ½ Jahren Vollbeschäftigung den Zuschuss doppelt, wenn die betrieblichen Voraussetzungen erfüllt sind.

2. Beispiel:

Mit einem Arbeitnehmer wird Altersteilzeitarbeit vereinbart mit der Maßgabe, dass er fünf Jahre voll arbeitet und anschließend fünf Jahre freigestellt wird. Während der Zeit der Freistellung erfolgt dann die Förderung durch die Bundesagentur für Arbeit, wenn die vorgesehenen Voraussetzungen erfüllt sind.

Die Förderung durch die Bundesagentur für Arbeit ist nicht ausgeschlossen, wenn vorher ein angespartes Wertguthaben - als Zeit- oder Geldwert - mit in die Altersteilzeit übernommen und dadurch zusätzliche Freizeit erworben wird (z.b. durch Mehrarbeit). Das gilt ebenso für angesparte Urlaubsansprüche aus vorangegangenen Jahren und Zeiten der Beurlaubung (vor der Pensionierung) nach der Dauer der Betriebszugehörigkeit. Allerdings schließt eine Freistellung von der Arbeit aus anderen Gründen - also aus betriebsbedingten Gründen - während der Zeit der erforderlichen Arbeitsleistung die Förderung durch die Arbeitsverwaltung aus.

2.3.2 Gesetzliche Mindestleistungen des Arbeitgebers

▶ **Allgemeines**

Grundsätzlich ist bei der Berechnung der gesetzlichen Aufstockungsleistungen zu unterscheiden

- zwischen den Fällen der Altersteilzeit, die nach Einzelvertrag bis zum 30.6.2004 begonnen hat (nachfolgend = Altfälle)
- und den Fällen der Altersteilzeit, die nach Einzelvertrag am 1.7.2004 oder später begonnen hat bzw. beginnt (nachfolgend = Neufälle).

Der Zeitpunkt des Vertragsabschlusses ist dabei nicht maßgebend, sondern der Beginn der Altersteilzeit.

Ohne Rücksicht, ob ein Förderfall vorliegt oder nicht, hat der Arbeitgeber die gesetzlichen Leistungen (Aufstockungsbeträge/Zusatzbeiträge zur RV) nach den einschlägigen Festlegungen aus renten- und steuerrechtlichen Gründen zu erbringen. So wird vorzeitige Altersrente nach Altersteilzeitarbeit nur gezahlt, wenn die Voraussetzungen nach dem Altersteilzeitgesetz erfüllt sind. Entsprechendes gilt für die Steuerfreiheit der Leistungen nach § 3 Nr. 28 EStG.

▶ **Gesetzliche Leistungen für Altfälle**

Altersteilzeitarbeit im Sine des Gesetzes mit der Möglichkeit der Erstattung der gesetzlichen Zusatzleistungen des Arbeitgebers durch die BA (§ 4 AtG) und als

Voraussetzung für den vorzeitigen Bezug der Altersrente nach Altersteilzeitarbeit (§ 237 SGB VI) setzt nach § 3 AtG Folgendes für Altfälle voraus:

- Aufstockung des Bruttoteilzeitarbeitsentgelts um 20 %

    Das Bruttoarbeitsentgelt des Arbeitnehmers, das dieser für seine Teilzeitarbeit erhält, muss um mindestens 20 % erhöht werden (Aufstockungsbetrag).

- Aufstockung auf 70 % des bisherigen Nettoverdienstes

    Wenn der Nettoverdienst aus dem Bruttoteilzeitarbeitsentgelt zusammen mit dem Aufstockungsbetrag von 20 % nicht 70 % des bisherigen Nettoverdienstes erreicht (Mindestnettobetrag), ist der Aufstockungsbetrag entsprechend zu erhöhen. Hierbei ist die amtliche Tabelle maßgebend.

- Zusätzliche Beiträge zur Rentenversicherung von 90 % des bisherigen Bruttoentgelts

    Für den teilzeitbeschäftigten Arbeitnehmer hat der Arbeitgeber Beiträge zur Rentenversicherung auf Basis von mindestens 90 % des bisherigen Arbeitsentgelts zu zahlen, höchstens bis 90 % der BBG (2006: 90 % von 5.250,00 € = 4.725,00 € West, 90 % von 4.400,00 € = 3.960,00 € Ost). Die Differenz zwischen den Beiträgen für das Altersteilzeitarbeitsentgelt und denen für das so genannte Vollzeitarbeitsentgelt hat der Arbeitgeber allein zu tragen.

Nach § 15g AtG (Übergangsregelung) erbringt die BA jedoch auf Antrag des Arbeitgebers Leistungen in der ab 1. Juli 2004 geltenden Fassung des § 4 AtG. Die Regelung betrifft ausschließlich das Verhältnis zwischen Arbeitgeber und BA für das Erstattungsverfahren. Gegenüber dem Arbeitnehmer hat der Arbeitgeber die Leistungen (Aufstockung und zusätzliche RV-Beiträge) nach altem Recht zu erbringen. Dies ist allerdings nicht zu empfehlen, weil im Förderfall weniger erstattet würde als nach altem Recht.

Die Berechnung der Aufstockungsbeträge und erhöhten Beiträge zur Rentenversicherung im Einzelnen sind den nachfolgenden Ziffern zu entnehmen.

▶ **Gesetzliche Leistungen für Neufälle**

Für Neufälle gilt Folgendes:

- Aufstockung des Bruttoregelarbeitsentgelts um 20 %

    Das Bruttoregelarbeitsentgelt muss um mindestens 20 % des Regelarbeitsentgelts aufgestockt werden. Eine mögliche weitere Aufstockung auf mindestens 70 % des bisherigen Nettoverdienstes nach amtlicher Tabelle entfällt.

- **Zusätzliche Beiträge zur Rentenversicherung von 80 % des Regelarbeitsentgelts**

  Die vom Arbeitgeber allein zu tragenden Zusatzbeiträge belaufen sich auf mindestens 80 % des Regelarbeitsentgelts, begrenzt auf den Unterschiedsbetrag zwischen 90 % der Monats-BBG (West = 4.725,00 €, Ost = 3.960,00 €) und dem Regelarbeitsentgelt, höchstens bis zur BBG der Rentenversicherung.

  Sofern die Voraussetzungen für Förderleistungen nicht erfüllt sind (= keine Ersatzeinstellung), müssen jedoch die gesetzlichen Aufstockungsbeträge gezahlt werden, um die Voraussetzungen für die vorgezogene Altersrente nach Altersteilzeit zu erfüllen.

2.3.3 Bemessungsgrundlagen für die Aufstockungsleistungen

▶ **Altfälle**

- <u>Basisarbeitsentgelt für 20 % Aufstockung</u>

  Maßgebend für die Berechnung des Aufstockungsbetrages ist das im jeweiligen Lohnabrechnungszeitraum (regelmäßig im Kalendermonat) für die Altersteilzeitarbeit erzielte Bruttoarbeitsentgelt, soweit es dem Grunde der Beitragspflicht unterliegt. Die Beitragsbemessungsgrenze (2006: 5.250,00 €/mtl. West, 4.400,00 €/mtl. Ost) ist für die Aufstockung um 20 % grundsätzlich unerheblich; sie ist nur bei Gewährung von Einmalzahlungen zu beachten (siehe nachfolgend). Durch die monatliche Berechnung des Aufstockungsbetrages ist sichergestellt, dass auch bei Teilzeit arbeitenden Arbeitnehmern Entgelterhöhungen in Ansatz kommen.

  Zum Bruttoarbeitsentgelt gehören neben den gleich bleibenden laufenden Grundbezügen (z.B. Gehalt) u.a.:

  – Leistungszulagen, Erschwerniszulagen, Schmutzzulagen, Zulagen für höherwertige Tätigkeit und ähnliche Zulagen,

  – Anwesenheitsprämien,

  – Zuschläge für Sonntags-, Feiertags- und Nachtarbeit, soweit sie steuer- und beitragspflichtig sind,

  – pauschale Vergütungen für Bereitschaftsdienst und Rufbereitschaft (nicht jedoch Entgeltzahlungen für geleistete Arbeitsstunden),

  – einmalige und wiederkehrende Zuwendungen, z.B. Weihnachtsgeld, Urlaubsgeld, Jubiläumszuwendungen, 13. und 14. Monatsentgelte, bis zur monatlichen Beitragsbemessungsgrenze,

- rückwirkende Entgelterhöhungen oder Nachzahlungen für Zeiten der Altersteilzeitarbeit,
- vermögenswirksame Leistungen,
- Sachbezüge und geldwerte Vorteile, z.B. Jahreswagenrabatte, Kraftfahrzeugüberlassung zum privaten Gebrauch (= so genannte Dienstwagen), begünstigte Darlehen,
- pauschal besteuerte Bezüge, die beitragspflichtig sind,
- Kontoführungsgebühren,
- Direktversicherungsbeiträge aus laufendem Arbeitsentgelt,
- der sozialversicherungspflichtige Teil der ZVK-Umlage für die Zusatzversorgungskassen des öffentlichen Dienstes,
- Poolzahlungen an angestellte Ärzte, soweit sich die Verpflichtung des Arbeitnehmers zur Erbringung der Arbeitsleistung für den liquidationsberechtigten Arzt und auch die Vergütung dieser Tätigkeit aus dem Sonderfonds „Pool" allein aus der arbeitsrechtlichen Beziehung zwischen dem Krankenhausträger und dem Arbeitnehmer ergeben.

Sofern der Arbeitgeber höhere Aufstockungsbeträge leistet, kann er jedoch eine andere Grundlage für die Errechnung des Aufstockungsbetrages festlegen, z.B. ohne Berücksichtigung von Sachleistungen, geldwerten Vorteilen und Zuwendungen, die während der Altersteilzeitarbeit teilweise oder gar in voller Höhe weitergezahlt werden (z.B. vermögenswirksame Leistungen). Die gesetzliche Höhe der Leistungen (20 % des Bruttoteilzeitentgelts, 70 % des bisherigen pauschalierten Nettoverdienstes, 90 % Rentenversicherungsbeiträge) muss jedoch gewährleistet sein.

Ändert sich die Höhe des Arbeitsentgelts während der Altersteilzeitarbeit, z.B. aufgrund einer Lohnerhöhung, ist diese Änderung zu berücksichtigen.

Beispiele mit laufendem Entgelt für die Altersteilzeitarbeit:

	Beispiel 1 EUR	Beispiel 2 EUR	Beispiel 3 EUR
Gehalt	1.500,00	4.300,00	4.600,00
Leistungszulage	100,00	100,00	100,00
Vermögensw. Leistungen	26,00	26,00	26,00
gesetzl. Aufstockg. 20% von	1.626,00	4.426,00	4726,00
Aufstockungsbetrag	325,20	885,20	945,20

- **Zusätzlicher Aufstockungsbetrag nach dem Mindestnettoentgelt von 70 %**

– Vergleich individuelles Nettoteilzeitentgelt und Aufstockungsbetrag mit bisherigem Nettoentgelt

Nach § 3 Abs. 1 Nr. 1 Buchst. a AtG muss der Nettoverdienst für die Altersteilzeitarbeit zusammen mit dem Aufstockungsbetrag von 20 % des Brutto-Teilzeitarbeitsentgelts mindestens 70 % des bisherigen Nettoarbeitsentgelts (= pauschaler Mindestnettobetrag) nach amtlicher Tabelle erreichen. Trifft das nicht zu, ist das festgestellte Arbeitseinkommen zusätzlich um den Differenzbetrag aufzustocken. Dieser Vergleich entfällt bei Neufällen.

– Berechnen des individuellen Nettoteilzeitentgelts

Bei der Feststellung, ob der Netto-Teilzeitarbeitsverdienst und der Aufstockungsbetrag zusammen die 70 % des bisherigen Nettoarbeitsentgelts erreichen, wird von dem beitragspflichtigen Brutto-Teilzeitarbeitsentgelt ausgegangen, das der Berechnung des Mindestaufstockungsbetrages (= 20 % des Brutto-Teilzeitarbeitsentgelts) im jeweiligen Abrechnungszeitraum zugrunde liegt. Damit kommen alle dem Grunde nach beitragspflichtigen Bezüge in Ansatz, also auch einmalige Zuwendungen, Sachbezüge und geldwerte Vorteile, wie beispielsweise für private Nutzung eines Dienstwagens und verbilligte Darlehen sowie beitragspflichtige Rabatte. Dies gilt auch für ungeminderte Entgeltbestandteile, die bei der Aufstockung außer Betracht bleiben; sie wirken sich daher erhöhend auf das individuelle Nettoteilzeitarbeitsentgelt aus. Nicht in Ansatz kommen umgewandelte Entgeltteile, die beitragsfrei sind, wie beispielsweise Beiträge für eine Direktversicherung. Außer Betracht bleiben auch Abfindungen, die beispielsweise vertraglich zum Ausgleich von Rentenminderungen entweder zu Beginn oder im letzten Monat der Altersteilzeit gezahlt werden, nicht zuletzt weil sie für Zeiten nach der Altersteilzeit gelten. Die Beitragsbemessungsgrenze ist nach den Weisungen der BA nur zu berücksichtigen, wenn Einmalzahlungen anfallen und dadurch die Grenze überschritten wird. Begründung ist, dass die BBG auch bei der Berechnung des Aufstockungsbetrages von 20 % zu berücksichtigen ist (hinsichtlich der betrieblichen Zusatzleistungen siehe Ziff. 2.3.4). Obwohl also Sachbezüge und geldwerte Vorteile dem Arbeitnehmer nicht in bar zufließen, werden sie zur Vergleichsrechnung beim Netto-Teilzeitarbeitsverdienst berücksichtigt, und zwar durch Hinzurechnung zum Barbezug und zur Berechnung der gesetzlichen Abzüge.

▶ **Neufälle**

Die gesetzliche Aufstockung beträgt mindestens 20 % des Regelarbeitsentgelts. Der Prozentsatz für Alt- und Neufälle ist insoweit gleich lautend. Die 70 %-Nettogarantie entfällt jedoch. Nicht übereinstimmend ist die Basis: Während es bei den Altfällen auf das Altersteilzeitarbeitsentgelt des jeweiligen Monats ankommt, ist bei den Neufällen das Regelarbeitsentgelt maßgebend. Nach § 6 AtG handelt es sich dabei um das auf einen Monat entfallende vom Arbeitgeber regelmäßig zu zahlende sozialversicherungspflichtige Arbeitsentgelt, soweit es die BBG der Arbeitslosenversicherung (2006 = West 5.250,00 €, Ost 4.400,00 €) nicht überschreitet. Regelmäßiges Arbeitsentgelt ist somit grundsätzlich die Hälfte des ohne Altersteilzeitarbeit maßgeblichen laufenden Arbeitsentgelts (so genanntes Vollzeitarbeitsentgelt). Es können aber auch ungekürzte Entgeltbestandteile in Ansatz kommen, wenn sie wie bei den Altfällen regelmäßig anfallen. Bei Vereinbarungen nach § 7 Abs. 1a SGB IV ist für Zeiten der tatsächlichen Arbeitsleistung (Arbeitsphase beim Blockmodell) und der Freistellung von der Arbeit (= Freistellungsphase) das in dem jeweiligen Zeitraum fällige laufende Arbeitsentgelt als Regelarbeitsentgelt maßgebend. Das Regelarbeitsentgelt ist ggf. jeden Monat neu festzusetzen (z.B. bei variablen Lohnbestandteilen). Zum Regelarbeitsentgelt können – neben dem laufenden Arbeitsentgelt – z.B. gehören: Vermögenswirksame Leistungen, Prämien und Zulagen, Zuschläge für Sonntags-, Feiertags- und Nachtarbeit, Sachbezüge und sonstige geldwerte Vorteile, wie z.B. Kraftfahrzeugüberlassung zum privaten Gebrauch des Arbeitnehmers. Es kommt dabei entscheidend auf die Regelmäßigkeit an. Somit bleiben Entgeltteile außer Ansatz, die nicht in jedem Abrechnungszeitraum, also nicht laufend gezahlt werden (z.B. einmalige Zuwendungen). Ebenso werden Entgeltteile nicht berücksichtigt, die nicht für die vereinbarte Arbeitszeit gezahlt werden (z.B. Mehrarbeitsvergütung).

Weitere Einzelheiten, insbesondere über die Berechnung der Zusatzbeiträge zur Rentenversicherung, sind dem Buch „Altersteilzeit" von Datakontext zu entnehmen.

2.3.4 Betriebliche Zusatzregelungen

Da es sich bei der Zahlung von Aufstockungsbeträgen und Zusatzbeiträgen zur Rentenversicherung nach dem AtG um Mindestleistungen handelt, kann der Arbeitgeber auf der Basis eines Tarifvertrages, einer Betriebsvereinbarung oder eines Einzelvertrages erhöhte Leistungen erbringen. Eine Erstattung durch die BA ist insoweit allerdings ausgeschlossen. Solche Aufwendungen gehören mithin zu den Personalnebenkosten.

Denkbar sind folgende vom Gesetz abweichende Regelungen:

- Erhöhung des Aufstockungsbetrages vom 20 %

  Der Arbeitgeber kann den Mindestaufstockungsbetrag von 20 % des Bruttoteilzeitarbeitsentgelts bzw. Bruttoregelarbeitsentgelts auf 25, 30, 35 oder 40 % oder mehr erhöhen. Es ist allerdings angebracht, dass in diesen Fällen eine Begrenzung auf 100 % des bisherigen Nettoverdienstes festgelegt wird, um zu verhindern, dass der Altersteilzeitarbeitende mehr erhält als bei Vollzeitarbeit. Erhöhungen über 100 % des bisherigen Nettoverdienstes sind steuer- und beitragspflichtig.

- Festlegung einer Mindestnettogarantie über dem gesetzlichen Rahmen

  In diesem Falle wird eine Mindestnettogarantie bis auf 100 % des bisherigen Nettoarbeitsverdienstes zugestanden, also etwa auf 75, 80, 83, 85, 90 oder gar 100 %. Es ist auch eine Kombination mit dem Modell der Aufstockung des Bruttoteilzeitarbeitsentgelts denkbar (z.B. 30 % des Bruttoteilzeitentgelts, mindestens 85 % des bisherigen Nettoverdienstes). Die prozentuale Aufstockung muss aber zumindest in Höhe von 20 % des Regelarbeitsentgelts erfolgen.

- Festlegung eines Zusatzbeitrages bis zu 100 %

  Der Arbeitgeber geht über den gesetzlichen Rahmen hinaus und zahlt Beiträge auf der Basis von 95 und gar 100 % des bisherigen Arbeitsentgelts bis zur monatlichen BBG der Rentenversicherung, also ohne Begrenzung auf 90 % der BBG.

  Die für die Altfälle geltenden Regelungen können sich für Neufälle ändern (z.B. durch tarifliche Anpassung an die neuen Bestimmungen des Altersteilzeitgesetzes).

2.3.5 Fördervoraussetzungen

Die Bundesagentur für Arbeit fördert dann die Altersteilzeitarbeit, wenn der durch den Altersteilzeitarbeitnehmer konkret freigemachte Arbeitsplatz durch den Arbeitgeber wiederbesetzt wird.

Die Wiederbesetzung des Arbeitsplatzes kann entweder mit einem arbeitslos gemeldeten Arbeitnehmer, einem Ausgebildeten oder bei Arbeitgebern mit bis zu 50 Beschäftigten durch einen Auszubildenden erfolgen. Seit dem 1. Januar 2005 kann eine die Förderung auslösende Wiederbesetzung auch mit einem Bezieher von Arbeitslosengeld II erfolgen, wenn der für die Zahlung von Arbeitslosengeld II zuständige Leistungsträger vorab seine Zustimmung erteilt hat (§ 16 Abs. 2 Satz 2 Nr. 6 SGB II).

Bei Arbeitgebern mit bis zu 50 Beschäftigten muss nicht der konkret freigemachte Arbeitsplatz des Altersteilzeitmitarbeiters wiederbesetzt werden. Hier reicht die Einstellung eines arbeitslos gemeldeten Arbeitnehmers oder Ausgebildeten oder eines Auszubildenden (§ 3 Abs. 1 Nr. 2a, b AtG).

Auch bei Arbeitgebern mit mehr als 50 Beschäftigten muss der freigemachte Arbeitsplatz des Altersteilzeitarbeitnehmers nicht wiederbesetzt werden, wenn der Altersteilzeitmitarbeiter in einem abgrenzbaren Organisationsbereich mit nicht mehr als 50 Beschäftigten tätig ist und ein arbeitslos gemeldeter Arbeitnehmer oder Ausgebildeter in diesen Organisationsbereich einmündet.

Voraussetzung ist weiterhin, dass der „Wiederbesetzer" versicherungspflichtig i.S.d. SGB III beschäftigt ist. Dies ist dann der Fall, wenn der Wiederbesetzer zum Personenkreis nach §§ 24, 25 SGB III gehört und nicht versicherungsfrei i.S.d. §§ 27, 28 SGB III ist. Um versicherungspflichtig beschäftigt zu sein, muss der Wiederbesetzer mehr als geringfügig i.S.d. § 8 SGB IV beschäftigt werden. Das heißt, das Arbeitsentgelt des Wiederbesetzers muss mehr als 400,00 € monatlich betragen. Auszubildende, die bei Arbeitgebern mit nicht mehr als 50 Beschäftigten als Wiederbesetzer in Betracht kommen, sind auch dann gem. § 27 Abs. 2 Satz 2 Nr. 1 SGB III versicherungspflichtig, wenn ihre Ausbildungsvergütung 400,00 € im Monat nicht übersteigt.

2.3.6 *Höhe der Förderung*

▶ **Allgemeines**

Die Höhe der Förderbeträge, die dem Arbeitgeber von der für die Erstattung zuständigen Agentur für Arbeit im Förderfall gezahlt werden, richtet sich danach, wann mit der Altersteilzeitarbeit begonnen wurde.

Bei Altersteilzeit, die vor dem 1. Juli 2004 begonnen hat, werden dem Arbeitgeber die im jeweiligen Abrechnungsmonat gesetzlich erforderlichen Aufstockungsbeträge zum Teilzeitentgelt (20 % vom Teilzeitbrutto mindestens 70 % aus der Mindestnettotabelle; § 4 Abs. 1 Nr. 1 AtG i.d.F. des bis zum 30.6.2004 geltenden Rechts) und die RV-Beiträge aus dem Unterschiedsbetrag zur Rentenversicherung bis auf 90 % des bisherigen Arbeitsentgeltes vor Übergang in die Altersteilzeit voll erstattet (§ 4 Abs. 1 Nr. 2 AtG i.d.F. des bis zum 30.6.2004 geltenden Rechts). Die Höhe der Erstattungsbeträge entspricht in Altfällen daher immer den gesetzlich erforderlichen Aufstockungsbeträgen.

Für Altersteilzeit, die nach dem 30.6.2004 begonnen hat, werden die nach den gesetzlichen Vorschriften errechneten Förderfestbeträge nach erfolgter Wiederbesetzung des Arbeitsplatzes (Basismonat) für die Gesamtdauer der Förderung festgeschrieben, es sei denn, dass sich das der Berechnung der Förderleistungen zugrunde liegende Regelarbeitsentgelt vertraglich um mindestens 10,00 € verringert (§ 12 Abs. 2 AtG).

Die Höhe der festgeschriebenen Erstattungsbeträge (Förderfestbeträge) zum Entgelt und der zusätzlichen RV-Beiträge richtet sich nach der Neuregelung des § 4 Abs. 1 AtG. Danach hat der Arbeitgeber das Teilzeitentgelt um 20 % des Regelarbeitsentgeltes im Basismonat (erster Monat nach erfolgter Wiederbesetzung) aufzustocken und zusätzliche RV-Beiträge für 80 % des Regelarbeitsentgeltes für die Altersteilzeitarbeit, begrenzt auf den Unterschiedsbetrag zwischen 90 % der monatlichen BBG und dem Regelarbeitsentgelt, höchstens jedoch bis zur monatlichen BBG (§ 3 Abs. 1 AtG i.V.m. § 163 Abs. 5 SGB VI), zusätzlich zu entrichten. Das Regelarbeitsentgelt ist dabei durch die monatliche BBG begrenzt. Die Höhe der ermittelten Förderfestbeträge muss daher nicht den gesetzlich erforderlichen monatlichen Aufstockungsbeträgen entsprechen.

Unabhängig vom Beginn der Altersteilzeitarbeit gilt für alle Förderfälle, dass nur die auf der Grundlage der jeweiligen gesetzlichen Regelungen ermittelten Erstattungsbeträge von den Agenturen für Arbeit erstattet werden. Erstattet werden nicht eventuell höhere Beträge, die der Arbeitgeber aufgrund tarifvertraglicher Regelungen, einer Betriebsvereinbarung oder aufgrund einer einzelvertraglichen Verpflichtung an den Arbeitnehmer zahlt.

Dabei kommt es nicht darauf an, unter Berücksichtigung welcher Entgeltbestandteile der Arbeitgeber die Höhe des Aufstockungsbetrages zum Arbeitsentgelt und die zusätzlichen Rentenversicherungsbeiträge ermittelt. Allein entscheidend ist, dass der Arbeitgeber zumindest Aufstockungsbeträge in Höhe der auf der Grundlage der gesetzlichen Berechnungsvorschriften ermittelten Aufstockungsbeträge an den Arbeitnehmer zahlt.

Sowohl bei Alt- als auch bei Neufällen hat der Arbeitgeber die Möglichkeit, Arbeitsentgeltbestandteile, die dem in Altersteilzeit beschäftigten Arbeitnehmer – wie dem in Vollzeit tätigen Mitarbeiter – für den gesamten Zeitraum der vereinbarten Altersteilzeit in unverminderter Höhe weiter gezahlt werden (z.B. geldwerter Vorteil, vermögenswirksame Leistungen), durch vertragliche Vereinbarung von der Aufstockung zum Arbeitsentgelt auszunehmen (§ 3 Abs. 1a AtG). Stockt dagegen der Arbeitgeber für die gesamte Dauer der Altersteilzeit diese ungekürzten Arbeitsentgeltbestandteile auf, sind auch diese Aufstockungsleistungen zum Entgelt grundsätzlich erstattungsfähig.

Bei der Berechnung der zusätzlichen RV-Beiträge sind sie immer in die Berechnung mit einzubeziehen und damit auch erstattungsfähig.

Im Blockmodell bedeutet dies, dass immer dann, wenn in der Freistellungsphase ein in der Arbeitsphase ungekürzter Entgeltbestandteil wegfällt (z.B. Wegfall des Dienstwagens), es sich um einen gekürzten Entgeltbestandteil handelt, der gesetzlich in die Errechnung der Aufstockungsbeträge in der Arbeitsphase einzubeziehen ist.

▶ **Höhe der Erstattung bei Altfällen**

Erstattet wird in Altersteilzeitfällen, die bis zum 30.6.2004 begonnen haben - unabhängig von der Arbeitszeitverteilung -, der gesetzlich erforderliche Aufstockungsbetrag zum Entgelt und die zusätzlichen Rentenversicherungsbeiträge für den laufenden Abrechnungsmonat im Förderzeitraum. Der Erstattungsbetrag ist daher monatlich neu zu berechnen.

Beim Blockmodell kann die eine Förderung auslösende Wiederbesetzung des Arbeitsplatzes erst zu Beginn der Freistellungsphase erfolgen. Nach den Vorgaben des Altersteilzeitgesetzes (§ 12 Abs. 3 Satz 4 AtG) wird der sich im laufenden Abrechnungsmonat der Freistellungsphase ergebende Aufstockungsbetrag zum Entgelt und die zusätzlichen Rentenversicherungsbeiträge verdoppelt, soweit dem Arbeitgeber Aufwendungen für die Arbeitsphase entstanden sind. Mit dieser Verdopplung der Beträge aus der Freistellungsphase wird dann der jeweils älteste Monat der Arbeitsphase abgedeckt. Auf die Höhe der in der Arbeitsphase tatsächlich gezahlten Aufstockungsbeträge zum Entgelt und der zusätzlichen Rentenversicherungsbeiträge kommt es nicht an, wenn auch die in der Arbeitsphase vom Arbeitgeber erbrachten Aufstockungsbeträge zum Entgelt und die zusätzlichen Rentenversicherungsbeiträge zumindest in der gesetzlich geforderten Höhe gezahlt wurden.

Waren die in der Arbeitsphase gezahlten Aufstockungsbeträge höher als die in der Freistellungsphase gezahlten Beträge, weil etwa der Dienstwagen in der Freistellungsphase nicht mehr zur Verfügung steht, erhält der Arbeitgeber von der Bundesagentur für Arbeit aufgrund der gesetzlichen Regelung weniger als er tatsächlich aufgewandt hat.

Erhöht sich aber in der Freistellungsphase das Arbeitsentgelt aufgrund einer Tariferhöhung und somit der vom Arbeitgeber zu zahlende Aufstockungsbetrag, wird dieser höhere Aufstockungsbetrag verdoppelt und erstattet, obwohl dem Arbeitgeber tatsächlich geringere Aufwendungen entstanden sind.

Dies gilt auch dann, wenn in der Freistellungsphase, z.B. aufgrund einer Jubiläumszuwendung, die als Einmalzahlung geleistet wird, sich der Aufstockungsbetrag zum Entgelt für den Abrechnungsmonat erhöht.

Wird aber nur die Fälligkeit einer Einmalzahlung in die Freistellungsphase verlegt, bleibt diese bei der Erstattung unberücksichtigt.

▶ **Höhe der Erstattung bei Neufällen**

Nach neuem Recht (Beginn der Altersteilzeit nach dem 30.6.2004) werden die Erstattungsbeträge (Förderfestbeträge) im ersten Fördermonat (Basismonat) für die Gesamtförderdauer festgeschrieben. Nur dann, wenn sich das der Berechnung der Förderleistungen zugrunde liegende Regelarbeitsentgelt vertraglich (z.B. Tarifvertragsänderung, Wegfall von festen Bezüge-Bestandteilen) um mindestens 10,00 € verringert, werden die Förderfestbeträge erneut berechnet und festgeschrieben (§ 12 Abs. 2 AtG). Entgelterhöhungen bleiben also außer Betracht.

Ausgangspunkt für die Berechnung der Höhe der Förderleistungen ist bei einem kontinuierlichen Arbeitszeitmodell das Regelarbeitsentgelt im ersten Monat der Wiederbesetzung, bei einem Blockmodell das Regelarbeitsentgelt für den ersten Monat der Freistellungsphase, in dem die Wiederbesetzung des Arbeitsplatzes erfolgt.

Erfolgt die Wiederbesetzung des Arbeitsplatzes im Laufe des Monats, ist der erste, auf die Wiederbesetzung folgende volle Abrechnungsmonat Basismonat und somit Grundlage für die Berechnung der Förderfestbeträge.

Wird der Förderantrag nicht rechtzeitig innerhalb des 3-Monats-Zeitraums nach erfolgter Wiederbesetzung gestellt, verschiebt sich der Basismonat entsprechend (§ 12 Abs. 1 Satz 2 AtG).

Ist das Basismonat einmal festgelegt, bleibt er auch bei einer Unterbrechung der Förderung (Austausch des Wiederbesetzers und erneute Wiederbesetzung erst nach mehr als drei Monaten) maßgebend.

Die Förderfestbeträge haben ausschließlich Auswirkungen für die Erstattungsleistungen, die die Bundesagentur im Förderfall – Wiederbesetzung – dem Arbeitgeber erstattet. Unabhängig davon muss der Arbeitgeber die gesetzlich erforderlichen Aufstockungsleistungen zum Entgelt und die zusätzlichen RV-Beiträge für jeden einzelnen Abrechnungsmonat berechnen und auch zahlen bzw. entrichten.

Während für Altersteilzeitfälle, in denen die Altersteilzeitarbeit vor dem 1.7.2004 begonnen wurde, die nach dem AtG zu zahlenden Aufstockungsbeträge zum Entgelt und die zusätzlichen Rentenversicherungsbeiträge im Förderfall von der Bundesagentur für Arbeit voll erstattet werden, können in den Fällen, in denen die Altersteilzeitarbeit nach dem 30.6.2004 beginnt, die gesetzlich erforderlichen Aufstockungsbeträge, die der Arbeitgeber zu zahlen bzw. zu entrichten hat, von den Erstattungsbeträgen im Förderfall abweichen.

Die Erstattungsbeträge (Förderfestbeträge) weichen z.B. dann von den gesetzlich erforderlichen Aufstockungsbeträgen zum Entgelt und den zusätzlichen RV-Beiträgen ab, wenn sich das Regelarbeitsentgelt, etwa aufgrund einer Tariferhöhung, erhöht.

Beispiel (Stand 2006):					
	Regelarbeits-entgelt	Aufstockungs-betrag	zusätzlicher RV-Beitrag	Erstattungsbetrag Entgelt	RV
Entgelt zu Beginn der Förderung	1.500,00 €	300,00 €	234,00 €	(300,00 €) 600,00 €	(234,00 €) 468,00 €
Gehalts-erhöhung	1.600,00 €	320,00 €	249,00 €	(300,00 €) 600,00 €	(234,00 €) 468,00 €
Gehalts-erhöhung	1.700,00 €	340,00 €	265,20 €	(300,00 €) 600,00 €	(234,00 €) 468,00 €
(RV-Beitragssatz von 19,5 %)					

2.3.7 Dauer des Anspruches auf Förderung

Die Höchstförderdauer beträgt maximal sechs Jahre (§ 4 Abs. 1 AtG).

Für die Höchstförderdauer von sechs Jahren ist es jedoch nicht erforderlich, dass der als Wiederbesetzer beschäftigte Mitarbeiter über die Gesamtförderdauer beschäftigt wird. Es reicht aus, dass der Wiederbesetzer für insgesamt vier Jahre beschäftigt wird (§ 5 Abs. 2 Satz 2 AtG).

Die Beschäftigungsdauer des Wiederbesetzers von vier Jahren wird im Blockmodell schon nach zwei Jahren erfüllt.

Dauert die vereinbarte Altersteilzeit weniger als vier Jahre, ist für das Auslösen der Förderung nur eine der Altersteilzeitvereinbarung entsprechende Wiederbesetzungsdauer erforderlich.

Bei Altersteilzeitarbeitsverhältnissen, die vor dem 1. Juli 2000 vereinbart wurden, reicht für eine Förderung von maximal fünf Jahren eine dreijährige (im Blockmodell eineinhalbjährige) Wiederbesetzung aus (§ 15c AtG). Will man auch in diesen Fällen die seit dem 1. Juli 2000 mögliche Höchstförderdauer von sechs Jahren erreichen, ist eine Wiederbesetzungsdauer von vier Jahren erforderlich.

Gefördert durch die Bundesagentur für Arbeit wird im Falle der Wiederbesetzung des Arbeitsplatzes der Altersteilzeitarbeitnehmer selbst. Der Wiederbesetzer löst die Förderung nur aus. Eine Förderung ist daher grundsätzlich nur möglich, wenn sowohl das Altersteilzeitarbeitsverhältnis noch fortbesteht als auch der Wiederbesetzer auf dem durch den Altersteilzeitmitarbeiter freigemachten Arbeitsplatz beschäftigt ist. Im Falle einer Kette oder einer Wiederbesetzung in einem Funktionsbereich muss neben dem Wiederbesetzer am Ende der Kette auch der Nachrücker auf dem Arbeitsplatz des Altersteilzeitmitarbeiters weiter beschäftigt sein.

Wird der direkte Wiederbesetzer innerhalb des Vierjahreszeitraumes umgesetzt, ist dies für die Förderung unschädlich, wenn der Arbeitgeber den Arbeitsplatz innerhalb von 3 Monaten mit einem arbeitslos gemeldeten oder Ausgebildeten erneut besetzt (§ 5 Abs. 2 Satz 2 AtG). Gleiches gilt, wenn der Wiederbesetzer am Ende einer Kette oder der Wiederbesetzer in einem Funktionsbereich umgesetzt oder ausgetauscht wird.

Wird der durch Umsetzung oder Ausscheiden freigewordene Arbeitsplatz innerhalb des Zeitraumes von 3 Monaten erneut besetzt, erfolgt die Förderung durchgehend auch für die Zeit, in der der Arbeitsplatz nicht entsprechend wiederbesetzt war.

Das Wiederbesetzungsrisiko trägt der Arbeitgeber. Gelingt es ihm nicht, innerhalb des Zeitraumes von 3 Monaten den Arbeitsplatz entsprechend erneut zu besetzen, kann die Förderung erst ab dem Zeitpunkt wieder aufgenommen werden, ab dem eine erneute Wiederbesetzung erfolgt.

Bei Arbeitgebern mit bis zu 50 Beschäftigten hat eine Umsetzung eines Wiederbesetzers keine förderungsrechtlichen Folgen. Nur dann, wenn der Wiederbesetzer ausscheidet, muss ein für eine rechtswirksame Wiederbesetzung in Betracht kommender Arbeitnehmer innerhalb des 3-Monatszeitraumes eingestellt werden, um eine Unterbrechung oder Beendigung der Förderung zu vermeiden. Dabei ist es unerheblich, auf welchen Arbeitsplatz im Betrieb der neue Wiederbesetzer einmündet.

Das Gleiche gilt bei einer abgrenzbaren, eigenständigen Organisationseinheit mit nicht mehr als 50 Arbeitnehmern, wenn der Wiederbesetzer nur innerhalb der abgrenzbaren eigenständigen Organisationseinheit umgesetzt wird. Eine Umsetzung in eine andere Betriebsabteilung oder einen anderen Funktionsbereich ist förderungsrechtlich schädlich, wenn nicht ein als Wiederbesetzer in Betracht kommender Arbeitnehmer als Ersatz für den umgesetzten oder ausgeschiedenen Arbeitnehmer in die abgrenzbare, eigenständige Organisationseinheit einmündet.

Kein Unterbrechungstatbestand liegt vor, wenn für eine Wiederbesetzerin aufgrund einer Schwangerschaft ein Beschäftigungsverbot nach dem Mutterschutzgesetz besteht. Auch während eines Erziehungsurlaubes oder für die Dauer des Wehr- oder Ersatzdienstes wird die Förderung nicht unterbrochen.

2.3.8 Erlöschen des Anspruches auf Förderung

Da bei einer Wiederbesetzung des Arbeitsplatzes nicht der Wiederbesetzer, sondern der Altersteilzeitmitarbeiter gefördert wird, erlischt der Anspruch auf Förderung immer dann, wenn das Altersteilzeitbeschäftigungsverhältnis, sei es durch Fristablauf oder vorzeitig, beendet wird (§ 5 Abs. 1 Nr. 1 AtG). Auf den Grund für die Beendigung des Altersteilzeitarbeitsverhältnisses kommt es dabei nicht an.

Von Gesetzes wegen erlischt der Anspruch auf Förderung mit Ablauf des Monats, in dem der Arbeitgeber das 65. Lebensjahr vollendet hat (§ 5 Abs. 1 Nr. 1 AtG).

Auch dann, wenn der Altersteilzeitarbeitnehmer einen Anspruch auf eine ungeminderte Altersrente hat, erlischt der Anspruch auf Förderung selbst dann, wenn das Altersteilzeitarbeitsverhältnis weiter besteht, und die Höchstförderdauer noch nicht ausgeschöpft ist (§ 5 Abs. 1 Nr. 2 AtG).

Es empfiehlt sich daher, wenn eine Förderung des Altersteilzeitarbeitsverhältnisses von Seiten des Arbeitgebers beabsichtigt ist, die Dauer des Altersteilzeitarbeitsverhältnisses nicht über den Zeitpunkt hinaus zu vereinbaren, an dem der Arbeitnehmer einen Anspruch auf eine ungeminderte Altersrente hat.

Die Rentenzugangsmöglichkeit führt allerdings nur dann zu einem Erlöschen des Föderanspruches, wenn ein ungeminderter Rentenzugang möglich ist.

Bei diesem Erlöschenstatbestand stellt der Gesetzgeber auf die Möglichkeit eines Bezuges einer ungekürzten gesetzlichen Altersrente ab.

Altersrenten nach den Regelungen des SGB VI, die zu einem Erlöschen des Anspruches auf Förderung führen können, sind die

— Regelaltersrente (§ 35 SGB VI),

— Altersrente für langjährig Versicherte (§§ 36, 236 SGB VI),

— Altersrente für schwer behinderte Menschen (§§ 37, 236a SGB VI),

— Altersrente für langjährig unter Tage beschäftigte Bergleute (§ 40 SGB VI),

— Altersrente wegen Arbeitslosigkeit oder nach Altersteilzeitarbeit (§ 237 SGB VI).

Hier ist zu beachten, dass durch das RV-Nachhaltigkeitsgesetz der Zugang zu dieser Altersrente ab dem Jahrgang 1946 in Monatsschritten auf das Alter 63 angehoben wurde. Ein vorzeitiger Rentenzugang mit vollendetem 60. Lebensjahr mit Rentenabschlägen ist daher nicht mehr möglich. Vertrauensschutz haben diejenigen, die vor dem 1. Januar 2004 schon verbindlich mit ihrem Arbeitgeber Altersteilzeit mit Beginn nach dem 31. Dezember 2003 vereinbart haben. Sie können weiterhin ab 60 Jahren – allerdings mit Abschlägen von bis zu 18 % – in Rente gehen;

— Altersrente für Frauen (§ 237a SGB VI).

Weitere Einzelheiten zu den genannten Altersrentenarten sind dem Abschn. IV zu entnehmen.

Der Bezug einer vollen Erwerbsminderungsrente gem. § 43 SGB VI allein führt noch nicht zur Beendigung des Beschäftigungsverhältnisses, es sei denn, arbeits- oder tarifvertraglich ist die Beendigung des Beschäftigungsverhältnisses mit Zuerkennung einer vollen Erwerbsminderungsrente vorgesehen.

Der Anspruch auf Rente wegen voller Erwerbsminderung (§ 43 SGB VI) führt allerdings indirekt zum Erlöschen des Anspruchs, weil für Bezieher von Renten wegen voller Erwerbsminderung nach § 28 Nr. 2 SGB III Arbeitslosenversicherungsfreiheit besteht und die Versicherungspflicht zur Arbeitslosenversicherung gem. § 2 Abs. 1 Nr. 2 AtG Voraussetzung für Altersteilzeit im sozialversicherungsrechtlichen Sinne ist.

Bei Zuerkennung einer Rente wegen voller Erwerbsminderung tritt die Versicherungsfreiheit grundsätzlich mit Beginn der Rente ein. Da aber in der Regel der Rentenbescheid dem Arbeitnehmer und Arbeitgeber erst später bekannt wird, besteht der Anspruch auf Förderung bis zum Zugang der des Rentenbescheides beim Arbeitgeber.

Die Bundesagentur für Arbeit wird in diesen Fällen den Anerkennungsbescheid gem. § 48 Abs. 1 Satz 1 SGB X aufheben und die Erstattung der Aufstockungsbeträge zum Arbeitsentgelt und der zusätzlichen Rentenversicherungsbeiträge für die Zukunft einstellen.

Kommt es mit der Zuerkennung einer Rente wegen voller Erwerbsminderung zu einer vorzeitigen Beendigung des Beschäftigungsverhältnisses und somit zur Beendigung der Altersteilzeitarbeit, tritt ein so genannter Störfall ein.

Die gesetzliche Altersrente ist in vielen Fällen nicht das einzige Standbein der individuellen Altersversorgung. In nicht unerheblichem Umfang werden zusätzlich zur gesetzlichen Rente z.B. private Lebensversicherungen, betriebliche Altersversorgungen oder Zusatzversorgungen, wie etwa im öffentlichen Dienst, in das System der Altersversorgung mit einbezogen. Die Leistungen dieser Systeme setzen nicht immer gleichzeitig mit dem Anspruch auf eine ungekürzte gesetzliche Rente ein. Aber auch in den Fällen, in denen die gesetzliche Rentenversicherung nur einen Teil der individuellen Altersversorgung darstellt, erlischt der Anspruch auf Förderung, selbst wenn der Anspruch auf die zusätzliche Altersversorgung im Zeitpunkt des Anspruches auf eine ungekürzte gesetzliche Altersrente nicht oder nicht in voller Höhe besteht und das Altersteilzeitbeschäftigungsverhältnis bis zum Leistungsbeginn der zusätzlichen Altersversorgung befristet wurde.

Auch dann, wenn bei einem Blockmodell der Altersteilzeitbeschäftigte aufgrund eines im Laufe der Altersteilzeitbeschäftigung gestellten Antrages durch Zuerkennung der Schwerbehinderteneigenschaft einen Anspruch auf eine ungekürzte Altersrente für schwerbehinderte Menschen (§§ 37, 236a SGB VI) erhält, und das Altersteilzeitbeschäftigungsverhältnis aufgrund des Rentenanspruches nicht beendet wird, erlischt der Anspruch auf Förderung. Für den Fall, dass das Altersteilzeitbeschäftigungsverhältnis aufgrund der Anerkennung der Schwerbehinderteneigenschaft und der Zuerkennung einer Altersrente für Schwerbehinderte vorzeitig endet, hat der Arbeitgeber analog § 12 Abs. 3 Satz 2 AtG einen Anspruch auf Aufwendungsersatz .

Wenn der Altersteilzeitmitarbeiter von der Versicherungspflicht zur gesetzlichen Rentenversicherung befreit ist, erlischt der Anspruch auf Förderung mit Ablauf des Kalendermonats vor dem Kalendermonat, in dem der in Altersteilzeit beschäftigte Mitarbeiter einen Anspruch auf eine vergleichbare volle Leistung einer Versicherungs-/Versorgungseinrichtung oder eines Versicherungsunternehmens hat (§ 5 Abs. 1 Nr. 2 AtG).

Auf alle Fälle endet der Anspruch auf Förderung mit Beginn des Kalendermonats, in dem der Altersteilzeitmitarbeiter eine Rente oder Teilrente nach § 42 SGB VI wegen Alters, eine Knappschaftsausgleichsleistung oder eine ähnliche Leistung öffentlich rechtlicher Art bezieht. Auch dann, wenn der Altersteilzeitmitarbeiter von der Versicherungspflicht zur gesetzlichen Rentenversicherung befreit ist, erlischt der Anspruch auf Förderung mit dem Kalendermonat, in dem der in Altersteilzeit beschäftigte Mitarbeiter eine vergleichbare Leistung einer Versicherungs-/Versorgungseinrichtung oder eines Versicherungsunternehmens bezieht (§ 5 Abs. 1 Nr. 3 AtG).

2.3.9 Antragsverfahren

▶ **Allgemeines**

Das Antragsverfahren ist sowohl in Altfällen als auch in Neufällen ein zweistufiges Verfahren:

Die zuständige Agentur für Arbeit entscheidet gem. § 12 Abs. 1 Satz 1 AtG zunächst über das Vorliegen der Fördervoraussetzungen aufgrund eines Anerkennungsantrages.

Für die Erstattung der vom Arbeitgeber voraus geleisteten Aufstockungsbeträge zum Entgelt und der zusätzlichen Rentenversicherungsbeiträge sind gesonderte Leistungsanträge erforderlich (§ 12 Abs. 1 Satz 2 AtG).

Die Leistungsanträge unterscheiden sich je nach dem, ob mit der Altersteilzeitarbeit bis zum 30.6.2004 oder nach dem 30.6.2004 begonnen wurde.

Die Förderung der Altersteilzeit ist im Blockmodell erst nach erfolgter Wiederbesetzung nach Ablauf der Arbeitsphase möglich.

▶ **Antrag auf Vorabentscheidung**

Bei der Durchführung der Altersteilzeit in einem Blockmodell besteht die Möglichkeit, schon vor der Wiederbesetzung des Arbeitsplatzes des Altersteilzeitmitarbeiters einen Antrag auf Vorabentscheidung zu stellen (§ 12 Abs. 1 Satz 3 AtG). Dieser Antrag entspricht im Wesentlichen in den Fragen, die den Arbeitgeber und den in Altersteilzeit beschäftigten Mitarbeiter betreffen, dem Anerkennungsantrag. Dem Antrag ist die Altersteilzeitvereinbarung und die den Altersteilzeitmitarbeiter betreffende Rentenauskunft beizufügen.

Durch den Antrag auf Vorabentscheidung wird die zuständige Agentur für Arbeit in die Lage versetzt zu beurteilen, ob die vereinbarte Altersteilzeit auch Altersteilzeit im Sinne des Gesetzes ist und im Falle der Wiederbesetzung eine Förderung durch die Bundesagentur auslösen würde.

Über das Ergebnis der Prüfung erhält der Arbeitgeber einen Bescheid. Durch diesen Vorabbescheid erhält der Arbeitgeber die Sicherheit, dass die vereinbarte Altersteilzeit zumindest den gesetzlichen Voraussetzungen entspricht, und dass die Altersteilzeit nach erfolgter Wiederbesetzung des Arbeitsplatzes des Mitarbeiters in Altersteilzeit auch von der Bundesagentur für Arbeit gefördert wird.

Im Falle der Wiederbesetzung ist allerdings noch ein Antrag auf Anerkennung der Fördervoraussetzungen zu stellen, da erst mit diesem Antrag die Wiederbesetzungsvoraussetzungen dargestellt werden.

▶ **Anerkennungsantrag**

Der Antrag auf Anerkennung der Voraussetzungen erfasst alle für eine Wiederbesetzung in Betracht kommenden Personen:

— Wiederbesetzung mit einem arbeitslos gemeldeten Arbeitnehmer

— Wiederbesetzung mit einem Ausgebildeten

— Beschäftigung eines Auszubildenden

Der Antrag auf Anerkennung ist innerhalb von drei Monaten nach Vorliegen der Fördervoraussetzungen – erfolgte Wiederbesetzung – bei der zuständigen Agentur für Arbeit zu stellen, damit die Förderung vom Beginn der Wiederbesetzung nach Freimachung des Arbeitsplatzes erfolgen kann (§ 12 Abs. 1 Satz 2 AtG). Erfolgt die Antragstellung nach erfolgter Wiederbesetzung außerhalb der Dreimonatsfrist, kann die Förderung der Altersteilzeit erst vom Beginn des Monats der Antragstellung an erfolgen (§ 12 Abs. 1 Satz 2 AtG).

Über den Antrag auf Anerkennung der Voraussetzungen für die Gewährung von Leistungen nach dem AtG erhält der Arbeitgeber einen Bescheid.

Bei einer positiven Entscheidung über den Anerkennungsantrag enthält dieser Bescheid neben dem Namen des Altersteilzeitmitarbeiters und der Förderdauer den Hinweis, bei welcher Agentur für Arbeit der Antrag auf Leistungen zu stellen ist.

Werden die Voraussetzungen für die Gewährung der Leistungen nicht anerkannt, werden die Gründe für die Ablehnung des Anerkennungsantrages mit entsprechender Begründung dem Arbeitgeber mitgeteilt.

Da es sich bei der Entscheidung über die Anerkennung der Voraussetzungen für die Gewährung der Leistungen nach dem AtG um einen Verwaltungsakt handelt, kann dieser Bescheid innerhalb eines Monats nach Bekanntgabe mit einem Widerspruch angefochten werden.

▶ **Antrag auf Auszahlung für Altfälle**

Die Erstattung der verauslagten Aufstockungsbeträge zum Entgelt und die zusätzlichen Rentenversicherungsbeiträge hat der Arbeitgeber in doppelter Ausfertigung mit dem dafür vorgesehenen Leistungsantrag sowie der Abrechnungsliste zu beantragen. Es ist zugelassen, dass der Antrag und die Abrechnungsliste maschinell erstellt werden.

Bei der erstmaligen Beantragung der Leistungen in einem Blockmodell ist der Ablauf der Arbeitsphase zu dokumentieren.

Die Leistungen werden in Altfällen nachträglich jeweils für den Kalendermonat ausgezahlt, in dem die Anspruchsvoraussetzungen vorgelegen haben. Sie müssen spätestens innerhalb von sechs Monaten nach Ablauf des entsprechenden Kalendermonats gestellt werden (§ 12 Abs. 2 AtG i.d.F. bis zum 30.6.2004).

Dabei wird es dem Arbeitgeber überlassen, ob er die Erstattung der Aufstockungsbeträge zum Entgelt und der zusätzlichen Rentenversicherungsbeiträge monatlich oder für mehrere zurückliegende Monate zusammen beantragt.

Die Sechsmonatsfrist, in der die Erstattung zu beantragen ist, wird für jeden Kalendermonat, für den Leistungen beantragt werden, ermittelt.

Beispiel:

Werden in einer Abrechnungsliste die Monate Januar bis Juni zur Erstattung beantragt, so läuft die Sechsmonatsfrist wie folgt:

Abrechnungsmonat	spätester Eingang bei der Agentur für Arbeit
Januar:	31. Juli
Februar:	31. August
März:	30. September
April:	31. Oktober
Mai:	30. November
Juni:	31. Dezember

Das bedeutet, dass in den Fällen, in denen die Erstattung der Aufstockungsleistungen für den gesamten Abrechnungszeitraum von Januar bis Juni mit einer Abrechnungsliste beantragt wird, der Antrag spätestens am 31. Juli bei der Agentur für Arbeit eingegangen sein muss.

Grundsätzlich wird die erste Abrechnungsliste vor der Auszahlung der Leistungen vollständig durch die Agentur für Arbeit auf rechnerische und sachliche Richtigkeit überprüft und mit den Arbeitszeit- und Lohnunterlagen im Betrieb verglichen. Die Häufigkeit der anschließenden Prüfungen richtet sich nach den während der ersten Prüfung festgestellten Mängeln. Auf jeden Fall wird zum Ende der Förderung eine abschließende Prüfung im Betrieb durchgeführt.

In einem Blockmodell kann der Arbeitgeber den Antrag auf Erstattung allerdings erst nach erfolgter Wiederbesetzung des Arbeitsplatzes zu Beginn der Freistellungsphase stellen (§ 12 Abs. 3 Satz 1 AtG).

In den Fällen, in denen nach Auslaufen der Entgeltfortzahlung und anschließendem Krankengeldbezug der Arbeitgeber die Aufstockungsleistungen zum Arbeitsentgelt während des Krankengeldbezuges weiter erbracht hat, muss der Arbeitgeber sich den Anspruch des Arbeitnehmers gegenüber der Agentur für Arbeit auf Übernahme der Aufstockungsleistungen abtreten lassen, um die Erstattung durch die BA zu erlangen.

▶ **Antrag auf Auszahlung für Neufälle**

Auch in Neufällen muss der Arbeitgeber einen Erstattungsantrag auf dem Vordruck der Bundesagentur stellen.

Im Gegensatz zu Altfällen wirkt dieser Erstattungsantrag für die Gesamtdauer der Förderung, solange die Voraussetzungen vorliegen und keine Änderung eintritt, die Einfluss auf die Förderfestbeträge hat. Der Erstattungsantrag ist an keine Frist gebunden. Erstattungsansprüche unterliegen einer Verjährungsfrist von vier Jahren. Die Verjährungsfrist beginnt nach Ablauf des Kalenderjahres, in dem der Erstattungsanspruch entstanden ist (§ 45 SGB I).

In den Fällen, in denen nach Auslaufen der Entgeltfortzahlung und anschließendem Krankengeldbezug der Arbeitgeber die Aufstockungsleistungen zum Arbeitsentgelt und die zusätzlichen RV-Beiträge während des Krankengeldbezuges weiter erbracht hat, steht dem Arbeitgeber ein eigener Erstattungsanspruch gegenüber der Bundesagentur für Arbeit zu. Der Erstattungsantrag nach amtlichem Muster sieht diese Leistungen vor. Eine Abtretung durch den Arbeitnehmer – wie bei Altfällen – ist nicht erforderlich.

2.3.10 Mitwirkungspflichten der Arbeitgeber und Arbeitnehmer

▶ **Pflichten der Arbeitgeber**

Die Mitwirkungspflichten des Arbeitgebers ergeben sich aus § 60 ff. SGB I. Der Bundesagentur für Arbeit hat der Arbeitgeber unverzüglich zu melden, falls

- die Altersteilzeitbeschäftigung beendet wird,

- Aufstockungsbeträge an den Altersteilzeitbeschäftigten nicht mehr gezahlt werden,

- der Arbeitsplatzwiederbesetzer durch Beendigung der Beschäftigung, Austausch oder Umsetzung den Arbeitsplatz verliert,

- die tatsächliche Beschäftigung des Arbeitsplatzwiederbesetzers länger als 3 Monate unterbrochen wird,

- der aufgrund einer Altersteilzeitabrede freigewordene Arbeitsplatz wieder besetzt wird,

- die Funktionalität des Arbeitsplatzes wegfällt oder verändert wird,

- die vereinbarte regelmäßige wöchentliche Arbeitszeit des Altersteilzeitbeschäftigten mehr als geringfügig überschritten wird,

– der Arbeitgeber von Tatsachen Kenntnis erhält, die auf Seiten des Altersteilzeitbeschäftigten Einfluss auf die Förderleistungen der Bundesagentur für Arbeit haben.

Darüber hinaus hat der Arbeitgeber Prüfungen der zuständigen Agentur für Arbeit zu dulden, die für die Prüfung der Anspruchsvoraussetzungen notwendigen Daten zur Verfügung zu stellen und bei der Ermittlung der für die Entscheidung der Agentur für Arbeit maßgeblichen Tatsachen mitzuwirken (§ 13 AtG i.V.m. §§ 315 und 319 SGB III). Auch hat er der zuständigen Agentur für Arbeit die notwendigen Auskünfte richtig, vollständig und rechtzeitig zu erteilen (§ 13 AtG i.V.m. § 315 SGB III) und Einsicht in die Geschäftsunterlagen zu gewähren (§ 13 AtG i.V.m. § 319 SGB III).

▶ **Mitwirkungspflichten der Arbeitnehmer**

Altersteilzeitbeschäftigte haben Änderungen in den für die Förderleistungen der Bundesagentur für Arbeit nach § 4 AtG bedeutenden Verhältnissen ihrem Arbeitgeber unverzüglich zu melden (§ 11 Abs. 1 AtG). Dies sind vor allem:

– Aufnahme einer oder mehrerer geringfügiger Beschäftigungen oder Tätigkeiten,

– Bezug einer Altersrente,

– Berechtigung zum Bezug einer Altersrente ohne Minderung.

Kommt der Arbeitnehmer der Mitteilungspflicht vorsätzlich oder grob fahrlässig nicht nach oder hat er Angaben gemacht, die unrichtig oder unvollständig sind, zieht die Bundesagentur für Arbeit ihn zur Erstattung der zu Unrecht an den Arbeitgeber geleisteten Zahlungen heran (§ 11 Abs. 2 AtG). Eine Erstattung durch den Arbeitgeber kommt insoweit nicht in Betracht.

▶ **Bußgelder**

Kommen Arbeitgeber oder Arbeitnehmer vorsätzlich oder fahrlässig ihren Mitwirkungsverpflichtungen nicht nach, handeln sie ordnungswidrig. Der Bußgeldrahmen für Verstöße gegen die Mitwirkungspflicht nach § 60 ff. SGB I, §§ 315, 319 SGB III und der fehlenden Duldung von Prüfungen oder der fehlenden Mitwirkung bei der Ermittlung der Tatsachen beträgt bis zu 1.000,00 €. Mit einem Bußgeld bis zu 30.000,00 € ist der bedroht, der Daten entgegen seiner Verpflichtung nach § 319 Abs. 2 Satz 1 SGB III nicht richtig, nicht vollständig, nicht in der vorgeschriebenen Weise oder nicht rechtzeitig zur Verfügung stellt (§ 14 Abs. 2 AtG).

2.4 Soziale Absicherung des teilzeitarbeitenden Arbeitnehmers

2.4.1 Versicherungsschutz

Für den gesamten Zeitraum der Altersteilzeitarbeit besteht grundsätzlich ein durchgehender Versicherungsschutz, also auch in Phasen der Freistellung von der Arbeit beim Blockmodell. Das ergibt sich schon daraus, dass für solche Zeiten uneingeschränkt die in den einzelnen Versicherungszweigen bestehenden versicherungsrechtlichen Regelungen Anwendung finden (siehe hierzu und insbesondere die Beitragsabwicklung unter Abschn. IX).

2.4.2 Anspruch auf Arbeitslosengeld

Da es sich bei einem Altersteilzeitarbeitsverhältnis um ein normales sozialversicherungspflichtiges Beschäftigungsverhältnis handelt, für das Beiträge zur Sozialversicherung – einschließlich der Arbeitslosenversicherung – entrichtet werden, hat ein Altersteilzeitmitarbeiter nach Beendigung des Altersteilzeitarbeitsverhältnisses Anspruch auf Arbeitslosengeld, wenn auch alle sonstigen Voraussetzungen für den Arbeitslosengeldanspruch (Arbeitslosigkeit, Arbeitslosmeldung und Erfüllung der Anwartschaftszeit) erfüllt sind.

Keinen Anspruch auf Arbeitslosengeld haben Arbeitnehmer, die das 65. Lebensjahr vollendet haben (§ 117 Abs. 2 SGB III).

Ein Anspruch auf Arbeitslosengeld besteht nicht nur für den Fall der vorzeitigen Beendigung des Altersteilzeitarbeitsverhältnisses, sondern auch für den Fall des vertraglichen Ablaufes der Altersteilzeit zu dem Zeitpunkt, zu dem der Altersteilzeitmitarbeiter einen Anspruch auf einen Rentenzugang erlangt hat.

Der Gesetzgeber hatte bei Schaffung des Altersteilzeitgesetzes zwar die Vorstellung, dass mit Ablauf der Altersteilzeit ein unmittelbarer Übergang aus einer Beschäftigung in Rente zur Vermeidung der bisher üblichen „Frühpensionierungsmaßnahmen" erfolgt, eine Verpflichtung, unmittelbar aus Altersteilzeit in Rente zu wechseln, hat der Gesetzgeber aber nicht mit der Altersteilzeit verbunden.

Die Höhe des Arbeitslosengeldes richtet sich im Normalfall nach dem Entgelt, für das im letzten Jahr vor Eintritt der Arbeitslosigkeit Beiträge zur Arbeitslosenversicherung entrichtet wurden (§§ 129 ff. SGB III).

Beiträge zur Arbeitslosenversicherung wurden für die Dauer der Altersteilzeitarbeit nur vom hälftigen bisherigen Arbeitsentgelt (Teilzeitentgelt) – ohne Aufstockungszahlungen zum Entgelt – entrichtet, so dass sich die Höhe des Arbeitslosengeldes zunächst aus dem Altersteilzeitarbeitsentgelt ergibt.

Zur sozialen Sicherung des Altersteilzeitmitarbeiters, dessen Altersteilzeitbeschäftigungsverhältnis vorzeitig vor Erreichen eines Anspruches auf eine auch gekürzte Altersrente endet, hat der Gesetzgeber eine Sonderregelung für die Bemessung des Arbeitslosengeldes eingeführt.

Danach richtet sich die Höhe des Arbeitslosengeldes, solange der Altersteilzeitmitarbeiter noch keinen Anspruch auf eine Altersrente hat, nicht nach dem Entgelt für die Altersteilzeitarbeit (Teilzeitentgelt), sondern nach dem Entgelt, dass der Altersteilzeitmitarbeiter ohne Verminderung – also dem bisherigen Arbeitsentgelt – erzielt hätte (§ 10 Abs. 1 Satz 1 AtG). Sobald der Arbeitnehmer während des Bezuges von Arbeitslosengeld einen Anspruch auf eine auch gekürzte Altersrente erreicht hat, richtet sich die Höhe des Arbeitslosengeldes nur nach dem für die Altersteilzeitarbeit erzielten Entgelt (§ 10 Abs. 1 Satz 2 AtG).

Endet die Altersteilzeit vorzeitig durch Insolvenz des Arbeitgebers, bemisst sich das Arbeitslosengeld in der Regel nicht nur bis zum frühest möglichen Rentenzugang, sondern für die Gesamtdauer des Arbeitslosengeldanspruches nach dem bisherigen Entgelt, wenn die Altersteilzeit nicht länger als drei Jahre vor dem Tag der Arbeitslosmeldung begann und der Arbeitnehmer vor Beginn der Altersteilzeit durchgehend sechs Monate mit einer höheren Arbeitszeit beschäftigt war (§ 130 Abs. 2 Nr. 4 SGB III).

Während des Bezuges von Arbeitslosengeld entrichtet die Bundesagentur für Arbeit neben den Beiträgen zur Kranken- und Pflegeversicherung auch Beiträge zur Rentenversicherung. Bemessungsgrundlage für die Höhe der Rentenversicherungsbeiträge sind dabei 80 % des für die Bemessung des Arbeitslosengeldes maßgeblichen Entgeltes (§ 166 Abs. 1 Nr. 2 SGB VI). Die Zahlung der Rentenversicherungsbeiträge wirkt sich rentenerhöhend aus. Auch verringern sich die Abschläge auf die Altersrente in den Fällen, in denen Arbeitslosengeld über den Zeitpunkt hinaus bezogen wird, in dem ein Anspruch auf eine gekürzte Altersrente besteht.

2.4.3 Kurzarbeitergeld/Winterausfallgeld

Wird während der Altersteilzeitarbeit Kurzarbeitergeld oder Winterausfallgeld bezogen (§ 10 Abs. 4 AtG), hat der Arbeitgeber die Aufstockungsleistungen nach dem Altersteilzeitgesetz in dem Umfang zu erbringen, als ob der Arbeitnehmer die vereinbarte Arbeitszeit gearbeitet hätte.

2.4.4 Lohnersatzleistungen während der Altersteilzeitarbeit

Weil von den Aufstockungsbeträgen zum Arbeitsentgelt und den Beiträgen zur Rentenversicherung keine Sozialversicherungsbeiträge zu entrichten sind, werden sie bei der Bemessung des

- Krankengeldes
- Versorgungskrankengeldes

- Verletztengeldes
- Übergangsgeldes

nicht berücksichtigt. Im Förderfall tritt deshalb bei Bezug einer solchen Entgeltersatzleistung die BA an die Stelle des Arbeitgebers (§ 10 Abs. 2 AtG) und erstattet den Aufstockungsbetrag zum Arbeitsentgelt unmittelbar dem Arbeitnehmer. Die Beiträge zur Rentenversicherung werden dem individuellen Versicherungskonto beim zuständigen Rentenversicherungsträger direkt gutgeschrieben. Um in diesen Fällen den Verwaltungsaufwand möglichst gering zu halten, empfiehlt es sich, dass der Arbeitgeber auch für die Dauer des Bezugs der genannten Entgeltersatzleistung die Aufstockungsbeträge und die Zusatzbeiträge zur RV zum Teilzeitarbeitsentgelt weiterhin erbringt. Eine Abtretung des Anspruchs des Arbeitnehmers ist nur in Altfällen erforderlich. Die Agentur für Arbeit erstattet dann die Aufstockungsleistungen und die Zusatzbeiträge unmittelbar dem Arbeitgeber (wie sonst auch) und nicht dem Arbeitnehmer. Dies gilt entsprechend für Privatversicherte.

Da der Arbeitgeber an den in Altersteilzeit beschäftigten und sich in einer Arbeitsphase befindenden Arbeitnehmer nur für längstens sechs Wochen Entgeltfortzahlung wegen Krankheit zu leisten hat, besteht im Anschluss ein Anspruch gegenüber der Krankenkasse auf Krankengeld (§ 44 SGB V).

Befindet sich der Betreffende in der Freistellungsphase eines so genannten Blockmodells, besteht weder gegenüber dem Arbeitgeber ein Anspruch auf Entgeltfortzahlung noch gegenüber der Krankenkasse auf Krankengeld (§ 49 SGB V), da der Arbeitnehmer unabhängig von seiner Arbeitsunfähigkeit fortlaufend sein Altersteilzeitarbeitsentgelt zuzüglich des Aufstockungsbetrages aufgrund seiner Vorleistung in der Arbeitsphase erhält.

Die Krankenkasse zahlt nach Ablauf der sechswöchigen Entgeltfortzahlung durch den Arbeitgeber ein Krankengeld in Höhe von 70 v.H. des regelmäßig erzielten Einkommens (§ 47 SGB V). Bemessungsgrundlage bildet dabei das auf Basis der halbierten Arbeitszeit im Jahresdurchschnitt erzielte monatliche Bruttoaltersteilzeitarbeitsentgelt. Hierbei unberücksichtigt bleiben der Aufstockungsbetrag zum Altersteilzeitentgelt und die Zusatzbeiträge zur Rentenversicherung, da sie kein sozialversicherungspflichtiges Entgelt sind. § 47 Abs. 2 SGB V stellt klar, dass Grundlage des Krankengeldes im „Blockmodell" nicht das in der Arbeitsphase erzielte Vollzeit-, sondern das tatsächlich nur zugeflossene Bruttoaltersteilzeitarbeitsentgelt ist.

Von Bedeutung ist dabei, dass die Leistungen der Arbeitsagentur auf die vor dem Bezug des Krankengeldes gezahlte Höhe des Aufstockungsbetrages zum Altersteilzeitentgelt und der Zusatzbeiträge zur Rentenversicherung beschränkt ist. Die BA gleicht also die Differenz zwischen dem Bruttoaltersteilzeitarbeitsentgelt und dem auf 70 v.H. verringerten Krankengeld nicht durch zusätzliche Zahlungen aus. Der in Altersteilzeit Beschäftigte muss daher im Falle eines Bezugs von Krankengeld die gleichen Einkommenseinbußen wie jeder andere Arbeitnehmer auch hinnehmen.

In Fällen der Altersteilzeitarbeit mit Zahlung eines Aufstockungsbetrages durch den Arbeitgeber ohne Anspruch auf Förderung durch die BA (wegen fehlender Voraussetzungen) wird nur das tatsächlich erzielte Entgelt zur Berechnung von Arbeitslosengeld und Unterhaltsgeld herangezogen. Auch bei der Bemessung der vorerwähnten Leistungen der Krankenkasse, wie beispielsweise Krankengeld, und der Rentenversicherungsträger bleiben Aufstockungsbeträge außer Ansatz. Daher müsste der Arbeitgeber anstelle der Arbeitsverwaltung eine Ausgleichszahlung in der Weise vornehmen, dass er die Aufstockungsbeträge während einer Zeit der Gewährung von Lohnersatzzeiten weiterzahlt. Es ist nicht zu empfehlen, solche Beträge als „Zuschuss zum Krankengeld" oder ähnlicher Leistungen zu bezeichnen, weil sonst Steuerpflicht eintreten würde. Werden keine Aufstockungsbeträge gezahlt, bleiben solche Zeiten für die Erfüllung der Voraussetzungen von vorzeitiger Altersrente (= 24 Monate) unberücksichtigt. Ein Nacharbeiten wäre dann angebracht.

Die Höchstforderungsdauer der Förderung darf durch diese Lohnersatzleistungen nicht überschritten werden. Auch enden diese Leistungen, wenn der Anspruch des Arbeitgebers auf Förderleistungen erloschen ist. Der Arbeitgeber bleibt für die Lohnfortzahlung Leistungsschuldner. Die Aufstockungszahlungen sind auch während der Dauer der Lohnfortzahlung im Krankheitsfall zu erbringen.

2.5 Ausgleichszahlungen des Arbeitgebers für Rentenminderungen

2.5.1 Allgemeines

Eine Minderung der gesetzlichen Rente kann eintreten durch

- Beitragsminderleistungen:
  Während der Altersteilzeitarbeit werden Beiträge nur auf Basis von 90 % statt üblicherweise 100 % des bisherigen Entgelts gezahlt,

- weniger Versicherungsjahre:
  Bei vorgezogener Altersrente mit 60 Jahren, wenn sonst erst Rente beispielsweise mit 65 Jahren in Anspruch genommen würde,

- Rentenabschläge:
  Durch vorzeitigen Rentenbezug tritt eine Kürzung ein, die bis zu 18 % betragen kann.

Eine weitere Minderung der gesamten Versorgungsbezüge kann sich aber auch dadurch ergeben, dass die betrieblichen Regelungen eine Betriebsrente vorsehen, die infolge verkürzter Betriebszugehörigkeit und geminderter

Bemessungsgrundlage bei Altersteilzeitarbeit niedriger ausfüllt. In diesem Falle ist über eine Ausgleichszahlung nachzudenken, wenn diese nicht schon aufgrund eines Altersteilzeittarifvertrages erfolgen muss.

Ansonsten wären folgende Alternativen als Äquivalent für eine Minderung der gesetzlichen Rente denkbar:

- Zahlung von Beiträgen zur gesetzlichen Rentenversicherung nach § 187a SGB VI,
- Erhöhung der Zusatzbeiträge zur RV während der Altersteilzeitarbeit von 90 % auf 95 oder gar 100 % des bisherigen Entgelts,
- Erhöhung der Aufstockungsleistungen während der Altersteilzeit (z.B. statt 90 % = 95 % des bisherigen Nettoverdienstes),
- Abschluss einer Direktversicherung,
- Erhöhen einer betrieblichen Altersrente (= Versorgungsbezug),
- Zahlung einer Abfindung bei Beginn oder Beendigung der Altersteilzeitarbeit.

Für einen verbleibenden eigenen Rentenabschlag könnte der Arbeitnehmer einen Ausgleich erreichen, wenn er zugunsten einer zusätzlichen betrieblichen Altersversorgung auf einen Teil seiner Bezüge verzichtet (= Entgeltumwandlung zur arbeitnehmerfinanzierten Altersversorgung).

2.5.2 Zusätzliche Rentenversicherungsbeiträge nach § 187a SGB VI

Versicherten wird zur Vermeidung von Rentenminderungen aufgrund einer vorzeitigen Inanspruchnahme von Renten ermöglicht, zusätzliche Beiträge zu entrichten (§ 187a SGB VI), so dass die Versorgungslücke aufgrund der versicherungsmathematischen Abschläge bei vorzeitiger Inanspruchnahme der Rente ganz oder teilweise geschlossen werden kann. Die Möglichkeit der zusätzlichen Beitragszahlung beschränkt sich nicht auf die vorzeitige Inanspruchnahme der Altersrente wegen Arbeitslosigkeit oder nach Altersteilzeitarbeit, sondern gilt für alle Fälle der vorzeitigen Inanspruchnahme einer Rente wegen Alters. Der Beitrag zum Ausgleich des Abschlages kann hierbei auch voll vom Arbeitgeber für den Arbeitnehmer gezahlt werden. Der Umfang der zusätzlichen Beitragszahlung ist auf den Ausgleich der maximal möglichen Rentenminderung begrenzt. Die Auskunft darüber erteilt der Rentenversicherungsträger auf Antrag (§ 109 Abs. 1 Satz 3 SGB VI). Die Höhe des Rentenabschlags ergibt sich aus der Differenz zwischen der Rentenhöhe als abschlagsfreier Rente und der Rentenhöhe bei vorzeitigem Rentenbezug.

Will der Arbeitnehmer die Rentenminderung nur teilweise vermindern, können Teilbeträge entrichtet werden. Der Ausgleichsbetrag wird unter Zuhilfenahme der Umrechnungsfaktoren für den Versorgungsausgleich in der Rentenversicherung ermittelt (§ 76a SGB VI). Diese Möglichkeit besteht unabhängig vom Bezug von Leistungen aufgrund der Förderung der Altersteilzeitarbeit.

Der Gesetzgeber erwartet, dass für diese Beitragszahlungen zum Ausgleich der Rentenminderung Sozialplanmittel oder Abfindungen eingesetzt werden. Diese Leistungen des Arbeitgebers werden, wenn sie als Abfindungen wegen der Beendigung eines Arbeits-/Beschäftigungsverhältnisses gezahlt werden, auf das Arbeitslosengeld nicht angerechnet (§ 143a Abs. 1 Satz 6 SGB III).

Die Beitragszahlung ist ab Vollendung des 55. Lebensjahres möglich. Der Versicherte muss – allerdings ohne Bindungswirkung – erklären, dass er künftig eine Rente wegen Alters vorzeitig beziehen wolle (§ 187a Abs. 1 SGB VI). Die Zahlung kann bis zur Vollendung des 65. Lebensjahres erfolgen, also selbst im Falle einer bereits bindend bewilligten Vollrente wegen Alters mit Abschlägen. Werden die Ausgleichsbeträge allerdings während des vorzeitigen Bezuges einer Rente entrichtet, wirken sie auf die Rentenhöhe erst anlässlich der Neuberechnung der Altersrente mit Vollendung des 65. Lebensjahres. Eine Erstattung der Ausgleichsbeträge ist nicht vorgesehen (§ 187 Abs. 3 SGB VI). Die Ausgleichsbeträge sind unmittelbar an den Rentenversicherungsträger zu zahlen, wobei Teilzahlungen möglich sind (§ 187 Abs. 3 SGB VI).

Der Betrag der Rentenminderung aufgrund der vorzeitigen Inanspruchnahme der Rente wird in Entgeltpunkte umgerechnet. Für jeden Entgeltpunkt ist der zu zahlende Betrag wie folgt zu berechnen:

Der Beitrag für das aktuelle Jahresdurchschnittsentgelt wird geteilt durch den Zugangsfaktor für die vorzeitige Altersrente.

Der Zugangsfaktor für die abschlagsfreie Altersrente ist 1,0. Für jeden Monat, den diese Rente vorzeitig in Anspruch genommen wird, verringert sich der Zugangsfaktor um 0,003. Wird die Rente z.B. drei Jahre früher in Anspruch genommen, beträgt der Zugangsfaktor 0,892. Dies entspricht einem Abschlag von 10,8 %.

Werden die Beitragszahlungen für den Ausgleich der Rentenminderung vom Arbeitgeber übernommen, ist nach § 3 Nr. 28 EStG die Hälfte der Beiträge steuerfrei gestellt. Dies wird damit begründet, dass auch Pflichtbeiträge des Arbeitgebers nur in Höhe des halben Gesamtbeitrags steuerfrei sind.

2.5.3 Erhöhung der Beiträge zur Rentenversicherung

Der Arbeitgeber zahlt bis zur Beendigung der Altersteilzeitarbeit über den gesetzlichen Rahmen von 90 % des bisherigen Entgelts bzw. 80 % des Regelarbeitsentgeltes, hinaus bis zur monatlichen BBG erhöhte Beiträge zur Rentenversicherung zu seinen Lasten. Die Höhe der Rentenminderung, die ggf. auszugleichen ist, müsste der Arbeitnehmer beim zuständigen Rentenversicherungsträger erfragen (Rentenauskunft).

2.5.4 Abschluss einer Direktversicherung

Mit dem Abschluss einer Direktversicherung oder der Erweiterung einer bereits bestehenden Direktversicherung mit einer Prämienzahlung zu Lasten des Arbeitgebers könnten alle Rentenminderungen ganz oder teilweise ausgeglichen werden.

2.5.5 Aufstockung einer betrieblichen Altersrente

Als Ausgleich der Rentenabschläge infolge vorzeitigen Bezugs der Altersrente erhöht der Arbeitgeber die betriebliche Altersrente. Dabei wird ein Teil der Rentenminderung durch monatliche Zusatzleistungen ab dem Monat des Rentenbeginns ausgeglichen.

2.5.6 Zahlung einer Abfindung

Auch durch Zahlung einer Abfindung mit Beginn, im Verlauf oder am Ende der Altersteilzeitarbeit kann ein Ausgleich einer Rentenminderung zumindest teilweise erreicht werden. Wenn nicht einschlägige tarifliche Bestimmungen zur Höhe der Abfindungszahlung vorliegen, liegt die Höhe der Abfindung im Ermessen des Arbeitgebers.

Die folgenden Muster eines Altersteilzeit-Arbeitsvertrages sind ausführlich gefasst; viele Regelungspunkte werden oft bereits im AtZ-TV geregelt sind. Das gilt insbesondere für die §§ 5, 7, 8, 10 und 11. Soweit der AtZ-TV entsprechende Regelungen enthält, kann auf diese Punkte im Hinblick auf § 9 verzichtet werden. Entsprechendes gilt, wenn eine ergänzende Betriebsvereinbarung zum AtZ-TV abgeschlossen ist und entsprechende Regelungen enthält.

2.6 Altersteilzeitarbeitsverträge (Beispiele für die Praxis)

2.6.1 Vorbemerkungen

Die folgenden Beispiele von Vereinbarungen über Altersteilzeitarbeit sollen Hilfestellung bei der Erarbeitung von Vereinbarungen über Altersteilzeitarbeit leisten. Insbesondere in den Fällen, in denen Altersteilzeitarbeit auf einem einschlägigen Altersteilzeit-Tarifvertrag beruht, muss genau geprüft werden, welche Punkte der Tarifvertrag im Einzelnen abschließend regelt und ggf. welche ergänzenden Vereinbarungen erforderlich und möglich sind. Bei Tarifbindung beider Seiten haben die Regelungen des Tarifvertrags Vorrang, lediglich für den Arbeitnehmer günstigere Vereinbarungen sind dann zulässig.

Den Mustern der Vereinbarungen ist das Altersteilzeitgesetz in seiner ab dem 1.7.2004 geltenden Fassung zugrunde gelegt.

2.6.2 Muster von Altersteilzeitarbeitsverträgen

▶ Blockmodell

Zwischen

....

und

Frau, Herrn ....

geboren am ....

wird in Abänderung des Arbeitsvertrages vom ....

auf der Grundlage

a) des Altersteilzeitgesetzes in der Fassung vom 1.7.2004 und

b) des Tarifvertrages zur Regelung der Altersteilzeit .... (Branche/Geltungsbereich) in der Fassung vom .... (kurz: AtZ-TV)

c) der Betriebsvereinbarung vom .... über Altersteilzeit

Folgendes vereinbart:

§ 1
Altersteilzeitarbeitsverhältnis

Das Arbeitsverhältnis wird nach Maßgabe der folgenden Regelungen ab .... als Altersteilzeitarbeitsverhältnis fortgesetzt.

§ 2
Tätigkeit

Der Arbeitnehmer setzt seine bisherige Tätigkeit fort oder übernimmt ab Beginn der Altersteilzeit folgende Tätigkeit:
....

§ 3
Arbeitszeit

1. Die Altersteilzeitarbeit wird mit der Hälfte der bisherigen regelmäßigen Arbeitszeit wie folgt geleistet:
   - mit voller bisheriger regelmäßiger Arbeitszeit in der Arbeitsphase vom .... bis .... und
   - einer anschließenden Freistellungsphase vom .... bis ....
2. Die bisherige regelmäßige Arbeitszeit beträgt .... Stunden.

§ 4
Arbeitsentgelt, Aufstockungsleistungen

1. Der Arbeitnehmer erhält für die Dauer des Altersteilzeitarbeitsverhältnisses Vergütung nach Maßgabe der gemäß § 2 reduzierten Arbeitszeit. Das Arbeitsentgelt ist unabhängig von der Verteilung der Arbeitszeit fortlaufend zu zahlen.
2. Außerdem erhält der Arbeitnehmer Aufstockungsleistungen nach Maßgabe des § .... AtZ-TV.
3. Rentenabschläge bei einer vorzeitigen Inanspruchnahme der Altersrente werden nicht ausgeglichen.

§ 5
Steuer- und sozialversicherungsrechtliche Behandlung der Aufstockungsleistungen

1. Die vom Arbeitgeber erbrachten Aufstockungsleistungen (Aufstockung zum Entgelt und Zuschuss zur Rentenversicherung) sind nach den derzeitigen gesetzlichen Bestimmungen steuerfrei (§ 3 Nr. 28 EStG). Die Steuerfreiheit gilt auch für Beträge, die über die gesetzlich vorgesehenen Aufstockungsleistungen hinausgehen und vom Arbeitgeber freiwillig gezahlt werden. Nach § 32b Abs. 1 Nr. 1g EStG unterliegt die Aufstockung auf das Entgelt allerdings dem Progressionsvorbehalt, d.h. sie ist bei der Bestimmung des anzuwendenden Steuersatzes im Rahmen der Jahreseinkommensteuerveranlagung zum Einkommen hinzuzurechnen. Der so ermittelte höhere Steuersatz wird beim steuerpflichtigen Einkommen

angesetzt. Deshalb werden die Altersteilzeitleistungen gesondert auf der Lohnsteuerkarte ausgewiesen. Etwaige Nachforderungen aufgrund des Progressionsvorbehalts gehen zu Lasten des Arbeitnehmers.

2. Der Aufstockungsbetrag und der Zuschuss zur Rentenversicherung sind sozialversicherungsfrei.

§ 6
Insolvenzsicherung

1. Das vom Arbeitnehmer in der Arbeitsphase erarbeitete Wertguthaben wird gemäß dem Tarifvertrag/dem AtG gegen Insolvenz gesichert.
2. Sollten durch den AtZ-TV eine bestimmte Form der Insolvenzsicherung bzw. bestimmte Formen der Insolvenzsicherung nach Wahl des Unternehmens eingeführt werden, bleibt dem Unternehmen die Anpassung an den Tarifvertrag vorbehalten.
3. Das Unternehmen wird dem Arbeitnehmer erstmals mit der ersten Gutschrift und anschließend alle sechs Monate die zur Sicherung ergriffenen Maßnahmen in Textform (§ 126b BGB) nachweisen.

§ 7
Arbeitsunfähigkeit

Im Fall krankheitsbedingter Arbeitsunfähigkeit leistet der Arbeitgeber Lohnfortzahlung nach den für das Arbeitsverhältnis jeweils geltenden Bestimmungen. Das gilt nicht, wenn der Arbeitnehmer in der Phase der Freistellung arbeitsunfähig erkrankt.

§ 8
Urlaub

Der Arbeitnehmer erhält während der Arbeitsphase Urlaub nach den bisherigen Vereinbarungen entsprechend dem zeitlichen Umfang seiner Arbeitsleistung; während der Phase der Freistellung besteht kein Urlaubs- bzw. Urlaubsabgeltungsanspruch.

§ 9
Mitwirkungs- und Erstattungspflichten

1. Der Arbeitnehmer hat jede Änderung der ihn betreffenden Verhältnisse, die für die Gewährung von Leistungen der Bundesagentur für Arbeit an den Arbeitgeber erheblich sind, unverzüglich mitzuteilen. Hierzu gehören
   - Nebentätigkeiten jeder Art,
   - Eintritt einer Schwerbehinderung,

- Eintritt der teilweisen oder vollen Erwerbsminderung,
- Arbeitsunfähigkeit.

2. Der Arbeitgeber hat ein Zurückbehaltungsrecht, solange der Arbeitnehmer diesen Mitwirkungspflichten nicht nachkommt. Zu Unrecht empfangene Leistungen hat der Arbeitnehmer zu erstatten, wenn er die unrechtmäßige Zahlung dadurch bewirkt hat, dass er den Mitwirkungspflichten nach Abs. 1 nicht nachgekommen ist.

§ 10
Nebentätigkeit
Ruhen und Erlöschen des Anspruchs auf Altersteilzeitleistungen

1. Dem Arbeitnehmer ist bekannt, dass der Anspruch auf Leistungen der BA in der Zeit ruht, in der er über die Altersteilzeitarbeit hinaus eine Beschäftigung oder selbständige Tätigkeit ausübt, die den Umfang der Geringfügigkeitsgrenze (§ 8 SGB IV) überschreitet oder aufgrund solcher Beschäftigung eine Lohnersatzleistung erhält. Beschäftigungen oder selbständige Tätigkeiten bleiben unberücksichtigt, soweit der Arbeitnehmer diese bereits innerhalb der letzten 5 Jahre vor Beginn der Altersteilzeitarbeit ständig ausgeübt hat. Eine Ausweitung dieser Tätigkeit ist nicht gestattet. Ein Anspruch auf die Altersteilzeitleistungen erlischt, wenn er mindestens 150 Tage geruht hat, mehrere Ruhenszeiten werden zusammengezählt.

2. Die Aufnahme einer Nebentätigkeit während des Altersteilzeitarbeitsverhältnisses bedarf aus diesem Grunde der vorherigen Anzeige und Genehmigung durch den Arbeitgeber.

3. Der Arbeitnehmer verpflichtet sich, dem Arbeitgeber jeden möglichen Schaden aus einer Zuwiderhandlung gegen diese Regelung zu ersetzen.

§ 11
Ende des Altersteilzeitverhältnisses

1. Das Arbeitsverhältnis endet ohne Kündigung zum Ende des Altersteilzeitarbeitsverhältnisses.

2. Das Altersteilzeitarbeitsverhältnis endet ferner:
   - mit dem Tod des Mitarbeiters,
   - mit Ablauf des Monats, in dem der Arbeitnehmer das 65. Lebensjahr vollendet,

- bei Bezug von Sozialleistungen i.S. von § 5 Abs. 1 Nr. 2, 3 AtG oder Rente wegen voller Erwerbsminderung.
3. Im Übrigen bleibt das Recht zur Kündigung nach den gesetzlichen, tarifvertraglichen und einzelvertraglichen Bestimmungen unberührt.
4. Endet das Arbeitsverhältnis vorzeitig, erhält der Mitarbeiter die Differenz zwischen der erhaltenen Vergütung und dem Entgelt für den Zeitraum seiner tatsächlichen Arbeitsleistung, das er ohne Eintritt in die Altersteilzeit erzielt hätte (abzüglich Steuern und Sozialversicherungsbeiträge); bei Tod des Mitarbeiters steht dieser Anspruch seinen Erben zu. Der Arbeitgeber ist berechtigt, dagegen mit den gezahlten Aufstockungsbeträgen zum Entgelt aufzurechnen.

§ 12
Geltung des Tarifvertrages

Für das Altersteilzeitarbeitsverhältnis sind im Übrigen die Regelungen des AtZ-TV .... und der Betriebsvereinbarung über Altersteilzeit vom .... in ihrer jeweils geltenden Fassung anzuwenden. Bei Änderungen des AtZ-TV treten dessen Regelungen an die Stelle der bisherigen tariflichen Regelungen.

§ 13
Schlussbestimmungen – Vertragsänderungen

1. Mündliche Nebenabreden bestehen nicht. Änderungen und Ergänzungen dieses Vertrages bedürfen der Schriftform; die Aufhebung der Schriftform bedarf ihrerseits der Schriftform.
2. Alle Ansprüche aus diesem Vertrag sind binnen drei Monaten nach ihrer Fälligkeit schriftlich geltend zu machen, andernfalls verfallen sie.

Ort .... Datum ....

....
für den Arbeitgeber für den Arbeitnehmer

▶ Kontinuierliches Modell

Zwischen
....
und

Frau, Herrn ....

geboren am ....

wird in Abänderung des Arbeitsvertrages vom ....

auf der Grundlage

a) des Altersteilzeitgesetzes in der Fassung vom 1.7.2004 und

b) des Tarifvertrages zur Regelung der Altersteilzeit .... (Branche/Geltungsbereich) in der Fassung vom .... (kurz: AtZ-TV)

c) der Betriebsvereinbarung vom .... über Altersteilzeit

Folgendes vereinbart:

§ 1
Arbeitszeit

Die Arbeitszeit des Arbeitnehmers von .... Stunden verringert sich mit dem Beginn der Altersteilzeit auf die Hälfte, d.h. auf .... Stunden.

Die Arbeitszeit wird wie folgt verteilt: .... (gleichmäßige oder ungleichmäßige Verteilung regeln!)

▶ Ausführlicher Altersteilzeitarbeitsvertrag ohne Anwendung eines AtZ-TV und/oder einer Betriebsvereinbarung über Altersteilzeit

Zu beachten ist insbesondere, dass ohne tarifliche Grundlage (Tarifbindung von Arbeitgeber und Arbeitnehmer oder Bezugnahme auf einen einschlägigen AtZ-TV) die Möglichkeiten der Altersteilzeit im Blockmodell eingeschränkt sind (Begrenzung auf insgesamt drei Jahre, soweit nicht Ausnahmen vorliegen).

Im Einzelfall ist es notwendig, weitere nicht in dem Muster aufgeführte Gegenstände zu regeln. Insoweit wird auf § 13 des Musters einer Betriebsvereinbarung (s. unten 2.) beispielhaft hingewiesen.

Die Muster „Blockmodell" und „kontinuierliche Altersteilzeit" können grundsätzlich übernommen werden.

Zu ändern sind:

§ 4
Arbeitsentgelt, Aufstockungsleistungen

1. Der Arbeitnehmer erhält für die Dauer des Altersteilzeitarbeitsverhältnisses Vergütung nach Maßgabe der gemäß § 2 reduzierten Arbeitszeit, zurzeit in Höhe von .... €. Das Arbeitsentgelt ist unabhängig von der Verteilung der Arbeitszeit fortlaufend zu zahlen.

2. Das Regelarbeitsentgelt des Arbeitnehmers für die Altersteilzeit wird gemäß § 3 Abs. 1 Nr. 1 Buchst. a AtG um 20 v.H. aufgestockt.

3. Der Arbeitgeber entrichtet für den Arbeitnehmer gemäß § 3 Abs. 1 Nr. 1 Buchst. b AtG zusätzlich Beiträge zur gesetzlichen Rentenversicherung in Höhe des Beitrags, der auf 80 v.h. des Regelarbeitsentgelts für die Altersteilzeitarbeit, begrenzt auf den Unterschiedsbetrag zwischen 90 v.H. der monatlichen Beitragsbemessungsgrenze und dem Regelarbeitsentgelt, entfällt, höchstens bis zur Beitragsbemessungsgrenze.

4. Die Teilzeitarbeitsvergütung gemäß Ziff. 1 unterliegt dem Lohnsteuerabzug und der Beitragspflicht zur gesetzlichen Sozialversicherung. Die Beiträge werden vom Arbeitgeber einbehalten und an die zuständigen Stellen abgeführt.

§ 6
Insolvenzsicherung

Das vom Arbeitnehmer während der Arbeitsphase erarbeitete Wertguthaben wird in folgender Weise gegen das Risiko der Zahlungsunfähigkeit des Unternehmens abgesichert: ……………………..

§ 11
wie unter
(Störfall unbedingt regeln!)

§ 12
Schlussbestimmungen

1. Für die Auslegung dieses Vertrages ist das Altersteilzeitgesetz in seiner jeweils geltenden Fassung maßgeblich.

2. Sollten einzelne Bestimmungen dieses Vertrages unwirksam sein, so wird hierdurch die Wirksamkeit des übrigen Vertrages nicht berührt.

3. Mündliche Nebenabreden bestehen nicht. Änderungen und Ergänzungen dieses Vertrages bedürfen der Schriftform; die Aufhebung der Schriftform bedarf ihrerseits der Schriftform.

4. Alle Ansprüche aus diesem Vertrag sind binnen drei Monaten nach ihrer Fälligkeit schriftlich geltend zu machen, andernfalls verfallen sie.

Ort …………………………… Datum ……………………………

…………………………… ……………………………
für den Arbeitgeber für den Arbeitnehmer

3 Altersteilzeitarbeit mit eingebrachtem Wertguthaben (= Zeit- oder Geldguthaben)

3.1 Allgemeines

Im Rahmen eines Altersteilzeitmodells kann eine Verkürzung der Arbeitszeitphase und damit eine Verlängerung des Zeitraums der Freistellung von der Arbeit dadurch erreicht werden, dass angesparte Zeitwert- oder Geldguthaben eingebracht werden. Dies ist nach § 7 Abs. 1a SGB IV auch möglich für eine Zeit der vorzeitigen Arbeitseinstellung vor Beginn der eigentlichen Altersteilzeit, z.B. 1 Jahr oder 2 Jahre vorher, so dass der Betreffende schon im Alter von 54 oder 53 Jahren die Firma verlassen kann (siehe hierzu auch Abschnitt IX). Dazu werden individuelle Wertkonten (bei Geldguthaben als Geldkonten, bei Zeitguthaben als Zeitkonten) geführt, in denen die Zeitwerte in Geld erfasst werden. Die Beschäftigten erhalten im Allgemeinen ein Zeit-Wertpapier, mit dem der Anspruch gegenüber dem Arbeitgeber auf bezahlte Freistellung dokumentiert wird. Die Gutschrift erfolgt in dem Zeitpunkt, in dem die ursprünglichen Ansprüche fällig gewesen wären, und zwar mit dem entsprechenden Bruttobetrag. Die Anlage in Investmentfonds ist denkbar, nicht zuletzt, um damit eine entsprechende Rendite zu erwirtschaften.

Zeitwerte können im Laufe des Beschäftigungsverhältnisses - also auch schon in jungen Jahren - ganz oder teilweise an die Stelle von tariflichen oder betrieblichen Leistungen treten. Als Wertguthaben können also alle Bezüge oder Arbeitszeiten angespart werden. Dabei ist es unerheblich, ob die Bezüge im Zeitpunkt des Ansparens steuer- oder beitragspflichtiges Arbeitsentgelt sind. Für die Freistellung von der Arbeit im Rahmen der Altersteilzeitarbeit mit dem Ziel einer beitragspflichtigen Zeit können jedoch nur beitragspflichtige Teile des erarbeiteten Entgelts herangezogen werden. Je nach Vereinbarung können dies zum Beispiel sein:

– Teile der laufenden Bezüge

– Überstundenvergütungen und -zuschläge

– Zuschläge für Sonn-, Feiertags- und Nachtarbeit (steuer- und beitragspflichtig)

– sonstige Zulagen (beispielsweise für Erschwernisse)

– Urlaubsvergütung für nicht genommenen Urlaub

– freiwillige zusätzliche Leistungen des Arbeitgebers

– Bonuszahlungen

– Sonderzuwendungen

– Jubiläumsgaben

Zum Zeitpunkt der Inanspruchnahme der Freistellung von der Arbeitsleistung wird das aktuelle Guthaben im aktuellen Zeitwertkonto in Zeit umgerechnet, so dass das angesparte Guthaben zuzüglich etwaiger Kapitalerträge maßgebend ist. Denkbar ist aber auch, ein Zeitkonto zu führen und im Zeitpunkt der Inanspruchnahme den aktuellen Wert zu errechnen, aus dem dann der beanspruchbare Freistellungszeitraum ermittelt wird. Mit dieser Vorgehensweise werden Entgelterhöhungen bis zum Zeitpunkt der Fälligkeit des Wertguthabens berücksichtigt.

3.2 Vorzeitige Verwendung des Wertguthabens

Die vorzeitige Verwendung des Zeitwertguthabens ist denkbar

– bei Ausscheiden vor Beginn der Altersteilzeitarbeit,

– bei Ausscheiden ohne Abschluss eines Altersteilzeitarbeitsvertrages,

– auf Wunsch des Arbeitnehmers,

– im Falle des Todes (zur Auszahlung an die Erben).

Verbleibt im Einzelfall nach Beendigung der Altersteilzeitarbeit ein Restguthaben, könnte der Anspruchsberechtigte zwischen der Auszahlung und dem Verzicht auf das Guthaben zugunsten der betrieblichen Altersversorgung wählen (Beteiligungsrente), wenn der Betrieb dies vorgesehen hat, wie beispielsweise in einer Betriebsvereinbarung.

3.3 Insolvenzsicherung von Wertguthaben

▶ **Wertsicherung bei Altfällen**

Bei der Durchführung in einem Blockmodell erarbeitet der Altersteilzeitmitarbeiter in der Arbeitsphase ein Wertguthaben, aus dem in der Freistellungsphase die Entlohnung erfolgt. In einem Insolvenzfall sind – wie oben ausgeführt – nur das Arbeitsentgelt und die Aufstockungsbeträge zum Entgelt und die zusätzlichen RV-Beiträge der letzten drei Monate des Arbeitsverhältnisses vor dem Insolvenzereignis abgesichert.

Der Gesetzgeber hatte zunächst auf eine verbindliche Verpflichtung der Insolvenzsicherung von Wertguthaben verzichtet.

Er hatte nur in dem durch das Gesetz zur sozialrechtlichen Absicherung flexibler Arbeitszeitregelungen vom 6.4.1998 eingefügten § 7d SGB IV die Arbeitsvertragsparteien aufgefordert, Vorkehrungen zur Absicherung von Arbeitszeitguthaben zu treffen.

Sanktionen gegen Arbeitgeber, die Wertguthaben nicht gegen Insolvenz sicherten, sah das Gesetz nicht vor.

Die Regelung des § 7d SGB IV gilt weiter für Altersteilzeitfälle, die vor dem 1.7.2004 begonnen haben.

Denkbar ist die Anlage in Investmentfonds, womit zugleich ein hoher Wertzuwachs erwirtschaftet wird.

▶ Wertsicherung bei Neufällen

Beim Blockmodell der Altersteilzeit, die nach dem 30.6.2004 begann, wurde eine spezielle über die Regelungen des § 7d SGB IV hinausgehende Insolvenzsicherung des Wertguthabens gesetzlich vorgeschrieben (§ 8a AtG).

Die Neuregelung wurde eingeführt, weil bisher nicht immer sichergestellt war, dass die durch Vorarbeit im Blockmodell entstandenen Wertguthaben der Arbeitnehmer im Insolvenzfall ausreichend geschützt sind.

Damit soll sich nach den Vorstellungen des Gesetzgebers die Akzeptanz der Altersteilzeit, insbesondere bei den Arbeitnehmern, die bei nicht tarifgebundenen Arbeitgebern beschäftigt sind und daher nicht von tariflichen Insolvenzsicherungsregeln profitieren, erhöhen.

Nach der Neuregelung wird der Arbeitgeber verpflichtet, mit der ersten Gutschrift eines Wertguthabens im Blockmodell, eine geeignete Insolvenzsicherung des Wertguthabens durchzuführen, wenn abzusehen ist, dass ein Wertguthaben aufgebaut wird, das den Betrag des dreifachen Regelarbeitsentgeltes einschließlich des darauf entfallenden Arbeitgeberanteils zur Gesamtsozialversicherung überschreitet. Dies ist in Altersteilzeitfällen, die mehr als zwei Monate dauern, der Fall.

Das Ausmaß der Absicherung ist gesetzlich verbindlich vorgegeben. Die in vielen Tarifverträgen für den Störfall vorgesehene Verrechnung von steuer- und beitragsfreien Aufstockungsleistungen mit den beitragspflichtigen Entgelten im Wertguthaben ist bei der Insolvenzsicherung des Wertguthabens nicht zulässig (§ 8a Abs. 2 AtG). Es reicht daher nicht aus, nur den arbeits- oder tariflichen Anspruch im Störfall abzusichern. Ob allerdings im Insolvenzfall der Arbeitnehmer einen Anspruch auf das gesamte Wertguthaben hat oder nur auf den Teil des Wertguthabens, der ihm nach der tariflichen Regelung zusteht, ist in der Literatur umstritten (siehe hierzu Nimscholz in ZInsO).

Es ist daher zunächst das in der Arbeitsphase erarbeitete, aber nicht ausgezahlte Entgelt in das Wertguthaben einzustellen und abzusichern. Darüber hinaus ist der in der Freistellungsphase anfallende Arbeitgeberanteil zur Sozialversicherung aus dem beitragspflichtigen Teil des Wertguthabens abzusichern. Bei der Ermittlung des abzusichernden Arbeitgeberanteils bleiben daher Teile des Entgelts, die wegen Überschreitung der jeweiligen BBG beitragsfrei sind, unberücksichtigt. Werden die Bezüge im Verlauf der Altersteilzeit etwa durch eine Tariferhöhung erhöht, ist ab dem Monat des Wirksamwerdens der Tariferhöhung das Wertguthaben und der darauf anfallende Arbeitgeberanteil an den Sozialversicherungsbeiträgen entsprechend zu erhöhen und somit auch abzusichern. Ändern sich die Beitragsbemessungsgrenzen oder die Beitragssätze, ist eine Korrekturrechnung erforderlich. Eine rückwirkende Anpassung des Wertguthabens ist gesetzlich nicht erforderlich, aber möglich.

Zu den abzusichernden Arbeitgeberanteilen an den Sozialversicherungsbeiträgen gehört zunächst der Arbeitgeberanteil an den Rentenversicherungsbeiträgen. Die zusätzlichen, vom Arbeitgeber allein zu tragenden Rentenversicherungsbeiträge müssen nicht abgesichert werden. Auch die Zuschüsse des Arbeitgebers zu berufsständischen Versorgungseinrichtungen von Arbeitnehmern, die gem. § 6 Abs. 1 Satz 1 Nr. 1 SGB VI von der Rentenversicherungspflicht befreit sind, müssen abgesichert werden, da gem. § 172 SGB VI der Arbeitgeber diese Anteile zu übernehmen hat.

Neben dem Arbeitgeberanteil an den Rentenversicherungsbeiträgen sind die Arbeitgeberanteile an der Kranken- und Pflegeversicherung abzusichern. Die Zuschüsse des Arbeitgebers zum Krankenversicherungsbeitrag gem. § 257 SGB V und der Pflegeversicherungsbeitrag gem. § 61 SGB XI gehören nicht zu den Arbeitgeberanteilen zur Sozialversicherung gem. § 8a AtG, weil der Schutz des § 8a AtG nur die Beiträge der gesetzlichen Sozialversicherungsträger sichern soll. Dennoch sollten sie, um die Arbeitnehmer im Betrieb gleich zu behandeln, mit gegen Insolvenz abgesichert werden. Eine Verpflichtung ergibt sich aus dem Gesetz jedoch nicht.

Da Beiträge zur Unfallversicherung allein vom Arbeitgeber zu tragen sind, müssen sie nicht mit abgesichert werden.

Beispiel 1 zur Ermittlung des abzusichernden Wertguthabens:	
(Teilzeitentgelt unterhalb der BBG der KV)	
Bisheriges Entgelt:	3.000,00 €
Regelarbeitsentgelt:	1.500,00 €
Ins Wertguthaben einzustellendes Arbeitsentgelt:	1.500,00 €
Arbeitgeberanteil an den Sozialversicherungsbeiträgen für 1.500,00 €	
KV 7 %:	105,00 €
PV 0,85 %:	12,75 €
RV 9,75 %:	146,25 €
ALV 3,25 %:	48,75 €
Arbeitgeberanteil gesamt:	312,75 €
Abzusichern sind insgesamt:	1.812,75 €

> **Beispiel 2 zur Ermittlung des abzusichernden Wertguthabens:**
>
> (Teilzeitentgelt oberhalb der BBG der KV)
>
> | | |
> |---|---:|
> | Bisheriges Entgelt: | 12.000,00 € |
> | Regelarbeitsentgelt: | 6.000,00 € |
> | Ins Wertguthaben einzustellendes Arbeitsentgelt: | 6.000,00 € |
>
> Arbeitgeberanteil an den Sozialversicherungsbeiträgen für 6.000,00 €
>
> | | | |
> |---|---|---:|
> | KV | 7 %: | 0,00 € |
> | PV | 0,85 %: | 0,00 € |
> | RV | 9,75 % von 5.250,00 €: | 511,86 € |
> | ALV | 3,25 % von 5.250,00 €: | 170,66 € |
>
> | | |
> |---|---:|
> | Arbeitgeberanteil gesamt: | 682,52 € |
> | Abzusichern sind insgesamt: | 6.682,52 € |
>
> Darüber hinaus kann der Arbeitgeber in diesem Beispiel die Zuschüsse zur KV/PV mit gegen Insolvenz absichern.

Der Arbeitgeber hat gegenüber dem Arbeitnehmer erstmals mit der ersten Gutschrift und anschließend alle sechs Monate die zur Sicherung des Wertguthabens ergriffenen Maßnahmen nachzuweisen und entsprechende Unterlagen zur Verfügung zu stellen.

Der Nachweis kann entweder schriftlich gegenüber jedem Arbeitnehmer erbracht werden oder in anderer Form, wenn die Betriebsparteien eine gleichwertige Regelung zum Nachweis der Insolvenzsicherung treffen, die es den Arbeitnehmern in Altersteilzeit weiterhin ermöglichen, eventuelle Ansprüche auf Insolvenzsicherung gegenüber dem Arbeitgeber geltend zu machen, die nicht so aufwendig ist wie der Einzelnachweis.

Daneben besteht weiter die Verpflichtung, den Betriebsrat nach § 80 Abs. 2 des Betriebsverfassungsgesetzes zu unterrichten.

Die Durchführung eines Insolvenzschutzes ist allerdings nicht Voraussetzung für die Wirksamkeit des Altersteilzeitarbeitsverhältnisses. Fehlt es an einer ausreichenden Insolvenzsicherung, führt dies nicht zur Unwirksamkeit der Altersteilzeitvereinbarung. Auch die Förderfähigkeit im Wiederbesetzungsfall wird nicht beeinträchtigt. Der in Altersteilzeit befindliche Arbeitnehmer hat aber einen arbeitsrechtlichen Anspruch, den Insolvenzschutz seines Wertguthabens in einem vorgegebenen Verfahren durchzusetzen, wenn die Voraussetzungen einer hinreichenden Insolvenzsicherung nach den gesetzlichen Vorgaben im Einzelfall nicht vorliegen.

Kommt der Arbeitgeber seiner gesetzlichen Sicherungsverpflichtung nicht nach oder sind die nachgewiesenen Maßnahmen unzureichend, kann der Arbeitnehmer ihn schriftlich zum Nachweis bzw. zur Vornahme der entsprechenden Sicherungsmaßnahmen auffordern.

Wenn der Arbeitgeber auch dann nicht innerhalb eines Monats seiner Verpflichtung nachkommt, wird dem Arbeitnehmer ein gesetzlicher Anspruch auf Sicherheitsleistung in Höhe des bestehenden Wertguthabens gegen seinen Arbeitgeber entweder durch Stellung eines tauglichen Bürgen oder durch Hinterlegung von Geld oder Wertpapieren, die gem. § 234 Abs. 1 und 3 BGB zur Sicherheitsleistung geeignet sind, eingeräumt. Dabei hat der Arbeitnehmer das Wahlrecht hinsichtlich der Sicherheitsleistungen.

Das Gesetz macht keine Vorgaben, was unter einer geeigneten Insolvenzabsicherung zu verstehen ist. Im Gesetz werden lediglich beispielhaft bestimmte Gestaltungsmodelle ausgeschlossen, die sich in der Vergangenheit als nicht insolvenzfest erwiesen haben, wie z.B. eine Insolvenzsicherung durch eine Konzernbürgschaft oder bilanzielle Rückstellungen. Es gibt unterschiedliche Modelle einer Insolvenzsicherung von Wertguthaben bei Altersteilzeit.

3.4 Steuer- und sozialversicherungsrechtliche Auswirkungen

▶ Steuer- und Beitragsberechnung

Grundsätzlich gilt sowohl für die Berechnung der Steuern als auch für die Berechnung und Fälligkeit der Beiträge, dass nach dem Zuflussprinzip die Bezüge im Zeitraum der Zahlung maßgebend sind.

Im Falle der vorzeitigen Auszahlung des Wertguthabens (z.B. bei Beendigung des Arbeitsverhältnisses) gelten unterschiedliche Regelungen. Einzelheiten dazu sind den Abschn. IX Ziff. 4 und X Ziff. 10, 11 zu entnehmen.

▶ Rentenrecht

Sofern während einer Altersteilzeitarbeit die Arbeitsphase durch Einbringung eines Wertguthabens mit Zahlung eines Aufstockungsbetrages im Sinne des AtG erfolgt, werden solche Freistellungszeiten zur Erfüllung der Voraussetzungen für den Anspruch auf Altersrente wegen Altersteilzeitarbeit (24 Kalendermonate) herangezogen. Das gilt auch, wenn die Arbeitsagentur keine Leistungen erbringt.

Nicht berücksichtigt werden dagegen Zeiten der Freistellung von der Arbeit aufgrund eines Wertguthabens, wenn der Arbeitgeber

– die Bezüge in voller Höhe weiterzahlt

   oder

– verminderte Bezüge ohne Aufstockungsbeträge nach dem AtG gewährt.

4 Teilzeitarbeit mit Rentenbezug

4.1 Allgemeines

Seit der Rentenreform 1992 können Versicherte nach § 42 SGB VI Altersrenten nicht nur als „Vollrente" (= in voller Höhe), sondern auch als Teilrente erhalten. Möglich ist die Zahlung einer Teilrente im Umfang von

- einem Drittel,
- der Hälfte oder
- zwei Dritteln

der Vollrente. Früher hieß die Alternative bei Weiterarbeit: Einhaltung der Hinzuverdienstgrenzen und volle Rente oder überhaupt keine Altersrente. Das Überschreiten der Hinzuverdienstgrenzen für Beschäftigungen und Tätigkeiten neben Altersrenten vor Vollendung des 65. Lebensjahres führte ausnahmslos zum Wegfall des Rentenanspruchs, selbst wenn der Nebenverdienst nur geringfügig über dem Grenzbetrag lag und sogar, wenn der Nebenverdienst niedriger war als die Rente.

Die Abkehr vom „Alles-oder-Nichts-Prinzip" durch Einführung von Teilrenten ab 1992 führt – neben der Möglichkeit der vorzeitigen Inanspruchnahme von Altersrenten – zu einer weiteren Flexibilisierung beim Übergang vom Erwerbsleben in den Ruhestand, weil dadurch ein abgestuftes System für die Weiterarbeit neben Altersrenten zur Verfügung steht.

Welche Rente – Vollrente, Teilrente von einem Drittel, der Hälfte oder zwei Dritteln – gezahlt werden kann, ist abhängig vom Hinzuverdienst (Arbeitsentgelt oder Arbeitseinkommen) aus neben der Rente ausgeübten abhängigen Beschäftigungen und selbständigen Tätigkeiten. Die maßgeblichen Hinzuverdienstgrenzen werden später aufgezeigt.

Beim Überschreiten der niedrigsten Hinzuverdienstgrenze muss die Vollrente nicht mehr entfallen. Vielmehr kann dann ein Anspruch auf die höchste Teilrente (zwei Drittel der Vollrente) bestehen, beim Überschreiten auch der weiteren Hinzuverdienstgrenzen kann ein Anspruch auf die jeweils niedrigere Teilrente (Hälfte, ein Drittel der Vollrente) bestehen. Erst wenn die höchste Hinzuverdienstgrenze für die Teilrente von einem Drittel der Vollrente überschritten ist, kann überhaupt keine Altersrente mehr gezahlt werden.

Ob Arbeitnehmer die Teilrenten sinnvoll nutzen können, hängt davon ab, ob es entsprechende Teilzeitarbeitsmöglichkeiten für ältere Arbeitnehmer geben wird. Insofern ist diese Regelung zu verstehen als „Angebot" seitens der gesetzlichen Rentenversicherung, verbunden mit dem Anreiz, korrespondierende Bedingungen bei der Gestaltung der Arbeitsplätze in den Betrieben zu schaffen. Der Gesetzgeber hat dabei in erster Linie an die naheliegende Möglichkeit gedacht, dass eine Weiterbeschäftigung beim bisherigen Arbeitgeber angestrebt wird. § 42 Abs. 3 SGB VI enthält dementsprechend eine flankierende arbeitsrechtliche Regelung (siehe nachf. Ziff. 4.2).

Rentner haben grundsätzlich die Wahl zwischen der Vollrente und allen Teilrenten, sofern die jeweiligen Hinzuverdienstgrenzen eingehalten werden.

Mit der stufenweisen Anhebung der Altersgrenzen ab 2001 bekommen die Teilrenten eine zusätzliche Bedeutung. Denn vorzeitige Renten werden dann um einen Abschlag gekürzt, der bei Teilrenten entsprechen ihrem Anteil an der Vollrente geringer ausfällt als bei der Vollrente.

4.2 Arbeitsrechtliche Fragen beim Übergang in die Teilrente

Häufig wird der Übergang in die Teilrente vom Arbeitnehmer angestrebt. Für die Personalpraxis wichtig ist die Frage, ob und unter welchen Voraussetzungen der Arbeitnehmer den Übergang in die Teilrente arbeitsrechtlich erzwingen kann. § 42 Abs. 3 SGB VI sieht einen solchen Rechtsanspruch nicht vor. Danach können Versicherte, die wegen der beabsichtigten Inanspruchnahme einer Teilrente ihre Arbeitsleistung einschränken wollen, vom Arbeitgeber verlangen, dass er mit ihnen die Möglichkeit einer solchen Einschränkung erörtert. Macht der Versicherte hierzu für seinen Arbeitsbereich Vorschläge, hat der Arbeitgeber zu diesen Vorschlägen Stellung zu nehmen. Aus dieser Regelung ergibt sich, dass ein uneingeschränkter Rechtsanspruch des Arbeitnehmers nicht besteht. Die Rechtsprechung erkennt jedoch generell bei der Frage der Umwandlung eines Arbeitsplatzes von Vollzeit- auf Teilzeitarbeitsverhältnis z.B. nach Beendigung des Erziehungsurlaubs an, dass der Arbeitgeber im Rahmen seiner Fürsorgepflicht die Möglichkeit einer solchen Weiterbeschäftigung mit verringerter Arbeitszeit zumindest prüfen muss. Lehnt er den Eintritt in die Teilrente ohne eine solche Prüfung und ohne nähere Begründung ab, besteht das Risiko, dass der Arbeitnehmer die Teilrente arbeitsgerichtlich durchsetzen kann. Im Übrigen besteht ein Anspruch des Arbeitnehmers nur dann, wenn ein Teilzeitarbeitsplatz vorhanden und frei ist, der ältere Arbeitnehmer die notwendige Qualifikation hat, um diesen Arbeitsplatz zu besetzen, die Besetzung des Arbeitsplatzes nicht mit einer langfristigen Perspektive der Personal- oder Unternehmensplanung verbunden ist, die über den Zeitpunkt des endgültigen Ausscheidens des Arbeitnehmers aus dem Betrieb hinausgeht und auch sonst keinerlei nachvollziehbare Gründe für die Ablehnung des Wunsches des älteren Arbeitnehmers vorliegen. Die Ablehnung des Ansinnens des Arbeitnehmers durch den Arbeitgeber wäre dann willkürlich und damit unzulässig. Außerdem kann sich ein Anspruch des Arbeitnehmers auf Übergang in die Teilrente im Einzelfall aus einem Verstoß gegen den Gleichbehandlungsgrundsatz ergeben. Das setzt voraus, dass der Arbeitgeber den Übergang in die Teilrente nach bestimmten Regeln praktiziert und den Arbeitnehmer ohne sachliche Gründe hiervon ausnimmt.

4.3 Hinzuverdienstgrenzen

Die Zahlung von Altersrenten vor Vollendung des 65. Lebensjahres bzw. der Regelaltersgrenze (67 ab 1.1.2012) hängt nach § 34 Abs. 2 SGB VI bei Weiterarbeit davon ab, dass das Arbeitsentgelt oder Arbeitseinkommen aus einer abhängigen Beschäftigung oder selbständigen Tätigkeit bestimmte Hinzuverdienstgrenzen (gestaffelte Grenzen) nicht übersteigt. Ab Vollendung des 65. Lebensjahres (nach neuem Recht des 67. Lebensjahres) sind für den Bezug einer Altersrente keine Hinzuverdienstgrenzen zu beachten.

Für die Vollrente beträgt die monatliche Hinzuverdienstgrenze ein Siebtel der monatlichen Bezugsgröße. Bei Änderung der Bezugsgröße ändert sich daher auch die Hinzuverdienstgrenze. Zum 1.1.2007 beträgt die Hinzuverdienstgrenze bei einer Vollrente für ganz Deutschland einheitlich 350,00 € brutto (wie 2006). Diese Grenze soll durch neues Gesetz auf 400,00 € (entsprechend Geringfügigkeitsgrenze) angehoben werden. Wird die zulässige Hinzuverdienstgrenze überschritten, besteht kein Anspruch mehr auf die Altersrente als Vollrente. Der Rentenanspruch geht aber nicht in jedem Fall in vollem Umfang verloren. Vielmehr hat der Rentenversicherungsträger zu prüfen, ob die Altersrente als Teilrente zu zahlen ist, da für Teilrentenbezieher höhere Hinzuverdienstgrenzen gelten.

Bei einer Teilrente richtet sich die Hinzuverdienstgrenze unter anderem nach dem zuletzt versicherten Verdienst vor Beginn der Altersrente.

Dabei kommt es auf die Entgeltpunkte der letzten drei Jahre vor Beginn der ersten Altersrente an. Der einmal ermittelte Wert bleibt auch dann maßgeblich, wenn zwischenzeitlich eine höhere oder niedrigere Teilrente gezahlt wurde, die Altersrente bereits einmal ganz weggefallen oder der Anspruch auf eine Altersrente entsteht.

Zum Arbeitsentgelt aus einer unselbstständigen Tätigkeit gehören sämtliche Zahlungen des Arbeitgebers, die als Arbeitsentgelt der Beitragsbemessung zugrunde zu legen wären, wenn Versicherungspflicht vorliegen würde. Es gelten die §§ 14, 17 SGB IV in Verbindung mit der Sozialversicherungsentgeltverordnung (ArEV). Dabei kommt es nicht darauf an, dass die Beschäftigung, die der Rentenbezieher ausübt, als solche versicherungspflichtig wäre. Arbeitsentgelt sind also alle laufenden oder einmaligen Einnahmen aus einer abhängigen Beschäftigung; hierzu gehören auch Familienzuschläge, Zulagen und Mehrarbeitsvergütungen sowie Urlaubsgelder und Weihnachtszuwendungen. Der Bezug von Vorruhestandsgeld steht dem Arbeitsentgelt aus einer Beschäftigung gleich.

Als Faustregel gilt: Alle Zahlungen des Arbeitgebers, die lohnsteuerpflichtig sind, gehören zum Arbeitsentgelt und sind als Hinzuverdienst während des Rentenbezugs zu berücksichtigen. Entsprechendes gilt für das Arbeitseinkommen aus einer selbständigen Tätigkeit.

Nach den gesetzlichen Regelungen darf die an sich maßgebliche monatliche Hinzuverdienstgrenze aufgrund z.B. einer Einmalzahlung (z.B. Weihnachtsgeld, Urlaubsgeld) im Laufe jeden Kalenderjahres zweimal um jeweils einen Betrag bis zur Höhe der individuell ermittelten Hinzuverdienstgrenze überschritten werden, ohne dass der Anspruch auf die jeweilige Voll- oder Teilrente verloren geht.

Die Formel für die Ermittlung der jeweils in Betracht kommenden Hinzuverdienstgrenze bei Bezug einer Teilrente lautet:

Teilrentenfaktor x aktueller Rentenwert, mtl. Bezugsgröße x Entgeltpunkte der letzten 3 Kalenderjahre
(mindestens 1,5 Entgeltpunkte = individuelle Hinzuverdienstgrenze)

Der Teilrentenfaktor ist gesetzlich festgelegt (§ 34 Abs. 3 Nr. 2 SGB VI) und beläuft sich bei einer Teilrente

- von einem Drittel der Vollrente auf das 23,3-fache (neues Recht: das 0,25-fache),
- von der Hälfte der Vollrente auf das 17,5-fache (neues Recht: das 0,19-fache),
- von zwei Dritteln der Vollrente auf das 11,7-fache (neues Recht: das 0,13-fache)

des aktuellen Rentenwerts (neues Recht: der monatlichen Bezugsgröße).

Der aktuelle Rentenwert, die mtl. Bezugsgröße ist der Betrag, der einer monatlichen Rente aus Beiträgen eines Durchschnittverdieners für ein Jahr entspricht. Er wird durch die Bundesregierung mit Zustimmung des Bundesrates jeweils am 1.7. eines Jahres festgelegt.

Der aktuelle Rentenwert, die mtl. Bezugsgröße steigt jeweils zum 1.7. eines Kalenderjahres um den Vomhundertsatz, um den die Renten erhöht werden. Wird die zulässige Hinzuverdienstgrenze überschritten, besteht kein Anspruch mehr auf die Altersrente als Vollrente. Der Rentenanspruch geht aber nicht in jedem Fall in vollem Umfang verloren. Vielmehr hat der Rentenversicherungsträger zu prüfen, ob die Altersrente als Teilrente zu zahlen ist, da für Teilrentenbezieher höhere Hinzuverdienstgrenzen gelten.

Der aktuelle Rentenwert beträgt für den

Zeitraum	alte Bundesländer	neue Bundesländer
vom 1.7.2003-30.6.2007	26,13 €	22,97 €

Überschreitet ein Altersrentner die maßgebende Hinzuverdienstgrenze, muss der Rentenversicherungsträger von Amts wegen prüfen, ob für eine andere (geringere) Teilrente die Hinzuverdienstgrenze eingehalten wird.

Im Einzelnen gilt Folgendes:

▶ Mindesthinzuverdienstgrenzen

Um Geringverdiener oder Personen, die zuletzt keinen Verdienst hatten, nicht zu benachteiligen, gibt es eine so genannte Mindesthinzuverdienstgrenze. Diese ist immer dann maßgebend, wenn ein Versicherter vor Beginn der ersten Altersrente nicht mehr als die Hälfte des Durchschnittsverdiensts aller Versicherten erzielt (siehe oben), also keine oder weniger als 0,5 Entgeltpunkte erreicht hat.

▶ Individuelle Hinzuverdienstgrenzen

Je nachdem, wie hoch die persönlich versicherten Arbeitsverdienste im letzten Kalenderjahr vor dem Rentenbeginn waren, sind völlig unterschiedliche Grenzwerte zwischen der Mindesthinzuverdienstgrenze und der höchsten individuellen Hinzuverdienstgrenze möglich. Diese individuellen Hinzuverdienstgrenzen können selbst errechnet werden.

Die Formeln zur Selbstberechnung der individuellen Hinzuverdienstgrenzen können nur verwendet werden, wenn im letzten Kalenderjahr vor Rentenbeginn keine Zeiten ohne Beschäftigung (z.B. Arbeitslosigkeit, Krankheit oder freiwillige Beiträge) liegen. In derartigen Fällen sollte der zuständige Rentenversicherungsträger eingeschaltet werden.

5 Transferkurzarbeitergeld

5.1 Allgemeines

Um im Rahmen des erforderlichen Personalabbaus und der notwendigen Kostensenkung Entlassungen mit Sozialplan und hohen Abfindungen zu vermeiden, ist es eine legale Möglichkeit, eine dem Austritt aus Altersgründen vorgeschaltete Kurzarbeit bei betrieblichen Strukturveränderungen einzuführen. Damit könnte in den Übergangsfällen für eine bestimmte Zeit möglicherweise zur Abdeckung einer eventuellen Ruhenszeit wegen Nichteinhaltung der Arbeitgeberkündigungsfrist Kurzarbeitergeld beantragt werden. Dies kann so weit gehen, dass die so genannte Null-Lösung praktiziert, also überhaupt nicht mehr gearbeitet und für den vollen Kalendermonat Kurzarbeitergeld bezogen wird. Es ist aber dabei zu berücksichtigen, dass das Arbeitsverhältnis mit allen Rechten und Pflichten bestehen bleibt. Das bedeutet u.a., dass der Kurzarbeiter, wie alle anderen aktiven Arbeitnehmer des Betriebes, grundsätzlich Anspruch auf Sonderzuwendungen hat, sofern nicht eine volle Arbeitsleistung

Voraussetzung dafür ist. Kurzarbeitergeld kann jedoch nur unter den nachfolgenden Bedingungen beansprucht werden.

Es besteht damit die Möglichkeit, über den Rahmen des Bezuges von Kurzarbeitergeld aus konjunkturellen Gründen (§ 169 SGB III) hinaus so genanntes Transferkurzarbeitergeld nach § 216b SGB III zu beanspruchen. Eine solche Zeit könnte beispielsweise dem Beginn der Altersteilzeitarbeit ab 55 Jahren vorgeschaltet werden. Allerdings sind die üblichen Voraussetzungen für den Anspruch auf Kug zu erfüllen.

Es ist auch zu berücksichtigen, dass ein vereinbartes Altersteilzeitarbeitsverhältnis nicht während des Bezuges von Transfer-Kug beginnen kann. Die Kurzarbeit müsste schon vor Beginn der Altersteilzeit enden, andernfalls wäre die Altersteilzeitarbeit zu verlegen.

§ 216b SGB III ersetzt den früheren § 175 SGB III, der durch das Dritte Gesetz für moderne Dienstleistungen am Arbeitsmarkt mit Wirkung vom 1.1.2004 aufgehoben worden ist. Nach einer Übergangsregelung (§ 434j Abs. 11 SGB III) ist der § 175 SGB III noch anzuwenden, wenn der Anspruch auf Kug vor dem 1.1.2004 entstanden ist. Die Anwendung des § 175 SGB III ist also für Fälle mit Beginn nach dem 31.12.2003 ausgeschlossen.

Das Transferkurzarbeitergeld unterscheidet sich im Übrigen von dem allgemeinen (sog. konjunkturellen) Kurzarbeitergeld hauptsächlich in den Fördervoraussetzungen. Anders als das Kurzarbeitergeld dient es nicht dem Erhalt von Arbeitsplätzen, sondern soll bei schwerwiegenden betrieblichen Strukturveränderungen einen sozialverträglichen Personalabbau ermöglichen. Gleichzeitig soll die Zeit des Leistungsbezugs – präventiv und aktivierend – genutzt werden, um die Vermittlungs- und Eingliederungsaussichten der von Arbeitslosigkeit bedrohten Arbeitnehmer zu verbessern.

Nach § 216b Abs. 1 SGB III haben Arbeitnehmer Anspruch auf Kug zur Förderung der Eingliederung bei betrieblichen Restrukturierungen (Transfer-Kug), wenn

1. und solange sie von einem dauerhaften unvermeidbaren Arbeitsausfall mit Entgeltausfall betroffen sind,
2. die betrieblichen Voraussetzungen erfüllt sind,
3. die persönlichen Voraussetzungen erfüllt sind und
4. der dauerhafte Arbeitsausfall der Agentur für Arbeit angezeigt worden ist.

Der § 216b Abs. 10 SGB III sieht vor, dass zwar die allgemeinen Bestimmungen über Kurzarbeit Anwendung finden, allerdings mit der Ausnahme der §§ 169 bis 176 SGB III. Es ist also insbesondere nicht erforderlich, dass im jeweiligen Kalendermonat (Anspruchszeitraum) mindestens ein Drittel der in dem Betrieb beschäftigten Arbeitnehmer von einem Entgeltausfall von jeweils mehr als zehn Prozent ihres monatlichen Bruttoarbeitsentgelts betroffen sein müssen.

5.3 Dauerhafter Arbeitsausfall

Nach § 216b Abs. 2 SGB III liegt ein dauerhafter Arbeitsaufall vor, wenn infolge einer Betriebsänderung im Sinne des § 216a Abs. 1 Satz 3 die Beschäftigungsmöglichkeiten für die Arbeitnehmer nicht nur vorübergehend entfallen. Dabei ist der § 111 des Betriebsverfassungsgesetzes von Bedeutung, wonach ein aufgrund eines dauerhaften Arbeitsausfalls die bisherigen Arbeitskapazitäten auf absehbare Zeit nicht mehr benötigt werden.

5.4 Betriebliche Voraussetzungen

Gemäß § 216b Abs. 3 SGB III sind die betrieblichen Voraussetzungen für die Gewährung von Transferkurzarbeitergeld erfüllt, wenn

1. in einem Betrieb Personalanpassungsmaßnahmen aufgrund einer Betriebsänderung durchgeführt und
2. die von Arbeitsausfall betroffenen Arbeitnehmer zur Vermeidung von Entlassungen und zur Verbesserung ihrer Eingliederungschancen in einer betriebsorganisatorisch eigenständigen Einheit zusammengefasst werden.

5.5 Persönliche Voraussetzungen

Die persönlichen Voraussetzungen sind erfüllt, wenn der Arbeitnehmer

1. von Arbeitslosigkeit bedroht sind,
2. nach Beginn des Arbeitsausfalls eine versicherungspflichtige Beschäftigung fortsetzt oder im Anschluss an die Beendigung eines Berufsausbildungsverhältnisses aufnimmt,
3. nicht vom Kurzarbeitergeldbezug ausgeschlossen ist und
4. vor der Überleitung in die betriebsorganisatorisch eigenständige Einheit aus Anlass der Betriebsänderung an einer Profilierungsmaßnahme teilgenommen hat.

5.6 Betriebliche Strukturveränderungen

Die betrieblichen Voraussetzungen sind erfüllt, wenn in einem Betrieb (oder eigenständigen Betriebsabteilung) Personalanpassungsmaßnahmen aufgrund einer Betriebsänderung durchgeführt werden und die von dem Arbeitsausfall betroffenen Arbeitnehmer in einer betriebsorganisatorisch eigenständigen Einheit (in der Praxis vielfach in einer sog. Transfergesellschaft) zusammengefasst werden (§ 216b Abs. 3 SGB III). Die früher für einen Anspruch auf Strukturkurzarbeitergeld einschränkende Voraussetzung einer „Strukturkrise", die eine Betriebsänderung nach sich ziehen musste, ist entfallen, so dass das Transferkurzarbeitergeld zur Begleitung aller betrieblichen Restrukturierungsprozesse zur Verfügung steht.

5.7 Bezugsfrist

Die Bezugsfrist für das Transfer-Kug beträgt nach § 216b Abs. 8 SGB III längstens 12 Monate. Eine Verlängerungsmöglichkeit ist nach den gesetzlichen Bestimmungen nicht vorgesehen.

Weitere Informationen können bei der BA eingeholt werden.

5.8 Anspruchsausschlüsse

Der Anspruch auf Transfer-Kug ist ausgeschlossen, wenn die Arbeitnehmer nur vorübergehend in einer beE zusammengefasst werden, um anschließend einen anderen Arbeitsplatz in dem gleichen oder einem anderen Betrieb des Unternehmens/Konzerns zu besetzen. Von der Förderung ausgeschlossen sind Arbeitnehmer des öffentlichen Dienstes mit Ausnahme der Beschäftigten von Unternehmen, die in selbständiger Rechtsform erwerbswirtschaftlich betrieben werden.

Transfer-Kug wird nicht gewährt an Arbeitnehmer, die nicht arbeitslosenversicherungspflichtig beschäftigt sind, z.B. Arbeitnehmer,

1. die das 65. Lebensjahr vollendet haben, mit Ablauf des Monats, in dem sie dieses Lebensjahr vollenden;
2. während der Zeit, für die ihnen eine dem Anspruch auf Rente wegen voller Erwerbsminderung oder eine vergleichbare Leistung eines ausländischen Leistungsträgers zuerkannt ist;
3. die in einer geringfügigen Beschäftigung im Sinne des § 8 SGB IV stehen;
4. die eine unständige Beschäftigung berufsmäßig ausüben.

Vom Transfer-Kug-Bezug sind Arbeitnehmer ausgeschlossen:

1. die als Teilnehmer an einer beruflichen Weiterbildungsmaßnahme Arbeitslosengeld bei beruflicher Weiterbildung oder Übergangsgeld beziehen, wenn diese Leistung nicht für eine neben der Beschäftigung durchgeführte Teilzeitmaßnahme gezahlt wird,

2. während der Zeit, in der sie Krankengeld beziehen

oder

3. die in einem Betrieb des Schaustellergewerbes oder einem Theater-, Lichtspiel- oder Konzertunternehmen beschäftigt sind.

Darüber hinaus sind Arbeitnehmer vom Transfer-Kug-Bezug ausgeschlossen, wenn und solange sie bei einer Vermittlung nicht in der von der Agentur für Arbeit verlangten und gebotenen Weise mitwirken. Das ist dann der Fall, wenn sich der Transfer-Kug-Bezieher trotz Belehrung über die Rechtsfolgen beharrlich weigert, im Rahmen einer beratenden und vermittlerischen Tätigkeit angemessen mitzuwirken.

5.9 Höhe des Transfer-Kug

▶ **Allgemeines**

Die Höhe des Kug richtet sich nach dem pauschalierten Nettoentgeltausfall im Anspruchszeitraum (Kalendermonat). Das ist der Unterschiedsbetrag (die Nettoentgeltdifferenz) zwischen

1. dem pauschalierten Nettoentgelt aus dem Sollentgelt

und

2. dem pauschalierten Nettoentgelt aus dem Istentgelt

Das Kug wird in zwei verschiedenen hohen Leistungssätzen:

- 67 % (erhöhter Leistungssatz = Leistungssatz 1) für Arbeitnehmer, die mindestens ein Kind im Sinne des § 32 Abs. 1, 3 bis 5 des Einkommensteuergesetzes haben, sowie für Arbeitnehmer, deren Ehegatte mindestens ein Kind im Sinne des § 32 Abs. 1, 4 und 5 des Einkommensteuergesetzes hat, wenn beide Ehegatten unbeschränkt einkommensteuerpflichtig sind und nicht dauernd getrennt leben (das sind leibliche Kinder, angenommene Kinder und Pflegekinder, auf die Zahl der Kinder kommt es nicht an)

- 60 % (allgemeiner Leistungssatz = Leistungssatz 2) für die übrigen Arbeitnehmer

der Nettoentgeltdifferenz gewährt.

▶ **Sollentgelt**

Sollentgelt ist das Bruttoarbeitsentgelt, das der Arbeitnehmer ohne den Arbeitsausfall im Kalendermonat bei Vollarbeit erzielt hätte, soweit dieser Verdienst beitragspflichtige Einnahme im Sinne des SGB III (§§ 342 ff) und als Entgelt im Sinne der Sozialversicherung anzusehen ist. Einmalig gezahltes Arbeitsentgelt und Entgelt für Mehrarbeit sind nicht zu berücksichtigen.

▶ **Istentgelt**

Istentgelt ist das im jeweiligen Kalendermonat (Anspruchszeitraum) erzielte Bruttoarbeitsentgelt zuzüglich aller zustehenden Entgeltanteile (einschließlich der Entgelte für Mehrarbeit). Einmalig gezahlte Arbeitsentgelte bleiben außer Betracht.

Das Soll- und das Istentgelt wird auf den nächsten durch 20 teilbaren Euro-Betrag gerundet.

▶ **Pauschaliertes monatliches Nettoentgelt aus dem Soll- und dem Istentgelt**

Das pauschalierte monatliche Nettoentgelt wird ermittelt, indem das gerundete Soll- und das gerundete Istentgelt um folgende pauschalierte Abzüge vermindert wird:

- Sozialversicherungspauschale in Höhe von 21 v.H.
- Lohnsteuer nach der Lohnsteuerklasse
- Solidaritätszuschlag

▶ **Tabelle zur Berechnung des Kurzarbeitergeldes**

Zur Ermittlung der Höhe des Kug stellt die Agentur für Arbeit eine „Tabelle zur Berechnung des Winterausfallgeldes (WAG) und des Kurzarbeitergeldes (Kug)" zur Verfügung, aus der bei dem jeweiligen Bruttoarbeitsentgelt (Soll- und Istentgelt) die pauschalierten monatlichen Nettoentgelte unter Berücksichtigung der Leistungssätze 1 und 2 (67 oder 60 %) und der auf der Lohnsteuerkarte des Arbeitnehmers eingetragenen Lohnsteuerklasse abgelesen werden können (so genannte rechnerische Leistungssätze). Die Differenz zwischen den nach den vorstehenden Kriterien abgelesenen Leistungssätzen stellt das für den Kalendermonat zustehende Kug dar.

Beispiel:
Bruttoarbeitsentgelt (ohne Kurzarbeit) = 2.500,00 €; während der Kurzarbeit wird ein Entgelt von 1.500,00 € erzielt. Auf der Lohnsteuerkarte des Arbeitnehmers ist die Steuerklasse III und ein Kinderfreibetrag von 1,0 eingetragen = Leistungssatz 1.

Sollentgelt =	2.500,00 €	
= rechnerischer Leistungssatz		1.232,02 €
Istentgelt =	1.500,00 €	
= rechnerischer Leistungssatz		793,95 €
Kug =		438,07 €

Weitere Einzelheiten über die Bemessung des Kug ergeben sich aus den „Hinweisen zum Antragsverfahren Kurzarbeitergeld (Kug)".

Die Tabelle steht auch im Internet zur Verfügung (www.arbeitsagentur.de → Informationen → Arbeitgeber → Geldleistungen → Kurzarbeitergeld → Link und Dateiliste).

▶ **Steuerliche Behandlung**

Das Transfer-Kug ist steuerfrei. Es wird jedoch bei der Ermittlung des Steuersatzes, dem das übrige steuerpflichtige Einkommen unterliegt, berücksichtigt (sog. Progressionsvorbehalt). Das Transfer-Kug ist deshalb in der Steuererklärung anzugeben. Sofern nicht bereits aus anderen Gründen eine Einkommensteuerveranlagung durchgeführt wird, besteht die Verpflichtung zur Abgabe einer Einkommensteuererklärung jedenfalls dann, wenn das Transfer-Kug ggf. zusammen mit anderen, dem Progressionsvorbehalt unterliegenden Leistungen, die der Leistungsempfänger oder sein nicht dauernd getrennt lebender Ehegatte im selben Kalenderjahr erhalten haben, 410,00 € übersteigt (hinsichtlich des Progressionsvorbehalts siehe auch Abschn. X Ziff. 7).

▶ **Kranken-, Pflege und Rentenversicherung**

In der Kranken-, Pflege- und Rentenversicherung bleibt die Mitgliedschaft der Pflichtversicherten während des Bezuges von Transfer-Kug erhalten. Neben den Beiträgen für das tatsächlich (noch) erzielte Arbeitsentgelt werden für Bezieher von Transfer-Kug auch Beiträge zur Kranken-, Pflege- und Rentenversicherung für den Entgeltausfall entrichtet.

Für das tatsächlich erzielte beitragspflichtige Arbeitsentgelt (sog. Kurzlohn) tragen Arbeitgeber und Arbeitnehmer die Beiträge grundsätzlich je zur Hälfte. Für die Ausfallstunden eines pflichtversicherten Transfer-Kug-Empfängers werden die Beiträge zur gesetzlichen Kranken-, Pflege- und Rentenversicherung nach einem fiktiven Arbeitsentgelt berechnet. Die Höhe dieser Beiträge wird bestimmt durch

- 80 % des Unterschiedsbetrages zwischen den ungerundeten Werten des Sollentgeltes (brutto) und des Istentgeltes (brutto) und

- dem allgemeinen Beitragssatz der Krankenkasse bzw. dem Beitragssatz der Pflegeversicherung und der Rentenversicherung, in der der Transfer-Kug-Empfänger Mitglied ist.

Die Beiträge hat der Arbeitgeber allein zu tragen. Die alleinige Beitragspflicht des Arbeitgebers bei Bezug von Transfer-Kug umfasst den gesamten aus dem fiktiven Arbeitsentgelt ermittelten Beitrag, d.h. auch den von allen Mitgliedern der gesetzlichen Krankenversicherung allein zu tragenden zusätzlichen Beitragssatz in Höhe von 0,9 %.

5.10 Zuschuss zum Kug

Der Arbeitgeber könnte zum Kug einen Zuschuss in der Höhe gewähren, dass er zusammen mit dem Kug den Betrag erreicht, der im Rahmen einer Altersregelung vorgesehen ist (z.B. bis 70, 80 oder 90 % des üblichen Nettoverdienstes). Eine gesetzliche Verpflichtung besteht nicht.

Einige Tarifverträge sehen die Berechnung und Gewährung eines Zuschusses zum Kurzarbeitergeld vor. So wird z.b. geregelt, dass der Arbeitgeber einen Zuschuss in Höhe des Unterschiedsbetrages zwischen dem infolge des Arbeitsausfalls verminderten Monats-Nettoverdienstes zuzüglich des ausgezahlten Kurzarbeitergeldes einerseits und X % des regelmäßigen Monats-Nettoverdienstes, der bei Vollbeschäftigung erzielt worden wäre, andererseits zahlt.

Beispiel einer Zuschussberechnung:

Ausgangsdaten

Bruttoverdienst 2.560,00 €
St.-Kl. III - 1
9 % Kirchensteuer
Beitragssatz Sozial- und Pflegeversicherung AN = 20,65 %
21 Arbeitstage im Kalendermonat
10 Arbeitstage Kurzarbeit
90 % des regelmäßigen Monatsnettoverdienstes werden gewährleistet.

Berechnung

A Bruttoverdienst ohne den Verdienst für
   10 Tage Kurzarbeit
   (also abzgl. 10/21 von 2.560,00 €)   =   1.340,95 €
   gesetzliche Abzüge   = ./.   276,91 €
   Nettoverdienst   =   1.064,04 €

B Ausgefallener Bruttoverdienst für
   10 Tage Kurzarbeit
   (10/21 von 2.560,00 €)   =   1.219,04 €

C Bruttoverdienst für den Kalendermonat   =   2.560,00 €
   gesetzliche Abzüge   = ./.   680,15 €
   Nettoverdienst   =   1.879,85 €

D 90 % des Nettoverdienstes (von C)   =   1.691,87 €
   tatsächlicher Nettoverdienst (A)   = ./.   1.064,04 €
   Kurzarbeitergeld für 10 Tage   = ./.   781,63 €
   Zuschuss zum Kurzarbeitergeld   =   0,00 €

In diesem Fall ist kein Zuschuss zu zahlen.

Der Zuschuss ist um die darauf entfallenden gesetzlichen Abgaben zu kürzen, wenn der Tarifvertrag nicht ausdrücklich das Ergebnis als Nettobezug bestimmt.

Der Zuschuss ist steuerpflichtig und nach § 2 Abs. 2 Nr. 4 ArEV sozialversicherungsfrei, soweit er zusammen mit dem Kug 80 % des Unterschiedsbetrages zwischen dem Sollentgelt (= Entgelt ohne Kurzarbeit/Volllohn) und dem Istentgelt (= SV-Entgelt nach § 179 SGB III) nicht übersteigt. Nach höchstrichterlicher Rechtsprechung darf der Arbeitgeber diese gesetzlichen Abzüge vom errechneten Zuschuss einbehalten. Es wird davon ausgegangen, dass der Arbeitgeber einem Arbeitnehmer aus dem Arbeitsverhältnis zu erbringende Leistungen grundsätzlich brutto zu gewähren hat. Das heißt, er zieht vom Bruttobetrag die darauf entfallenden Lohn- und Kirchensteuern sowie den Solidaritätszuschlag ab, leitet diese gesetzlichen Abgaben an das Finanzamt weiter und zahlt dem Arbeitnehmer den verbleibenden Nettobetrag aus.

Von diesem Grundsatz kann abgewichen und vereinbart werden, dass die vom Arbeitgeber zu zahlenden Zuschüsse netto zu gewähren sind, also die gesetzlichen Abgaben zusätzlich vom Arbeitgeber getragen werden (dann Hochrechnung auf einen Bruttobetrag). Wollen die Vertragsparteien eine solche abweichende und ungewöhnliche Regelung treffen, müssen sie dies deutlich erkennbar zum Ausdruck bringen.

6 Ausscheiden mit Fortzahlung gekürzter Bezüge bis zu einem bestimmten Zeitpunkt

Die Variante entspricht grundsätzlich dem Modell nach Ziff. 1, wonach eine Freistellung von der Arbeit unter Fortzahlung der Bezüge vorgesehen ist. Der entscheidende Unterschied besteht jedoch darin, dass in diesem Falle das Arbeitsverhältnis beendet wird, der Arbeitnehmer also aus dem Unternehmen/-Betrieb ausscheidet. Ihm werden lediglich wie im Falle der Arbeitsleistung zum Monatsende seine bisherigen Bezüge in gekürzter Form (z.B. 80 % des Bruttoverdienstes ohne einmalige Zuwendungen) auf sein Konto überwiesen.

Hierbei ist davon auszugehen, dass das Arbeitsverhältnis nicht mehr besteht, kein Beschäftigungsverhältnis im sozialversicherungsrechtlichen Sinne mehr vorliegt (siehe Abschn. IX) und das aktive Dienstverhältnis nach dem Steuerrecht beendet ist.

Allerdings muss geprüft werden, ob die Voraussetzungen für die Beitragspflicht von „Versorgungsbezügen" erfüllt sind (siehe Abschn. IX Ziff. 6). Steuerpflicht besteht ohnehin. Festzustellen ist nur, ob die Bezüge als „Abfindungen" im Sinne des § 3 Nr. 9 EStG behandelt werden können (siehe Abschn. X Ziff. 2).

7 Ausscheiden im beiderseitigen Einvernehmen mit Zahlung einer Abfindung

Dem Ausscheiden im beiderseitigen Einvernehmen liegt im allgemeinen ein so genannter Aufhebungsvertrag zugrunde, mit dem Arbeitgeber und Arbeitnehmer aus Altersgründen die Auflösung des Arbeitsverhältnisses, ggf. ohne Einhaltung einer Kündigungsfrist, vereinbaren. Eine solche Vereinbarung unterliegt nicht dem Mitbestimmungsrecht des Betriebsrates. Es ist aber empfehlenswert, den Betriebsrat zumindest zu unterrichten.

Ähnlich wie im Falle der Beendigung des Arbeitsverhältnisses mit Zahlung von Überbrückungs- oder Vorruhestandsgeld (siehe Ziff. 9) wird üblicherweise in dem Vertrag die Höhe der Abfindung festgelegt. Diese kann in monatlichen Raten oder als Einmalbezug gezahlt werden. Es muss auch bestimmt werden, ob sie in brutto oder netto gewährt wird.

Im Falle einer Nettozahlung ist der Bruttobetrag im Abtastverfahren zu ermitteln.

Bei Zahlung einer Abfindung ist die Anrechnung auf das Arbeitslosengeld von Bedeutung (siehe hierzu Abschn. V Ziff. 1.6).

Im Übrigen muss zur Verhinderung einer Sperrzeit (siehe Abschn. VI Ziff. 5) dem Arbeitsamt nachgewiesen werden, dass der Aufhebungsvertrag auf Veranlassung des Arbeitgebers abgeschlossen wurde (z.B. wegen Entfall des Arbeitsplatzes).

8 Austritt durch Kündigung des Arbeitgebers mit Zahlung einer Abfindung

Die Beendigung des Arbeitsverhältnisses älterer Arbeitnehmer, die insbesondere länger einem Unternehmen angehören, durch Kündigung des Arbeitgebers ist problematisch. Abgesehen von längeren Kündigungsfristen, die grundsätzlich einzuhalten sind, sind die Mitbestimmungsrechte des Betriebsrates von Bedeutung (siehe Abschn. II). Dies gilt selbst dann, wenn eine angemessene Abfindung vereinbart und gezahlt wird.

Von Bedeutung sind bei Zahlung einer Abfindung die Regelungen über die Anrechnung auf das Arbeitslosengeld (siehe Abschn. V Ziff. 1.6).

Wird die Arbeitgeberkündigungsfrist nicht eingehalten, kann sich eine Ruhenszeit für das Arbeitslosengeld ergeben, je nach Höhe der Abfindung (siehe hierzu Abschn. VI Ziff. 3). Eine Sperrzeit dürfte bei ausdrücklicher Kündigung durch den Arbeitgeber entfallen, es sei denn, der Arbeitnehmer stimmt einer Kündigung durch den Arbeitgeber zu.

Kündigt der Arbeitgeber zu einem im Tarifvertrag vorgesehenen Zeitpunkt der Beendigung des Arbeitsverhältnisses aus Altersgründen (z.B. Vollendung des 63. Lebensjahrs) unter den Voraussetzungen des § 41 Abs. 4 SGB VI, dürften Sperr- und Ruhenszeiten für Arbeitslosengeld nicht in Betracht kommen.

Steuerrechtlich sind die Zahlungen des Arbeitgebers als Abfindung im Sinne des Steuerrechts zu behandeln.

9 Beendigung des Arbeitsverhältnisses durch Aufhebungsvertrag mit Zahlung von Überbrückungsgeld / Vorruhestandsgeld

▶ **Überbrückungsgeld**

Üblicherweise wird ein Arbeitsverhältnis aus Altersgründen durch einen Aufhebungsvertrag im Einvernehmen zwischen Arbeitgeber und Arbeitnehmer beendet, dem im Allgemeinen eine Betriebsvereinbarung zugrunde liegt. Darin sind u.a. die Zahlung von Überbrückungs- bzw. Vorruhestandsgeld bis zum nächstmöglichen Zeitpunkt der Beanspruchung einer gesetzlichen Altersrente – ggf. verbunden mit einer Betriebs-/Werksrente (Versorgungsbezug) – vorgesehen.

Zunächst ist dabei zu entscheiden, ob die Leistungen des Arbeitgebers als Bruttobezüge oder als Nettobezüge gewährt werden.

Für die Zahlung des Überbrückungsgeldes als Nettobezug mit der Folge, dass der steuerpflichtige Teil im so genannten Abtastverfahren zu ermitteln ist (ggf. unter Einbeziehung von Beiträgen), sprechen folgende Argumente:

1. Verminderte Kosten / verminderter Aufwand

   Die Sicherung eines bestimmten Nettobetrages führt zum Entfall von Aufstockungsbeträgen, wenn Beitragsfreiheit und Steuerfreiheit vorliegt.

2. Orientierung am bisherigen Nettoverdienst

   Für alle Beteiligten ist klar erkennbar, dass X % des Betrages gezahlt wird, den der Vorruhestandsgeldbezieher während seiner aktiven Zeit erhalten hat. Spätere Freibeträge oder Steuervergünstigungen haben keinen Einfluss und können somit zu keiner Besserstellung gegenüber einer tatsächlichen Beschäftigung führen.

3. Nettobasis aktive Dienstzeit/Vorruhestandszeit ist gleich

   Die Nettobasis für das Überbrückungsgeld/Vorruhestandsgeld stimmt mit den Nettobezügen der aktiven Dienstzeit überein und steigt nicht durch Inanspruchnahme von Freibeträgen an.

Optische Wirkung eines höheren Prozentsatzes

Es wirkt entschieden besser, wenn man beispielsweise 90 % des Nettoverdienstes statt 70 % des Bruttoverdienstes gewährleistet.

Neben der Entscheidung über eine Brutto- oder Nettozuwendung ist die Festlegung der Zahlungsmodalitäten (einmalige, jährliche oder monatliche Zahlung) von Bedeutung. Dies hat insbesondere Bedeutung für die steuerliche Behandlung der Zuwendungen: Freibeträge, begünstigte Besteuerung, individuelle Steuerberechnung.

Ansonsten ist festzulegen, welche Entgeltbestandteile in die Berechnung des Überbrückungs-/Vorruhestandsgeldes einzubeziehen sind. Der Arbeitgeber kann aus dem Spektrum der Zuwendungen während des Arbeitsverhältnisses die Beträge berücksichtigen, die er ggf. in Übereinstimmung mit dem Betriebsrat im Rahmen seiner Kostenplanung für vertretbar hält. Das Ergebnis der Berechnung ist dann das Überbrückungs- bzw. Vorruhestandsgeld, von dem X % zur Auszahlung gelangt und zur steuer- und beitragsrechtlichen Beurteilung herangezogen wird.

Die beitrags- und steuerrechtlichen Auswirkungen sind den Abschn. IX und X zu entnehmen.

Hier ein Beispiel für eine Betriebsvereinbarung mit Protokollnotiz zur Zahlung von Überbrückungsgeld anlässlich des Ausscheidens aus Altersgründen.

Betriebsvereinbarung

Altersregelungen   Gültig ab ....

Zur Unterstützung der Zielsetzungen zur Kostensenkung und der damit verbundenen notwendigen Personalanpassung wird zur sozialen Absicherung für vorzeitig aus dem Unternehmen ausscheidende Betriebsangehörige zwischen Unternehmen und Betriebsrat vereinbart:

1. Persönlicher Geltungsbereich

    Betriebsangehörige, die bis zum Ende der Laufzeit dieser Vereinbarung ein bestimmtes Lebensjahr vollendet haben, können im Rahmen der nachfolgenden Festlegungen aufgrund eines Aufhebungsvertrages aus dem Unternehmen ausscheiden.

    Diese Regelungen gelten insbesondere für die Betriebsangehörigen, deren Arbeitsplatz durch erforderliche betriebliche Dispositionen entfällt. Dabei steht im Vordergrund, dass nach Ablauf des Überbrückungszeitraumes die Altersversorgung hinreichend gesichert ist (z.B. durch Bezug von Altersrente).

2. Leistungen nach dem Ausscheiden

2.1 Leistungen während des Überbrückungszeitraumes

Während des Überbrückungszeitraumes vom Tage nach Beendigung des Arbeitsverhältnisses bis maximal zum Zeitpunkt des frühestmöglichen Bezugs von Altersrente wird ein Überbrückungsgeld wie folgt gezahlt:

X % des Monatsnettoarbeitsverdienstes (oder Monatsbruttoverdienstes) gemäß Ziffer 1 sowie ein Zuschuss gemäß Ziffer 2 der Protokollnotiz zu dieser Betriebsvereinbarung. Leistungen der Agentur für Arbeit (Arbeitslosengeld), Krankengeld (oder ähnliche Leistungen) und Erwerbsunfähigkeitsrente werden angerechnet.

Bei der Berechnung des Überbrückungsgeldes gilt Folgendes:

- Leistungen nach dem SGB III (Arbeitsförderung) werden fiktiv angesetzt, wenn sie vermindert werden oder entfallen
  - wegen Aufnahme eines neuen Arbeitsverhältnisses,
  - aus Gründen, die Ausscheidende selbst zu vertreten haben, z.B. aufgrund einer Nebenbeschäftigung.

- Bei Entfall von Leistungen nach dem SGB III wegen Bezuges von Erwerbsminderungsrente wird die Rente zugrunde gelegt.

- Eine Versorgungsrente nach dem Bundesversorgungsgesetz oder eine Rente aus der gesetzlichen Unfallversicherung wird auf die Überbrückungsbeihilfe nicht angerechnet.

- Die gesetzlichen Abzüge auf das Überbrückungsgeld übernimmt das Unternehmen (bei Nettobeihilfe).

2.2 Allgemeine Leistungen

2.2.1 Vorschuss auf die Sozialversicherungsrente
Das Unternehmen ist bereit, nach Ablauf des Überbrückungszeitraumes auf Antrag einen Vorschuss auf die zu erwartende Sozialversicherungsrente zu gewähren, wenn der Versicherungsträger eine Vorschusszahlung ablehnt. Der Empfänger muss seinen Anspruch gegen den Rentenversicherungsträger in entsprechender Höhe an das Unternehmen abtreten.

2.2.2 Übernahme der Krankenversicherungsbeiträge bei freiwilliger Weiterversicherung
Für die Zeit der notwendigen freiwilligen Krankenversicherung während des Überbrückungszeitraumes wird der zu zahlende Beitrag für

eine Versicherung ohne Anspruch auf Krankengeld übernommen. Das gilt entsprechend für die Pflegeversicherung.

3. Sonstige Regelungen

3.1 Zahlungstermine

Die Überbrückungsbeihilfe wird monatlich oder im Voraus jährlich (für die gesamte Zeit der Überbrückung) gezahlt.
Überzahlte Beträge werden verrechnet; beim Ableben ehemaliger Betriebsangehöriger während des Überbrückungszeitraumes erfolgt keine Rückforderung von gewährten Vorschüssen.

3.2 Arbeitsaufnahme nach dem Ausscheiden
Ein anderweitiges Arbeitsverhältnis steht dem Anspruch auf die vorerwähnten Leistungen nicht entgegen.

4. Gültigkeitsdauer

Die Betriebsvereinbarung tritt ab .... in Kraft. Sie endet ohne Nachwirkung am ....; einer Kündigung bedarf es nicht.
Im Falle einer absehbaren Änderung der einschlägigen gesetzlichen Vorschriften oder wesentlicher Rahmenbedingungen kann die Betriebsvereinbarung mit einer Frist von 1 Monat zum Ende eines Kalendermonats schriftlich gekündigt werden.

Die Protokollnotiz vom .... ist Bestandteil dieser Betriebsvereinbarung.

Datum

Protokollnotiz
Zur
Betriebsvereinbarung Nr. .....

Altersregelungen   Gültig ab ....

Unternehmen und Betriebsrat stimmen in folgenden Punkten überein:

1. Der Monatsnettoarbeitsverdienst wird auf der Basis des fiktiven Bruttoarbeitsverdienstes (Monatsentgelt/Gehalt im Zeitpunkt des Aus-

scheidens) berechnet.

2. Zu den Aufwendungen zur Altersversorgung für von der Rentenversicherungspflicht befreite Angestellte wird ein Zuschuss gezahlt, soweit die Aufwendungen nicht von der Agentur für Arbeit übernommen werden und die Sicherung nicht anderweitig gewährleistet ist.

3. Bei der Berechnung der gesetzlichen Abzüge zur Feststellung der Nettobeträge gilt Folgendes:

3.1 Es wird grundsätzlich die Steuerklasse in Ansatz gebracht, die im letzten Jahr des Beschäftigungsverhältnisses überwiegend maßgebend war. Änderungen von Steuermerkmalen aufgrund neuer Familienverhältnisse (z.B. Heirat, Tod des Ehegatten, Scheidung, getrennt lebend, Kinder), die im Falle der Weiterbeschäftigung wirksam würden, werden berücksichtigt.

3.2 Steuerfreibeträge bleiben unberücksichtigt.

3.3 Es gelten die aktuellen Sozialversicherungsbeitragssätze und -bemessungsgrenzen.

Für krankenversicherungsfreie Betriebsangehörige wird als gesetzlicher Abzug ein Fiktiver Beitrag wie im Falle der Pflichtversicherung angesetzt. Das gilt entsprechend hinsichtlich der Rentenversicherungsbeiträge für von der Rentenversicherungspflicht Befreite.

4. Das Unternehmen trägt die gemäß Ziffer 2.1 der Betriebsvereinbarung Nr. .... zu übernehmenden Steuern nach den lohnsteuerrechtlichen Vorschriften (einkommensteuerrechtliche Belange, wie beispielsweise der Progressionsvorbehalt, werden nicht berücksichtigt); Ziffer 3.1 dieser Protokollnotiz gilt dabei entsprechend.

5. Zur Berechnung der Überbrückungsbeihilfe werden folgende Teile der Bezüge in Ansatz gebracht:

- Monatsentgelt
- Grundgehalt
- Individuelle Ausgleichszulage
- Leistungszulage
- Springer-Zulage
- Entgeltausgleich bei Minderleistungsfähigkeit
- Entgeltgarantie für ältere Arbeitnehmer
- Funktionszulagen und steuerfreie Pauschale (Werkschutz / Werk-

> feuerwehr
> - Schichtzuschläge sowie eine Schichtausgleichszulage werden mit dem Durchschnitt der in den letzten 12 Beschäftigungsmonaten gezahlten Beträge einbezogen, und zwar getrennt nach steuerfreien und steuerpflichtigen Zuschlägen.
> -
> -
> -
> -

▶ Vorruhestandsgeld

Im Gegensatz zum Überbrückungsgeld, das im Allgemeinen als Zuschuss zu den Leistungen der Bundesagentur für Arbeit (Arbeitslosengeld) gezahlt wird, handelt es sich beim Vorruhestandsgeld um eine Weiterzahlung von bisherigen Bezügen in bestimmter Höhe bis zum Beginn des Anspruchs auf Altersrente oder entsprechenden Leistungen.

Es ist aber davon auszugehen, dass ebenso wie bei Zahlung von Überbrückungsgeld als eine Zusatzleistung des Arbeitgebers zum Arbeitslosengeld bei Gewährung von Vorruhestandsgeld durch den Arbeitgeber das aktive Arbeitsverhältnis beendet ist. Ein entscheidender Unterschied besteht nur auf dem Gebiet der Sozialversicherung. Grundsätzlich besteht entsprechend der Behandlung eines Beschäftigungsverhältnisses Versicherungspflicht. Einzelheiten dazu sind dem Abschn. IX zu entnehmen (Steuerrecht Abschn. X).

10 Vorruhestandleistungen aus Lebensarbeitszeitkonten

10.1 Allgemeines

Durch das Gesetz zur sozialrechtlichen Absicherung flexibler Arbeitszeitregelungen (so genanntes Flexigesetz) vom 6.4.1998 hat der Gesetzgeber die Möglichkeit geschaffen, dass Unternehmen ein Lebensarbeitszeitkonto für den Arbeitnehmer einrichten. Dies kann primär für den vorzeitigen Ruhestand, nämlich bis zum Beginn einer gesetzlichen Altersrente, genutzt werden. Es werden also während der aktiven Beschäftigung Zeit- oder Geldwertguthaben (Zeitkontingente, wie Überstunden, Resturlaub, Teile des Arbeitsentgelts) gebildet und vorgetragen für eine spätere Freistellung von der Arbeit, um damit alternativ zur Altersteilzeit nach dem AtG vorzeitig in den Ruhestand gehen zu können. Das Arbeitsverhältnis besteht bis zum Beginn des Altersrentenbezuges fort.

Mit Lebensarbeitszeitkonten lassen sich also die formalen Voraussetzungen für einen Einstieg in den Vorruhestand schaffen.

Grundlage dafür ist der in § 7 eingefügte Abs. 1a SGB IV, der wie folgt lautet (Auszug):

„(1a) Ist für Zeiten einer Freistellung von der Arbeitsleistung Arbeitsentgelt fällig, das mit einer vor oder nach diesen Zeiten erbrachten Arbeitsleistung erzielt wird (Wertguthaben), besteht während der Freistellung eine Beschäftigung gegen Arbeitsentgelt, wenn

1. die Freistellung aufgrund einer schriftlichen Vereinbarung erfolgt und
2. die Höhe des für die Zeit der Freistellung und des für die vorausgegangenen 12 Kalendermonate monatlich fälligen Arbeitsentgelts nicht unangemessen voneinander abweichen und diese Arbeitsentgelte 400,00 € übersteigen."

Dieses Modell findet zunehmend an Bedeutung durch die Anhebung des Renteneintrittsalters von 65 auf 67 Jahre. Die Bundesagentur wird nämlich 2015 die Förderung bei Altersteilzeit (Erstattung der Aufstockungsleistungen unter bestimmten Voraussetzungen) einstellen.

Die Begrenzung ergibt sich dadurch, dass bei spätestens Beginn der Altersteilzeit Ende 2009 nur noch 6 Jahre eine Förderung in Betracht kommt.

Um die Übernahme der vollen Kosten durch den Arbeitgeber zu verhindern, können durch Einführung eines Lebensarbeitszeitkontos die Mitarbeiter an der Finanzierung ihres vorzeitigen Ruhestandes beteiligt werden. Dies ist im Übrigen auch schon denkbar, wenn eine Förderung der BA wegen der fehlenden Voraussetzungen ohnehin entfällt.

10.2 Sozialversicherungsrecht

Mit dem eingefügten Abs. 1a des § 7 SGB IV wird sichergestellt, dass für Zeiten der Arbeitsfreistellung mit Entgeltzahlung aus einem Wertguthaben Versicherungs- und Beitragspflicht besteht und damit eine Gleichstellung mit einer effektiven Arbeitsleistung gegen Arbeitsentgelt im Sinne des § 7 Abs. 1 SGB IV erfolgt.

Außerdem wird die Fälligkeit der Beiträge für die angesparten Arbeitsentgelte auf die Freistellungszeiträume verschoben, also abweichend von dem Grundsatz der Fälligkeit der Beiträge für Arbeitsentgelt nach dem „Entstehungsprinzip".

Ist das Wertguthaben wegen Eintritts eines so genannten Störfalles (z.B. vorzeitige Beendigung des Vorruhestands-Arbeitsverhältnisses) vorzeitig fällig, gilt für die Zahlung von Beiträgen § 23b Abs. 2 SGB IV.

Für die Vereinbarung eines Lebensarbeitszeitkontos haben die Vertragsparteien den gesetzlichen Auftrag, geeignete Vorkehrungen zur Absicherung des Kontos für den Fall der Zahlungsunfähigkeit des Arbeitgebers zu treffen (§ 7d SGB IV). Eine ausdrückliche Verpflichtung entsprechend der Regelung des § 8a des Altersteilzeitgesetzes besteht allerdings nicht. Es gibt mehrere Möglichkeiten der Absicherung: Fondsanlage, Lebensversicherung, Bankbürgschaften etc.

In diesem Zusammenhang ist jedoch zu beachten, dass nach dem geplanten „Gesetz zur Verbesserung von Rahmenbedingungen der sozialen Absicherung flexibler Arbeitszeitregelungen" (Gesetzentwurf ist in der parlamentarischen Abstimmung) der Arbeitgeber das vorgetragene Wertguthaben – einschließlich Gesamtsozialversicherungsbeitrag – gegen Insolvenz (= Insolvenzschutz) abzusichern hat. Der ursprünglich in § 7d SGB IV normierte Insolvenzschutz ist nicht weitgehend genug und wirkungsschwach, was dazu führt, diesen Paragraphen zu ändern, und zwar entsprechend der Regelung nach dem Altersteilzeitgesetz (§ 8a AtG).

10.3 Steuerrecht

Bei Ansammlung von Wertguthaben auf einem Lebensarbeitszeitkonto unterliegt grundsätzlich nur der dem Arbeitnehmer zufließende Teil des Arbeitslohns jeweils im Zeitpunkt des Zuflusses dem Lohnsteuerabzug. Der Aufbau des Lebensarbeitszeitkontos durch Gutschriften von Arbeitszeiten führt allein noch nicht zum Zufluss von Arbeitslohn. Das gilt auch, wenn das Arbeitszeitkonto in Geldwerten geführt wird.

Für den Zufluss kommt es allerdings nicht allein auf Auszahlung des Lohnes an. Vielmehr ist für die Versteuerung maßgebend der Zeitpunkt, zu dem der Arbeitnehmer die wirtschaftliche Verfügungsmacht über den Arbeitslohn erlangt. Das ist der Zeitpunkt, zu dem der Arbeitnehmer rechtswirksam einen Anspruch auf Auszahlung des Arbeitslohns hat. Es gilt also steuerrechtlich das Zuflussprinzip.

Tritt ein so genannter Störfall ein und wird das steuerpflichtige Wertguthaben in einem Betrag ausgezahlt, gelten für den Lohnsteuerabzug die allgemeinen Grundsätze. Der Einmalbetrag ist als sonstiger Bezug zu behandeln (Abschnitt 118 Abs. 4 LStR). Ist das Guthaben in Lohnzahlungszeiträumen angespart worden, die – jedenfalls teilweise – vor dem Kalenderjahr der Auszahlung enden, so handelt es sich immer um einen sonstigen Bezug (Abschnitt 115 Abs. 2 Nr. 8 LStR). Stammt das Wertguthaben aus einer Zeit von mindestens zwei Veranlagungszeiträumen und ist das Guthaben über mehr als 12 Monate hindurch angespart worden, handelt es sich um einen „sonstigen Bezug für mehrere Kalenderjahre (§ 34 Abs. 2 EStG), der im Drittelungsverfahren" tarifbegünstigt besteuert wird (§ 39b Abs. 3 Satz 9 EStG).

ABSCHNITT IV:
Gesetzliche Altersrenten und ihre Bezugsvoraussetzungen

1 Allgemeines

Betriebliche Alters- bzw. Vorruhestandsregelungen, die einerseits einen nahtlosen Übergang in den Ruhestand mit Rentenbezug oder ähnlichen Leistungen gewährleisten sollen und andererseits betriebswirtschaftlich notwendig sind, sehen im Allgemeinen Leistungen des Arbeitgebers zum Ausgleich von Einkommensminderungen (Übergangsgeld, Zuschüsse etc.) der aus einem Betrieb ausgeschiedenen älteren Arbeitnehmer vor, und zwar bis zum Zeitpunkt des Anspruchs auf eine gesetzliche Altersrente. Dies gilt aus betrieblicher Sicht auch für Teilzeitarbeit nach den Bestimmungen des Altersteilzeitgesetzes, ungeachtet der Tatsache, dass diesem Gesetz eigentlich arbeitsmarktpolitische Aspekte (Einstellung von Arbeitslosen / Übernahme von Auszubildenden) zugrunde liegen.

Zudem wurden die betrieblichen Intentionen im Zusammenhang mit dem Ausscheiden älterer Arbeitnehmer dadurch erschwert, dass zur Sanierung der Rentenkassen bei Inanspruchnahme einer Altersrente vor Vollendung des 65. Lebensjahres die Rente grundsätzlich gemindert wird (siehe auch Ziff. 9).

Dies ergibt sich schon aus dem Gesetz zur Sicherung der nachhaltigen Finanzierungsgrundlage der gesetzlichen Rentenversicherung (RV-Nachhaltigkeitsgesetz) vom 21.7.2004. Ansonsten sind die rentenrechtlichen Auswirkungen dieses Gesetzes mit Tabellen den Ziffern 2 bis 8 zu entnehmen

Mit den grundlegenden Entscheidungen der Rentenreform 2001 und dem vorerwähnten RV-Nachhaltigkeitsgesetz von 2004 hat der Gesetzgeber bereits auf die sich wandelnden demografischen, aber auch ökonomischen und gesellschaftlichen Rahmenbedingungen reagiert und die Grundlagen für eine generationengerechte Rente geschaffen. Der Gesetzgeber hat nunmehr durch das RV-Altersgrenzenanpassungsgesetz vom 20.4.2007 die bereits getroffenen Maßnahmen fortentwickelt, nicht zuletzt um damit zu gewährleisten, dass ein bestimmter Beitragssatz der Rentenversicherung in den kommenden Jahren nicht überschritten wird.

Wesentliche Auswirkungen durch das neue Gesetz:

- Schrittweises Anheben der Regelaltersgrenze von 2012 bis 2029 in Ein- und Zweimonatsstufen pro Jahrgang auf 67 Jahre:
  - Ab Geburtsjahr 1947 steigt das Rentenalter um jeweils 1 Monat bis Jahrgang 1957.
  - Ab Geburtsjahr 1958 steigt das Rentenalter jährlich um 2 Monate.
  - Ab Geburtsjahrgang 1964 muss bis 67 gearbeitet werden.
- Neue Rentenart: Altersrente für besonders langjährig Versicherte:
  Mit 45 Pflichtbeitragsjahren Rente ab 65.
- Vorzeitiger Rentenbeginn grundsätzlich ab 63 mit Abschlägen (pro Monat 0,3 %).
- Besonderen Vertrauensschutz bei der Anhebung der Altersgrenzen für die Altersrenten nach Altersteilzeitarbeit haben Angehörige der Geburtsjahrgänge bis 1954, wenn sie bereits bis zum 31.12.2006 verbindlich Altersteilzeit vereinbart haben. Entscheidend ist der Vertrag und nicht der Beginn der Altersteilzeit. In diesen Fällen ändert sich also nichts an den Altersgrenzen, die unter Ziffer 6 beschrieben sind. Im Bergbau haben Versicherte, die Anpassungsgeld beziehen, besonderen Vertrauensschutz.
- Ferner können Arbeitnehmerinnen und Arbeitnehmer, deren Arbeitsverhältnis auf einen Zeitpunkt befristet ist, in dem sie vor Erreichen der Regelaltersgrenze Anspruch auf Rente wegen Alters haben, entsprechend den Anhebungsschritten bis zum Alter 67 weiter arbeiten. Demgemäß erfolgt eine Anpassung der arbeitsrechtlichen Schutzvorschrift in § 41 Satz 2 SGB VI, die derzeit noch auf die Vollendung des 65. Lebensjahres abstellt.
- Das RV-Altersgrenzenanpassungsgesetz tritt grundsätzlich am 1. Januar 2008 in Kraft. Abweichungen von diesem Termin ergeben sich aus Artikel 27 des Gesetzes.

Renten wegen Alters sind:

– Regelaltersrente (§ 35 SGB VI),

– Altersrente für langjährig Versicherte (§§ 36, 236 SGB VI),

– Altersrente für besonders langjährig Versicherte ab 2012 (§ 38 SGB VI),

– Altersrente für Schwerbehinderte (§§ 37, 236a SGB VI),

– Altersrente wegen Arbeitslosigkeit oder nach Altersteilzeitarbeit (§ 237 SGB VI), entfällt ab Geburtsjahr 1952.

– Altersrente für Frauen (§ 237a SGB VI), entfällt ab Geburtsjahr 1952.

– Altersrente für langjährig unter Tage beschäftigte Bergleute (§§ 40, 238 SGB VI).

Einzelheiten dazu sind nachfolgend dargestellt.

2 Regelaltersrente (§§ 35, 235 SGB VI)

Anspruch auf die Regelaltersrente haben Versicherte, die

– das 65. Lebensjahr (ab 2012: 67. Lebensjahr) vollendet

und

– die allgemeine Wartezeit von 5 Jahren erfüllt

haben.

Dazu gilt im Einzelnen Folgendes:

▶ Vollendung des 65. Lebensjahres (ab 2012: 67. Lebensjahr)

Für den Anspruch auf Regelaltersrente muss das 65./67. Lebensjahr vollendet sein. Die genaue Definition der „Vollendung" des jeweils maßgeblichen Lebensalters ergibt sich aus den entsprechend anwendbaren Vorschriften der §§ 187 Abs. 2, 188 Abs. 2 BGB. Danach wird das 65./67. Lebensjahr mit dem Ablauf des Kalendertages vor dem 65./67. Geburtstag vollendet. Die Altersrente wird dann ab dem Ersten des Monats nach Vollendung des 65./67. Lebensjahres gezahlt, sofern die Wartezeit erfüllt ist. Hat der Versicherte am Ersten eines Kalendermonats Geburtstag (= Vollendung des 65./67. Lebensjahres am Ende des Vormonats), ist die Altersgrenze bereits zu Beginn des Geburtsmonats erreicht. Die Altersrente beginnt daher bereits am Ersten dieses Monats, wenn der Antrag innerhalb der dreimonatigen Antragsfrist gestellt wird. Zur Vermeidung von Missverständnissen nachfolgend drei Beispiele:

Geburt am	05.06.1941	01.01.1942	01.05.1942
Vollendung des 65. Lebensjahres	04.06.2006	31.12.2007	30.04.2007
Altersrente ab	01.07.2006	01.01.2007	01.05.2007

Nach neuem Recht wird die Regelaltersgrenze von 2012 beginnend mit dem Jahrgang 1947 bis zum 2029 schrittweise auf 67 Jahre angehoben. Die Stufen der Anhebung betragen zunächst einen Monat pro Jahrgang (Regelaltersgrenze von 65 auf 66 Jahre) und dann zwei Monate pro Jahrgang (Regelaltersgrenze von 66 auf 67 Jahre). Für alle nach 1963 Geborenen gilt die Regelaltersgrenze von 67 Jahre.

Eine vorzeitige Inanspruchnahme dieser Altersrente mit Rentenabschlägen ist möglich. Der frühere Rentenbezug mit Abschlägen (ab 63 nach altem Recht) entfällt dann.

Abweichend von dem Grundsatz der Anhebung der Altersgrenze vom 65. auf das 67. Lebensjahr nach dem RV-Altersgrenzenanpassungsgesetz ab 2012 sieht § 235 SGB VI folgende Ausnahmen vor, die ab 2012 wirksam sind:

Versicherte, die vor dem 1. Januar 1964 geboren sind, haben Anspruch auf Regelaltersrente, wenn sie

1. die Regelaltersgrenze erreicht und
2. die allgemeine Wartezeit erfüllt

haben. Die Regelaltersgrenze wird frühestens mit Vollendung des 65. Lebensjahres erreicht.

Versicherte, die vor dem 1. Januar 1947 geboren sind, erreichen die Regelaltersgrenze mit Vollendung des 65. Lebensjahres. Für Versicherte, die nach dem 31. Dezember 1946 geboren sind, wird die Regelaltersgrenze wie folgt angehoben:

Versicherte Geburtsjahr	Anhebung um Monate	Anspruch ab Alter	
		Jahr	Monat
1947	1	65	1
1948	2	65	2
1949	3	65	3
1950	4	65	4
1951	5	65	5
1952	6	65	6
1953	7	65	7
1954	8	65	8
1955	9	65	9
1956	10	65	10
1957	11	65	11
1958	12	66	0
1959	14	66	2
1960	16	66	4
1961	18	66	6
1962	20	66	8
1963	22	66	10

▶ Wartezeit

Auf die „allgemeine Wartezeit" von fünf Jahren werden alle Kalendermonate mit Beitragszeiten (Pflichtbeitragszeiten einschl. Kindererziehungszeiten und Beitragszeiten aufgrund eines Bezuges von Krankengeld oder Arbeitslosengeld seit dem 1.1.1992, freiwillige Beiträge) und mit Ersatzzeiten angerechnet. Dazu kommen im Falle der Ehescheidung ggf. Zeiten, die aus den im Versorgungsausgleich gutgeschriebenen Entgeltpunkten errechnet werden. Bei der Ermittlung der „allgemeinen Wartezeit" zählen dagegen nicht mit: Anrechnungszeiten und Berücksichtigungszeiten.

▶ Sonstiges

Nach § 99 SGB VI wird die Rente von dem Kalendermonat an gewährt, zu dessen Beginn die Anspruchsvoraussetzungen für die Rente erfüllt sind, wenn die Rente bis zum Ende des dritten Kalendermonats nach Ablauf des Monats beantragt wird, in dem die Anspruchsvoraussetzungen erfüllt sind. Bei späterer Antragsstellung wird die Altersrente von dem Kalendermonat an geleistet, in dem die Rente beantragt wird.

Weitere versicherungsrechtliche oder persönliche Voraussetzungen werden nicht verlangt. Es gibt auch keine Hinzuverdienstbeschränkung. Es könnte aber eine Teilrente bezogen werden, wenn noch Verdienst erzielt wird (siehe nachfolgend).

▶ Regelaltersrente in Sonderfällen

Die Regelaltersrente wird von Amts wegen ohne Wartezeitprüfung gezahlt nach Erreichen der Regelaltersgrenze im Anschluss an eine bis dahin geleistete Rente wegen verminderter Erwerbsfähigkeit oder eine Erziehungsrente, wenn der Versicherte nicht widerspricht (§ 115 Abs. 3 SGB VI). Ansprüche auf diese Renten entfallen nämlich mit Erreichen der Regelaltersgrenze.

▶ Rentensteigernder Zuschlag

Der bisher erworbene Rentenanspruch kann nach Erreichen der Regelaltersgrenze noch erhöht werden. Wenn die Rente erst später beantragt wird, erhält der Versicherte auch ohne weitere Beitragszahlung als Ausgleich einen „Zuschlag" zur späteren Rente (§ 77 Abs. 2 Nr. 2 Buchst. b SGB VI). Er beträgt für jeden Kalendermonat 0,5 % der Rente. Das sind z.B. für ein Jahr 6,0 %, für drei Jahre mithin 18,0 %.

3   Altersrente für langjährig Versicherte (§§ 36, 236 SGB VI)

Anspruch auf diese Altersrente haben nach altem Recht Versicherte, die vor dem 1.1.1948 geboren sind, wenn sie

– das 63. Lebensjahr vollendet haben
– die Wartezeit von 35 Jahren erfüllen und
– vor Vollendung des 65. Lebensjahres bestimmte Hinzuverdienstgrenzen einhalten (siehe Abschn. III Ziff. 4).

Im Einzelnen gilt Folgendes:

▶ Vollendung des 63. Lebensjahres

Diese Rente gibt es nach Vollendung des 63. Lebensjahres.

Die Altersrente für langjährig Versicherte wurde ab dem Jahr 2000 schrittweise auf 65 Jahre angehoben. Betroffen sind Personen, die nach dem 31.12.1936 und vor dem 1.1.1948 geboren sind. Die Rente kann jedoch von diesen Personen vorzeitig - mit Abschlag - nach dem vollendeten 63. Lebensjahr beansprucht werden. Die Vertrauensschutzregelung für vor dem 1.1.1942 Geborene hat sich durch Zeitablauf erledigt.

Tabelle 1 (vorzeitiger Rentenbeginn ab 63 mit Abschlag)

Geburtsjahr, Geburtsmonat	Verschiebung des Rentenbeginns um ... Monate	Rentenbeginn nach der Anhebung ohne Abschläge	Vorzeitiger Rentenbeginn mit Abschlägen				
			Frühester Beginn				Kürzung um %
			Alter		Rentenbeginn		
			Jahr	Monat	Monat	Jahr	
1937							
Januar	1	März 2000	63	0	Feb.	2000	0,3
Februar	2	Mai 2000	63	0	März	2000	0,6
März	3	Juli 2000	63	0	April	2000	0,9
April	4	Sep. 2000	63	0	Mai	2000	1,2
Mai	5	Nov. 2000	63	0	Juni	2000	1,5

Anhebung der Altersgrenze bei der Altersrente für langjährig Versicherte							
Geburts-jahr, Geburts-monat	Verschie-bung des Renten-beginns um ... Monate	Rentenbeginn nach der Anhebung ohne Abschläge		Vorzeitiger Rentenbeginn mit Abschlägen			
				Frühester Beginn			
				Alter		Renten-beginn		Kürzung um %
				Jahr	Monat	Monat	Jahr	
Juni	6	Jan.	2001	63	0	Juli	2000	1,8
Juli	7	März	2001	63	0	Aug.	2000	2,1
August	8	Mai	2001	63	0	Sept.	2000	2,4
September	9	Juli	2001	63	0	Okt.	2000	2,7
Oktober	10	Sep.	2001	63	0	Nov.	2000	3,0
November	11	Nov.	2001	63	0	Dez.	2000	3,3
Dezember	12	Jan.	2002	63	0	Jan.	2001	3,6

Tabelle 2 (vorzeitiger Rentenbeginn ab 62 mit Abschlag)

Anhebung der Altersgrenze bei der Altersrente für langjährig Versicherte							
Geburts-jahr, Geburts-monat	Verschie-bung des Renten-beginns um ... Monate	Rentenbeginn nach der Anhebung ohne Abschläge		Vorzeitiger Rentenbeginn mit Abschlägen			
1938								
Januar	13	März	2002	63	0	Feb.	2001	3,9
Februar	14	Mai	2002	63	0	März	2001	4,2
März	15	Juli	2002	63	0	April	2001	4,5
April	16	Sep.	2002	63	0	Mai	2001	4,8
Mai	17	Nov.	2002	63	0	Juni	2001	5,1
Juni	18	Jan.	2003	63	0	Juli	2001	5,4

Anhebung der Altersgrenze bei der Altersrente für langjährig Versicherte							
Geburts-jahr, Geburts-monat	Verschie-bung des Renten-beginns um ... Monate	Rentenbeginn nach der Anhebung ohne Abschläge		Vorzeitiger Rentenbeginn mit Abschlägen			
				Frühester Beginn			
				Alter	Renten-beginn		Kürzung um %
				Jahr	Monat	Monat Jahr	
Juli	19	März	2003	63	0	Aug. 2001	5,7
August	20	Mai	2003	63	0	Sept. 2001	6,0
September	21	Juli	2003	63	0	Okt. 2001	6,3
Oktober	22	Sep.	2003	63	0	Nov. 2001	6,6
November	23	Nov.	2003	63	0	Dez. 2001	6,9
Dezember	24	Jan.	2004	63	0	Jan. 2002	7,2
Januar 1939 bis Dezember 1947	24	auf Alter 65		63	0	ab 63	7,2

Für Versicherte, die nach dem 31.12.1947 geboren sind, wird das Rentenzugangs-alter zur Rente für langfristig Versicherte stufenweise, wie in der nachfolgenden Tabelle dargestellt, auf das vollendete 62. Lebensjahr herabgesetzt, so dass für Versicherte, die nach dem 31.10.1949 geboren sind, die Möglichkeit besteht, die Rente für langjährig Versicherte mit Vollendung des 62. Lebensjahres zu beziehen (§ 36 SGB VI); allerdings mit entsprechenden Abschlägen.

1948								
Januar	25	Feb.	2013	62	0	Jan.	2011	7,5
Februar	26	März	2013	62	0	Feb.	2011	7,5
März	27	April	2013	62	0	Feb.	2011	7,8
April	28	Mai	2013	62	0	März	2011	7,8
Mai	29	Juni	2013	62	0	März	2011	8,1
Juni	30	Juli	2013	62	0	April	2011	8,1
Juli	31	Aug.	2013	62	0	April	2011	8,4
August	32	Sep.	2013	62	0	Mai	2011	8,4

Anhebung der Altersgrenze bei der Altersrente für langjährig Versicherte

Geburtsjahr, Geburtsmonat	Verschiebung des Rentenbeginns um ... Monate	Rentenbeginn nach der Anhebung ohne Abschläge		Vorzeitiger Rentenbeginn mit Abschlägen				
				Frühester Beginn				Kürzung um %
				Alter		Rentenbeginn		
				Jahr	Monat	Monat	Jahr	
September	33	Okt.	2013	62	0	Mai	2011	8,7
Oktober	34	Nov.	2013	62	0	Juni	2011	8,7
November	35	Dez.	2013	62	0	Juni	2011	9,0
Dezember	36	Jan.	2014	62	0	Juli	2011	9,0
1949								
Januar	37	Feb.	2014	62	0	Juli	2011	9,3
Februar	38	März	2014	62	0	Aug.	2011	9,3
März	39	Apr.	2014	62	0	Aug.	2011	9,6
April	40	Mai	2014	62	0	Sep.	2011	9,6
Mai	41	Juni	2014	62	0	Sep.	2011	9,9
Juni	42	Juli	2014	62	0	Okt.	2011	9,9
Juli	43	Aug.	2014	62	0	Okt.	2011	10,2
August	44	Sep.	2014	62	0	Nov.	2011	10,2
September	45	Okt.	2014	62	0	Nov.	2011	10,5
Oktober	46	Nov.	2014	62	0	Dez.	2011	10,5
November	47	Dez.	2014	62	0	Dez.	2011	10,8
Dezember	48	Jan.	2015	62	0	Jan.	2012	10,8
1950 und später		ab 65		62	0			10,8

Im Zuge der Anpassung von Altersgrenzen für vorzeitige Altersrenten an die Regelaltersgrenze 67 Jahre wird die Altersgrenze für eine abschlagsfreie Altersrente für langjährig Versicherte stufenweise von 65 auf 67 Jahre angehoben.

Die vorzeitige Inanspruchnahme dieser Altersrente ist wie nach altem Recht frühestens mit 63 Jahren (Anhebung von 62 Jahre) möglich; die nach geltendem Recht künftig vorgesehene Absenkung dieser unteren Altersgrenze unterbleibt. Die Inanspruchnahme dieser vorgezogenen Altersrente ab 63 Jahre – vier Jahre vor der Möglichkeit des abschlagfreien Bezugs – ist mit einem Rentenabschlag von 14,4 Prozent (4 x 3,6 Prozent) verbunden.

Gemäß § 236 Abs. 2 SGB VI haben ab 2012 nach neuem Recht Versicherte, die vor dem 1. Januar 1949 geboren sind, Anspruch auf diese Altersrente nach Vollendung des 65. Lebensjahres. Für Versicherte, die nach dem 31. Dezember 1948 geboren sind, wird die Altersgrenze von 65 Jahren wie folgt angehoben:

Versicherte Geburtsjahr Geburtsmonat	Anhebung um Monate	Anspruch ab Alter	
		Jahr	Monat
1949			
Januar	1	65	1
Februar	2	65	2
März - Dezember	3	65	3
1950	4	65	4
1951	5	65	5
1952	6	65	6
1953	7	65	7
1954	8	65	8
1955	9	65	9
1956	10	65	10
1957	11	65	11
1958	12	66	0
1959	14	66	2
1960	16	66	4
1961	18	66	6
1962	20	66	8
1963	22	66	10

Für Versicherte, die

1. vor dem 1. Januar 1955 geboren sind und vor dem 1. Januar 2007 Altersteilzeitarbeit im Sinne der §§ 2 und 3 Abs. 1 Nr. 1 des Altersteilzeitgesetzes vereinbart haben oder

2. Anpassungsgeld für entlassene Arbeitnehmer des Bergbaus bezogen haben

Wird die Altersgrenze von 65 Jahren nicht angehoben.

Für Versicherte, die

1. nach dem 31. Dezember 1947 geboren sind und
2. entweder
    a) vor dem 1. Januar 1955 geboren sind und vor dem 1. Januar 2007 Altersteilzeitarbeit im Sinne der §§ 2 und 3 Abs. 1 Nr. 1 des Altersteilzeitgesetzes vereinbart haben

   oder
    b) Anpassungsgeld für entlassene Arbeitnehmer des Bergbaus bezogen haben,

bestimmt sich die Altersgrenze für die vorzeitige Inanspruchnahme wie folgt:

Versicherte Geburtsjahr Geburtsmonat	Vorzeitige Inanspruchnahme möglich ab Alter	
	Jahr	Monat
1948		
Januar – Februar	62	11
März – April	62	10
Mai – Juni	62	9
Juli – August	62	8
September – Oktober	62	7
November – Dezember	62	6
1949		
Januar – Februar	62	5
März – April	62	4
Mai – Juni	62	3
Juli – August	62	2
September – Oktober	62	1
November – Dezember	62	0
1950 – 1963	62	0."

▶ Wartezeit

Auf die festgelegte Wartezeit von 35 Jahren werden alle rentenrechtlichen Zeiten angerechnet (§ 51 Abs. 3 SGB VI). Das sind Beitragszeiten (Pflichtbeitragszeiten, einschl. Kindererziehungszeiten und Beitragszeiten aufgrund eines Bezuges von Krankengeld oder Arbeitslosengeld, freiwillige Beiträge), Ersatzzeiten und die weiteren beitragsfreien Zeiten, also vor allem Anrechnungszeiten (nach dem vollendeten 17. Lebensjahr z.B. Schulbesuch, abgeschlossene Fachschul- oder Hochschulausbildung).

Dazu kommen Zeiten aus einem Versorgungsausgleich (bei Ehescheidung) und die Berücksichtigungszeiten wegen Kindererziehung bis zum 10. Lebensjahr (Kinderberücksichtigungszeit) und unbezahlter Pflegetätigkeit (Pflegeberücksichtigungszeit) vom 1.1.1992 bis 31.3.1995.

Ausnahme für Selbständige: Berücksichtigungszeiten werden nicht angerechnet, soweit während dieser Zeiten eine mehr als geringfügige selbständige Tätigkeit ausgeübt worden ist (§ 51 Abs. 3 SGB VI; zur geringfügigen Tätigkeit § 8 SGB IV).

▶ Hinzuverdienstbeschränkung

Der Anspruch auf die volle Altersrente für lang jährig Versicherte (Vollrente) oder ggf. auf eine der Teilrenten hängt davon ab, dass die jeweils maßgeblichen Hinzuverdienstgrenzen aus abhängiger Beschäftigung oder selbständiger Erwerbstätigkeit eingehalten werden (siehe hierzu Abschn. III Ziff. 4).

4 Altersrente für besonders langjährig Versicherte (neues Recht / § 38 SGB VI)

Mit Beginn der stufenweisen Anhebung der Regelaltersgrenze zum 1. Januar 2012 gibt es für besonders langjährig Versicherte eine neue Altersrente. Versicherte mit außerordentlich langjähriger und daher regelmäßig besonders belastender Berufstätigkeit und entsprechend langer Zahlung von Beiträgen zur gesetzlichen Rentenversicherung werden privilegiert. Anspruch auf einen abschlagsfreien Renteneintritt nach Vollendung des 65. Lebensjahres haben Versicherte, die mindestens 45 Jahre mit Pflichtbeiträgen aus Beschäftigung, Tätigkeit und Pflege sowie Zeiten der Kindererziehung bis zum 10. Lebensjahr des Kindes erreichen. Die Altersrente für besonders langjährig Versicherte kann nicht vorzeitig in Anspruch genommen werden.

Anspruch auf die Altersrente für besonders langjährig Versicherte haben also Versicherte, wenn sie

– das 65. Lebensjahr vollendet und

– die Wartezeit von 45 Jahren erfüllt

haben.

5 Altersrente für Schwerbehinderte (§§ 37, 236a SGB VI)

Anspruch auf diese Altersrente haben nach altem Recht Versicherte (Männer und Frauen), wenn sie

- mindestens das 63. Lebensjahr vollendet haben,
- bei Beginn der Altersrente als Schwerbehinderte i.S. des § 2 Abs. 2 SGB IX anerkannt oder – bei vor dem 1. Januar 1951 geborenen Versicherten – berufsunfähig oder erwerbsunfähig nach dem bis zum 31. Dezember 2000 geltenden Recht sind,
- die Wartezeit von 35 Jahren erfüllt haben

und

- vor Vollendung des 65. Lebensjahres bestimmte Hinzuverdienstgrenzen einhalten (siehe Abschn. III Ziff. 4).

Die vorzeitige Inanspruchnahme einer solchen Altersrente nach Vollendung des 60. Lebensjahres ist mit Abschlägen möglich (Tabellen über Abschläge siehe nachfolgend).

Im Einzelnen gilt Folgendes:

▶ Vollendung des 60. Lebensjahres

Diese Rente kann bei Vorliegen der weiteren Voraussetzungen nach Vollendung des 60. Lebensjahres in Anspruch genommen werden.

Die ursprüngliche Altersgrenze von 60 Jahren für den ungekürzten Rentenzugang nach vollendetem 60. Lebensjahr wurde gem. § 236a SGB VI ab dem Jahr 2001 in Monatsschritten auf das Alter von 63 Jahren für Versicherte angehoben, die nach dem 31. Dezember 1940 geboren sind. Für Versicherte ab Jahrgang 1944 liegt die Altersgrenze bei Vollendung des 63. Lebensjahres.

Die vorzeitige Inanspruchnahme der Altersrente für schwerbehinderte Menschen ist auch weiterhin nach vollendetem 60. Lebensjahr möglich, allerdings mit einem Rentenabschlag von bis zu 10,8 %.

Aus Gründen des Vertrauensschutzes haben schwerbehinderte Menschen ohne Rentenabschläge weiterhin nach vollendetem 60. Lebensjahr Zugang zur Rente, wenn sie

a) bis zum 16. November 1950 geboren sind und am 16. November 2000 schwerbehindert, berufsunfähig oder erwerbsunfähig nach dem bis zum 31. Dezember 2000 geltenden Recht waren oder

b) vor dem 1. Januar 1942 geboren sind und 45 Jahre mit Pflichtbeiträgen für eine versicherte Beschäftigung oder Tätigkeit haben, wobei § 55 Abs. 2 SGB VI nicht für Zeiten anzuwenden ist, in denen Versicherte wegen des

Bezugs von Arbeitslosengeld oder Arbeitslosenhilfe versicherungspflichtig waren.

Nach neuem Recht haben ab 2012 Schwerbehinderte Anspruch auf Altersrente für schwerbehinderte Menschen, wenn sie

– das 65. Lebensjahr vollendet haben,
– bei Beginn der Altersrente als Schwerbehinderte im Sinne des § 2 Abs. 2 SGB IX anerkannt sind
– die Wartezeit von 35 Jahren erfüllt haben.

Das RV-Altersgrenzenanpassungsgesetz sieht jedoch abweichend davon nach § 236a SGB VI ab 2012 Folgendes vor:

Versicherte, die vor dem 1. Januar 1964 geboren sind, haben frühestens Anspruch auf Altersrente für schwerbehinderte Menschen, wenn sie

1. das 63. Lebensjahr vollendet haben,
2. bei Beginn der Altersrente als schwerbehinderte Menschen (§ 2 Abs. 2 SGB IX) anerkannt sind und
3. die Wartezeit von 35 Jahren erfüllt haben.

Die vorzeitige Inanspruchnahme dieser Altersrente ist frühestens nach Vollendung des 60. Lebensjahres möglich.

Versicherte, die vor dem 1. Januar 1952 geboren sind, haben Anspruch auf diese Altersrente nach Vollendung des 63. Lebensjahres; für sie ist die vorzeitige Inanspruchnahme nach Vollendung des 60. Lebensjahres möglich. Für Versicherte, die nach dem 31. Dezember 1951 geboren sind, werden die Altersgrenze von 63 Jahren und die Altersgrenze für die vorzeitige Inanspruchnahme wie folgt angehoben:

Versicherte Geburtsjahr Geburtsmonat	Anhebung um Monate	auf Alter		vorzeitige Inanspruchnahme möglich ab Alter	
		Jahr	Monat	Jahr	Monat
1952					
Januar	1	63	1	60	1
Februar	2	63	2	60	2
März	3	63	3	60	3
April	4	63	4	60	4
Mai	5	63	5	60	5
Juni –					

Dezember	6	63	6	60	6
1953	7	63	7	60	7
1954	8	63	8	60	8
1955	9	63	9	60	9
1956	10	63	10	60	10
1957	11	63	11	60	11
1958	12	64	0	61	0
1959	14	64	2	61	2
1960	16	64	4	61	4
1961	18	64	6	61	6
1962	20	64	8	61	8
1963	22	64	10	61	10

Für Versicherte, die

1. am 1. Januar 2007 als schwerbehinderte Menschen (§ 2 Abs. 2 SGB IX) anerkannt waren und
2. entweder

    a) vor dem 1. Januar 1955 geboren sind und vor dem 1. Januar 2007 Altersteilzeitarbeit im Sinne der §§ 2 und 3 Abs. 1 Nr. 1 des Altersteilzeitgesetzes vereinbart haben

    oder

    b) Anpassungsgeld für entlassene Arbeitnehmer des Bergbaus bezogen haben,

werden die Altersgrenzen nicht angehoben.

Versicherte, die vor dem 1. Januar 1951 geboren sind, haben unter den Voraussetzungen nach § 236a Absatz 1 Satz 1 Nr. 2 und 3 SGB VI auch Anspruch auf diese Altersrente, wenn sie vor Beginn der Altersrente berufsunfähig oder erwerbsunfähig nach dem am 31. Dezember 2000 geltenden Recht sind.

Versicherte, die vor dem 17. November 1950 geboren sind und am 16. November 2000 schwerbehindert (§ 2 Abs. 2 SGB IX), berufsunfähig oder erwerbsunfähig nach dem am 31. Dezember 2000 geltenden Recht waren, haben Anspruch auf diese Altersrente, wenn sie

1. das 60. Lebensjahr vollendet haben,
2. bei Beginn der Altersrente

    a) als schwerbehinderte Menschen (§ 2 Abs. 2 SGB IX) anerkannt oder

b) berufsunfähig oder erwerbsunfähig nach dem am 31. Dezember 2000 geltenden Recht sind und

3. die Wartezeit von 35 Jahren erfüllt haben.

▶ Berechtigter Personenkreis

Zugang zur Altersrente für schwerbehinderte Menschen haben Versicherte, die bei Beginn der Altersrente als schwerbehinderte Menschen (§ 2 Abs. 2 SGB IX) anerkannt sind.

▶ Anerkannte Schwerbehinderte

Nicht jede Schwerbehinderung reicht aus. Anspruchsberechtigt sind nachweislich anerkannte Schwerbehinderte i.S. des § 2 Abs. 2 SGB IX mit einem Grad der Behinderung von wenigstens 50 %. Nach § 2 Abs. 3 SGB IX gleichgestellte Personen gehören nicht zum berechtigten Personenkreis.

Die – anerkannte – Schwerbehinderung muss zum Zeitpunkt des Rentenbeginns vorliegen. Es kommt dabei aber nicht darauf an, dass der Anerkennungsbescheid oder der entsprechende Ausweis dann tatsächlich schon vorliegt. Entscheidend ist, dass für diesen Zeitpunkt das Vorliegen einer Behinderung mit zumindest 50 % anerkannt ist/wird.

Ist diese Voraussetzung beim Rentenbeginn erfüllt und entfällt sie während des Rentenbezugs (z.B. wegen Aufhebung des Anerkennungsbescheides), geht der Rentenanspruch nicht verloren. Wird die Rentenzahlung aber unterbrochen, etwa wegen Überschreitens der höchsten Hinzuverdienstgrenze, und wird nach der Unterbrechung wieder eine Rente beansprucht, so muss die Schwerbehinderung auch bei Beginn der erneuten Rente vorliegen; ein Anspruchsverlust ist also möglich.

▶ Berufs- oder Erwerbsunfähigkeit

Besteht keine anerkannte Schwerbehinderung, kann die Altersrente für schwerbehinderte Menschen, gleichwohl gezahlt werden an Versicherte, die vor dem 1.1.1951 geboren wurden und die bei Rentenbeginn berufs- oder erwerbsunfähig nach dem bis zum 31.12.2000 geltenden Recht sind. Ob diese Voraussetzungen vorhanden sind, prüft der zuständige Rentenversicherungsträger (Deutsche Rentenversicherung, Bundesknappschaft).

▶ Wartezeit

Die erforderliche Mindestversicherungszeit (Wartezeit) für diese Altersrente beträgt 35 Jahre und entspricht der für die Altersrente an die übrigen langjährig Versicherten.

▶ **Hinzuverdienstbeschränkung**

Schließlich gilt auch für die Altersrente an Schwerbehinderte, dass neben dem Rentenbezug vor Vollendung des 65. Lebensjahres nur ein begrenzter Hinzuverdienst aus abhängiger Beschäftigung oder selbständiger Tätigkeit zulässig ist. Es gibt unterschiedliche Grenzwerte für die Vollrente und die Teilrenten (siehe hierzu Abschn. III Ziff. 4).

▶ **Tabellen nach altem Recht**

Tabelle 1 (vorzeitiger Rentenbeginn mit Abschlägen)

Anhebung der Altersgrenze bei der Altersrente für Schwerbehinderte							
Geburts-jahr, Geburts-monat	Verschie-bung des Renten-beginns um ... Monate	Rentenbeginn nach der Anhebung ohne Abschläge	Vorzeitiger Rentenbeginn mit Abschlägen				
			Frühester Beginn				Kürzung um %
			Alter		Renten-beginn		
			Jahr	Monat	Monat	Jahr	
vor 1941	0	ab 60	60	0			0,0
1941							
Januar	1	März 2001	60	0	Feb.	2001	0,3
Februar	2	Mai 2001	60	0	März	2001	0,6
März	3	Juli 2001	60	0	April	2001	0,9
April	4	Sep. 2001	60	0	Mai	2001	1,2
Mai	5	Nov. 2001	60	0	Juni	2001	1,5
Juni	6	Jan. 2002	60	0	Juli	2001	1,8
Juli	7	März 2002	60	0	Aug.	2001	2,1
August	8	Mai 2002	60	0	Sept.	2001	2,4
September	9	Juli 2002	60	0	Okt.	2001	2,7
Oktober	10	Sep. 2002	60	0	Nov.	2001	3,0
November	11	Nov. 2002	60	0	Dez.	2001	3,3
Dezember	12	Jan. 2003	60	0	Jan.	2002	3,6
1942							
Januar	13	März 2003	60	0	Feb.	2002	3,9
Februar	14	Mai 2003	60	0	März	2002	4,2

Anhebung der Altersgrenze bei der Altersrente für Schwerbehinderte								
Geburtsjahr, Geburtsmonat	Verschiebung des Rentenbeginns um ... Monate	Rentenbeginn nach der Anhebung ohne Abschläge		Vorzeitiger Rentenbeginn mit Abschlägen				
				Frühester Beginn				Kürzung um %
				Alter		Rentenbeginn		
				Jahr	Monat	Monat	Jahr	
März	15	Juli	2003	60	0	April	2002	4,5
April	16	Sep.	2003	60	0	Mai	2002	4,8
Mai	17	Nov.	2003	60	0	Juni	2002	5,1
Juni	18	Jan.	2004	60	0	Juli	2002	5,4
Juli	19	März	2004	60	0	Aug.	2002	5,7
August	20	Mai	2004	60	0	Sept.	2002	6,0
September	21	Juli	2004	60	0	Okt.	2002	6,3
Oktober	22	Sep.	2004	60	0	Nov.	2002	6,6
November	23	Nov.	2004	60	0	Dez.	2002	6,9
Dezember	24	Jan.	2005	60	0	Jan.	2003	7,2
1943								
Januar	25	März	2005	60	0	Feb.	2003	7,5
Februar	26	Mai	2005	60	0	März	2003	7,8
März	27	Juli	2005	60	0	April	2003	8,1
April	28	Sep.	2005	60	0	Mai	2003	8,4
Mai	29	Nov.	2005	60	0	Juni	2003	8,7
Juni	30	Jan.	2006	60	0	Juli	2003	9,0
Juli	31	März	2006	60	0	Aug.	2003	9,3
August	32	Mai	2006	60	0	Sept.	2003	9,6
September	33	Juli	2006	60	0	Okt.	2003	9,9
Oktober	34	Sep.	2006	60	0	Nov.	2003	10,2
November	35	Nov.	2006	60	0	Dez.	2003	10,5
Dezember	36	Jan.	2007	60	0	Jan.	2004	10,8
ab 1944	36	ab 63		60	0			10,8

Tabelle 2 (Vertrauensschutz für Schwerbehinderte)

Versicherte Geburtsjahr Geburtsmonat	45 Jahre mit Pflichtbeiträgen für eine versicherte Beschäftigung oder Tätigkeit haben (ohne Zeiten des Bezugs von Arbeitslosengeld oder Arbeitslosenhilfe)?		am 10. Dezember 1998 schwerbehindert, berufsunfähig oder erwerbsunfähig?	
	ja	nein	ja	nein
		Abschlag bei Inanspruchnahme mit Alter 60		Abschlag bei Inanspruchnahme mit Alter 60
1941				
Januar	abschlagsfrei	0,3	abschlagsfrei	0,3
Februar	abschlagsfrei	0,6	abschlagsfrei	0,6
März	abschlagsfrei	0,9	abschlagsfrei	0,9
April	abschlagsfrei	1,2	abschlagsfrei	1,2
Mai	abschlagsfrei	1,5	abschlagsfrei	1,5
Juni	abschlagsfrei	1,8	abschlagsfrei	1,8
Juli	abschlagsfrei	2,1	abschlagsfrei	2,1
August	abschlagsfrei	2,4	abschlagsfrei	2,4
September	abschlagsfrei	2,7	abschlagsfrei	2,7
Oktober	abschlagsfrei	3,0	abschlagsfrei	3,0
November	abschlagsfrei	3,3	abschlagsfrei	3,3
Dezember	abschlagsfrei	3,6	abschlagsfrei	3,6
1942				
Januar	abschlagsfrei	3,9	abschlagsfrei	3,9
Februar	abschlagsfrei	4,2	abschlagsfrei	4,2
März	abschlagsfrei	4,5	abschlagsfrei	4,5
April	abschlagsfrei	4,8	abschlagsfrei	4,8
Mai	abschlagsfrei	5,1	abschlagsfrei	5,1
Juni	abschlagsfrei	5,4	abschlagsfrei	5,4
Juli	abschlagsfrei	5,7	abschlagsfrei	5,7

Versicherte Geburtsjahr Geburtsmonat	45 Jahre mit Pflichtbeiträgen für eine versicherte Beschäftigung oder Tätigkeit haben (ohne Zeiten des Bezugs von Arbeitslosengeld oder Arbeitslosenhilfe)?		am 10. Dezember 1998 schwerbehindert, berufsunfähig oder erwerbsunfähig?	
	ja	nein	ja	nein
		Abschlag bei Inanspruchnahme mit Alter 60		Abschlag bei Inanspruchnahme mit Alter 60
August	abschlagsfrei	6,0	abschlagsfrei	6,0
September	abschlagsfrei	6,3	abschlagsfrei	6,3
Oktober	abschlagsfrei	6,6	abschlagsfrei	6,6
November	abschlagsfrei	6,9	abschlagsfrei	6,9
Dezember	abschlagsfrei	7,2	abschlagsfrei	7,2
1943				
Januar	7,5		abschlagsfrei	7,5
Februar	7,8		abschlagsfrei	7,8
März	8,1		abschlagsfrei	8,1
April	8,4		abschlagsfrei	8,4
Mai	8,7		abschlagsfrei	8,7
Juni	9,0		abschlagsfrei	9,0
Juli	9,3		abschlagsfrei	9,3
August	9,6		abschlagsfrei	9,6
September	9,9		abschlagsfrei	9,9
November	10,5		abschlagsfrei	10,5
10. Dezember	10,8		abschlagsfrei	10,8

6 Altersrente wegen Arbeitslosigkeit oder nach Altersteilzeitarbeit (§ 237 SGB VI)

6.1 Allgemeines

Altersrente wegen Arbeitslosigkeit oder nach Altersteilzeitarbeit im Sinne des Altersteilzeitgesetzes können nur Versicherte beanspruchen, die vor dem 1. Januar 1952 geboren sind und die nachfolgenden Voraussetzungen erfüllen. Für Versicherte, die also nach dem 31.12.1951 geboren sind, entfällt dieser Rentenzugang ganz (§ 237 Abs. 1 Nr. 1 SGB VI). Versicherte des Geburtsjahrganges ab 1952 können nur noch eine andere Altersrente (z.B. für langjährig Versicherte) unter den Voraussetzungen der jeweiligen Rentenart in Anspruch nehmen. Hinsichtlich der Voraussetzungen für die Nichtanhebung der Altersgrenze von 65 auf 67 Jahre nach dem RV-Altersgrenzenanpassungsgesetz siehe Ziff. 1 und 3.

Weiterhin haben Männer und Frauen nur Anspruch auf Altersrente wegen Arbeitslosigkeit oder nach Altersteilzeitarbeit, wenn sie

– mindestens das 60. Lebensjahr vollendet haben,

– die Wartezeit von 15 Jahren erfüllen,

– entweder bei Beginn der Rente arbeitslos sind und nach Vollendung eines Lebensalters von 58 Jahren und sechs Monaten insgesamt 52 Wochen (=364 Tage) arbeitslos waren oder Anpassungsgeld für entlassene Arbeitnehmer des Bergbaus bezogen haben oder ihre Arbeitszeit wegen Altersteilzeit für mindestens 24 Kalendermonate vermindert haben

– innerhalb der letzten zehn Jahre vor Beginn der Rente mindestens acht Jahre (= 96 Monate) Pflichtbeiträge für eine versicherte Beschäftigung oder Tätigkeit haben, wobei sich der Zeitraum von zehn Jahren um Anrechnungszeiten, Berücksichtigungszeiten und Rentenbezugszeiten aus eigener Versicherung, die nicht auch Pflichtbeitragszeiten aufgrund einer verminderten Beschäftigung oder Tätigkeit sind, verlängert,

– vor Vollendung des 65. Lebensjahres bestimmte Hinzuverdienstgrenzen einhalten (siehe Abschn. III Ziff. 4).

Ansonsten ist in den Fällen des Anspruchs auf eine Altersrente nach § 237 SGB VI Folgendes bedeutsam:

▶ Arbeitslosigkeit von 52 Wochen in 1 1/2 Jahren

Der Anspruch auf die Arbeitslosenaltersrente besteht nur, wenn der Versicherte in einem 1 1/2-Jahreszeitraum vor Rentenbeginn (ab 1.1.2000 nach Vollendung eines Lebensalters von 58 Jahren und 6 Monaten) mindestens 52 Wochen arbeitslos gewesen ist. Der Arbeitslosigkeit ist der Bezug von Anpassungsgeld für entlassene Arbeitnehmer des Bergbaus gleichstellt.

„Arbeitslos" hat hier grundsätzlich dieselbe Bedeutung wie im Bereich der Arbeitslosenversicherung. Für die Auslegung finden die Vorschriften des SGB III, insbesondere §119 SGB III Anwendung. Danach ist ein Arbeitnehmer arbeitslos, der nicht in einem Beschäftigungsverhältnis steht (Beschäftigungslosigkeit) und sich bemüht, seine Beschäftigungslosigkeit zu beenden und den Vermittlungsbemühungen der Agentur für Arbeit zur Verfügung steht. Die Ausübung einer weniger als 15 Stunden wöchentlich umfassenden Beschäftigung schließt Beschäftigungslosigkeit nicht aus (Arbeitslosengeld wird also weitergezahlt); gelegentliche Abweichungen von geringer Dauer bleiben unberücksichtigt. Mehrere Beschäftigungen werden zusammengerechnet. Werden dann 15 Stunden wöchentlich erreicht, schließt das die Beschäftigungslosigkeit aus.

Unter § 237 Abs. 2 SGB VI ist ausdrücklich festgelegt, dass ein Anspruch auf Altersrente wegen Arbeitslosigkeit auch für Versicherte besteht, die während der Arbeitslosigkeit von 52 Wochen nur deshalb der Arbeitsvermittlung nicht zur Verfügung standen, weil sie nicht arbeitsbereit waren und nicht alle Möglichkeiten nutzten und nutzen wollten, um ihre Beschäftigungslosigkeit zu beenden. Die 52 Wochen Arbeitslosigkeit müssen nicht zusammenhängend sein. (Fälle des § 428 SGB III). Nach neuem Recht (gilt rückwirkend ab 1.1.2005) haben Versicherte auch Anspruch auf Altersrente wegen Arbeitslosigkeit, wenn sie während der Arbeitslosigkeit von 52 Wochen nur deshalb der Arbeitsvermittlung nicht zur Verfügung standen, weil sie nicht arbeitsbereit waren und nicht alle Möglichkeiten nutzten und nutzen wollten, um ihre Beschäftigungslosigkeit zu beenden, oder nur deswegen nicht 52 Wochen arbeitslos waren, weil sie im Rahmen einer Arbeitsgelegenheit mit Entschädigung für Mehraufwendungen nach SGB II eine Tätigkeit von 15 Stunden wöchentlich oder mehr ausgeübt haben (§ 237 Abs. 2 SGB VI).

▶ Arbeitslosigkeit ohne Meldung der Agentur für Arbeit

Arbeitslosigkeit i.S. des § 237 SGB VI kann auch ohne Meldung beim Arbeitsamt als Arbeitsloser vorliegen, der Nachweis der Arbeitslosigkeit ist dann jedoch erheblich erschwert. Es muss das ernsthafte und fortlaufende Bemühen um einen Arbeitsplatz bewiesen werden. Mögliche Beweismittel sind Antwortschreiben auf Bewerbungen um Stellen, die für den Versicherten in Betracht kommen.

▶ Arbeitslosigkeit mit Meldung bei der Agentur für Arbeit

In der weit überwiegenden Zahl der Fälle ist die Arbeitslosigkeit mit der Meldung bei der Agentur für Arbeit als Arbeitsloser verbunden, häufig mit Bezug von Geldleistungen (Arbeitslosengeld), aber auch ohne Leistungsbezug. Dabei ist Folgendes bedeutsam:

- Dem tatsächlichen Arbeitslosengeldbezug stehen gleich die Zeiten des Ruhens des Arbeitslosengeldes nach § 143 SGB III (Zusammentreffen mit Arbeitsentgelt, Urlaubsabgeltung, Abfindung) und nach § 144 SGB III (Sperrzeit); die Sperrzeit gilt jedoch nicht als „Anrechnungszeit",

Beweismittel sind in diesen Fällen der Bewilligungsbescheid bzw. die einzelnen Leistungsnachweise oder eine entsprechende Bescheinigung der Agentur für Arbeit.

- Arbeitslosigkeit liegt grundsätzlich auch vor in Zeiten, in denen der Versicherte bei der Agentur für Arbeit oder bei einem Träger der Leistungen nach dem SGB II arbeitslos gemeldet ist ohne Zahlung von Arbeitslosengeld,
    - etwa wegen fehlender Anwartschaftsvoraussetzungen oder - bei Arbeitslosengeld II - wegen fehlender Bedürftigkeit (zu hohes Einkommen, Vermögen)

    oder

    - wegen Verzichts auf die Antragstellung aufgrund einer entsprechenden Einzelvereinbarung mit dem früheren Arbeitgeber über die Beendigung des Arbeitsverhältnisses unter Fortzahlung des Arbeitsentgelts und Zahlung einer Abfindung im Rahmen der so genannten Altersregelung.

    Diese Zeiten sind dann „Anrechnungszeiten ohne Bewertung" = keine Rentensteigerung.

    Beweismittel ist eine entsprechende Bescheinigung der Agentur für Arbeit über die Zeiten der Arbeitslosigkeit. Regelmäßig wird die von der Agentur für Arbeit festgestellte Arbeitslosigkeit auch für den Anspruch auf Altersrente wegen Arbeitslosigkeit anerkannt.

▶ Acht Jahre Pflichtbeitragszeiten in den letzten 10 Jahren

Als besondere versicherungsrechtliche Voraussetzung wird verlangt, dass der Versicherte in den letzten 10 Jahren vor Rentenbeginn mindestens 8 Jahre Pflichtbeitragszeiten zurückgelegt hat.

Der Zehnjahreszeitraum wird auf mehr als zehn Jahre verlängert um

- Anrechnungszeiten,
- Berücksichtigungszeiten,
- Ersatzzeiten,
- Zeiten des Bezugs einer Rente aus eigener Versicherung, die nicht auch Pflichtbeitragszeiten aufgrund einer versicherten Beschäftigung oder Tätigkeit sind,
- Zeiten der Arbeitslosigkeit ohne Arbeitsbereitschaft (siehe vorstehend unter „Arbeitslosigkeit von 52 Wochen in 1 ½ Jahren" letzter Absatz).

Vom 1. Januar 2008 an werden Arbeitslosigkeitszeiten nach Satz 1 nur berücksichtigt, wenn die Arbeitslosigkeit vor dem 1. Januar 2008 begonnen hat und der Versicherte vor dem 2. Januar 1950 geboren ist.
Freiwillige Beiträge werden nicht berücksichtigt. Es gibt auch in Ausnahmefällen keine Gleichstellung. Diese gesetzliche Vorschrift hat zur Folge, dass Angestellte, die sich wegen des Abschlusses eines Lebensversicherungsvertrages in den früheren Jahren (1957, 1965, 1968) haben von der Angestelltenversicherungspflicht befreien lassen, frühestens nach Vollendung des 63. Lebensjahres, bei Schwerbehinderten nach Vollendung des 60. Lebensjahres, die Altersrente beziehen können. Dies gilt selbst dann, wenn der befreite Angestellte in den letzten 10 Jahren neben der Lebensversicherungsprämie auf freiwilliger Basis Höchstbeiträge zur gesetzlichen Rentenversicherung gezahlt hat.

Eine Eingabe beim Petitionsausschuss des Deutschen Bundestages mit dem Ziel der Gleichstellung von freiwilligen Beiträgen mit Pflichtbeiträgen hatte keinen Erfolg. Begründet wurde die Ablehnung damit, dass sich ein Befreiter aus freiem Willen aus der Solidargemeinschaft ausgeschlossen habe und damit die begünstigten Regelungen über einen vorzeitigen Rentenbezug nicht in Anspruch genommen werden könnten.

▶ „Vor Rentenbeginn"

Sowohl die Voraussetzung einer 52-wöchigen Arbeitslosigkeit nach Vollendung eines Lebensalters von 58 Jahren und 6 Monaten als auch die Voraussetzung von acht Jahren Pflichtbeitragszeiten in den letzten 10 Jahren müssen vor Rentenbeginn erfüllt sein. Diese Zeiten rechnen vom Beginn der Rente entsprechend rückwärts. Dies hat – wie bei der Altersrente für Schwerbehinderte, Berufs- oder Erwerbsunfähige – zur Folge, dass diese Voraussetzungen nach einer Unterbrechung der laufenden Rente und Wiederbeginn erneut geprüft werden müssen, und zwar abgestellt auf den Zeitpunkt des Wiederbeginns. Es ist insoweit also ein Anspruchsverlust möglich. Auswirkungen auf den Anspruch kann auch ein verspäteter Antrag haben, der zur Verschiebung des Rentenbeginns führt (§ 99 SGB VI).

▶ Altersteilzeitarbeit von 24 Kalendermonaten

Während der 24 Kalendermonate Altersteilzeitarbeit müssen für den Versicherten vom Arbeitgeber Aufstockungsbeträge zum Teilzeitarbeitsentgelt/Regelarbeitsentgelt und zusätzliche Beiträge zur gesetzlichen Rentenversicherung entsprechend den Vorschriften des Altersteilzeitgesetzes gezahlt worden sein. Dies gilt auch, wenn der Arbeitgeber keine Förderleistungen der Bundesagentur für Arbeit erhalten hat, weil der frei werdende Arbeitsplatz nicht entsprechend den Anforderungen des Altersteilzeitgesetzes wiederbesetzt werden kann (§ 8 Abs. 2 AtG).

Zu den 24 Monaten Altersteilzeitarbeit als Voraussetzung für den Anspruch auf die vorzeitige Altersrente gehören nicht Monate der Arbeitsfreistellung aus betrieblichen Gründen oder aufgrund der Einbringung von Wertguthaben ohne entsprechende Leistungen nach dem Altersteilzeitgesetz (Aufstockungsbetrag / zusätzliche Beiträge zur Rentenversicherung).

Zeiten längerer Altersteilzeitunterbrechung, beispielsweise wegen Arbeitsunfähigkeit infolge Krankheit mit Anspruch auf Krankengeld (nach 6 Wochen Entgeltfortzahlung) werden nur berücksichtigt, wenn Aufstockungsbeträge zum Entgelt und zusätzliche RV-Beiträge gezahlt werden. Können Zeiten des Krankengeldbezuges wegen fehlender Aufstockungsleistungen nicht berücksichtigt werden, und werden deswegen die 24 Monate Altersteilzeit nicht erreicht, muss die Altersteilzeitarbeit entsprechend über das ursprünglich vorgesehene Ende verlängert werden, um den Rentenzugang nach 24-monatiger Altersteilzeit zu erreichen.

Ansonsten ist nach den Festlegungen der Rentenversicherung bei Freistellung von der Arbeit unter Fortzahlung des Altersteilzeitarbeitsentgelts und der Aufstockungsbeträge folgendes bedeutsam:

Verzichtet der Arbeitgeber aus betriebsbedingten Gründen während einer im Rahmen der Altersteilzeitarbeit vertraglich vorgesehenen Arbeitsphase auf die tatsächliche Arbeitsleistung des Arbeitnehmers ohne die Vereinbarung, dass ein bereits angesammeltes Wertguthaben in dieser Freistellungsphase abgebaut oder die Freistellung noch nachgearbeitet und damit ein negatives Wertguthaben ausgeglichen wird, sind die Voraussetzungen des § 7 Abs. 1 a SGB IV für das Vorliegen eines Beschäftigungsverhältnisses gegen Arbeitsentgelt nicht erfüllt. Insoweit fehlen auch die Voraussetzungen des Altersteilzeitgesetzes, so dass solche Zeiten nicht auf die 24 Monate als Voraussetzung für die Altersrente angerechnet werden. Dabei spielt es keine Rolle, dass der Arbeitgeber die Aufstockungsbeträge entsprechend den Regelungen des AtG zahlt. Es wird davon ausgegangen, dass die zweiseitigen Beziehungen fehlen, wenn die Arbeitsleistung des Arbeitnehmers von vornherein vertraglich ausgeschlossen ist, d.h. der Arbeitgeber mit Einwilligung des Arbeitnehmers auf dessen Arbeitskraft verzichtet. Die Versicherungspflicht in der Sozialversicherung endet dann mit Ende der Arbeitsleistung. Es entfällt dann auch die Versicherungspflicht während der sich an die eigentliche Arbeitsphase anschließenden Freistellungsphase, weil der Arbeitnehmer wegen der Entbindung von der Arbeitsleistung kein Wertguthaben erarbeitet. Damit zählen auch diese Zeiten nicht zu den 24 Monaten (siehe hierzu auch Abschn. III Ziff. 1).

Von der Versicherungspflicht und damit zur Anrechnung auf die 24 Monate werden nur Fälle erfasst, in denen Wertguthaben, das in der Vergangenheit vor der Altersteilzeitphase erarbeitet wurde, zu einer Verlängerung des Freistellungszeitraums führt. Eine Nacharbeit ist bei völliger Freistellung von der Arbeit ohnehin nicht denkbar.

Bei einer lediglich vorübergehenden Freistellung von der Arbeitsleistung (etwa ein Monat) besteht das Beschäftigungsverhältnis nach § 7 Abs. 1 SGB IV fort, wenn der Arbeitgeber von seiner Verfügungsmacht weiterhin Gebrauch macht und der Arbeitnehmer weiterhin arbeitsbereit und arbeitswillig ist.

Beispiel:
1. Altersteilzeitarbeit mit Blockbildung = 12 Monate volle Arbeitsleistung, auf die aus betriebsbedingten Gründen verzichtet wird, 12 Monate Arbeitsfreistellung
2. Es werden für 24 Monate Aufstockungsbeträge nach dem AtG gezahlt (Aufstockung des Teilzeitarbeitsentgelts und Zahlung von Zusatzbeiträgen zur Rentenversicherung)
3. Förderleistungen der Arbeitsverwaltung entfallen während der ersten 12 Monate.

Die Voraussetzungen für den Anspruch auf Altersrente nach Altersteilzeitarbeit sind nach den 24 Monaten der Zahlung von Bezügen nicht erfüllt, weil kein Beschäftigungsverhältnis im versicherungsrechtlichen Sinne bestanden hat.

Grundsatz für die Anrechenbarkeit von Zeiten der Altersteilzeitarbeit auf die 24 Monate für den Anspruch auf Altersrente nach § 237 SGB VI ist, dass vom Arbeitgeber Aufstockungsbeträge im Sinne des AtG gezahlt werden, - ohne Rücksicht auf eine Erstattung durch die Arbeitsverwaltung - und Versicherungspflicht nach § 7 Abs. 1 SGB IV besteht.

Die Altersteilzeitarbeit kann zwischen der Vollendung des 55. Lebensjahres und dem Rentenbeginn zurückgelegt werden. Dabei spielt es keine Rolle, in welchen Jahren die Altersteilzeitarbeit geleistet wurde. Entscheidend ist nur, dass die 24 Monate nachgewiesen werden.

▶ Wartezeit

Auf die Wartezeit von 15 Jahren werden nach § 51 Abs. 1, 4 SGB VI, § 52 SGB VI dieselben Zeiten angerechnet, wie auf die allgemeine Wartezeit von fünf Jahren bei der Regelaltersrente, also insbesondere Beitrags- und Ersatzzeiten.

▶ Hinzuverdienstbeschränkung

Neben der Altersrente wegen Arbeitslosigkeit darf bis zur Vollendung des 65. Lebensjahres eine abhängige Beschäftigung oder selbständige Tätigkeit nur mit begrenztem Hinzuverdienst ausgeübt werden. Welcher Grenzwert maßgeblich ist, richtet sich danach, ob eine Vollrente oder eine Teilrente beansprucht wird (siehe hierzu Abschn. III Ziff. 4).

6.2 Anhebung der Altersgrenze von 60 Jahren nach altem Recht

▶ Anhebung auf 65 Jahre

Die Altersgrenze von 60 Jahren für die vorzeitige Inanspruchnahme der genannten Altersrente ist für Versicherte der Geburtsjahrgänge 1937 bis 1941 seit 1997 stufenweise auf 65 Jahre angehoben worden.

Nach 1941 geborene Versicherte müssen somit im Normalfall bis zum 65. Lebensjahr arbeiten, wenn es keine andere tarifvertragliche oder betriebliche Vereinbarung gibt. Diese Altersrentenberechtigten können die Rente grundsätzlich bereits mit 60 Jahren in Anspruch nehmen, allerdings mit hohen Abschlägen (= Kürzungen).

Tabelle 1 (vorzeitiger Rentenbeginn mit Abschlägen)

Anhebung der Altersgrenze bei der Altersrente wegen Arbeitslosigkeit oder nach Altersteilzeitarbeit							
Geburtsjahr, Geburtsmonat	Verschiebung des Rentenbeginns um ... Monate	Rentenbeginn nach der Anhebung ohne Abschläge		Vorzeitiger Rentenbeginn mit Abschlägen			
				Frühester Beginn			Kürzung um %
				Alter		Rentenbeginn	
				Jahr	Monat	Monat	Jahr	
1941							
Januar	49	März	2005	60	0	Feb.	2001	14,7
Februar	50	Mai	2005	60	0	März	2001	15,0
März	51	Juli	2005	60	0	April	2001	15,3
April	52	Sep.	2005	60	0	Mai	2001	15,6
Mai	53	Nov.	2005	60	0	Juni	2001	15,9

Anhebung der Altersgrenze bei der Altersrente wegen Arbeitslosigkeit oder nach Altersteilzeitarbeit							
Geburtsjahr, Geburtsmonat	Verschiebung des Rentenbeginns um ... Monate	Rentenbeginn nach der Anhebung ohne Abschläge		Vorzeitiger Rentenbeginn mit Abschlägen				
				Frühester Beginn				Kürzung um %
				Alter		Rentenbeginn		
				Jahr	Monat	Monat	Jahr	
Juni	54	Jan.	2006	60	0	Juli	2001	16,2
Juli	55	März	2006	60	0	Aug.	2001	16,5
August	56	Mai	2006	60	0	Sept.	2001	16,8
September	57	Juli	2006	60	0	Okt.	2001	17,1
Oktober	58	Sep.	2006	60	0	Nov.	2001	17,4
November	59	Nov.	2006	60	0	Dez.	2001	17,7
Dezember	60	Jan.	2007	60	0	Jan.	2002	18,0
1942-1951	60	auf Alter 65		60	0	ab 60		18,0

▶ Anhebung auf 63 Jahre

Die Altersgrenze für den vorzeitigen Bezug der Altersrente wird von 2006 bis 2008 für Versicherte der Geburtsjahrgänge 1946 bis 1951 in Monatsschritten auf das 63. Lebensjahr angehoben. Für Geburtsjahrgänge ab 1952 gibt es die Altersrente wegen Arbeitslosigkeit oder nach Altersteilzeitarbeit nicht mehr.

Tabelle 2 (vorzeitiger Rentenbeginn der Jahrgänge 1946 bis 1951)

Altersrente wegen Arbeitslosigkeit oder nach Altersteilzeitarbeit			
Geburtsmonat, Geburtsjahr	Vorzeitige Inanspruchnahme möglich ab Alter		Frühester vorzeitiger Rentenbeginn	Abschlag
	Jahr	Monat		
Januar 46	60	1	März 06	17,7 %
Feb. 46	60	2	Mai 06	17,4 %
März 46	60	3	Juli 06	17,1 %

Altersrente wegen Arbeitslosigkeit oder nach Altersteilzeitarbeit				
Geburts-monat, Geburtsjahr	Vorzeitige Inanspruch-nahme möglich ab Alter		Frühester vorzeitiger Rentenbeginn	Abschlag
	Jahr	Monat		
April 46	60	4	September 06	16,8 %
Mai 46	60	5	November 06	16,5 %
Juni 46	60	6	Januar 07	16,2 %
Juli 46	60	7	März 07	15,9 %
August 46	60	8	Mai 07	15,6 %
Sep. 46	60	9	Juli 07	15,3 %
Oktober 46	60	10	September 07	15,0 %
Nov. 46	60	11	November 07	14,7 %
Dez. 46	61	0	Januar 08	14,4 %
Januar 47	61	1	März 08	14,1 %
Feb. 47	61	2	Mai 08	13,8 %
März 47	61	3	Juli 08	13,5 %
April 47	61	4	September 08	13,2 %
Mai 47	61	5	November 08	12,9 %
Juni 47	61	6	Januar 09	12,6 %
Juli 47	61	7	März 09	12,3 %
August 47	61	8	Mai 09	12,0 %
Sep. 47	61	9	Juli 09	11,7 %
Oktober 47	61	10	September 09	11,4 %
Nov. 47	61	11	November 09	11,1 %
Dez. 47	62	0	Januar 10	10,8 %
Januar 48	62	1	März 10	10,5 %
Feb. 48	62	2	Mai 10	10,2 %
März 48	62	3	Juli 10	9,9 %
April 48	62	4	September 10	9,6 %
Mai 48	62	5	November 10	9,3 %
Juni 48	62	6	Januar 11	9,0 %
Juli 48	62	7	März 11	8,7 %

Altersrente wegen Arbeitslosigkeit oder nach Altersteilzeitarbeit				
Geburts-monat, Geburtsjahr	Vorzeitige Inanspruch-nahme möglich ab Alter		Frühester vorzeitiger Rentenbeginn	Abschlag
	Jahr	Monat		
August 48	62	8	Mai 11	8,4 %
Sep. 48	62	9	Juli 11	8,1 %
Oktober 48	62	10	September 11	7,8 %
Nov. 48	62	11	November 11	7,5 %
Dez. 48	63	0	Januar 12	7,2 %
Jan. 49 – Dez. 51	63	0	Monat nach Vollendung 63. Lebensjahr	7,2 %

▶ Vertrauensschutzregelung

Aus Gründen des Vertrauensschutzes richtet sich die Anhebung der Altersgrenze mit geringerer Rentenkürzung bei vorzeitigem Rentenbeginn für folgende Personen nach der nachfolgend abgedruckten Tabelle:

– Versicherte, die bis zum 14.2.1941 geboren sind und

- am 14.2.1996 bereits arbeitslos waren oder Anpassungsgeld für entlassene Arbeitnehmer des Bergbaus bezogen haben oder

- deren Arbeitsverhältnis aufgrund einer Kündigung oder Vereinbarung, die vor dem 14.2.1996 erfolgt ist, nach dem 13.2.1996 beendet worden ist oder

- Versicherte, die vor dem 1.1.1942 geboren sind und 45 Jahre mit Pflichtbeiträgen für eine versicherte Beschäftigung oder Tätigkeit (ohne Zeiten des Leistungsbezugs wegen Arbeitslosigkeit oder Arbeitslosengeld II) haben.

Für Beschäftigte in der Montanindustrie oder im Bergbau gelten weitere Vertrauensschutzregelungen.

Tabelle 3 (Vertrauensschutz bei vorzeitigem Rentenbeginn mit Abschlägen)

Geburts-jahr, Geburtsmonat	Verschiebung des Rentenbeginns um ... Monate	Rentenbeginn nach der Anhebung ohne Abschläge	Vorzeitiger Rentenbeginn mit Abschlägen				
			Frühester Beginn				
			Alter		Rentenbeginn		Kürzung um %
			Jahr	Monat	Monat	Jahr	
vor 1941	0	ab 60	60	0			0,0
1941							
Januar	1	März 2001	60	0	Feb.	2001	0,3
Februar	1	Apr. 2001	60	0	März	2001	0,3
ab hier gilt die Tabelle nur noch für Versicherte mit 45 Jahren Pflichtbeiträge oder für Versicherte in der Montanunion							
März	1	Mai 2001	60	0	Apr.	2001	0,3
April	1	Juni 2001	60	0	Mai	2001	0,3
Mai	2	Aug. 2001	60	0	Juni	2001	0,6
Juni	2	Sep. 2001	60	0	Juli	2001	0,6
Juli	2	Okt. 2001	60	0	Aug.	2001	0,6
August	8	Nov. 2001	60	0	Sep.	2001	0,6
September	3	Jan. 2002	60	0	Okt.	2001	0,9
Oktober	3	Feb. 2002	60	0	Nov.	2001	0,9
November	3	März 2002	60	0	Dez.	2001	0,9
Dezember	3	Apr. 2002	60	0	Jan.	2002	0,9
ab hier gilt die Tabelle nur noch für Versicherte in der Montanunion							
1942							
Januar	4	Juni 2002	60	0	Feb.	2002	1,2
Februar	4	Juli 2002	60	0	März	2002	1,2
März	4	Aug. 2002	60	0	Apr.	2002	1,2
April	4	Sep. 2002	60	0	Mai	2002	1,2
Mai	5	Nov. 2002	60	0	Juni	2002	1,5
Juni	5	Dez. 2002	60	0	Juli	2002	1,5
Juli	5	Jan. 2003	60	0	Aug.	2002	1,5

Geburts-jahr, Geburts-monat	Verschie-bung des Renten-beginns um ... Monate	Rentenbeginn nach der Anhebung ohne Abschläge		Vorzeitiger Rentenbeginn mit Abschlägen				
				Frühester Beginn				
				Alter		Renten-beginn		Kürzung um %
				Jahr	Monat	Monat	Jahr	
August	5	Feb.	2003	60	0	Sep.	2002	1,5
September	6	Apr.	2003	60	0	Okt.	2002	1,8
Oktober	6	Mai	2003	60	0	Nov.	2002	1,8
November	6	Juni	2003	60	0	Dez.	2002	1,8
Dezember	6	Juli	2003	60	0	Jan.	2003	1,8
1943								
Januar	7	Sep.	2003	60	0	Feb.	2003	2,1
Februar	7	Okt.	2003	60	0	März	2003	2,1
März	7	Nov.	2003	60	0	Apr.	2003	2,1
April	7	Dez.	2003	60	0	Mai	2003	2,1
Mai	8	Feb.	2004	60	0	Juni	2003	2,4
Juni	8	März	2004	60	0	Juli	2003	2,4
Juli	8	Apr.	2004	60	0	Aug.	2003	2,4
August	8	Mai	2004	60	0	Sep.	2003	2,4
September	9	Juli	2004	60	0	Okt.	2003	2,7
Oktober	9	Aug.	2004	60	0	Nov.	2003	2,7
November	9	Sep.	2004	60	0	Dez.	2003	2,7
Dezember	9	Okt.	2004	60	0	Jan.	2004	2,7
1944								
Januar	10	Dez.	2004	60	0	Feb.	2004	3,0
Februar	10	Jan.	2005	60	0	März	2004	3,0

7 Altersrente für Frauen (§ 237a SGB VI)

Anspruch auf diese Altersrente haben versicherte Frauen, die
- mindestens das 60. Lebensjahr vollendet haben,
- nach Vollendung des 40. Lebensjahres mehr als zehn Jahre Pflichtbeitragszeiten haben,
- die Wartezeit von 15 Jahren erfüllt haben,
- vor dem 1.1.1952 geboren sind (für Frauen der Geburtsjahrgänge ab 1952 gibt es dann diese Rente nicht mehr) und
- vor Vollendung des 65. Lebensjahres bestimmte Hinzuverdienstgrenzen einhalten (siehe Abschn. III Ziff. 4).

Die Altersrente für Frauen kann aber vorzeitig ab dem 60. Lebensjahr in Anspruch genommen werden, dann aber mit entsprechendem Abschlag (siehe nachfolgende Tabellen).

Diese gesetzlichen Regelungen werden nach dem RV-Altersgrenzenanpassungsgesetz nicht geändert, zumal diese Rentenart durch die Jahrganzbegrenzung (1952) ausläuft.

Im Einzelnen gilt Folgendes:

▶ Vollendung des 60. Lebensjahres

Frauen können beim Vorliegen der weiteren Voraussetzungen diese Altersrente nach Vollendung des 60. Lebensjahres erhalten. Allerdings wird diese Rente bei Inanspruchnahme vor dem 65. Lebensjahr mit einem Abschlag von 18 % versehen, da die Altersgrenze von 60 Jahren bei der Altersrente für Frauen, die nach dem 31.12.1939 geboren sind, ab 2000 stufenweise in Monatsschritten auf das Alter von 65 Jahren angehoben. Die Anhebung ist daher für Versicherte abgeschlossen, die im Dezember 1944 oder später geboren sind.

▶ Mehr als 10 Jahre Pflichtbeitragszeiten nach Vollendung des 40. Lebensjahres

Als besondere versicherungsrechtliche Voraussetzung müssen mehr als 10 Jahre Pflichtbeitragszeiten – d.h. also mindestens 121 Kalendermonate mit Pflichtbeiträgen – nach Vollendung des 40. Lebensjahres vorhanden sein. Die Pflichtbeitragszeiten müssen nicht zusammenhängend sein. Unterbrechungen sind in dem 20-Jahreszeitraum möglich.

Beispiel:
Frau F. hat nach Vollendung des 40. Lebensjahres zunächst 36 Pflichtbeitragsmonate, dann eine größere Lücke ohne Pflichtbeiträge, und in der Zeit bis zuletzt vor dem vollendeten 60. Lebensjahr weitere 80 Pflichtbeiträge, insgesamt also 116 Pflichtbeiträge. Für den Rentenanspruch braucht sie 121 Pflichtbeiträge. Es zählen alle Pflichtbeitragsmonate nach Vollendung des 40. Lebensjahres. Durch fünf zusätzliche Pflichtbeiträge kann also bei fortbestehender Versicherungspflicht die erforderliche Anzahl von 121 Pflichtbeitragsmonaten erreicht werden.

Zu den Pflichtbeitragszeiten gehören nicht evtl. bei der Scheidung im Rahmen des Versorgungsausgleichs gutgeschriebene Entgeltpunkte.

▶ Wartezeit

Auf die Wartezeit von 15 Jahren werden dieselben Zeiten angerechnet, wie auf die 15-jährige Wartezeit für die Altersrente wegen Arbeitslosigkeit und auf die allgemeine Wartezeit von fünf Jahren für die Regelaltersrente, also insbesondere Beitragszeiten und Ersatzzeiten.

▶ Hinzuverdienstbeschränkung

Neben der Altersrente für Frauen darf bis zur Vollendung des 65. Lebensjahres eine abhängige Beschäftigung oder selbständige Tätigkeit nur mit begrenztem Hinzuverdienst ausgeübt werden. Dabei gibt es unterschiedliche Grenzwerte für die Vollrente und die jeweiligen Teilrenten (siehe hierzu Abschn. III Ziff. 4).

Tabelle 1 (vorzeitiger Rentenbeginn mit Abschlag)

Anhebung der Altersgrenze bei der Altersrente für Frauen							
Geburts-jahr, Geburts-monat	Verschie-bung des Renten-beginns um ... Monate	Rentenbeginn nach der Anhebung ohne Abschläge		Vorzeitiger Rentenbeginn mit Abschlägen			
				Frühester Beginn			
				Alter		Renten-beginn		Kürzung um %
				Jahr	Monat	Monat	Jahr	
1940								
Januar	1	März	2000	60	0	Feb.	2000	0,3
Februar	2	Mai	2000	60	0	März	2000	0,6
März	3	Juli	2000	60	0	April	2000	0,9
April	4	Sep.	2000	60	0	Mai	2000	1,2
Mai	5	Nov.	2000	60	0	Juni	2000	1,5
Juni	6	Jan.	2001	60	0	Juli	2000	1,8
Juli	7	März	2001	60	0	Aug.	2000	2,1
August	8	Mai	2001	60	0	Sept.	2000	2,4
September	9	Juli	2001	60	0	Okt.	2000	2,7
Oktober	10	Sep.	2001	60	0	Nov.	2000	3,0
November	11	Nov.	2001	60	0	Dez.	2000	3,3
Dezember	12	Jan.	2002	60	0	Jan.	2001	3,6
1941								
Januar	13	März	2002	60	0	Feb.	2001	3,9
Februar	14	Mai	2002	60	0	März	2001	4,2
März	15	Juli	2002	60	0	April	2001	4,5
April	16	Sep.	2002	60	0	Mai	2001	4,8
Mai	17	Nov.	2002	60	0	Juni	2001	5,1
Juni	18	Jan.	2003	60	0	Juli	2001	5,4
Juli	19	März	2003	60	0	Aug.	2001	5,7
August	20	Mai	2003	60	0	Sept.	2001	6,0
September	21	Juli	2003	60	0	Okt.	2001	6,3
Oktober	22	Sep.	2003	60	0	Nov.	2001	6,6

Anhebung der Altersgrenze bei der Altersrente für Frauen

Geburts-jahr, Geburts-monat	Verschie-bung des Renten-beginns um ... Monate	Rentenbeginn nach der Anhebung ohne Abschläge	Vorzeitiger Rentenbeginn mit Abschlägen		
			Frühester Beginn		Kürzung um %
			Alter	Renten-beginn	
			Jahr / Monat	Monat / Jahr	
November	23	Nov. 2003	60 / 0	Dez. / 2001	6,9
Dezember	24	Jan. 2004	60 / 0	Jan. / 2002	7,2
1942					
Januar	25	März 2004	60 / 0	Feb. / 2002	7,5
Februar	26	Mai 2004	60 / 0	März / 2002	7,8
März	27	Juli 2004	60 / 0	April / 2002	8,1
April	28	Sep. 2004	60 / 0	Mai / 2002	8,4
Mai	29	Nov. 2004	60 / 0	Juni / 2002	8,7
Juni	30	Jan. 2005	60 / 0	Juli / 2002	9,0
Juli	31	März 2005	60 / 0	Aug. / 2002	9,3
August	32	Mai 2005	60 / 0	Sept. / 2002	9,6
September	33	Juli 2005	60 / 0	Okt. / 2002	9,9
Oktober	34	Sep. 2005	60 / 0	Nov. / 2002	10,2
November	35	Nov. 2005	60 / 0	Dez. / 2002	10,5
Dezember	36	Jan. 2006	60 / 0	Jan. / 2003	10,8
1943					
Januar	37	März 2006	60 / 0	Feb. / 2003	11,1
Februar	38	Mai 2006	60 / 0	März / 2003	11,4
März	39	Juli 2006	60 / 0	April / 2003	11,7
April	40	Sep. 2006	60 / 0	Mai / 2003	12,0
Mai	41	Nov. 2006	60 / 0	Juni / 2003	12,3
Juni	42	Jan. 2007	60 / 0	Juli / 2003	12,6
Juli	43	März 2007	60 / 0	Aug. / 2003	12,9
August	44	Mai 2007	60 / 0	Sept. / 2003	13,2
September	45	Juli 2007	60 / 0	Okt. / 2003	13,5

Anhebung der Altersgrenze bei der Altersrente für Frauen							
Geburtsjahr, Geburtsmonat	Verschiebung des Rentenbeginns um ... Monate	Rentenbeginn nach der Anhebung ohne Abschläge		Vorzeitiger Rentenbeginn mit Abschlägen			
				Frühester Beginn			
				Alter		Rentenbeginn	Kürzung um %
				Jahr	Monat	Monat	Jahr	
Oktober	46	Sep.	2007	60	0	Nov.	2003	13,8
November	47	Nov.	2007	60	0	Dez.	2003	14,1
Dezember	48	Jan.	2008	60	0	Jan.	2004	14,4
1944								
Januar	49	März	2008	60	0	Feb.	2004	14,7
Februar	50	Mai	2008	60	0	März	2004	15,0
März	51	Juli	2008	60	0	April	2004	15,3
April	52	Sep.	2008	60	0	Mai	2004	15,6
Mai	53	Nov.	2008	60	0	Juni	2004	15,9
Juni	54	Jan.	2009	60	0	Juli	2004	16,2
Juli	55	März	2009	60	0	Aug.	2004	16,5
August	56	Mai	2009	60	0	Sept.	2004	16,8
September	57	Juli	2009	60	0	Okt.	2004	17,1
Oktober	58	Sep.	2009	60	0	Nov.	2004	17,4
November	59	Nov.	2009	60	0	Dez.	2004	17,7
Dezember	60	Jan.	2010	60	0	Jan.	2005	18,0
1945-1951	60	auf Alter 65		60	0	ab 60		18,0

Tabelle 2 (Vertrauensschutz für Frauen)

Geburts-jahr, Geburts-monat	Verschie-bung des Renten-beginns um ... Monate	Rentenbeginn nach der Anhebung ohne Abschläge		Vorzeitiger Rentenbeginn mit Abschlägen			
				Frühester Beginn			
				Alter		Renten-beginn		Kürzung um %
				Jahr	Monat	Monat	Jahr	
vor 1941	0	ab 60		60	0			0,0
1941								
Januar	1	März	2001	60	0	Feb.	2001	0,3
Februar	1	Apr.	2001	60	0	März	2001	0,3
März	1	Mai	2001	60	0	April	2001	0,3
April	1	Juni	2001	60	0	Mai	2001	0,3
ab hier gilt die Tabelle nur noch für Frauen mit 45 Jahren Pflichtbeiträge oder für Frauen in der Montanunion								
Mai	2	Aug.	2001	60	0	Juni	2001	0,6
Juni	2	Sep.	2001	60	0	Juli	2001	0,6
Juli	2	Okt.	2001	60	0	Aug.	2001	0,6
August	2	Nov.	2001	60	0	Sept.	2001	0,6
September	3	Jan.	2002	60	0	Okt.	2001	0,9
Oktober	3	Feb.	2002	60	0	Nov.	2001	0,9
November	3	März	2002	60	0	Dez.	2001	0,9
Dezember	3	Apr.	2002	60	0	Jan.	2002	0,9
ab hier gilt die Tabelle nur noch für Frauen in der Montanunion								
1942								
Januar	4	Juni	2002	60	0	Feb.	2002	1,2
Februar	4	Juli	2002	60	0	März	2002	1,2
März	4	Aug.	2002	60	0	April	2002	1,2
April	4	Sep.	2002	60	0	Mai	2002	1,2
Mai	5	Nov.	2002	60	0	Juni	2002	1,5
Juni	5	Dez.	2002	60	0	Juli	2002	1,5
Juli	5	Jan.	2003	60	0	Aug.	2002	1,5

Geburts-jahr, Geburts-monat	Verschie-bung des Renten-beginns um ... Monate	Rentenbeginn nach der Anhebung ohne Abschläge		Vorzeitiger Rentenbeginn mit Abschlägen				
				Frühester Beginn				
				Alter		Renten-beginn		Kürzung um %
				Jahr	Monat	Monat	Jahr	
August	5	Feb.	2003	60	0	Sept.	2002	1,5
September	6	Apr.	2003	60	0	Okt.	2002	1,8
Oktober	6	Mai	2003	60	0	Nov.	2002	1,8
November	6	Juni	2003	60	0	Dez.	2002	1,8
Dezember	6	Juli	2003	60	0	Jan.	2003	1,8
1943								
Januar	7	Sep.	2003	60	0	Feb.	2003	2,1
Februar	7	Okt.	2003	60	0	März	2003	2,1
März	7	Nov.	2003	60	0	April	2003	2,1
April	7	Dez.	2003	60	0	Mai	2003	2,1
Mai	8	Feb.	2004	60	0	Juni	2003	2,4
Juni	8	März	2004	60	0	Juli	2003	2,4
Juli	8	Apr.	2004	60	0	Aug.	2003	2,4
August	8	Mai	2004	60	0	Sept.	2003	2,4
September	9	Juli	2004	60	0	Okt.	2003	2,7
Oktober	9	Aug.	2004	60	0	Nov.	2003	2,7
November	9	Sep.	2004	60	0	Dez.	2003	2,7
Dezember	9	Okt.	2004	60	0	Jan.	2004	2,7
1944								
Januar	10	Dez.	2004	60	0	Feb.	2004	3,0
Februar	10	Jan.	2005	60	0	März	2004	3,0
März	10	Feb.	2005	60	0	April	2004	3,0
April	10	März	2005	60	0	Mai	2004	3,0
Mai	11	Mai	2005	60	0	Juni	2004	3,3

8 Altersrente für langjährig unter Tage beschäftigte Bergleute (§§ 40, 238 SGB VI)

Anspruch auf diese Altersrente haben Versicherte, die

– das 60. Lebensjahr (neues Recht: 62. Lebensjahr ab 2012) vollendet und
– die Wartezeit von 25 Jahren erfüllt haben.

Es gilt dabei Folgendes:

▶ Vollendung des 60. Lebensjahres

Die Altersgrenze 60 gehört nicht zu den ab dem Jahre 2000 von der stufenweisen Anhebung der Altersgrenzen betroffenen Rentenarten.

Nach dem neu gefassten § 238 SGB VI ist folgende Ergänzung ab 2012 von Bedeutung:

Versicherte, die vor dem 1. Januar 1964 geboren sind, haben frühestens Anspruch auf Altersrente für langjährig unter Tage beschäftigte Bergleute, wenn sie

1. das 60. Lebensjahr vollendet und
2. die Wartezeit von 25 Jahren erfüllt

haben.

Versicherte, die vor dem 1. Januar 1952 geboren sind, haben Anspruch auf diese Altersrente nach Vollendung des 60. Lebensjahres. Für Versicherte, die nach dem 31. Dezember 1951 geboren sind, wird die Altersgrenze von 60 Jahren wie folgt angehoben:

Versicherte Geburtsjahr Geburtsmonat	Anhebung um Monate	auf Alter	
		Jahr	Monat
1952			
Januar	1	60	1
Februar	2	60	2
März	3	60	3
April	4	60	4
Mai	5	60	5
Juni – Dezember	6	60	6
1953	7	60	7
1954	8	60	8
1955	9	60	9
1956	10	60	10

1957	11	60	11
1958	12	61	0
1959	14	61	2
1960	16	61	4
1961	18	61	6
1962	20	61	8
1963	22	61	10

Für Versicherte, die Anpassungsgeld für entlassene Arbeitnehmer des Bergbaus oder Knappschaftsausgleichsleistung bezogen haben, wird die Altersgrenze von 60 Jahren nicht angehoben.

▶ Wartezeit

Als Mindestversicherungszeit wird eine Wartezeit von 25 Jahren verlangt. Das Besondere an dieser Wartezeit ist, dass darüber zugleich der berechtigte Personenkreis abgesteckt wird. Auf die Wartezeit werden nämlich nur Kalendermonate mit Beitragszeiten aufgrund einer Beschäftigung mit ständigen Arbeiten unter Tage angerechnet (§ 51 Abs. 2 SGB VI). Ergänzend bestimmt § 238 SGB VI, dass weitere Zeiten auf die Wartezeit angerechnet werden. Dazu gehören

– Anrechnungszeiten wegen Bezuges von Anpassungsgeld nach Vollendung des 50. Lebensjahres im Anschluss an eine Beschäftigung unter Tage (§ 238 Abs. 1 SGB VI) und

– der knappschaftlichen Rentenversicherung zugeordnete Ersatzzeiten (§ 238 Abs. 3 Nr. 1 SGB VI).

Außerdem werden Hausarbeiten und ähnliche Arbeiten in näher bestimmtem Umfang den ständigen Arbeiten unter Tage gleichgestellt (§ 238 Abs. 4 Nr. 2 SGB VI).

▶ Hinzuverdienstbeschränkung

Auch für diese Rente gilt die für die anderen Altersrenten vor Vollendung des 65. Lebensjahres zu beachtende Hinzuverdienstbeschränkung für abhängige Beschäftigungen und selbständige Tätigkeiten. Die Grenzwerte sind unterschiedlich, je nachdem, ob eine Vollrente oder eine der Teilrenten beansprucht wird (siehe hierzu Abschn. III Ziff. 4).

9 Stufenweise Anhebung der Altersgrenzen

Trotz Anhebung der gesetzlichen Altersgrenzen können die Altersrenten für langjährig Versicherte, für Frauen, für schwerbehinderte Menschen und für

Altersrente nach Arbeitslosigkeit oder Altersteilzeit vorzeitig in Anspruch genommen werden (siehe vorstehende Erläuterungen). Für jeden Monat der vorzeitigen Inanspruchnahme mindert sich aber der monatliche Zahlbetrag der Rente um einen versicherungsmathematischen Abschlag von 0,3 %. Pro Jahr des vorzeitigen Rentenbezuges ergibt sich somit eine Minderung der Rente um 3,6 %. Diese Rentenminderung gilt für die gesamte Dauer des Rentenbezuges, also auch über die Vollendung des 65. Lebensjahres hinaus und auch für eine anschließende Hinterbliebenenrente.

10 Ausgleichszahlungen des Arbeitgebers für Rentenminderungen

10.1 Allgemeines

Eine Minderung der gesetzlichen Rente kann eintreten durch

- Beitragsminderleistungen:
  während der Altersteilzeitarbeit werden Beiträge nur auf Basis von 90 % statt üblicherweise 100 % des bisherigen Entgelts gezahlt,

- weniger Versicherungsjahre:
  z.B. bei vorgezogener Altersrente mit 60 Jahren, wenn sonst erst Rente mit 65 Jahren in Anspruch genommen würde,

- Rentenabschläge:
  durch vorzeitigen Rentenbezug. Die Kürzung kann bis zu 18 % betragen.

Eine weitere Minderung der gesamten Versorgungsbezüge kann sich aber auch dadurch ergeben, dass die betrieblichen Regelungen eine Betriebsrente vorsehen, die infolge verkürzter Betriebszugehörigkeit und geminderter Bemessungsgrundlage bei Altersteilzeitarbeit niedriger ausfällt. In diesem Falle ist über eine Ausgleichszahlung nachzudenken, wenn diese nicht schon aufgrund eines Altersteilzeittarifvertrages erfolgen muss.

Ansonsten wären folgende Alternativen als Äquivalent für eine Minderung der gesetzlichen Rente denkbar:

- Zahlung von Beiträgen zur gesetzlichen Rentenversicherung nach § 187a SGB VI,

- Erhöhung der Beiträge während der Altersteilzeitarbeit von 90 % auf 95 % oder gar 100 % des bisherigen Entgelts,

- Abschluss einer Direktversicherung,

- Erhöhen einer betrieblichen Altersrente,

- Zahlung einer Abfindung bei Beginn oder Beendigung der Altersteilzeitarbeit.

Der Arbeitnehmer selbst könnte auch einen Ausgleich seiner Rentenminderung mit Eigenleistungen dadurch erreichen, dass er schon vor Beginn der Altersteilzeit oder während der Altersteilzeitarbeit auf Teile seiner Bezüge zur „arbeitnehmerfinanzierten" Altersversorgung verzichtet bzw. Teile umwandelt.

10.2 Zusätzliche Rentenversicherungsbeiträge nach § 187a SGB VI

Versicherten wird zur Vermeidung von Rentenminderungen aufgrund einer vorzeitigen Inanspruchnahme von Renten ermöglichst, zusätzliche Beiträge zu entrichten (§ 187a SGB VI), so dass die Versorgungslücke aufgrund der versicherungsmathematischen Abschläge bei vorzeitiger Inanspruchnahme der Rente ganz oder teilweise geschlossen werden kann. Die Möglichkeit der zusätzlichen Beitragszahlung beschränkt sich nicht auf die vorzeitige Inanspruchnahme der Altersrente wegen Arbeitslosigkeit oder nach Altersteilzeitarbeit, sondern gilt für alle Fälle der vorzeitigen Inanspruchnahme einer Rente wegen Alters. Der Beitrag zum Ausgleich des Abschlages kann hierbei auch voll vom Arbeitgeber für den Arbeitnehmer gezahlt werden. Der Umfang der zusätzlichen Beitragszahlung ist auf den Ausgleich der maximal möglichen Rentenminderung begrenzt. Die Auskunft darüber erteilt der Rentenversicherungsträger auf Antrag (§ 109 Abs. 1 Satz 3 SGB VI). Die Höhe des Abschlags ergibt sich aus der Differenz zwischen der Rentenhöhe als abschlagsfreier Rente und der Rentenhöhe bei vorzeitigem Rentenbezug.

Will der Arbeitnehmer die Rentenminderung nur teilweise vermindern, können auch Teilbeträge entrichtet werden. Der Ausgleichsbetrag wird unter Zuhilfenahme der Umrechnungsfaktoren für den Versorgungsausgleich in der Rentenversicherung ermittelt (§ 76a SGB VI). Diese Möglichkeit besteht unabhängig vom Bezug von Leistungen aufgrund der Förderung der Altersteilzeitarbeit.

Der Gesetzgeber erwartet, dass für diese Beitragszahlungen zum Ausgleich der Rentenminderung Sozialplanmittel oder Abfindungen eingesetzt werden. Diese Leistungen des Arbeitgebers werden, wenn sie als Abfindungen wegen der Beendigung eines Arbeits-/Beschäftigungsverhältnisses gezahlt werden, auf das Arbeitslosengeld nicht angerechnet (§ 143a Abs. 1 Satz 6 SGB III).

Die Beitragszahlung ist ab Vollendung des 55. Lebensjahres möglich. Der Versicherte muss – allerdings ohne Bindungswirkung – erklären, dass er künftig eine Rente wegen Alters vorzeitig beziehen wolle (§ 187a Abs. 1 SGB VI). Die Zahlung kann bis zur Vollendung des 65. Lebensjahres bzw. bis zum Erreichen der Regelaltersgrenze erfolgen, also selbst im Falle einer bereits bindend bewilligten Vollrente wegen Alters mit Abschlägen. Werden die Ausgleichsbeträge allerdings während des vorzeitigen Bezuges einer

Rente entrichtet, wirken sie auf die Rentenhöhe erst anlässlich der Neuberechnung der Altersrente. Eine Erstattung der Ausgleichsbeträge ist nicht vorgesehen (§ 187 Abs. 3 SGB VI). Die Ausgleichsbeträge sind unmittelbar an den Rentenversicherungsträger zu zahlen, wobei Teilzahlungen möglich sind (§ 187 Abs. 3 SGB VI).

Der Betrag der Rentenminderung aufgrund der vorzeitigen Inanspruchnahme der Rente wird in Entgeltpunkte umgerechnet. Für jeden Entgeltpunkt ist der zu zahlende Betrag wie folgt zu berechnen:

Der Beitrag für das aktuelle Jahresdurchschnittsentgelt wird geteilt durch den Zugangsfaktor für die vorzeitige Altersrente.

Der Zugangsfaktor für die abschlagsfreie Altersrente ist 1,0. Für jeden Monat, den diese Rente vorzeitig in Anspruch genommen wird, verringert sich der Zugangsfaktor um 0,003. Wird die Rente z.B. drei Jahre früher in Anspruch genommen, beträgt der Zugangsfaktor 0,892. Dies entspricht einem Abschlag von 10,8 %.

Werden die Beitragszahlungen für den Ausgleich der Rentenminderung vom Arbeitgeber übernommen, ist nach § 3 Nr. 28 EStG die Hälfte der Beiträge steuerfrei gestellt. Dies wird damit begründet, dass auch Pflichtbeiträge des Arbeitgebers nur in Höhe des halben Gesamtbeitrags steuerfrei sind.

10.3 Erhöhung der Beiträge zur Rentenversicherung

Der Arbeitgeber zahlt bis zur Beendigung der Altersteilzeitarbeit über den gesetzlichen Rahmen von 90 % des bisherigen Entgelts bzw. 80 % des Regelarbeitsentgeltes hinaus bis zur monatlichen BBG erhöhte Beiträge zur Rentenversicherung zu seinen Lasten. Die Höhe der Rentenminderung, die ggf. auszugleichen ist, müsste der Arbeitnehmer beim zuständigen Rentenversicherungsträger erfragen (Rentenauskunft).

10.4 Abschluss einer Direktversicherung

Mit dem Abschluss einer Direktversicherung oder der Erweiterung einer bereits bestehenden Direktversicherung mit einer Prämienzahlung zu Lasten des Arbeitgebers könnten alle Rentenminderungen ganz oder teilweise ausgeglichen werden.

10.5 Aufstockung einer betrieblichen Altersrente

Als Ausgleich der Rentenabschläge infolge vorzeitigen Bezugs der Altersrente erhöht der Arbeitgeber die betriebliche Altersrente. Dabei wird ein Teil der Rentenminderung durch monatliche Zusatzleistungen ab dem Monat des Rentenbeginns ausgeglichen.

10.6 Zahlung einer Abfindung

Auch durch Zahlung einer Abfindung mit Beginn, im Verlauf oder am Ende der Altersteilzeitarbeit kann ein Ausgleich einer Rentenminderung zumindest teilweise erreicht werden. Wenn nicht einschlägige tarifliche Bestimmungen zur Höhe der Abfindungszahlung vorliegen, liegt die Höhe der Abfindung im Ermessen des Arbeitgebers.

ABSCHNITT V:
Leistungen der Arbeitslosenversicherung

1 Arbeitslosengeld

1.1 Allgemeines

Das Arbeitslosengeld ist eine Versicherungsleistung, die das durch den Verlust des Arbeitsplatzes ausfallende Einkommen ersetzen soll. Da der Anspruch auf Arbeitslosengeld auch durch eigene Beiträge des Arbeitnehmers begründet ist, ist er durch die Eigentumsgarantie des Grundgesetzes (Art. 14 GG) geschützt.

Nach § 150 SGB III kann Teilarbeitslosengeld beansprucht werden, wenn ein Arbeitnehmer von mehreren versicherungspflichtigen Teilzeitbeschäftigungsverhältnissen eines verliert und eine versicherungspflichtige Beschäftigung sucht. Dafür gelten die Vorschriften über das Arbeitslosengeld entsprechend mit wenigen Sonderregelungen.

1.2 Anspruchsvoraussetzungen

Der Arbeitnehmer kann Arbeitslosengeld beanspruchen, wenn er

– arbeitslos ist,

– die Anwartschaftszeit erfüllt hat,

– sich bei der Agentur für Arbeit arbeitslos gemeldet hat.

Dazu gilt im Einzelnen Folgendes:

▶ Begriff der Arbeitslosigkeit

Arbeitslos ist nach § 119 SGB III ein Arbeitnehmer, der nicht in einem Beschäftigungsverhältnis steht (Beschäftigungslosigkeit), sich bemüht, seine Beschäftigungslosigkeit zu beenden (Eigenbemühungen) und den Vermittlungsbemühungen der Agentur für Arbeit zur Verfügung steht (Verfügbarkeit).

Den Vermittlungsbemühungen der Agentur für Arbeit steht zur Verfügung, wer

- eine versicherungspflichtige, mindestens 15 Stunden wöchentlich umfassende zumutbare Beschäftigung unter den üblichen Bedingungen des für ihn in Betracht kommenden Arbeitsmarktes ausüben kann und darf,

- Vorschlägen der Agentur für Arbeit zur beruflichen Eingliederung zeit- und ortsnah Folge leisten kann,

- Bereit ist, jede Beschäftigung im Sinne der Nummer 1 anzunehmen und auszuüben und
- Bereit ist, an Maßnahmen zur beruflichen Eingliederung in das Erwerbsleben teilzunehmen.

▶ Zumutbare Beschäftigung

Nach § 121 SGB III sind einem Arbeitslosen alle seiner Arbeitsfähigkeit entsprechenden Beschäftigungen zumutbar, soweit allgemeine oder personenbezogene Gründe der Zumutbarkeit einer Beschäftigung nicht entgegenstehen.

Aus allgemeinen Gründen ist eine Beschäftigung einem Arbeitslosen insbesondere nicht zumutbar, wenn die Beschäftigung gegen gesetzliche, tarifliche oder in Betriebsvereinbarungen festgelegte Bestimmungen über Arbeitsbedingungen oder gegen Bestimmungen des Arbeitsschutzes verstößt.

Aus personenbezogenen Gründen ist eine Beschäftigung einem Arbeitslosen insbesondere nicht zumutbar, wenn das daraus erzielbare Arbeitsentgelt erheblich niedriger ist als das der Bemessung des Arbeitslosengeldes zugrunde liegende Arbeitsentgelt. In den ersten drei Monaten der Arbeitslosigkeit ist eine Minderung um mehr als 20 % und in den folgenden drei Monaten um mehr als 30 % dieses Arbeitsentgelts nicht zumutbar. Vom siebten Monat der Arbeitslosigkeit an ist dem Arbeitslosen eine Beschäftigung nur dann nicht zumutbar, wenn das daraus erzielbare Nettoeinkommen unter Berücksichtigung der mit der Beschäftigung zusammenhängenden Aufwendungen niedriger ist als das Arbeitslosengeld.

Aus personenbezogenen Gründen ist einem Arbeitslosen eine Beschäftigung auch dann nicht zumutbar, wenn die täglichen Pendelzeiten zwischen seiner Wohnung und der Arbeitsstätte im Vergleich zur Arbeitszeit unverhältnismäßig lang sind. Als unverhältnismäßig lang sind im Regelfall Pendelzeiten von insgesamt mehr als zweieinhalb Stunden bei einer Arbeitszeit von mehr als sechs Stunden und Pendelzeiten von mehr als zwei Stunden bei einer Arbeitszeit von sechs Stunden und weniger anzusehen. Sind in einer Region unter vergleichbaren Arbeitnehmern längere Pendelzeiten üblich, bilden diese den Maßstab.

Eine Beschäftigung ist nicht schon deshalb unzumutbar, weil sie befristet ist, vorübergehend eine getrennte Haushaltsführung erfordert oder nicht zum Kreis der Beschäftigungen gehört, für die der Arbeitnehmer ausgebildet ist oder die er bisher ausgeübt hat.

▶ Persönliche Arbeitslosmeldung

Bedeutsam ist nach § 122 SGB III, dass sich der Arbeitslose persönlich bei der zuständigen Agentur für Arbeit arbeitslos zu melden hat. Eine Meldung ist auch zulässig, wenn die Arbeitslosigkeit noch nicht eingetreten, der Eintritt der Arbeitslosigkeit aber innerhalb der nächsten drei Monate zu erwarten ist.

Die Wirkung der Meldung erlischt

- bei einer mehr als sechswöchigen Unterbrechung der Arbeitslosigkeit,
- mit der Aufnahme der Beschäftigung, selbstständigen Tätigkeit oder Tätigkeit als mithelfender Familienangehöriger, wenn der Arbeitslose diese der Agentur für Arbeit nicht unverzüglich mitgeteilt hat.

Ist die zuständige Agentur für Arbeit am Ersten Tag der Beschäftigungslosigkeit des Arbeitslosen nicht dienstbereit, so wirkt eine persönliche Meldung an dem nächsten Tag, an dem die Agentur für Arbeit dienstbereit ist, auf den Tag zurück, an dem die Agentur für Arbeit nicht dienstbereit war.

▶ Sonderfälle der Verfügbarkeit

Nimmt der Arbeitslose an einer Trainingsmaßnahme oder an einer Berufsfindung oder Arbeitserprobung im Sinne des Rechts der beruflichen Rehabilitation teil, leistet er vorübergehend zur Verhütung oder Beseitigung öffentlicher Notstände Dienste, die nicht auf einem Arbeitsverhältnis beruhen, übt er eine freie Arbeit im Sinne des Artikels 293 Abs. 1 des Einführungsgesetzes zum Strafgesetzbuch oder auf Grund einer Anordnung im Gnadenwege aus oder erbringt er gemeinnützige Leistungen oder Arbeitsleistungen nach den im Artikel 293 Abs. 3 des Einführungsgesetzes zum Strafgesetzbuch genannten Vorschriften oder auf Grund deren entsprechender Anwendung, so schließt dies die Verfügbarkeit nicht aus.

Ist der Arbeitslose Schüler oder Student einer Schule, Hochschule oder sonstigen Ausbildungsstätte, so wird vermutet, dass er nur versicherungsfreie Beschäftigungen ausüben kann. Diese Vermutung ist widerlegt, wenn der Arbeitslose darlegt und nachweist, dass der Ausbildungsgang die Ausübung einer versicherungspflichtigen, mindestens 15 Stunden wöchentlich umfassenden, Beschäftigung bei ordnungsgemäßer Erfüllung der in den Ausbildungs- und Prüfungsbestimmungen vorgeschriebenen Anforderungen zulässt.

▶ Begriff der Anwartschaft (§ 123 SGB III)

Die Anwartschaft für den Bezug von Arbeitslosengeld hat erfüllt, wer in der Rahmenfrist von zwei Jahren (§ 124 SGB III) mindestens 12 Monate in einer versicherungspflichtigen Beschäftigung gestanden hat. Zeiten, die vor dem Tag liegen, an dem der Anspruch auf Arbeitslosengeld wegen des Eintritts einer Sperrzeit erloschen ist, dienen nicht zur Erfüllung der Anwartschaftszeit.

1.3 Höhe des Arbeitslosengeldes

Das Arbeitslosengeld beträgt nach § 129 SGB III

– für Arbeitslose, die mindestens ein Kind im Sinne des § 32 Abs. 1, 3 bis 5 des Einkommensteuergesetzes haben, sowie für Arbeitslose, deren Ehegatte oder Lebenspartner mindestens ein Kind im Sinne des § 32 Abs. 1, 4 und 5 des Einkommensteuergesetzes hat, wenn beide Ehegatten oder Lebenspartner unbeschränkt einkommensteuerpflichtig sind und nicht dauernd getrennt leben, 67 % (erhöhter Leistungssatz),

– für die übrigen Arbeitslosen 60 % (allgemeiner Leistungssatz)

des pauschalierten Nettoarbeitsentgelts (Leistungsentgelt), das sich aus dem Bruttoentgelt ergibt, das der Arbeitslose im Bemessungszeitraum erzielt hat (Bemessungsentgelt).

Bemessungsentgelt ist nach § 131 SGB III grundsätzlich das im Bemessungszeitraum (= ein Jahr vor der Entstehung des Anspruchs, in denen Versicherungspflicht bestand) durchschnittlich auf den Tag entfallende beitragspflichtige Arbeitsentgelt, das der Arbeitslose im Bemessungszeitraum erzielt hat.

Einzelheiten über die maßgebenden Entgeltteile ergeben sich aus § 131 SGB III.

Bei Bezug von Nebeneinkommen gilt nach § 141 SGB III Folgendes:

Übt der Arbeitslose während einer Zeit, für die ihm Arbeitslosengeld zusteht, eine weniger als 15 Stunden wöchentlich umfassende Beschäftigung aus, ist das Arbeitsentgelt aus der Beschäftigung nach Abzug der Steuern, der Sozialversicherungsbeiträge und der Werbungskosten sowie eines Freibetrages in Höhe von 165,00 € auf das Arbeitslosengeld für den Kalendermonat, in dem die Beschäftigung ausgeübt wird, anzurechnen.

Hat der Arbeitslose in den letzten 18 Monaten vor der Entstehung des Anspruches neben einem Versicherungspflichtverhältnis eine geringfügige Beschäftigung mindestens 12 Monate lang ausgeübt, so bleibt das Arbeitsentgelt bis zu dem Betrag anrechnungsfrei, der in den letzten 12 Monaten vor der Entstehung des Anspruches aus einer geringfügigen Beschäftigung durchschnittlich auf den Monat entfällt, mindestens jedoch ein Betrag in Höhe des vorgenannten Freibetrages.

Hat der Arbeitslose in den letzten 18 Monaten vor der Entstehung des Anspruches neben einem Versicherungspflichtverhältnis eine selbstständige Tätigkeit oder Tätigkeit als mithelfender Familienangehöriger von weniger als 15 Stunden wöchentlich mindestens 12 Monate lang ausgeübt, so bleibt das Arbeitseinkommen bis zu dem Betrag anrechnungsfrei, der in den letzten 12 Monaten vor der Entstehung des Anspruches durchschnittlich auf den Monat entfällt, mindestens jedoch ein Betrag in Höhe des vorgenannten Freibetrages.

1.4 Anspruchsdauer

Die Dauer ist abhängig von der Dauer der Versicherungspflichtverhältnisse innerhalb der um ein Jahr erweiterten Rahmenfrist (nach § 124 SGB III: 2 Jahre) und dem Lebensalter, das der Arbeitslose bei der Entstehung des Anspruchs vollendet hat (§ 127 SGB III). Grundsätzlich gilt, dass nach einer versicherungspflichtigen Beschäftigungszeit von 12 Monaten 6 Monate Arbeitslosengeld bezogen werden kann. Nach einem Pflichtversicherungsverhältnis von 36 Monaten beträgt die Bezugsdauer 18 Monate nach Vollendung des 55. Lebensjahres.

Der nachfolgenden Tabelle ist die jeweilige Dauer des Anspruchs zu entnehmen.

nach Versicherungspflichtverhältnissen mit einer Dauer von insgesamt mindestens ... Monaten	und nach Vollendung des ... Lebensjahres	.. Monate
12		6
16		8
20		10
24		12
30	55.	15
36	55.	18

Die Dauer des Anspruchs verlängert sich um die Restdauer des wegen Entstehung eines neuen Anspruchs erloschenen Anspruchs, wenn nach der Entstehung des erloschenen Anspruchs noch nicht 4 Jahre verstrichen sind; sie verlängert sich längstens bis zu der dem Lebensalter des Arbeitslosen zugeordneten Höchstdauer.

1.5 Minderung der Anspruchsdauer / Ruhen des Anspruchs

▶ Minderung der Anspruchsdauer

Nach § 128 SGB III mindert sich die Dauer des Anspruchs auf Arbeitslosengeld um

1. die Anzahl von Tagen, für die der Anspruch auf Arbeitslosengeld bei Arbeitslosigkeit erfüllt worden ist,
2. jeweils einen Tag für jeweils zwei Tage, für die ein Anspruch auf Teilarbeitslosengeld innerhalb der letzten zwei Jahre vor der Entstehung des Anspruchs erfüllt worden ist,

3. die Anzahl von Tagen einer Sperrzeit wegen Arbeitsablehnung, unzureichenden Eigenbemühungen, Ablehnung oder Abbruch einer beruflichen Eingliederungsmaßnahme, Meldeversäumnis oder verspäteter Arbeitsuchendmeldung,

4. die Anzahl von Tagen einer Sperrzeit wegen Arbeitsaufgabe; in Fällen einer Sperrzeit von zwölf Wochen mindestens jedoch um ein Viertel der Anspruchsdauer, die dem Arbeitslosen bei erstmaliger Erfüllung der Voraussetzungen für den Anspruch auf Arbeitslosengeld nach dem Ereignis, das die Sperrzeit begründet, zusteht,

5. weggefallen

6. die Anzahl von Tagen, für den dem Arbeitslosen das Arbeitslosengeld wegen fehlender Mitwirkung (§ 66 Erstes Buch) versagt oder entzogen worden ist,

7. die Anzahl von Tagen der Beschäftigungslosigkeit nach der Erfüllung der Voraussetzungen für den Anspruch auf Arbeitslosengeld, an denen der Arbeitslose nicht arbeitsbereit ist, ohne für sein Verhalten einen wichtigen Grund zu haben,

8. jeweils einen Tag für jeweils zwei Tage, für die ein Anspruch auf Arbeitslosengeld bei beruflicher Weiterbildung nach dem SGB III erfüllt worden ist.

In den Fällen Nr. 6 und 7 mindert sich die Dauer des Anspruchs auf Arbeitslosengeld höchstens um vier Wochen. In den Fällen Nr. 3 und 4 entfällt die Minderung bei Sperrzeiten wegen Abbruch einer beruflichen Eingliederungsmaßnahme oder wegen Arbeitsaufgabe, wenn das Ereignis, das die Sperrzeit begründet, bei Erfüllung der Voraussetzungen für den Anspruch auf Arbeitslosengeld länger als ein Jahr zurückliegt. In den Fällen Nr. 8 unterbleibt eine Minderung, soweit sich dadurch eine Anspruchsdauer von weniger als einem Monat ergibt. Ist ein neuer Anspruch entstanden, erstreckt sich die Minderung nur auf die Restdauer des erloschenen Anspruchs (§ 127 Abs. 4 SGB III).

▶ Ruhen des Anspruchs

Der Anspruch auf Arbeitslosengeld ruht in folgenden Fällen mit der Folge, dass der Anspruch zwar weiter besteht, aber zeitweise nicht geltend gemacht werden kann bei:

– Bezug anderer Sozialleistungen (§ 142 SGB III), wie beispielsweise Krankengeld, Verletztengeld, Mutterschaftsgeld, Erwerbsunfähigkeitsrente, Vorruhestandsgeld;

– Anspruch auf Arbeitsentgelt und Urlaubsabgeltung (§ 143 SGBIII);

– Anspruch auf Entlassungsentschädigung (§ 143a SGB III);

– Verhängung einer Sperrzeit (§ 144 SGB III);

- Beteiligung an Arbeitskampfmaßnahmen (§ 146 SGB III).

Einzelheiten sind dem nachfolgenden Abschnitt VI zu entnehmen.

ABSCHNITT VI:
Auswirkungen von Ruhens- und Sperrzeiten

1 Minderung der Anspruchsdauer auf Arbeitslosengeld bei Sperrzeit nach § 128 SGB III

Die Dauer des Anspruchs auf Arbeitslosengeld mindert sich u.a. um

1. die Anzahl von Tagen, für die der Anspruch auf Arbeitslosengeld bei Arbeitslosigkeit erfüllt worden ist,
2. die Anzahl von Tagen einer Sperrzeit bei Arbeitsablehnung, unzureichenden Eigenbemühungen, Ablehnung oder Abbruch einer beruflichen Eingliederungsmaßnahme, Meldeversäumnis oder verspäteter Arbeitsuchendmeldung,
3. die Anzahl von Tagen einer Sperrzeit wegen Arbeitsaufgabe; in Fällen einer Sperrzeit von zwölf Wochen mindestens jedoch um ein Viertel der Anspruchsdauer, die dem Arbeitslosen bei erstmaliger Erfüllung der Voraussetzungen für den Anspruch auf Arbeitslosengeld nach dem Ereignis, das die Sperrzeit begründet, zusteht,
4. die Anzahl von Tagen, für die dem Arbeitslosen das Arbeitslosengeld wegen fehlender Mitwirkung (§ 66 SGB I) versagt oder entzogen worden ist,
5. die Anzahl von Tagen der Beschäftigungslosigkeit nach der Erfüllung der Voraussetzungen für den Anspruch auf Arbeitslosengeld, an denen der Arbeitslose nicht arbeitsbereit ist, ohne für sein Verhalten einen wichtigen Grund zu haben.

In den Fällen der Nr. 4 und 5 mindert sich die Dauer des Anspruchs auf Arbeitslosengeld höchstens um vier Wochen. In den Fällen der Nr. 2 und 3 entfällt die Minderung für Sperrzeiten bei Abbruch einer beruflichen Eingliederungsmaßnahme oder Arbeitsaufgabe, wenn das Ereignis, das die Sperrzeit begründet, bei Erfüllung der Voraussetzungen für den Anspruch auf Arbeitslosengeld länger als ein Jahr zurückliegt.

2 Ruhen des Anspruchs auf Arbeitslosengeld nach § 143 SGB III (bei Entgeltbezug und Urlaubsabgeltung)

Der Anspruch auf Arbeitslosengeld ruht in der Zeit, für die der Arbeitslose Arbeitsentgelt oder Urlaubsabgeltung vom ehemaligen Arbeitgeber erhält oder zu beanspruchen hat.

Hat der Arbeitslose wegen Beendigung des Arbeitsverhältnisses eine Urlaubsabgeltung erhalten oder zu beanspruchen, so ruht der Anspruch auf Arbeitslosengeld für die Zeit des abgegoltenen Urlaubs. Der Ruhenszeitraum beginnt mit dem Ende des die Urlaubsabgeltung begründenden Arbeitsverhältnisses.

Der Leistungsanspruch kann unter bestimmten Voraussetzungen auch ruhen, wenn mit dem Arbeitgeber eine Vorruhestandsvereinbarung abgeschlossen wurde, nach der mindestens 65 % des arbeitslosenversicherungspflichtigen Bruttoarbeitsentgelts gezahlt wird, das in den letzten sechs Monaten vor Beginn der Vorruhestandsleistungen durchschnittlich erzielt wurde. Auf die Bezeichnung „Vorruhestandsvereinbarung" oder „Vorruhestandsleistung" kommt es dabei nicht an.

Soweit der Arbeitslose die in vorstehend genannten Leistungen (Arbeitsentgelt im Sinne des § 115 des Zehnten Buches Sozialgesetzbuch) tatsächlich nicht erhält, wird das Arbeitslosengeld auch für die Zeit gewährt, in der der Anspruch auf Arbeitslosengeld ruht. Hat der Arbeitgeber die genannten Leistungen trotz des Rechtsübergangs mit befreiender Wirkung an den Arbeitslosen oder an einen Dritten gezahlt, hat der Empfänger des Arbeitslosengeldes dieses insoweit zu erstatten.

3 Auswirkungen von Entlassungsentschädigungen auf das Arbeitslosengeld nach § 143a SGB III

3.1 Allgemeines

Der Anspruch auf Arbeitslosengeld ruht, wenn

- der Arbeitslose wegen Beendigung seines Arbeitsverhältnisses eine Abfindung, Entschädigung oder ähnliche Leistung (Entlassungsentschädigung) erhalten oder zu beanspruch hat
- und außerdem das Arbeitsverhältnis beendet worden ist
- und eine Frist nicht eingehalten wurde, die der ordentlichen Kündigungsfrist des Arbeitgebers entspricht.

Das Ruhen des Anspruchs hat zur Folge, dass der Beginn der Zahlung von Arbeitslosengeld hinausgeschoben wird. Die Anspruchsdauer wird hierdurch nicht gekürzt. Sofern jedoch neben dem Ruhen des Anspruchs auf Arbeitslosengeld gemäß § 143a SGB III auch der Eintritt einer Sperrzeit festgestellt wird, vermindert sich die Dauer des Anspruchs auf Arbeitslosengeld wegen der Sperrzeit (siehe nachfolgend).

Bedeutsam ist, dass während des Ruhens des Anspruchs auf Arbeitslosengeld kein Kranken- oder Pflegeversicherungsschutz besteht, weil auch keine Beiträge zur gesetzlichen Kranken- und Pflegeversicherung entrichtet werden.

Die Ruhenszeit kann jedoch vom Rentenversicherungsträger als beitragsfreie (Anrechnungs-) Zeit berücksichtigt werden. Der Ruhenszeitraum wird dem Rentenversicherungsträger von der Agentur für Arbeit gemeldet, wenn der Arbeitslose während dieser Zeit u.a. sein Vermittlungsgesuch im Abstand von höchstens drei Monaten erneuerte und den Vermittlungsbemühungen der Agentur für Arbeit zur Verfügung stand.

Wird der Anspruch auf die Entlassungsentschädigung (zunächst) nicht erfüllt und ist die Realisierung des Anspruches unsicher oder gefährdet (z.B. bei Zahlungsunfähigkeit des Arbeitgebers), gewährt die Agentur für Arbeit Arbeitslosengeld auch in der Zeit, in welcher der Anspruch auf Arbeitslosengeld ruht (§ 143a Abs. 4 SGB III).

In diesem Fall geht der Anspruch des Arbeitnehmers auf die Entlassungsentschädigung auf die Bundesagentur für Arbeit über, und zwar in der Höhe, in der für den Ruhenszeitraum Arbeitslosengeld gewährt worden ist.

Der Anspruch ruht nicht, wenn

– das Arbeitsverhältnis mit einer Frist beendet wurde, die der ordentlichen Kündigungsfrist des Arbeitgebers entspricht

– das Arbeitsverhältnis von vornherein befristet war und durch Ablauf der Frist endet oder

– der Arbeitgeber das Arbeitsverhältnis aus wichtigem Grund ohne Einhaltung einer Kündigungsfrist kündigen konnte.

3.2 Kündigungsfrist

▶ Ordentliche Kündigung

Der Anspruch auf Arbeitslosengeld ruht nur, wenn das Arbeitsverhältnis beendet worden ist, ohne dass eine Frist eingehalten wurde, die der ordentlichen Kündigungsfrist des Arbeitgebers entspricht. Diese Frist gilt auch, wenn das Arbeitsverhältnis im gegenseitigen Einvernehmen, etwa durch Aufhebungsvertrag, oder durch Urteil beendet wurde.

Maßgebend sind die gesetzlichen Bestimmungen, der Tarifvertrag oder der Einzelarbeitsvertrag. Dabei ist auch der Endtermin zu beachten, der in den maßgeblichen Regelungen vorgesehen ist (z.B. Monatsende oder Ende des Vierteljahres).

▶ Ausschluss der ordentlichen Kündigung

Für alle Fälle, in denen eine ordentliche Kündigung des Arbeitsverhältnisses durch den Arbeitgeber zeitweilig, dauernd oder bedingt ausgeschlossen ist, bestimmt § 143a Abs. 1 SGB III Folgendes:

- Zeitlich begrenzter Ausschluss einer ordentlichen Kündigung

    Wird ein Arbeitsverhältnis beendet, bei dem eine ordentliche Kündigung durch den Arbeitgeber zeitlich begrenzt ausgeschlossen ist, so ist für das Ruhen des Anspruchs auf Arbeitslosengeld diejenige Kündigungsfrist maßgeblich, die der Arbeitgeber ohne den besonderen Kündigungsschutz einzuhalten hätte.

    Wird ein Arbeitsverhältnis beendet, bei dem eine ordentliche Kündigung durch den Arbeitgeber zeitlich unbegrenzt ausgeschlossen ist, so gilt für das Ruhen des Anspruchs auf Arbeitslosengeld eine angenommene (fiktive) Kündigungsfrist von 18 Monaten.

- Fristgebundene Kündigung aus wichtigem Grund

    Wird ein Arbeitsverhältnis beendet, obwohl die ordentliche Kündigung durch den Arbeitgeber (tarif-) vertraglich ausgeschlossen war, führt eine gezahlte Entlassungsentschädigung nicht immer zum Ruhen des Anspruchs auf Arbeitslosengeld. Liegen nämlich die Voraussetzungen für eine fristgebundene Kündigung aus wichtigem Grund vor, so gilt für die Kündigung des Arbeitsverhältnisses die Frist, die ohne den Ausschluss einer ordentlichen Kündigung vom Arbeitgeber einzuhalten gewesen wäre. Ein solcher Sachverhalt kann z.B. bei Stilllegung des Betriebes vorliegen. Eine fristgebundene Kündigung ist dann ausnahmsweise gerechtfertigt, wenn eine Versetzung des Arbeitnehmers in einen anderen Betrieb des Arbeitgebers nicht möglich ist und seine Weiterbeschäftigung zu einer unzumutbaren Belastung des Arbeitgebers führen würde. Ob die Voraussetzungen für eine fristgebundene Kündigung aus wichtigem Grund vorliegen, hat die Agentur für Arbeit in jedem Einzelfall zu prüfen.

- Ordentliche Kündigung nur bei Zahlung einer Entlassungsentschädigung

    Kann einem so genannten unkündbaren Arbeitnehmer nur bei Zahlung einer Entlassungsentschädigung ordentlich gekündigt werden, so ist eine (fiktive) Kündigungsfrist von einem Jahr zugrunde zu legen. Dies gilt auch, wenn die ordentliche Kündigung nur bei Vorliegen eines Sozialplanes zulässig ist, der eine Regelung zur Entlassungsentschädigung enthält.

▶ Lauf der Kündigungsfrist

Die Kündigungsfrist beginnt mit dem Tage

– nach der Kündigung oder

– der Vereinbarung über die Beendigung des Arbeitsverhältnisses (z.b. Aufhebungsvertrag).

Beispiel:
Der Arbeitgeber A und der Arbeitnehmer B schließen am 15.4. einen Aufhebungsvertrag zum 30.4. Die ordentliche Kündigungsfrist hätte 1 Monat zum Monatsende betragen.

Die Kündigungsfrist beginnt mit dem 16.4. und endet mit dem 31.5.

Die Frage, welche Arbeitgeberleistungen zu einem Ruhen des Anspruchs auf Arbeitslosengeld führen können, stellt sich nur, wenn die Kündigungsfrist nicht eingehalten wurde.

3.3 Entlassungsentschädigung

Nur wenn die Kündigungsfrist nicht eingehalten wurde, kann der Anspruch auf Arbeitslosengeld ruhen. Liegt dies vor, sind alle Abfindungen, Entschädigungen oder ähnliche Leistungen, die der Arbeitnehmer wegen der Beendigung des Arbeitsverhältnisses erhalten oder zu beanspruch hat zu berücksichtigen. Zwischen der Beendigung des Arbeitsverhältnisses und der Entstehung des Anspruchs auf die Leistung muss ein ursächlicher Zusammenhang bestehen.

Solche Leistungen können z.B. gewährt werden

– aufgrund eines Sozialplanes,

– aufgrund eines arbeitsgerichtlichen Vergleichs oder Urteils,

– zum Ausgleich des Verlustes des Arbeitsplatzes.

Zu den ähnlichen Leistungen gehören auch Lohnerhöhungen gleich welcher Höhe, die im Hinblick auf die bevorstehende Beendigung des Arbeitsverhältnisses vereinbart wurden (so genannte „verdeckte Abfindungen").

Nicht zu den Entlassungsentschädigungen gehören Leistungen, die der Arbeitnehmer auch ohne die Beendigung des Arbeitsverhältnisses hätte beanspruchen können.

Hierzu gehören z.B.

- rückständiger Arbeitslohn,
- bis zum Ende des Arbeitsverhältnisses aufgelaufenes anteiliges Weihnachtsgeld,
- Gewinnbeteiligung,
- Jubiläumszuwendungen,
- Beihilfen zur Eheschließung, bei Geburt eines Kindes, bei Erkrankungen,
- Erfindervergütungen,
- Urlaubsabgeltungsbeträge (hierfür gilt die besondere Ruhensregelung des § 143 SGB III).

Beträge, die der Arbeitgeber für seinen Arbeitnehmer, dessen Arbeitsverhältnis frühestens mit Vollendung des 55. Lebensjahres beendet wird, unmittelbar für dessen Rentenversicherung aufwendet, um Rentenminderungen durch eine vorzeitige Inanspruchnahme einer Rente wegen Alters auszugleichen oder zu verringern, werden nicht als Entlassungsentschädigung berücksichtigt. Der Rentenauskunft, die einem Arbeitnehmer auf Antrag vom Rentenversicherungsträger erteilt wird, kann die Höhe der Beitragszahlung entnommen werden, die erforderlich ist, um die Rentenminderung auszugleichen.

Eine Entlassungsentschädigung führt auch dann zu einem Ruhen des Anspruchs auf Arbeitslosengeld, wenn sie dem Arbeitnehmer nicht am Ende des Arbeitsverhältnisses, sondern ganz oder teilweise später ausgezahlt wird. Die Leistung wird also auch dann berücksichtigt, wenn sie

- in Teilbeträgen gezahlt wird (z.B. Monatsraten),
- insgesamt erst zu einem späteren Zeitpunkt gezahlt wird (z.B. bei Rentenbeginn) oder
- ihrer Höhe nach noch unbestimmt ist.

Die zu zahlenden Beträge werden vor der Ruhensentscheidung hochgerechnet.

3.4 Berechnung des Ruhenszeitraumes

Der Ruhenszeitraum beginnt am Kalendertag nach dem letzten Tag des Arbeitsverhältnisses.

Er endet spätestens an dem Tage, an dem das Arbeitsverhältnis geendet hätte, wenn es unter Einhaltung einer der ordentlichen Kündigungsfrist des Arbeitgebers entsprechenden Frist beendet worden wäre.

Der Anspruch auf Arbeitslosengeld ruht längstens für die Dauer eines Jahres.

Beispiel:
Der Arbeitgeber C und der Arbeitnehmer D schließen am 15.2. einen Aufhebungsvertrag zum 31.3. Eine ordentliche Kündigung des Arbeitsverhältnisses war nach der maßgeblichen tarifvertraglichen Regelung nicht mehr zulässig. Das Beschäftigungsverhältnis hätte am 15.2. unter Einhaltung der fiktiven Kündigungsfrist von 18 Monaten erst zum 15.8. des folgenden Jahres beendet werden können.

Der Anspruch auf Arbeitslosengeld ruht längstens vom 1.4. bis 31.3. des nächsten Jahres.

Der Ruhenszeitraum wird weiter verkürzt, wenn der zu berücksichtigende Anteil der Entlassungsentschädigung nicht dem Arbeitsentgelt entspricht, das der Arbeitnehmer sonst in dem Zeitraum der Kündigungsfrist erzielt hätte.

Dieser Zeitraum wird folgendermaßen berechnet:

Der zu berücksichtigende Anteil der Entlassungsentschädigung wird durch das Entgelt geteilt, das der Arbeitnehmer in der letzten Beschäftigungszeit kalendertäglich erzielt hat. Das Arbeitslosengeld ruht längstens für so viele Kalendertage, wie sich aus dieser Teilung ergibt.

Der Ruhenszeitraum läuft kalendermäßig ab; dies gilt auch während einer Zeit, in der ein Anspruch auf Arbeitslosengeld nicht besteht.

Durch Zahlung einer Urlaubsabgeltung ruht der Anspruch auf Arbeitslosengeld für die Zeit des abgegoltenen Urlaubs. Der Ruhenszeitraum beginnt mit dem Ende des Arbeitsverhältnisses.

Für die Höhe der Entlassungsentschädigung ist stets der Bruttobetrag maßgebend. Einbezogen werden auch die erst später fälligen Leistungen. Übernimmt der Arbeitgeber zusätzlich zur Entlassungsentschädigung die hierauf entfallende Lohnsteuer, ist der Gesamtbetrag der Leistung um diesen Betrag zu erhöhen.

Die Entlassungsentschädigung wird nicht voll, sondern nur anteilig berücksichtigt.

Der Anteil, der berücksichtigt wird, richtet sich

— nach dem Lebensalter des Arbeitnehmers am Ende des Arbeitsverhältnisses und

— nach der Dauer der Betriebs- oder Unternehmenszugehörigkeit.

Der Anteil beträgt mindestens 25 % und höchstens 60 % des Bruttobetrages (40 % bleiben außer Ansatz).

Der zu berücksichtigende Anteil der Entlassungsentschädigung richtet sich nach folgender Tabelle:

Betriebs- oder Unternehmenszugehörigkeit	Lebensalter am Ende des Arbeitsverhältnisses					
	unter 40 Jahre	ab 40 Jahre	ab 45 Jahre	ab 50 Jahre	ab 55 Jahre	ab 60 Jahre
	%	%	%	%	%	%
weniger als 5 Jahre	60	55	50	45	40	35
5 und mehr Jahre	55	50	45	40	35	30
10 und mehr Jahre	50	45	40	35	30	25
15 und mehr Jahre	45	40	35	30	25	25
20 und mehr Jahre	40	35	30	25	25	25
25 und mehr Jahre	35	30	25	25	25	25
30 und mehr Jahre		25	25	25	25	25
35 und mehr Jahre			25	25	25	25

In der Praxis kann eine Ruhenszeit dadurch vermieden werden, dass der Arbeitgeber die Kündigungsfrist einhält, zumindest sollte so disponiert werden, dass eine Verkürzung der Ruhenszeit eintritt.

4 Sperrzeit nach § 144 SGB III (Lösung des Arbeitsverhältnisses durch Verhalten des Arbeitnehmers)

Nach den Weisungen der Bundesagentur für Arbeit tritt eine Sperrzeit ein, wenn ohne wichtigen Grund das Beschäftigungsverhältnis gelöst oder durch ein arbeitsvertragswidriges Verhalten Anlass für die Lösung des Beschäftigungsverhältnisses gegeben und dadurch die Arbeitslosigkeit zumindest grob fahrlässig herbeigeführt wurde.

Solche Gründe für die Verlängerung einer Sperrzeit liegen vor, wenn der Arbeitnehmer

— sein Arbeitsverhältnis selbst kündigt,

— einen Aufhebungsvertrag mit dem Arbeitgeber geschlossen hat,

— eine Absprache mit dem Arbeitgeber über die Beendigung der Beschäftigung getroffen hat,

— als langjährig beschäftigter Arbeitnehmer mit der Kündigung einverstanden ist und der Arbeitgeber (rechtmäßige) Kündigungen bei langjähriger Betriebszugehörigkeit nur im Einvernehmen ausspricht.

Außerdem tritt eine Sperrzeit ein, wenn der Arbeitnehmer

— eine von der Agentur für Arbeit – ggf. auch während der Zeit vor Eintritt der Arbeitslosigkeit – angebotene Arbeit ablehnt oder nicht antritt oder durch sein Verhalten das Zustandekommen eines Beschäftigungsverhältnisses vereitelt; das gilt auch für vorübergehende Beschäftigungen,

— sich weigert, an einer Trainingsmaßnahme, Maßnahme zur Eignungsfeststellung oder an einer Maßnahme zur beruflichen Aus- oder Weiterbildung oder einer Maßnahme zur Teilhabe am Arbeitsleben teilzunehmen,

— die Teilnahme an einer der vorstehend genannten Maßnahmen abbricht oder durch maßnahmewidriges Verhalten Anlass für den Ausschluss aus einer Maßnahme gibt,

— trotz Belehrung über die Rechtsfolgen die von der Agentur für Arbeit geforderten Eigenbemühungen nicht nachweist,

— trotz Belehrung über die Rechtsfolgen einer Aufforderung der Agentur für Arbeit, sich zu melden oder zu einem ärztlichen oder psychologischen Untersuchungstermin zu erscheinen, nicht nachkommt,

— sich verspätet arbeitsuchend meldet.

Der Eintritt einer Sperrzeit bewirkt, dass das Arbeitslosengeld für die Dauer von zwölf Wochen – besonderen Tatbeständen drei oder sechs Wochen – nicht gezahlt werden kann.

Die Dauer einer Sperrzeit bei unzureichenden Eigenbemühungen beträgt zwei Wochen, bei Meldeversäumnis und verspäteter Arbeitsuchendmeldung jeweils eine Woche.

Während der Sperrzeit ruht der Anspruch, die Anspruchsdauer vermindert sich außerdem um die Tage der Sperrzeit, bei einer zwölfwöchigen Sperrzeit wegen Arbeitsaufgabe mindestens um ein Viertel (z.B. bei einer Anspruchsdauer von 18 Monaten um 4,5 Monate). Die Anspruchsdauer wird nicht gemindert, wenn die Sperrzeit früher als ein Jahr vor der Erfüllung der Voraussetzungen für den Anspruch auf Arbeitslosengeld eingetreten ist.

Eine Sperrzeit tritt nicht ein, wenn der Arbeitnehmer für sein Verhalten einen wichtigen Grund hat.

Ein wichtiger Grund liegt vor, wenn dem Arbeitnehmer unter Berücksichtigung der Gesamtumstände ein anderes, als das zu einer Sperrzeit führende Verhalten nicht zugemutet werden kann

Für die Aufgabe oder Ablehnung einer Arbeit liegt ein wichtiger Grund vor, wenn

1. bindende Bestimmungen über Arbeitsbedingungen nicht eingehalten werden,
2. bindende Bestimmungen über Arbeitsschutzvorrichtungen nicht eingehalten werden,
3. dem Arbeitnehmer die Arbeit nach seinem körperlichen oder geistigen Leistungsvermögen nicht zugemutet werden kann,
4. die Arbeitsstelle durch Streik oder Aussperrung frei geworden ist und dem Arbeitnehmer nur für die Dauer des Streiks oder die Aussperrung angeboten wurde,
5. die angebotene Unterkunft gesundheitlich oder sittlich bedenklich ist,
6. die Arbeit gegen ein Gesetz oder gegen die guten Sitten verstößt,
7. der Arbeitnehmer zu seinem Ehegatten bzw. zu seinem Lebenspartner i.S. des Lebenspartnerschaftsgesetzes ziehen will.

Ein wichtiger Grund kann vorliegen, wenn der Arbeitnehmer

— die Arbeit wegen untertariflicher Entlohnung nicht annimmt oder antritt und Tarifgebundenheit nachgewiesen wird,
— zu seinem Partner in eheähnlicher Gemeinschaft ziehen will oder
— mit dem Partner die Erziehungsgemeinschaft zugunsten der gemeinsamen Kinder im Interesse des Kinderwohles (wieder) herstellen will.

Die Anerkennung eines wichtigen Grundes setzt allerdings voraus, dass

— alle zumutbaren Anstrengungen unternommen werden, die Arbeitslosigkeit zu vermeiden oder soweit wie möglich hinauszuschieben, und
— spätestens mit der Kündigung bzw. mit dem Abschluss des Aufhebungsvertrages einen Vermittlungsauftrag bei der für den neuen Wohnort zu-

ständigen Agentur für Arbeit erteilt hat oder entsprechend frühzeitige Eigenbemühungen nachweisen kann.

Ein wichtiger Grund liegt insbesondere nicht vor, wenn

- ansonsten ein anderer Arbeitnehmer arbeitslos geworden wäre,
- ein Aufhebungsvertrag geschlossen wurde, um einer arbeitgeberseitigen Kündigung zuvorzukommen, aber der Arbeitgeber nicht oder nicht zum selben Zeitpunkt hätte kündigen dürfen oder der Arbeitnehmer keine Nachteile für sein berufliches Fortkommen befürchten musste. Hierauf kann der Arbeitnehmer sich nicht berufen, wenn er eine Vorruhestandsregelung in Anspruch nimmt oder eine Abfindung erhält, die nach Höhe oder Zuschnitt auf den Übergang in die Rente abzielt,
- eine Klage vor dem Arbeitsgericht mit dem Ziel erhoben worden ist, durch einen späteren Vergleich den Eintritt einer Sperrzeit zu verhindern.

Es ist zu bedenken, dass der gesamte Leistungsanspruch erlischt, wenn der Arbeitnehmer Anlass zum Eintritt von Sperrzeiten mit einer Gesamtdauer von 21 Wochen oder mehr gibt (z.B. 2 Sperrzeiten von je 12 Wochen Dauer). Auf den Grund für die einzelnen Sperrzeiten kommt es dabei nicht an. Berücksichtigt werden Sperrzeiten, die im Zusammenhang mit der Entstehung des Anspruches, danach und in einem Zeitraum von zwölf Monaten vor der Entstehung des Anspruches eingetreten sind.

5 Ruhen des Anspruchs auf Arbeitslosengeld nach § 142 SGB III (bei Bezug einer Altersrente oder anderer Sozialleistungen)

Bezieht der Arbeitnehmer bestimmte andere Sozialleistungen (Berufsausbildungsbeihilfe, Krankengeld, Versorgungskrankengeld und Verletztengeld, Mutterschaftsgeld, Übergangsgeld, Renten wegen voller Erwerbsminderung oder Erwerbsunfähigkeit, die Altersrente aus der gesetzlichen Rentenversicherung, die Knappschaftsausgleichsleistung oder ähnliche Leistungen öffentlich-rechtlicher Art), ruht der Anspruch auf Arbeitslosengeld ganz oder teilweise. Die entsprechenden gesetzlichen Regelungen sollen eine „Doppelzahlung" verhindern.

Bezieht der Arbeitnehmer Erziehungsgeld, steht dies dem Bezug von Arbeitslosengeld nicht entgegen. Er muss jedoch bereit und in der Lage sein, eine Beschäftigung von mindestens 15 Stunden wöchentlich unter den üblichen Bedingungen des Arbeitsmarktes aufzunehmen.

Der Arbeitnehmer sollte sich möglichst frühzeitig nicht nur bei der Agentur für Arbeit, sondern auch beim Träger der ihm gezahlten Leistung, z.B. dem

Rentenversicherungsträger, nach den Auswirkungen eines Zusammentreffens mit Arbeitslosengeld erkundigen.

Unter Umständen hat eine Leistung keine Auswirkungen auf das Arbeitslosengeld; wird jedoch Arbeitslosengeld gezahlt, kann die andere Leistung entfallen.

Ausländische Sozialleistungen wirken sich in gleicher Weise aus wie vergleichbare inländische Sozialleistungen.

Bewilligt ein anderer Träger rückwirkend Leistungen, ist die für denselben Zeitraum von der Agentur für Arbeit gezahlte Leistung grundsätzlich an die Agentur für Arbeit zurückzuzahlen.

ABSCHNITT VII:
Erstattungspflichten des Arbeitgebers nach § 147a SGB III

1 Allgemeines

Die Erstattungsregelung des § 147a SGB III soll die Arbeitslosenversicherung von Belastungen befreien, die ihr durch so genannte Frühverrentungsregelungen aufgebürdet werden.

Zu dem von der Arbeitslosenversicherung zu tragenden Risiko gehört es nämlich nicht, wenn Arbeitgeber mit ihren Arbeitnehmern ein vorzeitiges Ausscheiden aus dem Erwerbsleben vereinbaren, um die Voraussetzungen für einen Anspruch auf Arbeitslosengeld und auf Altersrente wegen Arbeitslosigkeit aus der Rentenversicherung zu schaffen.

Ziel des § 147a SGB III ist es, eine Belastung der Solidargemeinschaft der Beitragszahler zur Bundesagentur für Arbeit zu vermeiden. Deshalb wird der Arbeitgeber an den Kosten, die durch die Zahlung von Arbeitslosengeld entstehen, beteiligt.

§ 147a SGB III sieht vor, dass der Arbeitgeber, bei dem ein Arbeitsloser innerhalb der letzten vier Jahre vor dem Tag der Arbeitslosigkeit, ab dem die Rahmenfrist nach § 124 Abs. 1 SGB III bestimmt wird, mindestens 24 Monate in einem Versicherungspflichtverhältnis gestanden hat, der Bundesagentur vierteljährlich

– das gezahlte Arbeitslosengeld

und

– die darauf entfallenden Beiträge zur Kranken-, Pflege- und Rentenversicherung

für die Zeit nach Vollendung des 57. Lebensjahres des Arbeitslosen, längstens für 32 Monate, grundsätzlich zu erstatten hat, es sei denn, es werden nachfolgende Voraussetzungen für den Entfall der Erstattungspflicht erfüllt.

Die Erstattungsregelung gilt nicht für das Arbeitslosengeld II.

Die Bestimmungen des § 147a SGB III wurden allerdings durch das zum 1.1.2004 in Kraft getretene Gesetz zu Reformen am Arbeitsmarkt, dass für Ansprüche auf Arbeitslosengeld, die ab dem 1.2.2006 entstehen, die Erstattungspflicht entfällt. Die nachfolgenden Ausführungen gelten also nur noch für Fälle des Beginns der Zahlung von Arbeitslosengeld vor dem 1.2.2006.

2 Entfall der Erstattungspflicht

2.1 Grundsätzliches

Die Erstattungspflicht tritt nicht ein, wenn

- das Arbeitsverhältnis vor Vollendung des 55. Lebensjahres des Arbeitslosen beendet worden ist,
- der Arbeitslose auch die Voraussetzungen für möglichen Bezug von Leistungen nach § 142 Abs. 2 bis 4 SGB III erfüllt, also für

    — Krankengeld, Versorgungskrankengeld, Verletztengeld, Mutterschaftsgeld oder Übergangsgeld nach diesem oder einem anderen Gesetz, dem eine Leistung zur Teilhabe zugrunde liegt, wegen der der Arbeitslose keine ganztägige Erwerbstätigkeit ausüben kann,

    — Rente wegen voller Erwerbsminderung aus der gesetzlichen Rentenversicherung (nicht teilweise Erwerbsminderung) oder

    — Altersrente aus der gesetzlichen Rentenversicherung oder Knappschaftsausgleichsleistung oder ähnliche Leistungen öffentlich-rechtlicher Art,

- der Arbeitslose auch die Voraussetzungen für eine Rente wegen Berufsunfähigkeit erfüllt.

Ob die Voraussetzungen für eine der vorgenannten Sozialleistungen erfüllt sind, stellt die Agentur für Arbeit von Amts wegen fest. Sie berücksichtigt alle für den Einzelfall wesentlichen, auch für den Arbeitgeber günstigen Umstände. Um zielgerichtet ermitteln zu können, müssen der Agentur für Arbeit Anhaltspunkte für eine andere Sozialleistung vorliegen (z.B. Angaben des Arbeitslosen im Leistungsverfahren). Sind dem Arbeitgeber gesundheitliche Einschränkungen des Arbeitslosen bekannt (z.B. aufgrund längerer Krankheitszeiten während der Beschäftigung), sollte er dies deshalb der Agentur für Arbeit mitteilen. Die Agentur für Arbeit wird den Sachverhalt ggf. unter Einschaltung des Ärztlichen Dienstes und der anderen Sozialleistungsträger klären.

Darüber hinaus entfällt die Erstattungspflicht, wenn der Arbeitgeber darlegt und nachweist, dass

- der Arbeitslose innerhalb der letzten zwölf Jahre vor dem Tag der Arbeitslosigkeit, durch den nach § 124 Abs. 1 die Rahmenfrist bestimmt wird, weniger als zehn Jahre zu ihn in einem Arbeitsverhältnis gestanden hat,
- er in der Regel nicht mehr als 20 Arbeitnehmer ausschließlich der zu ihrer Berufsausbildung Beschäftigten beschäftigt; § 3 Abs. 1 Satz 2 bis

6 des Aufwendungsausgleichsgesetzes gilt entsprechend mit der Maßgabe, dass das Kalenderjahr maßgebend ist, das dem Kalenderjahr vorausgeht, in dem die Voraussetzungen des Satzes 1 für die Erstattungspflicht erfüllt sind,

- der Arbeitslose das Arbeitsverhältnis durch Kündigung beendet und weder eine Abfindung noch eine Entschädigung oder ähnliche Leistung wegen der Beendigung des Arbeitsverhältnisses erhalten oder zu beanspruchen hat,

- er das Arbeitsverhältnis durch sozial gerechtfertigte Kündigung beendet hat; § 7 des Kündigungsschutzgesetzes findet keine Anwendung; die Agentur für Arbeit ist an eine rechtskräftige Entscheidung des Arbeitsgerichts über die soziale Rechtfertigung einer Kündigung gebunden,

- er bei Beendigung des Arbeitsverhältnisses berechtigt war, das Arbeitsverhältnis aus wichtigem Grund ohne Einhaltung einer Kündigungsfrist oder mit sozialer Auslauffrist zu kündigen,

- sich die Zahl der Arbeitnehmer in dem Betrieb, in dem der Arbeitslose zuletzt mindestens zwei Jahre beschäftigt war, um mehr als drei Prozent innerhalb eines Jahres vermindert und unter den in diesem Zeitraum ausscheidenden Arbeitnehmern der Anteil der Arbeitnehmer, die das 55. Lebensjahr vollendet haben, nicht höher ist als es ihrem Anteil an der Gesamtzahl der im Betrieb Beschäftigten zu Beginn des Jahreszeitraumes entspricht. Vermindert sich die Zahl der Beschäftigten im gleichen Zeitraum um mindestens zehn Prozent, verdoppelt sich der Anteil der älteren Arbeitnehmer, der bei der Verminderung der Zahl der Arbeitnehmer nicht überschritten werden darf. Rechnerische Bruchteile werden aufgerundet. Wird der gerundete Anteil überschritten, ist in allen Fällen eine Einzelfallentscheidung erforderlich,

- der Arbeitnehmer im Rahmen eines kurzfristigen drastischen Personalabbaus von mindestens 20 Prozent aus dem Betrieb, in dem er zuletzt mindestens zwei Jahre beschäftigt war, ausgeschieden ist und dieser Personalabbau für den örtlichen Arbeitsmarkt von erheblicher Bedeutung ist,

- der Arbeitgeber darlegt und nachweist, dass in dem Kalenderjahr, das dem Kalenderjahr vorausgeht, für das der Wegfall geltend gemacht wird, die Voraussetzungen für den Nichteintritt der Erstattungspflicht nach vorstehender Nr. 2 erfüllt sind, oder insolvenzfähig ist und darlegt und nachweist, dass die Erstattung für ihn eine unzumutbare Belastung bedeuten würde, weil durch die Erstattung der Fortbestand des Unternehmens oder die nach Durchführung des Personalabbaus verbleibenden Arbeitsplätze gefährdet wären.

Zum Nachweis der unzumutbaren wirtschaftlichen Belastung (unternehmensbezogen) ist eine Stellungnahme einer fachkundigen Stelle erforderlich.

Auch den Sachverhalt, der zur Befreiung von der Erstattungspflicht führt, ermittelt die Agentur für Arbeit grundsätzlich von Amts wegen. Jedoch trifft insoweit den Arbeitgeber eine Darlegungs- und Nachweispflicht.

Kann das Vorliegen eines Befreiungstatbestandes letztendlich nicht festgestellt werden, bleibt die Erstattungspflicht des Arbeitgebers bestehen. Sie beginnt frühestens mit Vollendung des 57. Lebensjahres des Arbeitnehmers.

2.2 Kleinunternehmenregelung

Kleinunternehmen werden vom Anwendungsbereich der Erstattungsregelung nicht bzw. nicht voll erfasst.

Im Einzelnen ergibt sich folgende Erstattungsquote:

Beschäftigtenzahl	Erstattungsquote
Bis 20	keine Erstattungspflicht
21 – 40	ein Drittel
41 – 60	zwei Drittel
über 60	volle Erstattungspflicht

2.3 Arbeitnehmerkündigung ohne Abfindung

Die Erstattungspflicht tritt nicht ein, wenn das Arbeitsverhältnis durch den Arbeitnehmer gekündigt worden ist, ohne dass er eine Abfindung, Entschädigung oder ähnliche Leistung (Arbeitgeberleistung) erhalten oder zu beanspruchen hat.

Die Beendigung des Arbeitsverhältnisses durch Aufhebungsvertrag steht der Kündigung durch den Arbeitnehmer nicht gleich. Dies gilt auch dann, wenn die Auflösung des Arbeitsverhältnisses allein auf dem Willen des Arbeitnehmers beruht.

Beendet der Arbeitnehmer das Beschäftigungsverhältnis auf Dauer unter formaler Aufrechterhaltung des Arbeitsverhältnisses (z.B. zur Wahrung von Ansprüchen auf betriebliche Altersversorgung), findet der Befreiungstatbestand auf diesen Sachverhalt entsprechende Anwendung.

Als Arbeitgeberleistung ist jeder Vorteil anzusehen, der an das Ausscheiden des Arbeitnehmers aus dem Betrieb geknüpft ist oder den der Arbeitnehmer sonst nur zu ungünstigeren Konditionen erhalten hätte. Auf die Bezeichnung der Leistung kommt es dabei nicht an. Sie kann auch ratenweise gezahlt oder insgesamt erst in der Zukunft fällig werden. Auch in einer Darlehensgewährung kann ein solcher Vorteil liegen, wenn sie zu günstigeren als den im Kreditgewerbe üblichen Bedingungen erfolgt (z.B. ermäßigter Zinssatz, Verzicht auf ausreichende Sicherheitsleistungen).

Eine Arbeitgeberleistung in diesem Sinne liegt nicht vor, wenn sie dem Arbeitnehmer auch unabhängig von der Beendigung des Arbeitsverhältnisses in gleicher Höhe zustehen würde.

2.4 Sozial gerechtfertigte Kündigung durch den Arbeitgeber

Die Erstattungspflicht tritt nicht ein, wenn der Arbeitgeber das Arbeitsverhältnis durch sozial gerechtfertigte Kündigung beendet hat. Es reicht nicht aus, dass der Arbeitgeber lediglich zu einer ordentlichen Kündigung berechtigt war. Das Arbeitsverhältnis im konkreten Fall muss tatsächlich durch eine solche zulässige Kündigung geendet haben. Die einvernehmliche Beendigung durch Aufhebungsvertrag genügt hierfür nicht.

Für nach arbeitsrechtlichen Vorschriften (z.B. Tarifvertrag) unkündbare Arbeitnehmer besteht diese Befreiungsmöglichkeit grundsätzlich nicht, es sei denn, die „Unkündbarkeitsklausel" lässt (z.B. bei Betriebsstilllegung, Betriebsänderung, Vorliegen eines Sozialplanes usw.) im konkret vorliegenden Fall eine ordentliche Kündigung zu.

Eine sozial gerechtfertigte Kündigung kann auf personen-, verhaltens- oder betriebsbedingten Gründen beruhen; bei betriebsbedingten Gründen muss eine ausreichende Sozialauswahl zwischen den in Betracht kommenden Arbeitnehmern erfolgen (§§ 1 und 2 des Kündigungsschutzgesetzes). Während bei betriebs- und personenbedingten Kündigungen die Prüfung im Vordergrund steht, ob der Arbeitnehmer nicht auf einem anderen Arbeitsplatz weiterbeschäftigt werden kann, kommt es bei der verhaltensbedingten Kündigung insbesondere auf vorherige Abmahnung des Arbeitnehmers an.

Der Arbeitgeber hat das Vorliegen einer sozial gerechtfertigten Kündigung darzulegen und nachzuweisen.

Ansonsten ist Folgendes bedeutsam:

▶ **Personenbedingte Kündigung**

Die Gründe hierfür liegen in den persönlichen Eigenschaften und Fähigkeiten des Arbeitnehmers. Der Anspruch auf eine (vorgezogene) Altersrente rechtfertigt jedoch eine Kündigung aus personenbedingten Gründen nicht. Ausnahmsweise kommt bei einer Erkrankung des Arbeitnehmers die personenbedingte Kündigung in Betracht, wenn die betrieblichen Interessen des Arbeitgebers unzumutbar beeinträchtigt werden. In solchen Fällen wird die Erstattungspflicht oft bereits aus anderen Gründen entfallen.

▶ **Verhaltensbedingte Kündigung**

Als verhaltensbedingte Kündigungsgründe kommen vorsätzliche oder fahrlässige Vertragsverletzungen des Arbeitnehmers in Betracht, z.b. der Verstoß gegen die arbeitsvertraglichen Leistungspflichten, Arbeitsverweigerung, Fehlen am Arbeitsplatz, die Verletzung der betrieblichen Ordnung, unter Umständen auch ein außerdienstliches Verhalten, das das Arbeitsverhältnis konkret beeinträchtigt.

Gerechtfertigt ist eine solche Kündigung in der Regel jedoch nur dann, wenn vorher eine Abmahnung ausgesprochen wurde.

▶ **Betriebsbedingte Kündigung**

Einer betriebsbedingten Kündigung geht stets eine unternehmerische Entscheidung, insbesondere zur Durchführung von Rationalisierungsmaßnahmen, Betriebseinschränkungen oder –stilllegungen voraus, mit der Änderungen in der Struktur, im Arbeitsablauf oder im Produktionsziel des Betriebes erreicht werden sollen. Es müssen dringende betriebliche Erfordernisse einer Weiterbeschäftigung des Arbeitnehmers entgegenstehen. Dabei kann es sich sowohl um innerbetriebliche Umstände (z.B. Personal- bzw. Kostenersparnis, Rationalisierung) als auch um außerbetriebliche Umstände (z.B. Auftragsmangel, Umsatzrückgang) handeln.

Eine betriebliche Kündigung ist nur dann gerechtfertigt, wenn sie nicht durch sonstige betriebliche Maßnahmen vermieden werden kann (Weiterbeschäftigung auf einem anderen freien Arbeitsplatz im Unternehmen, nicht im Konzern, zu gleichwertigen, ggf. auch ungünstigeren Bedingungen, Prüfung möglicher Weiterbildungsmaßnahmen).

▶ **Soziale Auswahl**

Bei der Auswahl der Arbeitnehmer, die wegen dringender betrieblicher Erfordernisse gekündigt werden, hat der Arbeitgeber die gesetzlichen sozialen Grunddaten ausreichend zu berücksichtigen. Die Auswahl ist zwar auf den gesamten Betrieb (betriebsbezogen), nicht aber auf andere Betriebs desselben Unternehmens zu erstrecken.

In die soziale Auswahl sind alle Arbeitnehmer einzubeziehen, deren Funktion ohne längere Einarbeitungszeit auch von dem Arbeitnehmer wahrgenommen werden könnte, dessen Arbeitsplatz weggefallen ist. Maßgeblich für die Vergleichbarkeit sind Qualifikation, Ausbildung und betriebliche Tätigkeit. Als Indiz kann u.a. die tarifliche Eingruppierung herangezogen werden.

Bei Vorliegen berechtigter betrieblicher Interessen können bestimmte Arbeitnehmer aus der Sozialauswahl herausgenommen und weiterbeschäftigt werden. Das berechtigte betriebliche Interesse nach Weiterbeschäftigung bestimmter Arbeitnehmer kann z.b. durch Spezialkenntnisse oder erhebliche Leistungsunterschiede der Arbeitnehmer bedingt sein. Leistungsträger, die für den Betrieb unentbehrlich sind, müssen daher nicht entlassen werden, auch wenn sie gegenüber anderen Arbeitnehmern weniger schutzbedürftig sind. Arbeitnehmer können aus der Sozialauswahl auch herausgenommen werden, wenn das berechtigte betriebliche Interesse an der Sicherung einer ausgewogenen Personalstruktur des Betriebes die Weiterbeschäftigung eines oder mehrerer bestimmter Arbeitnehmer bedingt.

Die gesetzlichen sozialen Grunddaten sind:

– die Dauer der Betriebszugehörigkeit,

– das Lebensalter,

– etwaige Unterhaltspflichten sowie

– eine etwaige Schwerbehinderung des Arbeitnehmers.

Der Arbeitgeber hat bei einer betriebsbedingten Kündigung schlüssig darzulegen und nachzuweisen, welche Arbeitnehmer in die soziale Auswahl einbezogen, welche Sozialdaten berücksichtigt und wie sie gewertet worden sind. Darüber hinaus muss er eine Einzelfallbezogene Gesamtabwägung unter Berücksichtigung der gewichteten gesetzlichen sozialen Grunddaten getroffen haben.

Den sozialen Grunddaten kommt jeweils gleiches Gewicht zu. Der Arbeitgeber muss die Grunddaten ausreichend berücksichtigen, d.h., ihm steht bei der Gewichtung zwischen den Auswahlkriterien ein Beurteilungsspielraum zu.

Im Einzelfall können auch unbillige Härten berücksichtigt werden. Diese müssen jedoch in einem unmittelbaren Zusammenhang mit den Grunddaten stehen oder sich aus betrieblichen Gegebenheiten herleiten (z.B. Berufskrankheit, Arbeitsunfall).

Sind die sozialen Grunddaten in Auswahlrichtlinien (z.B. nach § 95 Betriebsverfassungsgesetz – BetrVG) im Verhältnis zueinander gewichtet (z.B. in Form eines Punkteschemas), können diese grundsätzlich der Entscheidung der Agentur für Arbeit über die soziale Rechtfertigung der Kündigung zugrunde gelegt werden. Sie bieten aber noch keine Gewähr dafür, dass sie im Einzelfall auch richtig angewandt worden sind.

Werden bei einer Betriebsänderung nach § 111 BetrVG die Arbeitnehmer, denen gekündigt werden soll, in einem Interessenausgleich über Art und Weise der Durchführung der Betriebsänderung namentlich bezeichnet, prüft die Agentur für Arbeit die soziale Auswahl nur auf grobe Fehlerhaftigkeit. Um diese Prüfung zu ermöglichen, muss der Arbeitgeber darlegen und nachweisen, welche Arbeitnehmer in die Sozialauswahl einbezogen wurden und ob die sozialen Grunddaten ausreichend berücksichtigt wurden.

Insbesondere bei Massenkündigungen kann der Nachweis der sozialen Rechtfertigung einer ordentlichen Kündigung – in Abstimmung mit der Agentur für Arbeit – in pauschalierender Form erbracht werden.

▶ **Bindung an arbeitsgerichtliche Entscheidungen**

Die Agentur für Arbeit ist an eine rechtskräftige Entscheidung des Arbeitsgerichts über die soziale Rechtfertigung einer Kündigung gebunden. Das gilt nicht für arbeitsgerichtliche Vergleiche und Versäumnisurteile.

2.5 Berechtigung zur außerordentlichen Kündigung

Hat der Arbeitgeber aus wichtigem Grund das Arbeitsverhältnis fristlos bzw. fristgebunden (so genannte soziale Auslauffrist) gekündigt oder wäre er zu einer solchen Kündigung berechtigt gewesen, wird er von der Erstattungspflicht befreit.

Es kommt nicht auf die Form der Beendigung des Arbeitsverhältnisses an (z.B. Kündigung, Aufhebungsvertrag bzw. Beendigung des Beschäftigungsverhältnisses unter Aufrechterhaltung des Arbeitsverhältnisses), sondern allein darauf, ob ein wichtiger Grund vorgelegen hat.

Wichtige Gründe können z.B. die grobe Verletzung der Treuepflicht, grobe Verstöße gegen Wettbewerbsverbote und insbesondere die dauernde oder anhaltende Arbeitsunfähigkeit sein. Arbeitsunfähigkeit in diesem Sinne liegt vor, wenn die ausgeübte Tätigkeit voraussichtlich länger als sechs Monate nicht mehr oder nur unter der Gefahr der Verschlimmerung der Erkrankung ausgeführt werden kann und damit die Weiterbeschäftigung nicht möglich ist.

2.6 Drastischer Personalabbau von mindestens 20 %

Scheidet der ältere Arbeitnehmer im Rahmen eines kurzfristigen drastischen Personalabbaus von mindestens 20 vom Hundert aus dem Betrieb, in dem er zuletzt mindestens zwei Jahre beschäftigt war, aus und ist dieser Personalabbau für den örtlichen Arbeitsmarkt von erheblicher Bedeutung ist, entfällt die Erstattungspflicht. Die Regelung sieht von jeder Quotierung des Anteils älterer an der Gesamtzahl der Arbeitnehmer ab und fördert damit in Anlehnung an die Rechtsprechung des Bundessozialgerichts zu § 119 Abs. 1 Nr. 1 AFG - jetzt § 144 Abs. 1 Nr. 1 SGB III - (BSGE 66, 94=NZA 1990, 628) das Ausscheiden älterer Arbeitnehmer über das kündigungsschutzrechtliche zulässige Maß hinaus.

Zwei Voraussetzungen müssen erfüllt sein:

1. Der Betrieb (nicht das Unternehmen!) muss das Personal innerhalb kürzester Zeit um 20 % reduziert haben oder noch reduzieren. Nach der Weisung der Bundesanstalt der Arbeit ist das der Fall, wenn der Personalabbau innerhalb von drei Monaten erfolgt, wobei unwesentliche Überschreitungen unbeachtlich sind.

2. Der Personalabbau muss für den örtlichen Arbeitsmarkt von erheblicher Bedeutung sein. Diese regionale Voraussetzung ist gegeben, wenn

   – der Betrieb sich in einem anerkannten Fördergebiet der regionalen Strukturpolitik befindet

   oder

   – in dem Bezirk, in dem der Betrieb seinen Sitz hat, die Arbeitslosenquote

   oder

   – die Dauer der Arbeitslosigkeit über dem Bundesdurchschnitt liegt.

Soweit keiner dieser Fälle vorliegt, ist im Rahmen der Einzelfallprüfung davon auszugehen, dass eine Erstattung nicht in Betracht kommt, wenn in einer für den Betrieb oder die Region krisenhaften Situation die Restarbeitsplätze in einem Betrieb über die Freisetzung eines größeren Teils älterer Arbeitnehmer gesichert werden können. Erfolgt der Personalabbau nicht in dem geforderten Umfang oder im vorgesehenen Zeitraum oder ist er für den örtlichen Arbeitsmarkt nicht von Bedeutung, muss für alle Arbeitnehmer, die bei Ausscheiden das 56. Lebensjahr vollendet haben, individuell ein Befreiungstatbestand vorliegen, wenn der Arbeitgeber von der Erstattungspflicht befreit werden will.

Auch über die Voraussetzungen einer Befreiung wegen drastischen Personalabbaus entscheidet die Agentur für Arbeit auf Antrag des Arbeitgebers im Voraus (§ 147a Abs. 6 S. 2 SGB III).

2.7 Entfallen der Erstattungspflicht bei unzumutbarer wirtschaftlicher Belastung

▶ **Allgemeines**

Von einer besonderen Verantwortung des Arbeitgebers für den Eintritt der Arbeitslosigkeit des früher von ihm langjährig beschäftigten Arbeitnehmers geht das Gesetz dann nicht mehr aus, wenn die Erstattung für den Arbeitgeber eine unzumutbare wirtschaftliche Belastung bedeuten würde. Deshalb entfällt in diesen Fällen die Erstattungspflicht.

▶ **Gefährdung des Fortbestandes des Unternehmens**

Hiervon kann ausgegangen werden, wenn die Erstattungsforderung die wirtschaftliche Situation und Leistungsfähigkeit des Unternehmens irreparabel beeinträchtigen würde. Eine solche Überforderung wäre gegeben, wenn die Auflösung des Unternehmens zu erwarten wäre.

Dies kann angenommen werden, wenn das Unternehmen bereits an die Grenzen seines finanziellen Handlungsrahmens gestoßen ist und seine weitere zusätzliche Beanspruchung die Zahlungsunfähigkeit oder Überschuldung zur Folge hätte.

In Fällen der Eröffnung eines Insolvenzverfahrens über das Vermögen des Unternehmens oder einer Abweisung des Insolvenzantrages mangels Masse entfällt daher in der Regel die Erstattungspflicht.

Ist die Eröffnung des Insolvenzverfahrens über das Vermögen eines öffentlich-rechtlichen Arbeitgebers aus Rechtsgründen ausgeschlossen (nicht insolvenzfähig sind z.B. die Gemeinden und Gemeindeverbände), kann sich dieser Arbeitgeber auch nicht auf die Gefährdung des Fortbestandes des Unternehmens durch die Erstattung und damit eine unzumutbare Belastung des Arbeitgebers berufen.

▶ **Gefährdung der verbleibenden Arbeitsplätze**

Eine unzumutbare Belastung ist unterhalb der Existenzgefährdung anzunehmen, wenn durch die Erstattung die nach Durchführung des Personalabbaues verbleibenden Arbeitsplätze gefährdet wären.

Dieser Befreiungstatbestand kann als Vorstufe zur Existenzgefährdung nur im Zusammenhang mit dem Wegfall der Erstattungspflicht wegen Gefährdung des Fortbestandes des Unternehmens gesehen werden. Da sich die nicht insolvenzfähigen Arbeitgeber nicht auf die Existenzgefährdung berufen können, kommt für sie auch eine Befreiung wegen Gefährdung verbleibender Arbeitsplätze nicht in Betracht.

Es brauchen nicht alle verbleibenden Arbeitsplätze betroffen zu sein, sondern es genügt, dass die Erstattung zu einem weiteren Verlust von

Arbeitsplätzen führen würde. Das kann angenommen werden, wenn die finanziellen Schwierigkeiten so erheblich und nachhaltig sind, dass die Erstattung nicht aus dem Wertzuwachs des Unternehmens und dessen Erträgen aufgebracht werden kann, sondern auf die Substanz zurückgegriffen werden muss. In jedem Fall bedarf es einer Gesamtbewertung und -gewichtung aller wesentlichen (negativen und positiven) betriebswirtschaftlichen Umstände. Auch wenn dem betrieblichen Ergebnis, das nach Handelsbilanzgrundsätzen ermittelt wird, maßgebende Bedeutung zukommt, sind andere Umstände mit heranzuziehen, um eine Gesamtbewertung treffen zu können.

▶ **Nachweispflicht des Arbeitgebers**

Zum Nachweis der wirtschaftlichen Lage ist die Vorlage einer Stellungnahme einer fachkundigen Stelle erforderlich. In Betracht kommt ein Gutachten eines öffentlich bestellten und vereidigten Sachverständigen (z.B. eines Wirtschaftsprüfers) oder der Industrie- und Handelskammer. In einfach gelagerten Fällen kann das Gutachten eines Steuerberaters oder Steuerbevollmächtigten, der auch schon in der Vergangenheit für den Arbeitgeber tätig war, ausreichen. Die Kosten sind vom Arbeitgeber zu tragen.

3   Minderung der Erstattungsforderung

Die Erstattungsforderung mindert sich, wenn der Arbeitgeber darlegt und nachweist, dass er

1. nicht mehr als 40 Arbeitnehmer oder
2. nicht mehr als 60 Arbeitnehmer

im Sinne des § 147a Absatz 1 Satz 2 Nr. 2 SGB III beschäftigt, um zwei Drittel im Falle der Nummer 1 und um ein Drittel im Falle der Nummer 2. Für eine nachträgliche Minderung der Erstattungsforderung gilt Absatz 2 Nr. 1 entsprechend.

Die Verpflichtung zur Erstattung des Arbeitslosengeldes schließt die auf diese Leistung entfallenden Beiträge zur Kranken-, Pflege- und Rentenversicherung ein.

Konzernunternehmen im Sinne des § 18 des Aktiengesetzes gelten bei der Ermittlung der Beschäftigungszeiten als ein Arbeitgeber. Die Erstattungspflicht richtet sich gegen den Arbeitgeber, bei dem der Arbeitnehmer zuletzt in einem Arbeitsverhältnis gestanden hat.

Der Arbeitslose ist auf Verlangen der Agentur für Arbeit verpflichtet, Auskünfte zu erteilen, sich bei der Agentur für Arbeit persönlich zu melden oder sich einer ärztlichen oder psychologischen Untersuchung zu unterziehen, soweit das Entstehen oder der Wegfall des Erstattungsanspruchs von dieser Mitwirkung abhängt. Voraussetzung für das Verlangen der Agentur für Arbeit ist, dass bei der Agentur für Arbeit Umstände in der Person des Arbeitslosen bekannt sind, die für das Entstehen oder den Wegfall der Erstattungspflicht von Bedeutung sind. Die §§ 65 und 65a des Ersten Buches gelten entsprechend.

Der Erstattungsanspruch verjährt in vier Jahren nach Ablauf des Kalenderjahres, für das das Arbeitslosengeld zu erstatten ist. § 50 Abs. 4 Satz 2 und 3 des Zehnten Buches gilt entsprechend.

4 Mitwirkungspflicht des Arbeitslosen

Die Agentur für Arbeit prüft grundsätzlich von Amts wegen, ob der Arbeitgeber erstattungspflichtig ist. Dies gilt insbesondere für die Prüfung, ob die Voraussetzungen für eine andere Sozialleistung vorliegen.

Der Arbeitslose hat auf Verlangen Auskunft zu erteilen, sich persönlich bei der Agentur für Arbeit zu melden oder sich einer ärztlichen oder psychologischen Untersuchung zu unterziehen, soweit das Entstehen oder der Wegfall des Erstattungsanspruchs von dieser Mitwirkung abhängt. Voraussetzung ist jedoch, dass der Agentur für Arbeit Umstände in der Person des Arbeitslosen bekannt werden (z.B. durch konkrete Hinweise des Arbeitgebers), die für den Erstattungsanspruch von Bedeutung sind. Die Mitwirkungspflicht des Arbeitslosen umfasst auch die Benennung behandelnder Ärzte, die Entbindung von der Schweigepflicht sowie die Ermächtigung zur Einsichtnahme in Verwaltungs- und Gerichtsakten.

5 Verfahren

▶ **Beratung des Arbeitgebers**

Bereits im Vorfeld personeller Maßnahmen kann sich der Arbeitgeber umfassend über Voraussetzungen und Umfang der Erstattungsregelung beraten lassen. Die Beratung erstreckt sich auf alle Fragen, die für die Erstattungspflicht von Bedeutung sein können. Hierdurch erhält der Arbeitgeber die Informationen, durch die wirtschaftliche Folgen betrieblicher Personalentscheidungen kalkulierbar werden.

▶ **Anhörung des Arbeitgebers**

Die Agentur für Arbeit prüft zunächst nach Aktenlage, ob eine Erstattungspflicht des Arbeitgebers in Betracht kommt. Ist dies grundsätzlich der Fall, wird geprüft, ob der Arbeitslose eine den Erstattungsanspruch ausschließende alternative Sozialleistung beanspruch kann. In diesem Zusammenhang wird auch der Arbeitslose über etwaige Veränderungen seines Gesundheitszustandes seit seiner Arbeitslosmeldung befragt.

Ist die Erstattungspflicht nach Auffassung der Agentur für Arbeit eingetreten, gibt sie dem Arbeitgeber vor Entscheidung Gelegenheit zur Stellungnahme und teilt ihm dabei auch das Ergebnis der Befragung des Arbeitnehmers mit. Der Arbeitgeber hat das Recht auf Akteneinsicht.

▶ **Entscheidung über die Erstattungspflicht**

Über die Erstattungspflicht des Arbeitgebers entscheidet die Agentur für Arbeit nachträglich für jeweils drei Monate, erstmals nach Vollendung des 57. Lebensjahres des Arbeitslosen und Ablauf weiterer drei Monate. Liegen die Voraussetzungen für eine Erstattung vor, wird dem Arbeitgeber Beginn und Höhe der Erstattung in einem Bescheid mitgeteilt. Dieser Entscheidung wird regelmäßig ein Berechnungsbogen beigefügt, dem entnommen werden kann, wie sich die Erstattungsforderung im Einzelnen zusammensetzt.

▶ **Vorausentscheidung**

Eine Vorausentscheidung ist auf Antrag des Arbeitgebers möglich, wenn Personalabbaumaßnahmen geplant sind. Hierdurch können Arbeitgeber und Betriebsrat Klarheit und Rechtssicherheit für unternehmerische und personelle Überlegungen gewinnen.

▶ **Zuständige Agentur für Arbeit**

Zuständig für die Entscheidung über die Erstattungspflicht ist grundsätzlich die Agentur für Arbeit, die die zu erstattenden Leistungen gewährt hat.

Über die Befreiung von der Erstattungspflicht nach Personalabbau bzw. bei unzumutbarer Belastung entscheidet die Agentur für Arbeit, in deren Bezirk der Betrieb bzw. das Unternehmen seinen Sitz hat.

6 Sonstiges

Auf die Übergangsregelungen nach § 434l SGB III, wonach der § 127 SGB III in der bis zum 31.12.2003 geltenden Fassung gilt, wird nicht eingegangen, weil er bedeutungslos ist für Fälle der Entstehung des Anspruchs auf Arbeitslosengeld nach dem 31.1.2006; ab 1.2.2006 entfällt die Erstattungspflicht.

Weitere Erläuterungen können u.a. dem Merkblatt 15 der Bundesagentur für Arbeit entnommen werden

ABSCHNITT VIII:
Kranken- und Pflegeversicherungsschutz

1 Allgemeines

Es ist davon auszugehen, dass grundsätzlich dann ein Krankenversicherungsschutz – und folglich auch Pflegeversicherungsschutz – gegeben ist, wenn Versicherungspflicht besteht und damit Pflichtbeiträge gezahlt werden. Dies bezieht sich insbesondere auf Zeiten der Beschäftigung gegen Arbeitsentgelt (§ 5 Abs. 1 Nr. 1 SGB V), aber auch auf Zeiten der Freistellung von der Arbeit unter Fortzahlung der Bezüge, wenn die beschriebenen Kriterien für die Versicherungspflicht (z.b. Verfügungsbereitschaft) vorliegen.

Nach § 7 Abs. 1a SGB IV gilt dies ebenso für Zeiten der Nichtbeschäftigung im Rahmen der Altersteilzeitarbeit bei diskontinuierlicher Verteilung der Arbeitszeit. In derartigen Fällen erstreckt sich die versicherungspflichtige Beschäftigung im Sinne des § 7 SGB IV auf den gesamten Zeitraum, für den Altersteilzeitarbeit vereinbart worden ist. Nach § 7 Abs. 1a SGB IV ist jedoch Voraussetzung, dass

- für die Zeiten der Freistellung von der Arbeitsleistung Arbeitsentgelt fällig wird, das mit einer vor oder nach diesen Zeiten erbrachten Arbeitsleistung erzielt wird (Wertguthaben),

- die Freistellung aufgrund einer schriftlichen Vereinbarung erfolgt und

- die Höhe des für die Zeit der Freistellung und des für die vorausgegangenen zwölf Kalendermonate monatlich fälligen Arbeitsentgelts nicht unangemessen voneinander abweichen und diese Arbeitsentgelte 400,00 € übersteigen.

Der Versicherungsschutz für Bezieher von Vorruhestandsgeld ist gewährleistet, wenn der Betreffende die Voraussetzungen für die Versicherungspflicht nach § 5 Abs. 3 SGB V erfüllt (siehe Ziff. 6).

Bei Bezug von Arbeitslosengeld oder Arbeitslosengeld II besteht nach § 5 Abs. 1 Nr. 2 und 2a SGB V Versicherungspflicht und damit Krankenversicherungsschutz, und zwar auch, wenn Leistungen nur deswegen nicht bezogen werden, weil der Anspruch bis zur 12. Woche einer Sperrzeit nach § 144 SGB III ruht. Das gilt gemäß § 20 Abs. 1 Satz 2 Nr. 2 i.V.m. Satz 1 SGB XI entsprechend für die Pflegeversicherung. In allen anderen Fällen, in denen keine Leistungen gewährt werden, besteht also kein Krankenversicherungsschutz, es sei denn, die Regelungen der nachfolgenden Ziffer 2 kommen zum Tragen.

Personen, die die Voraussetzungen für den Anspruch auf eine Altersrente aus der gesetzlichen Rentenversicherung erfüllen und diese Rente beantragt haben, werden nach § 5 Abs. 1 Nr. 11 SGB V krankenversicherungspflichtig, wenn sie bestimmten Voraussetzungen erfüllen. Andernfalls wäre nur eine freiwillige Versicherung oder Privatversicherung möglich (siehe Ziff. 3).

2 Sperr- und Ruhenszeiten nach dem SGB III

Bei Ruhen des Anspruchs auf Arbeitslosengeld wegen einer vom Arbeitsamt verhängten Sperrzeit gem. § 144 SGB III oder wegen einer Urlaubsabgeltung (§ 143 Abs. 2 SGB III) besteht Versicherungspflicht und aufgrund dessen Versicherungsschutz ab Beginn des zweiten Monats bis zur zwölften Woche der Sperrzeit bzw. Ruhenszeit; dies gilt auch, wenn die Entscheidung, die zum Bezug der Leistung geführt hat, rückwirkend aufgehoben oder die Leistung zurückgefordert oder zurückgezahlt worden ist (§ 5 Abs. 1 Nr. 2 SGB V).

Versicherungspflicht besteht damit nicht während des ersten Monats der Sperrzeit. Der Krankenversicherungsschutz Versicherungspflichtiger ergibt sich für diese Zeit aus § 19 Abs. 2 SGB V, wonach Anspruch auf Leistungen längstens für einen Monat nach dem Ende der Mitgliedschaft (= Ende der versicherungspflichtigen Beschäftigung) besteht. Hierbei handelt es sich um den so genannten nachgehenden Leistungsanspruch. Eine entsprechende Bestimmung gibt es jedoch für die Pflegeversicherung nicht.

Freiwillig Krankenversicherte (z.B. wegen Überschreitung der JAE-Grenze) müssten die freiwillige Versicherung für die ersten 4 Wochen der Sperrzeit aufrechterhalten, also weiterhin freiwillige Beiträge zahlen. Damit besteht zugleich Pflegeversicherungspflicht nach § 20 Abs. 3 SGB XI.

Während der Zeit des Ruhens des Anspruchs auf Leistungen der Agentur für Arbeit

– nach § 143 SGB III (Zahlung von Arbeitsentgelt)

– nach § 143a SGB III (Zahlung einer Entlassungsentschädigung)

– nach § 146 SGB III (Arbeitskämpfe)

besteht keine Versicherungspflicht und damit kein Versicherungsschutz. Allenfalls kommt bei Versicherungspflichtigen für einen Monat der nachgehende Leistungsanspruch gem. § 19 Abs. 2 SGB V zum Tragen.

Sofern die Ruhenszeit länger andauert, müsste der Arbeitlose jedoch unmittelbar im Anschluss an die Pflichtversicherung – also nicht erst nach einem Monat – eine freiwillige Weiterversicherung beantragen (§ 9 SGB V). Diese Weiterversicherung in der Krankenversicherung führt nach § 20 Abs. 3 SGB XI zur Versicherungspflicht in der Pflegeversicherung. Die Beiträge dafür hat der Arbeitslose allein zu tragen (§ 59 Abs. 4 SGB XI).

3 Krankenversicherungsschutz ab Rentenbeginn

▶ Allgemeines

Wenn der Vorruhestand bzw. die Altersteilzeitarbeit endet und der Anspruch auf eine Altersrente aus der gesetzlichen Rentenversicherung oder ähnliche Leistungen, wie beispielsweise bei Befreiung von der Rentenversicherungspflicht der Bezug einer Rente aus der Lebensversicherung, gegeben ist, dann wird der Krankenversicherungsschutz über folgende Möglichkeiten gewährleistet:

- Pflichtversicherung (sog. Krankenversicherung der Rentner)
- freiwillige Krankenversicherung
- Familienversicherung
- Privatversicherung

Grundsätzlich kann davon ausgegangen werden, dass der Rentner in der gesetzlichen Krankenversicherung so versichert bleibt, wie er es während des vorausgegangenen Berufslebens war. Dabei ist wichtig, dass sich der Rentenversicherungsträger am normalen Krankenversicherungsbeitrag beteiligt, ohne Rücksicht darauf, ob der Rentner versicherungspflichtig oder freiwillig versichert ist. Dies gilt jedoch nur für die gesetzliche Altersrente, denn für Betriebsrenten sind ab 1.1.2004 die Beiträge zur Krankenversicherung in voller Höhe vom Rentner zu tragen (siehe nachfolgende Ausführungen). Hinzu kommt seit dem 1.7.2005 ein Zusatzbeitrag von 0,9 % der beitragspflichtigen Einnahmen (gesetzliche Rente, Betriebsrente). Dieser Beitrag für Mitglieder der gesetzlichen Krankenversicherung ist von dem Betreffenden allein zu tragen.

Wer privat versichert war, kann es bleiben. In bestimmten Fällen hat er keinen Zugang zur gesetzlichen Krankenversicherung. Es besteht auch die Möglichkeit, anstelle einer Versicherung in der gesetzlichen Krankenversicherung eine private Krankenversicherung abzuschließen. Die Wahl hat der Rentner.

▶ Pflichtversicherung

Bezieher einer Altersrente aus der gesetzlichen Rentenversicherung sind nur dann in der gesetzlichen Krankenversicherung versicherungspflichtig, wenn sie eine bestimmte „Vorversicherungszeit" zurückgelegt haben. Es gibt aber auch Sonderregelungen und Ausnahmen.

Rentner in der gesetzlichen Rentenversicherung sind auch Bezieher von umgewerteten Bestandsrenten sowie von überführten Leistungen aus Zusatz- und Sonderversorgungssystemen der ehemaligen DDR.

Die Vorversicherungszeit ist nach § 5 Abs. 1 Nr. 11 SGB V erfüllt, wenn der Versicherte in der zweiten Hälfte des Zeitraums von der erstmaligen Aufnahme einer Erwerbstätigkeit bis zur Stellung des Rentenantrages mindestens zu neun Zehnteln Pflichtmitglied einer gesetzlichen Krankenkasse war. Berücksichtigt werden auch Zeiten einer Familienversicherung sowie Zeiten einer freiwilligen Krankenversicherung.

Von besonderer Bedeutung ist hierbei, dass die Krankenversicherung der Rentner nicht in Anspruch genommen werden kann, wenn wegen Vollendung des 55. Lebensjahres nach § 6 Abs. 3a SGB V wegen längerer Zugehörigkeit zu einer Privatversicherung keine gesetzliche Versicherung bestanden hat.

Ob Versicherungspflicht entsteht, wird bei der Rentenantragstellung von der zuständigen Krankenkasse entschieden. Für die Dauer des Rentenverfahrens, solange also der Anspruch auf Rente noch nicht festgestellt ist, besteht unter den vorgenannten Voraussetzungen die so genannte Formalmitgliedschaft.

Zu beachten ist: Die Versicherungspflicht als Rentner beendet kraft Gesetzes eine freiwillige Versicherung oder eine Familienversicherung in der gesetzlichen Krankenversicherung.

Selbst wenn die vorstehenden Voraussetzungen erfüllt sind, kommt es in bestimmten Fällen zu keiner Krankenversicherung als Rentner. Wer nämlich eine Rente aus der gesetzlichen Rentenversicherung beantragt oder erhält, aber aufgrund anderer Vorschriften bereits krankenversicherungspflichtig ist, ist während dieser Zeit nicht zugleich auch als Rentner versichert. Die Versicherungspflicht als Rentner wird demnach beispielsweise verdrängt durch eine Krankenversicherungspflicht als

- Arbeitnehmer (einschl. Zeiten der Lohnfortzahlung etc.),
- Empfänger von Leistungen nach dem SGB III (Arbeitslosengeld, Arbeitslosenhilfe, Unterhaltsgeld),
- Landwirt, mitarbeitender Familienangehöriger oder Altenteiler unter den im Gesetz über die Krankenversicherung der Landwirte bestimmten Bedingungen.

Die Versicherungspflicht als Rentner ist ausgeschlossen, wenn und solange hauptberuflich eine selbständige Erwerbstätigkeit ausgeübt wird. Die Selbständigen bleiben dann so krankenversichert, wie sie es bisher waren - in der Regel freiwillig.

Auch Personen, die aufgrund besonderer Ausnahmeregelungen krankenversicherungsfrei sind, bleiben von der Krankenversicherung der Rentner ausgeschlossen und wie bisher krankenversichert. Dies betrifft insbesondere

- Beamte, Berufssoldaten und vergleichbare Beschäftigte des öffentlichen Dienstes mit Anspruch auf Beihilfe oder Heilfürsorge,
- Bezieher von Ruhegehalt (Pension),
- Bezieher von Hinterbliebenenversorgung aus einem Beamtenverhältnis oder vergleichbarer Beschäftigung, es sei denn, es wird gleichzeitig Versichertenrente gezahlt,
- Arbeiter und Angestellte, die wegen Überschreitens der Jahresarbeitsentgeltgrenze krankenversicherungsfrei sind, für die Dauer dieser versicherungsfreien Beschäftigung.

Am 31.12.1988 bereits krankenversicherungspflichtige Rentner sind von diesem Ausschluss nicht betroffen.

Wer als Rentenantragsteller oder Rentner versicherungspflichtig wird, kann sich davon, ohne Angabe von Gründen, befreien lassen. Der Befreiungsantrag muss binnen drei Monaten nach dem Beginn der Versicherungspflicht gestellt werden. Er wirkt, wenn noch keine Leistungen in Anspruch genommen wurden, vom Beginn der Versicherungspflicht an, ansonsten von Beginn des dem Befreiungsantrag folgenden Kalendermonats an.

Über die Befreiung entscheidet die Krankenkasse schriftlich. Eine Befreiung von der Krankenversicherungspflicht als Rentner ist unwiderruflich.

▶ Freiwillige Krankenversicherung

Wer als Rentner nicht versicherungspflichtig wird, muss sich selbst um seinen Krankenversicherungsschutz kümmern. In der Regel wird der bis zur Rentenantragstellung bestehende Krankenversicherungsschutz beibehalten.

Nach der Krankenversicherung richtet sich übrigens auch, wie man sich pflegeversichern muss.

Eine freiwillige Versicherung in der gesetzlichen Krankenversicherung kann für die Dauer des Rentenbezugs fortgeführt werden. Endet - nach einer gewissen Mindestdauer - eine anderweitige Versicherungspflicht, z.B. aus einer Beschäftigung, oder die Versicherung als Familienangehöriger, kann man sich auch als Rentner freiwillig in der gesetzlichen Krankenversicherung weiter versichern. Der Antrag muss dann innerhalb von drei Monaten bei der Krankenkasse gestellt werden.

Die Mindestdauer der Versicherungspflicht vor dem Rentenbezug (z.B. wegen Bezuges von Arbeitslosengeld) beträgt nach § 9 Abs. 1 Nr. 1 SGB V

- in den letzten fünf Jahren vor dem Ausscheiden aus der Krankenversicherungspflicht mindestens 24 Monate

oder

- unmittelbar vor dem Ausscheiden ununterbrochen mindestens 12 Monate.

Diese gesetzliche Vorversicherungszeit ist für die Rentner von besonderer Bedeutung, die privat versichert waren und zuletzt nur wegen des Bezuges von Arbeitslosengeld oder -hilfe zu den Pflichtversicherten gehörten. Wenn diese Rentner die Vorversicherungszeit nicht erfüllen, entfällt die Möglichkeit der Versicherungsberechtigung bei einer gesetzlichen Krankenkasse.

Die Grundsätze der „freien Wahl der Krankenkasse", gelten in gleicher Weise entsprechend für freiwillig Krankenversicherte.

In der gesetzlichen Krankenversicherung freiwillig Versicherte haben Beiträge entsprechend ihrer gesamten wirtschaftlichen Leistungsfähigkeit zu zahlen. Neben der Rente, Versorgungsbezügen und Arbeitseinkommen sind daher auch sonstige Einkünfte, wie z.B. aus Vermietung und Verpachtung, aus privater Lebensversicherung, Verletztenrente der Unfallversicherung sowie Kapitalerträge, bis zur Beitragsbemessungsgrenze für die Höhe des Beitrags maßgebend.

▶ Familienversicherung

Eine bereits bestehende beitragsfreie Familienversicherung bleibt auch für die Dauer des Rentenbezugs bestehen, wenn das Gesamteinkommen des Familienangehörigen einschließlich der Rente den maßgeblichen Grenzwert (350,00 €) nicht übersteigt. Dann braucht also auch kein Beitrag aus der Rente gezahlt zu werden.

Endet die Familienversicherung, weil mit der Rente der Grenzwert überschritten wird, besteht die Möglichkeit der freiwilligen Versicherung.

▶ Private Krankenversicherung

Eine bestehende Krankheitskostenversicherung bei einem Unternehmen der privaten Krankenversicherung wird vom Rentenbezug an sich nicht berührt. 65-Jährige können aber in den „Seniorentarif" wechseln, wenn sie mindestens 10 Jahre bei diesem Unternehmen versichert sind. Dort darf der Beitrag den durchschnittlichen Höchstbeitrag der gesetzlichen Krankenversicherung nicht überschreiten. Der Zusatzbeitrag von 0,9 % der Einnahmen kommt für Privatversicherte nicht in Betracht.

▶ Versorgungsbezüge

Bei Personen, die der Krankenversicherung der Rentner angehören oder nach anderen Vorschriften krankenversicherungspflichtig sind, unterliegen gem. § 226 Abs. 1 Nr. 3 und 4 und § 237 Nr. 2 SGB V auch rentenähnlichen Einnahmen (= Versorgungsbezüge) sowie Einkommen aus selbstständiger Tätigkeit der Beitragspflicht zur Krankenversicherung.

Zu den Versorgungsbezügen gehören neben Zahlungen aus einem früheren öffentlich-rechtlichen Dienstverhältnis (also Pensionen aus einem Beamtenverhältnis) auch Renten nach dem Gesetz über die Altershilfe der Landwirte sowie der gesetzlichen Rente vergleichbare Einnahmen. Dabei handelt es sich insbesondere um die so genannten Betriebsrenten.

▶ Beitragsberechnung und -zahlung

- Beitragssatz

    Für die Berechnung der Beiträge zur Krankenversicherung gilt der „allgemeine Beitragssatz" der jeweiligen Krankenkasse (§§ 247, 248 SGB V). Diese teilt der Zahlstelle der Versorgungsbezüge, also dem Rentenversicherungsträger und im Falle der Zahlung einer Betriebsrente dem Arbeitgeber sowie dem Rentner den Beitragssatz mit. Darüber hinaus ist von Mitgliedern der gesetzlichen Krankenversicherung ein Zusatzbeitrag von 0,9 % der beitragspflichtigen Einnahmen von ihnen allein zu zahlen.

- Beitragstragung

    − Gesetzliche Altersrente

    Die normalen Beiträge zur Krankenversicherung für Versicherungspflichtige werden vom Rentner und Rentenversicherungsträger je zur Hälfte getragen (§ 249a SGB V). Für die Berechnung der Beiträge gilt der „allgemeine Beitragssatz" (§ 247 SGB V). Das gilt entsprechend für den Zusatzbeitrag mit der Maßgabe, dass der Rentner den Betrag allein zu tragen hat.

    Der Anteil des Rentners wird von der zu zahlenden Rente einbehalten und zusammen mit dem Anteil der Rentenversicherung an die zuständige Krankenkasse überwiesen.

    Werden mehrere Renten bezogen, z.B. eine Rente aus eigener Versicherung und eine Witwenrente, sind Beiträge aus beiden Renten fällig. Damit der Beitrag aus der Rente richtig berechnet und abgeführt werden kann, ist schon beim Rentenantrag eine Meldung an die Krankenkasse abzugeben. Alle weiteren Informationen tauschen die Krankenkassen und die Rentenversicherungsträger untereinander aus, z.B. auch Änderungen im Beitragssatz.

    − Betriebsrenten

    Wird neben der gesetzlichen Rente eine Betriebsrente (= Versorgungsbezug) gezahlt, sind dafür auch Beiträge zur Krankenversicherung zu zahlen, und zwar in voller Höhe vom Rentner allein (§ 248 SGB V). Das gilt auch für den Zusatzbeitrag.

Arbeitgeber, die an beitragspflichtige Rentner eine Betriebsrente zahlen (= Zahlstelle), haben die Beiträge von den Versorgungsbezügen einzubehalten und an die zuständige Krankenkasse abzuführen. Zahlstellen, die regelmäßig an weniger als dreißig beitragspflichtige Mitglieder Versorgungsbezüge auszahlen, können bei der zuständigen Krankenkasse beantragen, dass das Mitglied die Beiträge selbst zahlt.

Beiträge aus Versorgungsbezügen sind nach § 226 Abs. 2 SGB V nur dann zu entrichten, wenn die monatlichen beitragspflichtigen Einnahmen insgesamt ein Zwanzigstel der monatlichen beitragspflichtigen Einnahmen insgesamt ein Zwanzigstel der monatlichen Bezugsgröße West übersteigen. Diese Bezugsgröße wird jährlich bekannt gegeben. Sie beträgt in 2006 2.450,00 €. Daraus ergibt sich für 2006 ein Grenzwert von 122,50 €.

– Weitere beitragspflichtige Einkünfte

Da Beschäftigte und Rentner gleich behandelt werden sollen, werden neben der Rente alle sonstigen Einnahmen, die Arbeitsverdienst oder Arbeitseinkommen ersetzen (Versorgungsbezüge), für die Bemessung des Krankenversicherungsbeitrags herangezogen. Außerdem müssen Selbstständige auch Beiträge aus dem Arbeitseinkommen zahlen.

Übersteigen die monatlichen Einkünfte aus Versorgungsbezügen und Arbeitseinkommen zusammen im Jahr 2006 den Betrag von 122,50 € nicht, wird daraus kein Beitrag erhoben.

Übersteigen die Rente aus der gesetzlichen Rentenversicherung und der beitragspflichtige Versorgungsbezug zusammen die monatliche Beitragsbemessungsgrenze der gesetzlichen Krankenversicherung, sind von den Versorgungsbezügen nur insoweit Beiträge zu entrichten, als die Beitragsbemessungsgrenze noch nicht durch die Rente ausgeschöpft ist. In diesem Falle sollte sich der Rentner mit seiner Krankenkasse in Verbindung setzen, die zuviel einbehaltene Beiträge auf Antrag zurückzahlt.

Für freiwillig versicherte Rentner gilt Folgendes:

Den Anteil des freiwilligen Krankenversicherungsbeitrages für den Versorgungsbezug hat der Versicherte – ebenso wie der krankenversicherungspflichtige Rentner – allein zu tragen und selbst bei der zuständigen Krankenkasse einzuzahlen. Auch bei freiwillig versicherten Rentnern gilt, dass Beiträge nur bis zur BBG zu entrichten sind.

▶ Zuschuss für privat versicherte Rentner

Ein Rentner, der bei einem Unternehmen der privaten Krankenversicherung gegen Krankheit versichert ist, hat Anspruch auf einen Zuschuss des Rentenversicherungsträgers zu seinem Krankenversicherungsbeitrag für seine gesetzliche Altersrente.

Der Zuschuss wird dem Rentner vom Rentenversicherungsträger zusammen mit der Rente überwiesen. Für die Zahlung der Beiträge ist der Rentner selbst verantwortlich.

Der Zuschuss kann nicht höher sein als die Hälfte der tatsächlichen Aufwendungen für die Privatversicherung. Als Aufwendungen berücksichtigungsfähig sind die Prämien, die für die Versicherung gegen Kosten für ärztliche Behandlung, Arznei- und Heilmittel und Krankenhauspflege (auch Krankenhaustagegeld- und Operationskostenversicherung) aufgewendet werden.

Zum Krankenversicherungsbeitrag für eine private Krankenversicherung gehören ferner Prämienaufwendungen für mitversicherte Angehörige, sofern diese bei einer unterstellten Mitgliedschaft in der gesetzlichen Krankenversicherung familienversichert wären.

4 Pflegeversicherung für Rentner

▶ Allgemeines

Die gesetzliche Pflegeversicherung erfasst als Pflichtversicherung praktisch die gesamte Bevölkerung. Sie orientiert sich an der Krankenversicherung des einzelnen nach dem Grundsatz „die Pflegeversicherung folgt der Krankenversicherung". Deshalb ist die gesetzliche Pflegeversicherung ähnlich wie die Krankenversicherung gegliedert, nämlich in

- die soziale Pflegeversicherung und
- die private Pflegeversicherung.

Wer die Berufstätigkeit beendet und in den Ruhestand tritt, wird also regelmäßig Mitglied der bisherigen Pflegekasse bleiben. Wer privat pflegeversichert ist, wird das auch als Rentner sein.

Der Versicherungsschutz in der Pflegeversicherung ist auch als Rentner nicht kostenlos. Es müssen Beiträge entsprechend dem Einkommen bzw. den Tarifen gezahlt werden.

▶ Soziale Pflegeversicherung

Versicherungspflichtig in der sozialen Pflegeversicherung sind Rentner und Rentenantragsteller, die Mitglied der gesetzlichen Krankenversicherung sind. Das kann sein aufgrund einer

- Krankenversicherungspflicht als Rentner oder Rentenantragsteller
- anderweitigen Versicherungspflicht (z.B. als Beschäftigter),
- freiwilligen Krankenversicherung.

Beginn und Ende der Mitgliedschaft in der sozialen Pflegeversicherung decken sich in aller Regel mit der Mitgliedschaft bei der gesetzlichen Krankenkasse.

Die soziale Pflegeversicherung führt stets die Pflegekasse durch. Sie ist bei der zuständigen Krankenkasse errichtet. Ein Wechsel der Krankenkasse, z.B. durch Wahl, gilt auch für die Pflegekasse.

Freiwillig Krankenversicherte können sich auf Antrag von der Versicherungspflicht in der sozialen Pflegeversicherung befreien lassen. Voraussetzung ist, dass eine gleichwertige Versicherung in der privaten Pflegeversicherung vorliegt. Solange Krankenversicherungspflicht besteht, ist ein Wechsel in die private Pflegeversicherung nicht möglich.

▶ Höhe des Beitrags

Rentner haben zur sozialen Pflegeversicherung einen Beitrag zu zahlen, der sich nach dem Beitragssatz und nach den beitragspflichtigen Einnahmen richtet. Der Beitragssatz beträgt - einheitlich in den alten und neuen Ländern - für alle Rentner gleichermaßen 1,7 Prozent. Für Personen mit Beihilfeanspruch (z.B. Ruhegehaltsempfänger) oder Heilfürsorgeanspruch gilt der halbe Beitragssatz, also 0,85 Prozent. Ergänzend zu den Pflegeleistungen des Dienstherrn bzw. Versorgungsträgers erhalten sie nämlich von der Pflegekasse auch die Leistungen nur zur Hälfte.

Die Höhe der beitragspflichtigen Einnahmen richtet sich wiederum nach den Regelungen für die gesetzliche Krankenversicherung. Das bedeutet:

- Krankenversicherungspflichtige Rentner zahlen Beiträge aus der gesetzlichen Rente bzw. den Renten, aus vergleichbaren Einnahmen (Versorgungsbezüge), aus dem Arbeitsverdienst einer versicherungspflichtigen Beschäftigung sowie dem Arbeitseinkommen aus selbständiger Tätigkeit.
- Freiwillig krankenversicherungspflichtige Rentner zahlen in der sozialen Pflegeversicherung Beiträge entsprechend ihrer gesamten wirtschaftlichen Leistungsfähigkeit, und zwar entsprechend den Regelungen zur Krankenversicherung.

Beitragspflicht besteht bis zur Beitragsbemessungsgrenze von 3.562,50 € im Jahre 2007. Daraus ergibt sich ein monatlicher Höchstbeitrag von 60,56 €. Zuviel gezahlte Beiträge erstattet die Pflegekasse auf Antrag.

Für bestimmte Personengruppen ist die Pflegeversicherung beitragsfrei:

a) Familienangehörige, die in der sozialen Pflegeversicherung familienversichert sind.

b) Witwen, Witwer, Waisen vor Vollendung des 18. Lebensjahres, die als Rentenantragsteller versichert sind, wenn der verstorbene Versicherte bereits Rente bezogen hat.

Diese beiden Gruppen sind automatisch beitragsfrei, d.h. es ist kein besonderer Antrag erforderlich. Unter der Voraussetzung, dass keine familienversicherten Angehörigen vorhanden sind und ein Antrag bei der Pflegekasse gestellt wird, sind außerdem beitragsfrei:

c) Pflegebedürftige, die sich aufgrund von Schädigungsfolgen auf nicht absehbare Dauer in stationärer Pflege befinden und Leistungen nach dem Bundesversorgungsgesetz, dem Beamtenversorgungsgesetz oder aus der gesetzlichen Unfallversicherung erhalten. Die Beitragsfreiheit besteht für die Dauer der stationären Pflege.

Für die Zahlung der Beiträge zur Pflegeversicherung gilt:

- Krankenversicherungspflichtige Rentner hatten für die gesetzliche Rente bis zum 31.3.2004 nur die Hälfte des Beitrags zu tragen, die andere Hälfte hatte die Rentenversicherung zu übernehmen. Ab 1.4.2004 trägt der Rentner die Beiträge zur Pflegeversicherung allein. Der Rentenversicherungsträger behält den Rentneranteil - zusätzlich zu dem Anteil am Krankenkassenbeitrag - von der Rente ein und überweist ihn zusammen mit seinem Anteil an die Pflegekassen.

- Freiwillig krankenversicherte Rentner müssen auch die Beiträge zur Pflegeversicherung allein tragen und selbst an ihre Pflegekasse zahlen. Sie erhielten jedoch bis zum 31.3.2004 vom Rentenversicherungsträger einen Zuschuss in Höhe der Hälfte des zu zahlenden Beitrages. Ab 1.4.2004 entfällt der Zuschuss, so dass der Rentner die Beiträge zur Pflegeversicherung allein aufbringen muss.

- Die Beiträge zur Pflegeversicherung für eine Betriebsrente sind in voller Höhe vom Rentner zu tragen. Für die Berechnung und Abführung der Beiträge gelten die Regelungen wie für die Beiträge zur Krankenversicherung entsprechend (Ziff. 1).

- Der für Kinderlose ab 1.1.2005 zu zahlende Beitragszuschlag von 0,25 % kommt für Rentner der Geburtsjahrgänge vor 1940 nicht in Betracht.

▶ **Private Pflegeversicherung**

Privat krankenversicherte Rentner sind gesetzlich verpflichtet, das Risiko der Pflegebedürftigkeit durch einen Versicherungsvertrag mit einem Unternehmen der privaten Krankenversicherung finanziell abzusichern. Das gilt auch für Rentner, die weder gesetzlich noch privat krankenversichert sind, weil sie z.B. heilfürsorgeberechtigt sind.

Als privat Pflegeversicherter besteht ein gesetzlich garantiertes außerordentliches Kündigungsrecht, wenn man später in der sozialen Pflegeversicherung versicherungspflichtig wird.

Der Pflegeversicherungsvertrag muss für die Rentner und ihre Angehörigen - die sonst in der sozialen Pflegeversicherung familienversichert wären - Leistungen vorsehen, die nach Art und Umfang den Leistungen der sozialen Pflegeversicherung gleichwertig sind. Für die Gestaltung der Verträge über die private Pflegeversicherung gelten bestimmte Rahmenbedingungen. Sie stellen sicher, dass auch die private Vorsorge zu sozial verträglichen Bedingungen möglich ist und Rentner dadurch nicht finanziell überfordert werden.

Rentner, die bei Pflegebedürftigkeit Anspruch auf Beihilfe haben, brauchen nur den von der Beihilfe nicht gedeckten Teil abzusichern.

In der privaten Pflegeversicherung orientieren sich die Beiträge nicht am Einkommen der Versicherten. Die Versicherungsunternehmen kalkulieren sie vielmehr - entsprechend des Lebensalters beim Eintritt in die Versicherung - nach dem individuellen Risiko des einzelnen, pflegebedürftig zu werden.

Privat krankenversicherte Rentner, die ihren Beitrag zur Pflegeversicherung selbst zahlen müssen, erhielten bis zum 31.3.2004 von der Rentenversicherung einen Zuschuss in Höhe des Pflegebeitragsanteils für krankenversicherungspflichtige Rentner. Er beträgt demnach 0,85 Prozent der gesetzlichen Rente, bei zwei Renten aus deren Summe. Der Zuschuss entfällt ab 1.4.2004. Damit hat der Rentner den Beitrag zur Pflegeversicherung in voller Höhe von 1,7 % der Rente allein aufzubringen. Für Privatversicherte kommt der Beitragszuschlag von 0,25 % nicht in Betracht.

ABSCHNITT IX:
Beitragsrechtliche Auswirkungen

1 Grundsätzliches

Bei den verschiedenen Modellen ist generell zu prüfen, ob folgende für die Versicherungspflicht in der Sozialversicherung maßgebenden Merkmale vorliegen:

- Zugehörigkeit zu einem in den entsprechenden Gesetzen vorgesehenen versicherungspflichtigen Personenkreis,
- Bestehen eines Beschäftigungsverhältnisses im versicherungsrechtlichen Sinne,
- Ausübung einer Beschäftigung gegen Entgelt.

Nur bei Erfüllung dieser drei Prämissen besteht Versicherungspflicht mit der Folge der Beitragszahlung zu dem jeweiligen Versicherungszweig. Liegt beispielsweise kein Beschäftigungsverhältnis im Sinne der Sozialversicherung mehr vor, ist zwangsläufig Versicherungsfreiheit gegeben. Eine Beitragszahlung kann dann nur in Betracht kommen, wenn besondere Vorschriften dies vorsehen, wie beispielsweise bei Bezug von Vorruhestandsgeld (siehe nachf. Ziff. 6).

Bei der Zugehörigkeit zu einem „bestimmten versicherungspflichtigen Personenkreis" sind die einschlägigen gesetzlichen Vorschriften maßgebend. So ist z.B. ein Arbeitnehmer kraft Gesetzes krankenversicherungsfrei, wenn sein Arbeitsentgelt die JAE-Grenze überschreitet (§ 6 Abs. 1 SGB V). Dabei ist es dann unbedeutend, dass ein Beschäftigungsverhältnis besteht und Arbeitsentgelt gezahlt wird.

Eine eindeutige Definition des Beschäftigungsverhältnisses lässt sich weder aus den Sozialgesetzbüchern noch aus anderen Gesetzen ableiten. Es ist lediglich in § 7 SGB IV festgelegt, dass die Beschäftigung die nichtselbständige Arbeit ist, insbesondere in einem Arbeitsverhältnis.

Den steuerrechtlichen Umschreibungen kann allerdings entnommen werden, dass bei der Beurteilung, ob eine nichtselbständige Arbeit ausgeübt wird, der „Arbeitnehmer-Begriff" von Bedeutung ist. Die Kriterien für die Annahme eines Beschäftigungsverhältnisses im Sinne der Sozialversicherung decken sich also im Wesentlichen mit denen für die Beurteilung, ob eine nichtselbständige Arbeit (Dienstverhältnis) im Sinne des Steuerrechts vorliegt.

Es kommt nicht entscheidend darauf an, wie die Vertragspartner das Rechtsverhältnis beurteilen. Maßgebend sind vielmehr vor allem die vertraglichen Vereinbarungen im Detail und die praktische Art der Arbeit, also die wirklichen Verhältnisse. Insoweit muss auch ein mündlich oder schriftlich abgeschlossener Arbeitsvertrag (= Arbeitsverhältnis im arbeitsrechtlichen Sinne) nicht unbedingt zu einem sozialversicherungspflichtigen Beschäftigungsverhältnis führen.

Sowohl nach der Rechtsprechung des BSG als auch nach den Entscheidungen des Bundesarbeitsgerichts und des Bundesfinanzhofes ist die Frage, wer Arbeitnehmer ist und damit in einem abhängigen Beschäftigungsverhältnisses steht, nach dem Gesamtbild der tatsächlichen Verhältnisse zu beurteilen.

Für ein abhängiges Beschäftigungsverhältnis sprechen:

- Persönliche, nicht nur wirtschaftliche Abhängigkeit
- Weisungsgebundenheit in Bezug auf Ort, Zeit und Inhalt der Tätigkeit
- Eingliederung/Einbindung in die betriebliche Organisation (z.B. durch ständig notwendige Zusammenarbeit mit anderen Arbeitnehmern des Betriebes/eigener Telefonanschluss in den Räumen des Arbeitgebers)
- Identische Tätigkeiten wie andere Arbeitnehmer des Betriebes
- Bindung an feste Arbeitszeiten und einen bestimmten Arbeitsplatz
- Verpflichtung zum regelmäßigen Erscheinen
- Verpflichtung zur persönlichen Dienstleistung
- Zurverfügungstellung der gesamten oder überwiegenden Arbeitskraft nur für einen einzigen Arbeitgeber
- Keine eigene Betriebsstätte/keine eigenen Mitarbeiter/kein Recht, eigene Mitarbeiter zur Vertragserfüllung einzusetzen
- Verbot der eigenen Werbung
- Keine nennenswerte unternehmerische Selbständigkeit in Organisation und Durchführung der Tätigkeit
- Schulden der eigenen Arbeitskraft und nicht eines Arbeitserfolges
- Kein eigenes Unternehmerrisiko/kein Kapitaleinsatz (= Entgelt-Risiko)/ keine Pflicht zur Beschaffung von Arbeitsmitteln
- Ausführung von einfachen bzw. untergeordneten Tätigkeiten, die üblicherweise von Arbeitnehmern ausgeführt werden und bei denen eine Weisungsgebundenheit die Regel ist
- Verpflichtung zur Ausführung sonstiger weisungsgebundener Arbeiten die nicht unmittelbar zu dem genau umschriebenen Aufgabengebiet gehören

- Unterordnung und Kontrolle durch andere Beschäftigte des Betriebes
- Duldung von Revisionen (Kontrollen) des Arbeitgebers im gesamten Geschäftsbetrieb
- Verpflichtung zur Teilnahme an Schulungs-/Weiterbildungskursen
- Teilnahme an betrieblichen Sozialeinrichtungen
- Erhalt typischer Arbeitgeberleistungen: festes Gehalt, Überstundenvergütung, Urlaubsanspruch, Entgeltfortzahlung im Krankheitsfall und sonstige Sozialleistungen
- Abführung von Steuern und Sozialabgaben durch den Arbeitgeber
- Buchung und Vergütung als Betriebsausgaben des Arbeitgebers
- Bezahlung nach Tarifvertrag
- Betriebs-/Disziplinarstrafen

Die Tatsache, dass ein Arbeitgeber einem Arbeitnehmer z.B. Gehalt, Urlaub, Entgeltfortzahlung im Krankheitsfall vorenthält, führt nicht zu der rechtlichen Würdigung als freier Mitarbeiter.

Während einer nach dem Altersteilzeitgesetz ausgeübten Altersteilzeitarbeit liegt bei diskontinuierlicher Arbeitszeitverteilung ein Beschäftigungsverhältnis auch während des Freizeitblockes, also während der Zeit der Freistellung von der Arbeit, vor (siehe auch Ziff. 3).

Besteht kein Beschäftigungsverhältnis im Sinne der Sozialversicherung, muss insbesondere bei weitergewährten Leistungen durch den Arbeitgeber geprüft werden, ob andere Bestimmungen Beitragspflicht auslösen, wie beispielsweise bei Gewährung von so genanntem Vorruhestandsgeld (siehe Ziff. 6).

Hinsichtlich der Entgeltzahlung kommt es entscheidend darauf an, ob der Arbeitnehmer als Gegenleistung für seine verrichtete Arbeit im Rahmen eines versicherungspflichtigen Beschäftigungsverhältnisses ein Entgelt im Sinne der Sozialversicherung erhält. Dies dürfte bei den aufgezeigten Vorruhestandsmodellen gegeben sein.

2 Weiterbestehen des Arbeitsverhältnisses unter Fortzahlung der Bezüge

Während des Weiterbestehens des Arbeitsverhältnisses und der vorübergehenden Freistellung von der Arbeit unter Fortzahlung der Bezüge besteht weiterhin Versicherungspflicht zur Kranken-, Pflege-, Renten- und Arbeitslosenversicherung, abgesehen von der Krankenversicherungsfreiheit im Falle des Überschreitens der Jahresarbeitsentgeltgrenze (JAE-Grenze). Hierfür ist entscheidend, dass die mit einem Arbeitsverhältnis verbundenen Rechte und Pflichten von Arbeitgeber und Arbeitnehmer grundsätzlich erhalten bleiben und die drei Voraussetzungen für die Sozialversicherungspflicht, nämlich Zugehörigkeit zu einem bestimmten versicherungspflichtigen Personenkreis, Bestehen eines Beschäftigungsverhältnisses (= Verfügungsgewalt des Arbeitgebers) und Entgeltzahlung erfüllt sind. Es ruht lediglich einvernehmlich die Pflicht zur Arbeitsleistung. Das entspricht im weitesten Sinne einer Arbeitsbefreiung oder -verhinderung unter Fortzahlung der Bezüge, wie beispielsweise im Falle einer Arbeitsunfähigkeit wegen Krankheit gem. § 3 EFZG oder bei Urlaub bzw. Sonderurlaub nach § 616 BGB oder den Bestimmungen eines Tarifvertrages. In diesen Fällen sind mithin wie im Falle der Arbeitsleistung Beiträge zur Sozialversicherung zu zahlen.

Wenn der Arbeitgeber jedoch den Arbeitnehmer bis zur Beendigung des Arbeitsverhältnisses für eine bestimmte Zeit unter Fortzahlung der Bezüge in vollem Umfange von der Arbeit freistellt, also nicht nur vorübergehend, beispielsweise in den letzten sechs Monaten des Arbeitsverhältnisses, sind die Kriterien für die Versicherungspflicht in dieser Zeit nicht gegeben, weil kein Beschäftigungsverhältnis im Sinne des § 7 Abs. 1 SGB IV mehr vorliegt.

Für den Tatbestand des versicherungspflichtigen Beschäftigungsverhältnisses kommt es - wie schon erwähnt - grundsätzlich darauf an, ob der Arbeitnehmer dienstbereit ist, der Verfügungsmacht des Arbeitgebers untersteht. Wichtig ist aber auch, dass das Arbeitsverhältnis nach dem Willen der Beteiligten fortgesetzt werden soll. Die Rechtsprechung geht hierbei von dem Prinzip der wechselseitigen Beziehungen der das Arbeitsverhältnis eingehenden Vertragspartner aus. Diese bestehen darin, dass einerseits der Arbeitnehmer seine Arbeitskraft gegen vereinbarte Entlohnung dem Arbeitgeber zur Verfügung stellt, also jederzeit arbeitsbereit und arbeitswillig ist, andererseits der Arbeitgeber seine Direktionsbefugnis bzw. Verfügungsgewalt gegenüber dem Arbeitnehmer bzw. dessen Arbeitskraft rechtlich und tatsächlich ausübt. An solchen zweiseitigen Beziehungen fehlt es jedoch, wenn die Arbeitsleistung des Arbeitnehmers von vornherein vertraglich ausgeschlossen ist, d.h. der Arbeitgeber mit Einwilligung des Arbeitnehmers auf dessen Arbeitskraft verzichtet. In diesen Fällen ist das Vorliegen eines sozialversicherungsrechtlichen Beschäftigungsverhältnisses zu verneinen, so dass die Versicherungspflicht in der Sozialversicherung mit Beginn der vertraglich vereinbarten Freistellung endet.

In seiner - in einem anderen Sachzusammenhang - ergangenen Entscheidung vom 28. September 1993 - 11 RAr 69/92 - (BSGE 73, 126 ff.) hat das Bundessozialgericht seine ständige Rechtsprechung nochmals dahingehend bestätigt, nach der die „vorübergehende Unterbrechung der tatsächlichen Arbeitsleistung den Bestand des Beschäftigungsverhältnisses unberührt lassen soll, wenn das Arbeitsverhältnis fortbesteht und der Arbeitgeber und Arbeitnehmer den Willen haben, das Beschäftigungsverhältnis fortzusetzen". Nur unter diesen Voraussetzungen würde eine vorübergehende Freistellung von der Arbeitsleistung, auch beispielsweise während einer im Rahmen einer Altersteilzeitarbeit vertraglich vorgesehenen Arbeitsphase, ein Beschäftigungsverhältnis nach § 7 Abs. 1 SGB VI begründen. Hingegen wären Freistellungen, die nicht von lediglich vorübergehender Natur, sondern darauf gerichtet sind, nach der Zeit der Beschäftigungslosigkeit in den gesetzlichen Altersruhestand überzugehen, von der Rechtsprechung nicht gedeckt. Denn auch die Verfügungsmacht und die Dienstbereitschaft kann während einer derartigen zwischen Arbeitgeber und Arbeitnehmer vereinbarten Arbeitsfreistellung tatsächlich nicht wahrgenommen werden (weitere Einzelheiten zur Freistellung von der Arbeit/Arbeitsbefreiung siehe Abschn. I Ziff. 4.3).

Ist das Beschäftigungsverhältnis vor Ultimo eines Kalendermonats beendet, werden die Beiträge für das bis dahin erzielte Arbeitsentgelt unter Berücksichtigung der Tages-BBG (SV-Tage) berechnet.

Sofern so genanntes Vorruhestandsgeld gezahlt wird und die Voraussetzungen für die Beitragspflicht zur Kranken-, Pflege- und/oder Rentenversicherung nach den §§ 5 Abs. 3 SGB V, 20 Abs. 2 SGB XI, 3 Satz 1 Nr. 4 SGB VI vorliegen, ist für diese Zeit eines angebrochenen Monats eine separate Beitragsberechnung nach „SV-Tagen" durchzuführen.

Der Bezug von Vorruhestandsgeld löst in der Arbeitslosenversicherung keine Versicherungspflicht aus.

3 Altersteilzeitbeschäftigung

3.1 Allgemeines

Im Falle der Weiterbeschäftigung unter den Bedingungen des Altersteilzeitgesetzes (Reduzierung der Arbeitszeit um 50 %, jedoch mindestens mehr als die regelmäßige wöchentliche Arbeitszeit eines geringfügig Beschäftigten im Sinne des § 8 SGB IV, Zahlung eines Aufstockungsbetrages sowie von höheren Beiträgen zur gesetzlichen Rentenversicherung) gelten uneingeschränkt die üblichen versicherungsrechtlichen Regelungen, weil die entsprechenden Merkmale dafür trotz Reduzierung der Arbeitszeit nicht entfallen. Ansonsten gelten die nachfolgenden Regelungen.

3.2 Krankenversicherung

3.2.1 Eintritt von Krankenversicherungspflicht

Für die Dauer der Altersteilzeitarbeit besteht grundsätzlich Krankenversicherungspflicht nach § 5 Abs. 1 Nr. 1 SGB V.

Wenn jedoch der Arbeitnehmer aus betriebsbedingten Gründen von der Altersteilzeitarbeit nicht nur vorübergehend freigestellt wird, besteht kein Beschäftigungsverhältnis im versicherungsrechtlichen Sinne mehr, so dass die Versicherungspflicht entfällt (siehe hierzu auch Ziff. 2).

War der Betreffende vor Beginn der Altersteilzeit nach § 6 Abs. 1 Nr. 1 SGB V wegen Überschreitens der JAE-Grenze krankenversicherungsfrei und unterschreitet das Teilzeit- bzw. Regelarbeitsentgelt (= Minderung des bisherigen Arbeitsentgelts) die JAE-Grenze, wird eine etwaige freiwillige Versicherung bei einer gesetzlichen Krankenkasse sofort in eine Pflichtversicherung umgewandelt.

Allerdings sind nach § 6 Abs. 3a SGB V Personen, die nach Vollendung des 55. Lebensjahres wegen Unterschreitens der JAE-Grenze eigentlich versicherungspflichtig werden, dennoch versicherungsfrei, wenn sie

- in den letzten 5 Jahren vor Eintritt der Versicherungspflicht nicht gesetzlich versichert waren (einschließlich freiwillige oder Familienversicherung) und

- mindestens die Hälfte dieser 5 Jahre krankenversicherungsfrei waren (z.B. wegen Überschreitung der Jahresarbeitsentgeltgrenze) oder

- von der Krankenversicherungspflicht befreit waren (z.B. wegen Zugehörigkeit zu einer privaten Krankenversicherung) oder

- wegen hauptberuflich selbständiger Tätigkeit von der Krankenversicherung ausgeschlossen waren oder

- mit einer Person verheiratet waren, die eine dieser Voraussetzungen erfüllt.

Dies ist von besonderer Bedeutung für langjährig Privatversicherte.

Die Fünf-Jahres-Frist ist zu bilden, indem vom Tag vor Beginn der eigentlich versicherungspflichtigen Beschäftigung fünf Jahre zurück gerechnet wird.

Mit dieser gesetzlichen Regelung wird die Möglichkeit eingeschränkt, in fortgeschrittenem Alter (bei gestiegenen Prämien zur privaten Krankenversicherung) von der privaten in die gesetzliche Krankenkasse zu wechseln. Damit müssten bis zum Beginn der Altersteilzeitarbeit privatversicherte Arbeitnehmer im Allgemeinen die Privatversicherung aufrechterhalten. Eine Befreiung von der Versicherungspflicht entfällt also. Betroffene Arbeitnehmer haben jedoch gegenüber ihrem Arbeitgeber einen Anspruch auf Beitragszuschuss zu ihrer privaten Versicherung.

Bei der Schätzung des Jahresarbeitsentgelts ist von dem Arbeitsentgelt auszugehen, das für die Altersteilzeitarbeit vereinbart worden ist. Vom Arbeitgeber zu zahlende Aufstockungsbeträge bleiben wegen ihrer Steuer- und Beitragsfreiheit außer Betracht.

3.2.2 Beurteilung der Versicherungsfreiheit bei Entgelterhöhung während der Altersteilzeit

Ein Ausscheiden aus der Versicherungspflicht aufgrund der Höhe des Jahresarbeitsentgelts kommt frühestens nach dreimaligem aufeinander folgenden Überschreiten der Jahresarbeitsentgeltgrenze in Betracht, vorausgesetzt, dass das regelmäßige Jahresarbeitsentgelt auch die vom Beginn des nächsten Kalenderjahres an geltende Jahresarbeitsentgeltgrenze übersteigt (§ 6 Abs. 4 Satz 2 SGB V). Rückwirkende Erhöhungen des Arbeitsentgelts werden dem Kalenderjahr zugerechnet, in dem der Anspruch auf das erhöhte Arbeitsentgelt entstanden ist (§ 6 Abs. 4 Satz 3 SGB V).

Wird das Arbeitsentgelt im Lauf eines Kalenderjahres erhöht (z.B. durch Tarifvertrag), gilt dieses Jahr dann als erstes Kalenderjahr des Überschreitens der Jahresarbeitsentgeltgrenze, wenn hierdurch das tatsächlich in diesem Jahr erzielte regelmäßige Jahresarbeitsentgelt die für dieses Jahr geltende Jahresarbeitsentgeltgrenze übersteigt.

Versicherungsfreiheit kann also frühestens nach drei Jahren des Überschreitens der JAE-Grenze in Betracht kommen. Eine Beurteilung unter Berücksichtigung der Jahre vor der Entgelterhöhung entfällt. Wenn diese Voraussetzungen erfüllt sind, könnte sich der Betreffende unter bestimmten Bedingungen freiwillig bei einer gesetzlichen Krankenkasse versichern oder gar einer Privatversicherung anschließen.

3.2.3 Auswirkungen bei Privatversicherten

▶ **Allgemeines**

Wer bis zum Beginn der Altersteilzeitarbeit wegen Überschreitens der JAE-Grenze krankenversicherungsfrei und bei einem privaten Krankenversicherungsunternehmen versichert war und aufgrund der Altersteilzeitarbeit die JAE-Grenze unterschreitet, wird im Allgemeinen nicht versicherungspflichtig (siehe Ziff. 3.2.1). Mithin erübrigt sich wegen weiterer Zugehörigkeit zur Privatversicherung eine Befreiung von der Versicherungspflicht. Nur im Ausnahmefall sind also folgende gesetzliche Regelungen von Bedeutung:

Ein Privatversicherter kann weiterhin der privaten Krankenversicherung angehören, wenn er sich von der Versicherungspflicht in der KV befreien lässt (§ 8 Abs. 1 Nr. 3 SGB V). Eine Befreiung von der Krankenversicherungspflicht ist möglich, wenn die wöchentliche Arbeitszeit auf die Hälfte oder weniger als die Hälfte der regelmäßigen Wochenarbeitszeit vergleichbarer Vollbeschäftigter des Betriebes herabsetzt wird und der Beschäftigte seit mindestens fünf Jahren wegen Überschreitens der JAE-Grenze versicherungsfrei ist.

Wie allgemein üblich, ist ein Antrag auf Befreiung von der Krankenversicherungspflicht nach § 8 Abs. 2 Satz 1 SGB V innerhalb von 3 Monaten nach Beginn der Versicherungspflicht bei einer Krankenkasse zu stellen, die im Falle der Versicherungspflicht nach § 173 Abs. 2 SGB V wählbar wäre.

▶ **Kündigung der Privatversicherung bei Annahme der Versicherungspflicht**

Hat ein Arbeitnehmer den Versicherungsvertrag in der Annahme, dass eine Versicherungszugehörigkeit zur gesetzlichen Krankenversicherung möglich ist, gekündigt und kommt eine gesetzliche Versicherung wegen fehlender Voraussetzungen (siehe Ziff. 3.2.1) nicht zu Stande, ist das private Krankenversicherungsunternehmen nach § 5 Abs. 10 SGB V zum erneuten Abschluss eines Versicherungsvertrages verpflichtet. Voraussetzung ist jedoch, dass der vorherige Vertrag für mindestens fünf Jahre vor seiner Kündigung ununterbrochen bestanden hat. Der Abschluss erfolgt ohne Risikoüberprüfung zu gleichen Tarifbedingungen, die zum Zeitpunkt der Kündigung bestanden haben; die bis zum Ausscheiden erworbenen Alterungsrückstellungen sind dem Vertrag zuzuschreiben. Wird eine gesetzliche Krankenversicherung nicht begründet, tritt der neue Versicherungsvertrag am Tag nach der Beendigung des vorhergehenden Versicherungsvertrages in Kraft. Endet die gesetzliche Krankenversicherung vor Erfüllung der Vorversicherungszeit, tritt der neue Versicherungsvertrag am Tag nach Beendigung der gesetzlichen Krankenversicherung in Kraft. Die Verpflichtung zur Wiederaufnahme endet drei Monate nach der Beendigung des Versicherungsvertrages, wenn eine Versicherung nicht begründet wurde. Bei Beendigung der Versicherung vor Erfüllung der Vorversicherungszeiten nach § 9 SGB V endet die Verpflichtung längstens zwölf Monate nach der Beendigung des privaten Versicherungsvertrages.

3.2.4 Freiwillige Krankenversicherung

Nach § 9 SGB V können u.a. der Krankenversicherung freiwillig beitreten Arbeitnehmer,

- deren Versicherungspflicht endet,
- die zu den Höherverdienenden im Sinne des § 6 Abs. 1 Nr. 1 SGB V bei der erstmaligen Aufnahme einer Beschäftigung gehören,
- die in den Geltungsbereich des Sozialgesetzbuches zurückkehren und dort eine Beschäftigung aufnehmen, die nicht zur Versicherungspflicht führt.

Arbeitnehmer, bei denen die Versicherungspflicht endet, weil das regelmäßige Jahresarbeitsentgelt (JAE) die JAE-Grenze übersteigt (§ 6 Abs. 1 Nr. 1 i.V.m. Abs. 4 SGB V), ein Wechsel in das Beamtenverhältnis erfolgt (§ 6 Abs. 1 Nr. 2 SGB V) oder eine zunächst versicherungspflichtige Beschäftigung in eine geringfügige Beschäftigung nach § 8 SGB IV umgewandelt wird, haben das Recht zur freiwilligen Versicherung, wenn sie eine Vorversicherungszeit nachweisen können. Diese muss nach § 9 Abs. 1 Nr. 1 SGB V

- in den letzten 5 Jahren vor dem Ausscheiden aus der Versicherungspflicht mindestens 24 Monate

oder

- unmittelbar vor dem Ausscheiden ununterbrochen mindestens 12 Monate

bestanden haben. Anrechenbar sind dabei alle Zeiten der Versicherung bei einer Krankenkasse im Sinne von § 21 Abs. 2 SGB I bzw. § 4 Abs. 2 SGB V, und zwar ohne Rücksicht darauf, ob sie auf Versicherungspflicht oder Versicherungsberechtigung beruhten.

Durch diese gesetzlichen Auflagen haben beispielsweise Arbeitnehmer in Altersteilzeitarbeit mit einem Entgelt, das die JAE-Grenze überschreitet, und die bislang wegen der Zugehörigkeit zu einem privaten Versicherungsunternehmen nach § 6 Abs. 3a SGB V nicht versicherungspflichtig sind, keine Möglichkeit, der gesetzlichen Krankenversicherung beizutreten.

Nach § 9 Abs. 1 Nr. 3 SGB V haben aber auch Arbeitnehmer ohne Erfüllung einer Vorversicherungszeit das Recht zur freiwilligen Versicherung, wenn sie erstmalig eine Beschäftigung aufnehmen und von Anfang an wegen Überschreitens der JAE-Grenze versicherungsfrei sind; Beschäftigungen vor oder während der beruflichen Ausbildung bleiben unberücksichtigt. Hiervon dürften insbesondere höherverdienende Angestellte nach Beendigung ihres Studiums betroffen sein. Denkbar ist aber auch der Fall, dass im Anschluss an eine selbständige Tätigkeit eine Beschäftigung aufgenommen wird.

§ 9 Abs. 1 Nr. 5 SGB V betrifft Arbeitnehmer, die Mitglied einer Krankenkasse waren und danach eine Beschäftigung außerhalb des Geltungsbereichs des SGB aufgenommen haben. Diese sind versicherungsberechtigt, wenn sie in den Geltungsbereich des SGB zurückkehren und dort innerhalb von 2 Monaten eine Beschäftigung aufnehmen. Auf diesem Wege wird die Möglichkeit eingeräumt, die vor dem Weggang ins Ausland bestandene Mitgliedschaft fortzusetzen. Dieses Recht besteht allerdings nur dann, wenn nunmehr eine Beschäftigung aufgenommen wird, die nicht zur Versicherungspflicht führt.

Gemäß § 9 Abs. 2 SGB V ist für die freiwillige Versicherung eine schriftliche Anzeige (§ 188 Abs. 3 SGB 5) erforderlich. Die Anzeigepflicht beträgt 3 Monate.

Wer vor Eintritt in die Altersteilzeitarbeit bei der gesetzlichen Krankenversicherung freiwillig versichert war, bei dem wird die freiwillige Versicherung durch die Pflichtversicherung abgelöst, do dass sie Zuschusszahlung damit entfällt.

3.3 Pflegeversicherung

Die Versicherungspflicht in der sozialen Pflegeversicherung nach § 20 Abs. 1 Satz 2 Nr. 1 i.V.m. Satz 1 SGB XI wird nicht dadurch berührt, dass ein bislang krankenversicherungspflichtiger Arbeitnehmer Altersteilzeitarbeit leistet. Handelt es sich hingegen um einen Arbeitnehmer, der vor Beginn der Altersteilzeitarbeit wegen Überschreitens der Jahresarbeitsentgeltgrenze nach § 6 Abs. 1 Nr. 1 SGB V krankenversicherungsfrei und in der gesetzlichen Krankenversicherung freiwillig versichert war und nunmehr infolge der Altersteilzeitarbeit krankenversicherungspflichtig wird, ändert sich die Rechtsgrundlage für die Versicherungspflicht in der sozialen Pflegeversicherung, d.h. die Versicherungspflicht in der sozialen Pflegeversicherung nach § 20 Abs. 3 SGB XI wird eine solche nach § 20 Abs. 1 Satz 2 Nr. 1 i.V.m. Satz 1 SGB XI umgewandelt.

Sofern ein (bislang freiwillig krankenversicherter) Arbeitnehmer allerdings nach § 22 SGB XI von der sozialen Pflegeversicherung befreit ist, endet diese Befreiung mit dem Eintritt von Krankenversicherungspflicht; von diesem Zeitpunkt an besteht Versicherungspflicht in der sozialen Pflegeversicherung nach § 20 Abs. 1 Satz 2 Nr. 1 i.V.m. Satz 1 SGB XI. Eine Befreiung von der sozialen Pflegeversicherung aufgrund eines "Alt" - Pflegeversicherungsvertrages nach Artikel 42 PflegeVG wird durch den Eintritt von Krankenversicherungspflicht infolge der Altersteilzeitarbeit nicht berührt.

Für Arbeitnehmer, die wegen Überschreitens der Jahresarbeitsentgeltgrenze krankenversicherungsfrei, bei einem Unternehmern der privaten Krankenversicherung krankenversichert und damit auch privat pflegeversichert sind und nunmehr im Rahmen der Altersteilzeitarbeit krankenversicherungspflichtig werden, tritt ebenfalls Versicherungspflicht in der sozialen Pflegeversicherung nach § 20 Abs. 1 Satz 2 Nr. 1 i.V.m. Satz 1 SGB XI ein. Sofern sich diese Arbeitnehmer allerdings nach § 8 Abs. 1 Nr. 3 SGB V von der Versicherungspflicht in der Krankenversicherung befreien lassen und aufgrund des § 23 Abs. 1 SGB XI privat pflegeversichert sind, bleiben sie weiterhin in der privaten Pflegeversicherung versichert.

3.4 Renten- und Arbeitslosenversicherung

In der Rentenversicherung gibt es keine Besonderheiten, ebenso nicht in der Arbeitslosenversicherung, da das Arbeitsentgelt mtl. mehr als 400,00 € betragen muss.

3.5 Beitragszuschüsse zur Kranken- und Pflegeversicherung nach den §§ 257 SGB V, 61 SGB XI

Auch im Falle der Altersteilzeitarbeit hat der Arbeitgeber Beitragszuschüsse zu leisten, wenn der Arbeitnehmer wegen Überschreitens der JAE-Grenze krankenversicherungsfrei und bei einer gesetzlichen Krankenkasse freiwillig versichert ist oder einem privaten Krankenversicherungsunternehmen angehört.

Sinkt das Arbeitsentgelt eines privat versicherten Arbeitnehmers durch die Umstellung auf Altersteilzeitarbeit unter die JAE-Grenze, vermindert sich der Zuschuss des Arbeitgebers entsprechend. Vom 1.1.1998 an hängt nämlich dessen Höhe vom tatsächlichen Arbeitsentgelt ab. Maßgebend ist der durchschnittliche allgemeine Beitragssatz aller Krankenkassen vom 1. Januar des Vorjahres, der von der Bundesregierung jeweils bekannt gegeben wird. Für 2007 beträgt er 13,3 % (14,2 % ./. 0,9 % Zusatzbeitrag). Der Höchst-Beitragszuschuss beträgt mithin 6,65 % von 3.562,50 € = 236,91 € monatlich (wie 2006). Der Arbeitnehmer erhält aber nicht mehr als die Hälfte des Betrages, der tatsächlich aufzuwenden ist.

Beispiele:

a) monatl. Altersteilzeitentgelt	=	2.000,00 €
Beitragszuschuss 6,65 % davon	=	133,00 €
b) monatl. Altersteilzeitentgelt	=	4.000,00 €
Beitragszuschuss 6,65 % von 3.562,50 €	=	236,91 €
c) monatl. Altersteilzeitentgelt	=	4.000,00 €
- Beitragszuschuss höchstens 236,91 €		
- Arbeitnehmer zahlt insgesamt nur 400,00 €		
- Beitragszuschuss mithin	=	200,00 €

In der Freistellungsphase des Blockmodells beträgt der Arbeitgeberzuschuss zur Krankenversicherung aufgrund der Tatsache, dass nur der „ermäßigte Beitragssatz" in Betracht kommt, nur 6 % des beitragspflichtigen Arbeitsentgelts, also im Höchstfalle 6 % von 3.562,50 € = 213,75 € (9/10 von 13,3 %).

Zahlt der Arbeitgeber höhere Zuschüsse als im Rahmen der gesetzlichen Vorgaben nach § 257 SGB V bzw. § 61 SGB XI, weil die Privatversicherung mehr Beiträge fordert, und zwar bis zum Höchstbetrag auf Basis der BBG, ist der überschießende Zuschuss steuer- und beitragspflichtig. Übernimmt der Arbeitgeber auch diese Anteile, handelt es sich um eine Nettozuwendung, die zum Bruttoentgelt hochzurechnen („abzutasten") ist.

3.6 Arbeitgeberbeiträge (Beitragszuschuss) zur Rentenversicherung nach § 172 Abs. 2 SGB VI

Für mit Altersteilzeitarbeit Beschäftigte, die aufgrund einer durch Gesetz angeordneten oder auf Gesetz beruhenden Verpflichtung Mitglied einer öffentlich-rechtlichen Versicherungseinrichtung ihrer Berufsgruppe (berufsständische Versorgungseinrichtung) unter den Voraussetzungen nach § 6 Abs. 1 Satz 1 Nr. 1 SGB VI von der Rentenversicherungspflicht befreit sind (z.B. Juristen, Ärzte, Architekten), hat der Arbeitgeber die Hälfte des Beitrags zu einer berufsständischen Versorgungseinrichtung als Zuschuss zu tragen. Höchstens kommt aber die Hälfte des Beitrags, der zu zahlen wäre, wenn der Beschäftigte nicht von der Versicherungspflicht befreit worden wäre. Das entspricht der Vorgehensweise der Zahlung von Zuschüssen nach § 257 SGB V (siehe Ziff. 3.5), so dass Grundlage für den Arbeitgeberanteil das üblicherweise beitragspflichtige Altersteilzeitentgelt ist.

4 Beiträge

4.1 Beitragspflicht

Beitragspflichtig zur Kranken-, Pflege-, Renten- und Arbeitslosenversicherung ist das vom Arbeitgeber gezahlte Arbeitsentgelt für die Altersteilzeitarbeit. Die Beiträge sind vom Arbeitnehmer und Arbeitgeber grundsätzlich je zur Hälfte zu tragen (liegt der Beschäftigungsort in Sachsen, hat der Arbeitnehmer 1,35 % und der Arbeitgeber 0,35 % des Arbeitsentgelts als Pflegeversicherungsbeitrag zu übernehmen).

Die Aufstockungsbeträge nach § 3 Abs. 1 Nr. 1 Buchst. a und b ATG (aufgestocktes Arbeitsentgelt / Beiträge zur Rentenversicherung von mindestens 90 % des Vollzeitentgelts) sind gem. § 3 Nr. 28 EStG steuerfrei und damit nach § 1 SvEV auch beitragsfrei, und zwar nach Abschn. 18 Satz 2 LStR auch, soweit der Arbeitgeber einen höheren als den gesetzlich vorgeschriebenen Betrag zahlt. Das gilt entsprechend für Aufstockungsbeträge, die nicht vom Arbeitsamt erstattet werden, weil die Voraussetzungen nicht erfüllt sind, beispielsweise wegen fehlender Einstellung eines Arbeitslosen. Ebenso sind Zahlungen des Arbeitgebers zur Übernahme der Beiträge im Sinne des § 187a SGB VI (Beiträge zum Ausgleich späterer Rentenminderungen) wegen ihrer Steuerfreiheit nach § 3 Nr. 28 EStG beitragsfrei, soweit sie 50 % der Beiträge nicht übersteigen. Mithin sind im Falle der Übernahme der vollen Beiträge durch den Arbeitgeber die Hälfte beitragspflichtig.

4.2 Beitragsberechnung

▶ **Allgemeines**

Grundlage für die Berechnung der Beiträge zur Kranken-, Pflege-, Renten- und Arbeitslosenversicherung ist das während der Altersteilzeitarbeit jeweils erzielte Arbeitsentgelt. Die Beiträge dafür sind vom Arbeitnehmer und Arbeitgeber je zur Hälfte zu tragen. In der Krankenversicherung gilt grundsätzlich der allgemeine Beitragssatz. Nur in der Freistellungsphase des Blockmodells ist nach dem Urteil des BSG vom 25.8.2004 (B 12 KR 22/02 R) und dem Rundschreiben der Spitzenverbände vom 29.12.2004 der ermäßigte Beitragssatz anzuwenden. Liegt der Beschäftigungsort des Arbeitnehmers in Sachsen, beläuft sich der Beitragsanteil zur Pflegeversicherung für den Arbeitnehmer auf 1,35 v.H. und für den Arbeitgeber auf 0,35 v.H. des Arbeitsentgelts. Für die Knappschaftliche Rentenversicherung gilt die für diesen Versicherungszweig maßgebende besondere Beitragslastverteilung. Bei Altersteilzeitarbeit ist also auch hinsichtlich der Beiträge zur Rentenversicherung das gezahlte Teilzeitarbeitsentgelt vorrangig. Das gilt auch für einmalige Zuwendungen. Nur wenn damit nicht die BBG erreicht wird, kommen noch erhöhte Beiträge in Betracht.

Die Berechnung der Beiträge der im Einzelnen (lfd. Arbeitsentgelt/Einmalbezüge) und insbesondere der Zusatzbeiträge zur RV können dem Buch „Altersteilzeit" von Datakontext entnommen werden.

5 Beendigung des Arbeitsverhältnisses mit Zahlung einer Abfindung

Zuwendungen, die für eine Zeit nach dem Ausscheiden aus dem Arbeitsverhältnis gezahlt werden, sind kein Arbeitsentgelt im Sinne des § 14 SGB IV, weil sie nicht während eines Beschäftigungsverhältnisses im Sinne der Sozialversicherung (= Eingliederung im Betrieb, Weisungsgebundenheit usw.) beansprucht werden.

Nach höchstrichterlicher Rechtsprechung (vgl. BSG-Urteil v. 21.2.1990 - 12 RK 20/88 - und BAG-Urteil v. 9.11.1988 - 4 AZR 433/88 -) sind Abfindungen, die wegen Beendigung des Beschäftigungsverhältnisses als Entschädigung für den Wegfall künftiger Verdienstmöglichkeiten durch den Verlust des Arbeitsplatzes gezahlt werden, kein Arbeitsentgelt im Sinne der Sozialversicherung und damit nicht beitragspflichtig.

Zahlungen zur Abgeltung vertraglicher Ansprüche, die der Arbeitnehmer bis zum Zeitpunkt der Beendigung der Beschäftigung erworben hat (z.B. Nachzahlung von Arbeitsentgelt für zurückliegende Zeit, Urlaubsabgeltungen), sind jedoch als Arbeitsentgelt dem beendeten Beschäftigungsverhältnis zuzuordnen.

6 Beendigung des Arbeitsverhältnisses mit Gewährung von Vorruhestandsleistungen/ Überbrückungsgeld

Abfindungen oder ähnliche Entschädigungen für die Zeit nach Beendigung des Beschäftigungsverhältnisses könnten als „Vorruhestandsgeld" nach den Vorschriften über die Kranken-, Pflege- und Rentenversicherungspflicht (§§ 5 Abs. 3 SGB V, 20 Abs. 2 SGB XI, § 3 Satz 1 Nr. 4 SGB VI) beitragspflichtig sein.

Die Frage, ob Zuwendungen des Arbeitgebers für eine Zeit nach dem Ausscheiden aus der versicherungspflichtigen Beschäftigung zum Vorruhestandsgeld gehören und damit beitragspflichtig sind, haben die Spitzenverbände der Sozialversicherungsträger verneint. Sie führen in ihrem Rundschreiben vom 26.10.1984 Folgendes aus:

Kein Vorruhestandsgeld sind

- Zahlungen des Arbeitgebers, die als Arbeitsentgelt aus dem beendeten Beschäftigungsverhältnis anzusehen sind.
- Leistungen nach der so genannten 59er-Regelung (z.B. Zuschüsse zum Arbeitslosengeld; Zahlungen anstelle von Arbeitslosenhilfe; Zahlungen an Personen, die sich arbeitslos gemeldet haben, jedoch keine Leistungen nach dem Arbeitsförderungsgesetz in Anspruch nehmen),
- einmalige Abgeltungen von Vorruhestandsleistungen (dazu gehören nicht Vorruhestandsleistungen, die zusammengefasst in größeren Zeitabständen - z.B. viermonatlich - ausgezahlt werden),
- rentenähnliche Einnahmen (Versorgungsbezüge im Sinne des § 226 SGB V) einschließlich etwaiger Ausgleichszahlungen des Arbeitgebers, auch wenn sie übergangsweise erbracht werden.

Dies muss natürlich auch für eine so genannte 58er- oder 54er-Regelung gelten.

Sofern jedoch ein aus dem Erwerbsleben ausgeschiedener Arbeitnehmer bis zum frühest möglichen Beginn der Altersrente, der Knappschaftsausgleichsleistung oder ähnlicher Bezüge öffentlich-rechtlicher Art oder, wenn keine dieser Leistungen beansprucht werden kann, bis zum Ablauf des Kalendermonats, in dem der Ausgeschiedene das 65. Lebensjahr vollendet, eine Leistung (= Vorruhestandsgeld) erhält, besteht unter folgenden Voraussetzungen nach den §§ 5 Abs. 3 SGB V (KV), 3 Satz 1 Nr. 4 SGB VI (RV), 20 Abs. 2 SGB XI, (PV) Versicherungspflicht:

a) Es muss sich um laufende Leistungen handeln, die also kontinuierlich – in aller Regel monatlich – oder in der betriebsüblichen Zeitfolge wie Löhne und Gehälter aus laufenden Beschäftigungsverhältnissen ausgezahlt werden.

b) Das Vorruhestandsgeld kann vom früheren Arbeitgeber, von einer Ausgleichskasse des Arbeitgebers (§ 8 Abs. 1 VRG), von einer gemeinsamen Einrichtung der Tarifvertragsparteien (§ 8 Abs. 1 VRG) oder im Falle der Insolvenz des Arbeitgebers von der Bundesanstalt für Arbeit (§ 9 Abs. 1 VRG) gezahlt werden.

c) Der Bezieher von Vorruhestandsgeld muss unmittelbar vor dem Bezug dieser Leistung als Arbeitnehmer kranken-, pflege- bzw. rentenversicherungspflichtig gewesen sein (wer wegen Überschreitens der JAE-Grenze krankenversicherungsfrei war, wird nicht kranken- und damit nicht pflegeversicherungspflichtig, ebenso nicht versicherungsfreie oder von der Versicherungspflicht befreite Arbeitnehmer).

d) In der Kranken- und Pflegeversicherung muss das Vorruhestandsgeld mindestens 65 % des durchschnittlichen Bruttoarbeitsentgelts der letzten abgerechneten sechs Lohnabrechnungszeiträume betragen, soweit es im jeweiligen Monat die BBG der Arbeitslosenversicherung nicht überschritten hat. In der Rentenversicherung hängt die Versicherungspflicht nicht von der Höhe des Vorruhestandsgeldes ab (es kann auch weniger als 65 % des Bruttoarbeitsentgelts betragen). Arbeitslosenversicherungspflicht besteht nicht.

Zu den beitragspflichtigen „Versorgungsbezügen" (= rentenähnliche Einnahmen) im Sinne der §§ 226 Abs. 1 Nr. 3 und 4, 237 Abs. 1 Nr. 2 und 3 SGB V gehören die Zahlungen des Arbeitgebers an Ausgeschiedene bis zum Rentenbezug nicht, da die Betreffenden weder versicherungspflichtig Beschäftigte noch versicherungspflichtige Rentner sind. Im Übrigen handelt es sich bei Zahlungen bis zum Rentenbeginn an Personen, die aus Altersgründen das Beschäftigungsverhältnis beendet haben, nicht um „Renten der betrieblichen Altersversorgung". Deren Beginn fällt grundsätzlich mit dem Beginn der Sozialversicherungsrente zusammen.

7 Beiträge für Zeiten des Bezuges von Kurzarbeitergeld

▶ **Allgemeines**

Bei Beziehern von Kurzarbeitergeld wird neben dem vom Arbeitgeber gezahlten Arbeitsentgelt (= Istentgelt/Kurzlohn) für Zeiten des Anspruchs auf diese Leistung der Arbeitslosenversicherung der Berechnung der Beiträge zur Kranken-, Pflege- und Rentenversicherung 80 % eines fiktiven Arbeitsentgelts zugrunde gelegt.

Beiträge zur Arbeitslosenversicherung sind nur vom tatsächlich erzielten Arbeitsentgelt (= Istentgelt/Kurzlohn) zu berechnen. Eine Beitragsberechnung aus dem fiktiven Entgelt oder aus dem Betrag des Kurzarbeitergeldes scheidet aus.

Die Beiträge für das erzielte Arbeitsentgelt (= Istentgelt/Kurzlohn) sind in der üblichen Weise zu berechnen, also grundsätzlich auf Monatsbasis unter Berücksichtigung der Beitragsbemessungsgrenzen.

Hinsichtlich der Berechnung der Beiträge zur Kranken-, Pflege- und Rentenversicherung für Zeiten des Arbeitsausfalls wegen Kurzarbeit gilt Folgendes (Bezüglich der Beitragsberechnung bei Kurzarbeit von Altersteilzeitbeschäftigten siehe auch Ziff. 3.3):

▶ **Kranken- und Pflegeversicherungsbeiträge**

Bemessungsgrundlage für die Berechnung der Beiträge zur Kranken- und Pflegeversicherung sind 80 % des Unterschiedsbetrages zwischen dem Arbeitsentgelt, das der Arbeitnehmer ohne den Arbeitsausfall erzielt hätte (Sollentgelt) und dem tatsächlich erzielten Arbeitsentgelt (= Istentgelt/Kurzlohn).

Für die Berechnung der Kranken- und Pflegeversicherungsbeiträge wird das fiktive Arbeitsentgelt nur insoweit berücksichtigt, als es zusammen mit dem tatsächlich bezogenen Arbeitsentgelt die für den jeweiligen Lohnabrechnungszeitraum geltende BBG der Kranken- und Pflegeversicherung nicht übersteigt.

Maßgebend für die Berechnung der Krankenversicherungsbeiträge aus dem fiktiven Arbeitsentgelt ist der Beitragssatz der Krankenkasse, bei der der Arbeitnehmer versichert ist.

Der Arbeitgeber hat die Kranken- und Pflegeversicherungsbeiträge für das fiktive Arbeitsentgelt allein zu tragen.

▶ **Rentenversicherungsbeiträge**

Es gelten die Regelungen über die Berechnung der Krankenversicherungsbeiträge entsprechend mit der Maßgabe, dass die BBG der Rentenversicherung zu beachten ist.

In der Entgeltbescheinigung nach der DEÜV ist das fiktive Arbeitsentgelt, für das Beiträge berechnet wurden, zu berücksichtigen.

▶ **Arbeitslosenversicherungsbeiträge**

Beiträge zur Arbeitslosenversicherung sind lediglich aus dem tatsächlich erzielten Entgelt (Istentgelt/Kurzlohn) zu zahlen. Ein fiktives Entgelt - wie in der Kranken-, Pflege- und Rentenversicherung - kommt nicht in Ansatz.

8 Versicherungsrechtliche Beurteilung der Beschäftigungsverhältnisse von Altersrentnern

Die nachfolgende Übersicht, entnommen dem Leitfaden „Entscheidungstabellen Versicherungsstatus" vom Datakontext-Verlag, gibt Aufschluss über die Versicherungspflicht und -freiheit beschäftigter Rentner.

	Beurteilung von beschäftigte Rentnern in der Sozialversicherung Vollrenten wegen Alters (Vorlage des Rentenbescheides ist in jedem Fall zwingend erforderlich)				
Personenkreis	Bedingung/ Voraussetzung	Krankenversicherung/ Pflegeversicherung	Renten- versicherung	Arbeitslosenversicherung	
Altersrentner nach Vollendung des 65. Lebensjahres (Regelaltersrente)	Wartezeit von 5 Jahren (§ 35 SGB VI)	versicherungspflichtig (§ 5 Abs. 1 Nr. 1 SGB V, § 20 Abs. 1 Satz 1 in Verb. mit Satz 2 Nr. 1 SGB XI); ermäßigter Beitragssatz zur Krankenversicherung (§ 243 Abs. 1 SGB V)	versicherungsfrei (§ 5 Abs. 4 Nr. 1 SGB VI); jedoch ist Arbeitgeberbeitragsanteil zur Rentenversicherung zu zahlen (§ 172 Abs. 1 Nr. 1 SGB VI)	versicherungsfrei (§ 28 Nr. 1 SGB III); jedoch ist Arbeitgeberbeitragsanteil zur Arbeitslosenversicherung zu zahlen (§ 346 Abs. 3 SGB III)	
Altersrentner nach Vollendung des 60. Lebensjahres* (Altersrente für Schwerbehinderte) * Die Altersgrenze ist seit 1.1.2001 in Monatsschritten auf das 63. Lebensjahr angehoben worden [1]	Wartezeit von 35 Jahren und als Schwerbehinderter anerkannt (§§ 37, 236a SGB VI)	versicherungspflichtig (§ 5 Abs. 1 Nr. 1 SGB V, § 20 Abs. 1 Satz 1 in Verb. mit Satz 2 Nr. 1 SGB XI); ermäßigter Beitragssatz zur Krankenversicherung (§ 243 Abs. 1 SGB V)	versicherungsfrei (§ 5 Abs. 4 Nr. 1 SBG VI); jedoch ist Arbeitgeberbeitragsanteil zur Rentenversicherung zu zahlen (§ 172 Abs. 1 Nr. 1 SGB VI)	versicherungspflichtig (§ 25 Abs. 1 SGB III); versicherungsfrei nach Vollendung des 65. Lebensjahres; jedoch ist Arbeitgeberanteil zur Arbeitslosenversicherung zu zahlen (§ 346 Abs. 3 SGB III). Bei verminderter Leistungsfähigkeit auch vor Vollendung des 65. Lebensjahres versicherungsfrei (§ 28 Nr. SGB III)	
Altersrentner nach Vollendung des 60. Lebensjahres* (Altersrente wegen Arbeitslosigkeit oder nach Altersteilzeitarbeit) – gilt nur noch für Versicherte, die vor dem 1.1.1952 geboren sind) * Die Altersgrenze ist seit 1.1.1997 in Monatsschritten auf das 65. Lebensjahr angehoben worden [1]	Wartezeit von 15 Jahren und Arbeitslosigkeit von 52 Wochen in den letzten 1 ½ Jahren bzw. 24 Kalendermonate Altersteilzeitarbeit sowie 8 Jahre Pflichtbeitragszeiten in den letzten 10 Jahren (§ 237 SGB VI)	versicherungspflichtig (§ 5 Abs. 1 Nr. 1 SGB V, § 20 Abs. 1 Satz 1 in Verb. mit Satz 2 Nr. 1 SGB XI) ermäßigter Beitragssatz zur Krankenversicherung (§ 243 Abs. 1 SGB V)	versicherungsfrei (§ 5 Abs. 4 Nr. 1 SBG VI); jedoch ist Arbeitgeberbeitragsanteil zur Rentenversicherung zu zahlen (§ 172 Abs. 1 Nr. 1 SGB VI)	versicherungspflichtig (§ 25 Abs. 1 SGB III); versicherungsfrei nach Vollendung des 65. Lebensjahres; jedoch ist Arbeitgeberanteil zur Arbeitslosenversicherung zu zahlen (§ 346 Abs. 3 SGB III).	
Altersrentner nach Vollendung des 60. Lebensjahres* (Altersrente für Frauen) gilt nur noch für Versicherte, die vor dem 1.1.1952 geboren sind * Die Altersgrenze wird seit 1.1.2000 in Monatsschritten auf das 65. Lebensjahr angehoben [1]	Wartezeit von 15 Jahren und nach Vollendung des 40. Lebensjahres mehr als 10 Jahre Pflichtbeitragszeiten (§ 237a SGB VI)	versicherungspflichtig (§ 5 Abs. 1 Nr. 1 SGB V, § 20 Abs. 1 Satz 1 in Verb. mit Satz 2 Nr. 1 SGB XI) ermäßigter Beitragssatz zur Krankenversicherung (§ 243 Abs. 1 SGB V)	versicherungsfrei (§ 5 Abs. 4 Nr. 1 SBG VI); jedoch ist Arbeitgeberbeitragsanteil zur Rentenversicherung zu zahlen (§ 172 Abs. 1 Nr. 1 SGB VI)	versicherungspflichtig (§ 25 Abs. 1 SGB III); versicherungsfrei nach Vollendung des 65. Lebensjahres; jedoch ist Arbeitgeberbeitragsanteil zur Arbeitslosenversicherung zu zahlen (§ 346 Abs. 3 SGB III)	

Eine Rente wegen Alters vor Vollendung des 65. Lebensjahres wird nur geleistet, wenn die Hinzuverdienstgrenze nicht überschritten wird. Die Hinzuverdienstgrenze beträgt monatlich 1/7 der mtl. Bezugsgröße; bei Bestandsrenten am 31.12.1999 ist zweimal pro Rentenjahr – gerechnet seit Rentenbeginn – und bei Rentenzugängen ab 2000 ist zweimal pro Kalenderjahr durch Mehrarbeit oder einmalige Einnahmen (z.B. Urlaubsgeld, Weihnachtsgeld) ein Überschreiten der Hinzuverdienstgrenze bis zur doppelten Höhe (§ 34 Abs. 2 in Verb. mit Abs. 3 Nr. 1 und § 302 Abs. 5 SGB VI).

[1]) Eine vorzeitige Inanspruchnahme der Rente vom 60. Lebensjahr an ist weiterhin möglich, dabei müssen Rentenabschläge in Höhe von 0,3 v.H. pro Monat in Kauf genommen werden; für Versicherte der „rentennahen" Jahrgänge gibt es allerdings Vertrauensschutzregelungen (ohne Rentenabschlag).

9 Meldeverfahren

▶ **Anzuwendende Schlüsselzahlen**

- Es gelten für den „Grund der Abgabe" einer Meldung folgende Schlüsselzahlen:

  a) Bei „Anmeldungen":

– Beginn der Beschäftigung	10
– Anmeldung wegen Krankenkassenwechsel	11
– Anmeldung wegen Beitragsgruppenwechsel	12
– Anmeldung wegen sonstiger Gründe/Änderungen im Beschäftigungsverhältnis	13

  b) Bei „Abmeldungen":

– Ende der Beschäftigung	30
– Abmeldung wegen Krankenkassenwechsel	31
– Abmeldung wegen Beitragsgruppenwechsel	32
– Abmeldung wegen sonstiger Gründe/Änderungen im Beschäftigungsverhältnis	33

- Für die „Beitragszahlung" (= Beitragsgruppe) gelten folgende Schlüsselzahlen:

  a) Krankenversicherung (KV):

– kein Beitrag	0
– allgemeiner Beitrag	1
– erhöhter Beitrag	2
– ermäßigter Beitrag	3
– Beitrag zur landwirtschaftlichen KV	4
– Arbeitgeberbeitrag zur landwirtschaftlichen KV	5
– freiwillige Krankenversicherung/Firmenzahler	9

b) Rentenversicherung (RV):

- kein Beitrag 0
- voller Beitrag 1
- halber Beitrag 3

c) Arbeitslosenversicherung:

- kein Beitrag 0
- voller Beitrag 1
- halber Beitrag 2

d) Pflegeversicherung:

- kein Beitrag 0
- voller Beitrag 1
- halber Beitrag 2

▶ **Meldungen bei Altersteilzeitarbeit**

Bei Beginn und Ende der Altersteilzeit hat der Arbeitgeber gem. § 28a Abs. 1 Nr. 16 und 17 SGB IV eine Meldungen zu erstatten.

Gesetzliche Grundlage für das Meldeverfahren ist die Datenerfassungs- und Übermittlungsverordnung (DEÜV), die durch das Gesetz zur Vereinfachung des Verwaltungsverfahrens im Sozialrecht (Verwaltungsvereinfachungsgesetz) vom 21. März 2005 geändert worden ist. Die Ausgestaltung der Meldepflicht ergibt sich aus § 12 DEÜV. Danach wurde der Datenaustausch zwischen Arbeitgebern und Krankenkassen ab 1.1.2006 neu geregelt. Ab diesem Zeitpunkt dürfen Arbeitgeber die Sozialversicherungsmeldungen und Beitragsnachweise ihrer Beschäftigten nur noch als gesicherte und verschlüsselte elektronische Daten übermitteln. Das bedeutet, dass Meldungen und Beitragsnachweise nicht mehr manuell abgegeben werden dürfen.

Die Meldungen über Beginn und Ende der Altersteilzeitarbeit sind grundsätzlich taggenau zu erstatten. Beginnt oder endet die Altersteilzeitarbeit nicht am Ersten eines Monats, sondern erst im Laufe eines Monats, kann an Stelle der taggenauen Meldung als Beginn der Altersteilzeitarbeit der Erste des Monats, in dem die Altersteilzeitarbeit begonnen hat, und als Ende der Altersteilzeitarbeit der Letzte des Monats, in dem die Altersteilzeitarbeit endet, gemeldet werden (§ 12 Abs. 3 i.V.m. Abs. 2 DEÜV).

- Übergang in die Altersteilzeitarbeit

Immer dann, wenn sich der Personengruppenschlüssel ändert, ist nach § 12 Abs. 1 DEÜV eine Abmeldung und eine Anmeldung zu erstatten. Für Arbeitnehmer in Altersteilzeit gilt der besondere Personengruppenschlüssel „103".

Mit Übergang in die Altersteilzeit ist das Ende der bisherigen Beschäftigung und der Beginn der Altersteilzeit zu melden. Beide Meldungen können nicht auf einem Vordruck kombiniert werden.

Es ist daher zu melden:

- Ende der bisherigen Beschäftigung

    Abmeldung mit dem Personengruppenschlüssel „101" und Abgabegrund „33" und Aufnahme des Arbeitsentgelts bis zum Tage vor Beginn der Altersteilzeitarbeit (Frist: 6 Wochen)

- Beginn der Altersteilzeitarbeit

    Anmeldung mit Personengruppenschlüssel „103" und Abgabegrund „13"

    Angaben der Tätigkeit:

    - 1. bis 3. Stelle: Schlüsselzahl der ausgeübten Tätigkeit,
    - 4. Stelle: Stellung im Beruf („8" oder „9"),
    - 5. Stelle: Ausbildung (Frist: 2 Wochen)

Beispiel:

Sachverhalt:

Ein Arbeitnehmer wechselt vom 1.7.2005 an von einer Vollzeitbeschäftigung in eine Altersteilzeitbeschäftigung.

Diese endet mit dem 31.12.2009.

Erforderliche Meldungen:

Abmeldung:

Die Abmeldung mit dem Meldegrund „33" und dem Personengruppenschlüssel „101" ist innerhalb von sechs Wochen nach dem Ende der Vollzeitbeschäftigung zu erstatten. Als Beschäftigungszeit ist die Zeit vom 1.1.2005 bis 30.6.2005 zu melden. Das für diesen Zeitraum gezahlte rentenversicherungspflichtige Arbeitsentgelt ist einzutragen.

Anmeldung:

Die Anmeldung hat innerhalb von zwei Wochen nach Beginn der Altersteilzeit (1.7.2005) mit dem Meldegrund „13" und dem Personengruppenschlüssel „103" zu erfolgen. Beide Meldungen können nicht auf einem Vordruck kombiniert werden.

Alle Folgemeldungen für Zeiten nach Beginn der Altersteilzeitarbeit (Unterbrechungsmeldungen, Jahresmeldungen) sind mit dem Personengruppenschlüssel „103" zu versehen. Als beitragspflichtiges Bruttoarbeitsentgelt ist nicht nur das Arbeitsentgelt für die Altersteilzeitarbeit (Teilzeitentgelt) einzutragen, sondern der Gesamtbetrag, von dem Beiträge zur Rentenversicherung gezahlt worden sind; das Arbeitsentgelt für Altersteilzeitarbeit ist also um die zusätzlichen beitragspflichtigen Einnahmen nach § 3 Abs. 1 Nr. 1 Buchst. B i.V.m. § 163 Abs. 5 SGB VI zu erhöhen.

- Ende der Altersteilzeitarbeit

Endet das Altersteilzeitbeschäftigungsverhältnis planmäßig, ist eine Beendigungsmeldung mit dem Abgabegrund „30" innerhalb von 6 Wochen nach der Beendigung der Altersteilzeit zu erstatten.

Endet die Altersteilzeit vorzeitig, ist bei den erforderlichen Meldungen zu unterscheiden, ob die Altersteilzeit im kontinuierlichen Arbeitszeitmodell oder im Blockmodell durchgeführt wurde.

Bei der vorzeitigen Beendigung eines Altersteilzeitbeschäftigungsverhältnisses mit kontinuierlicher Arbeitszeitverteilung ist eine Abmeldung mit Meldegrund „30" zu erstatten.

Bei der vorzeitigen Beendigung eines Altersteilzeitbeschäftigungsverhältnisses im Blockmodell tritt ein so genannter Störfall ein. Die erforderlichen Meldungen ergeben sich aus dem Rundschreiben der Spitzenverbände der Sozialversicherungsträger zur Altersteilzeit vom 9.3.2004.

Wird das Altersteilzeitverhältnis unterbrochen, ohne dass ein Störfall eintritt, etwa weil betriebsbedingt eine Rückkehr zur Beschäftigung mit bisheriger wöchentlicher Arbeitszeit erforderlich wird, ist eine Abmeldung mit Abgabegrund „33" (Frist: 6 Wochen) und zusätzlich eine Anmeldung mit neuem Personengruppenschlüssel und Abgabegrund „13" (Frist: 2 Wochen) zu erstatten.

● Meldungen bei so genannten Störfällen

Werden Beiträge anlässlich des Eintritts eines „Störfalles" entrichtet, ist nach § 28a Abs. 1 Nr. 19 i.V.m. § 28a Abs. 3 Nr. 2 SGB IV das beitragspflichtige Arbeitsentgelt mit einer besonderen Meldung zu bescheinigen. Für die besondere Meldung gilt der Grund der Abgabe „55"; Meldezeitraum sind der Monat und das Jahr des „Störfalls". Des Weiteren sind jeweils die Beitragsgruppenschlüssel anzugeben, die beim Versicherten zum Zeitpunkt des „Störfalls" zutreffen. Sind Beiträge zu einem Versicherungszweig zu entrichten, zu dem zum Zeitpunkt des „Störfalls" keine Versicherungspflicht besteht, ist der für den Versicherten zuletzt maßgebende Versicherungszweig (Beitragsgruppenschlüssel) anzugeben. Die Meldung hat das zur Rentenversicherung beitragspflichtige Arbeitsentgelt zu enthalten und ist mit der nächstfolgenden Entgeltabrechnung zu erstatten.

Weitere Einzelheiten zum Meldeverfahren sind dem Leitfaden „Sozialversicherung 2007" von Datakontext zu entnehmen.

10 Beiträge im U1/U2-Umlageverfahren

▶ Allgemeines

Nach dem Aufwendungsausgleichsgesetz – AAG – vom 22.12.2005 hat der Arbeitgeber ab 1.1.2006 zur Erstattung seiner Aufwendungen im Krankheitsfalle und bei Mutterschaft grundsätzlich Beiträge im Rahmen des U1 und U2-Umlageverfahrens an die zuständige Krankenkasse des Einzelnen zusammen mit den üblichen Beiträgen zur SV zu zahlen. Es handelt sich dabei um eine so genannte Arbeitgeberversicherung ohne Abzüge vom Arbeitsentgelt. Einbezogen sind auch Beschäftigte mit Altersteilzeitarbeit, und zwar beim Blockmodell selbst in der Freistellungsphase, in der beispielsweise im Krankheitsfalle wegen vorhandenen Wertguthabens kein Krankengeld gezahlt wird. Im Wesentlichen gelten die nachfolgenden Regelungen.

▶ U1-Umlageverfahren (= Entgeltfortzahlung bei Krankheit)

- Dieses Umlageverfahren dient der Erstattung der Aufwendungen des Arbeitgebers bei Arbeitsunfähigkeit wegen Krankheit (Entgeltfortzahlung bis 6 Wochen). Die Umlagen sind auch zu zahlen, wenn sich keine Erstattung ergibt, wie beispielsweise in der Freistellungsphase des Blockmodels.

- Es werden Betriebe mit der Regel bis zu 30 Beschäftigten — ausschließlich Auszubildende und Schwerbehinderte im Sinne des SGB IX sowie Wehr- und Zivildienstleistende, Bezieher von Vorruhestandsgeld, Personen in Elternzeit, Beschäftigte in der Freistellungsphase der Altersteilzeit — einbezogen. Eine besondere Regelung gilt dabei für Teilzeitbeschäftigte.

- Bemessungsgrundlage für die Umlagen sind die rentenversicherungspflichtigen Arbeitsentgelte (ohne einmalige Zuwendungen) der Arbeiter, Angestellten und Auszubildenden bis zur BBG der RV (2007 = mtl. 5.250,00 € west, 4.550,00 € ost). Außer Ansatz bleiben die Arbeitsentgelte für Arbeitnehmer mit befristeter Beschäftigung bis zu 4 Wochen.

- Erstattet werden auf Antrag die Aufwendungen des Arbeitgebers (Bruttobezüge + Arbeitgeberanteile zur SV), der Beiträge nach § 172 Abs. 2 SGB VI und der Zuschüsse nach den §§ 257 SGB V, 61 SGB XI in Höhe des in der jeweiligen Satzung der KK festgelegten Prozentsatzsatzes bis zu einer Obergrenze von 80 %.

▶ U2-Umlageverfahren

- Dieses Umlageverfahren dient der Erstattung der Aufwendungen des Arbeitgebers bei Mutterschaft. Die Umlagen sind wie bei den Umlagen U1 auch zu zahlen, wenn sich keine Erstattung ergibt (z.B. in Betrieben ohne Mutterschaftsfälle).

- Es werden im Gegensatz zum U1-Verfahren alle Betriebe unabhängig von der Betriebsgröße einbezogen.

- Wie beim U1-Umlageverfahren werden für die Berechnung der U2-Umlagen die rentenversicherungspflichtigen Arbeitsentgelte (ohne einmalige Zuwendungen) der Arbeiter, Angestellten und Auszubildenden bis zur Beitragsbemessungsgrenze der Rentenversicherung zugrunde gelegt. Im Gegensatz zum U1-Umlageverfahren sind die Arbeitsentgelte für Arbeitnehmer mit befristeter Beschäftigung bis zu 4 Wochen umlagepflichtig. Außer Ansatz bleiben die Arbeitsentgelte für Arbeitnehmer mit befristeter Beschäftigung bis zu 4 Wochen.

- Erstattet werden auf Antrag die Aufwendungen des Arbeitgebers zu 100 %. Das sind bei Beschäftigungsverboten

- das nach § 11 des Mutterschutzgesetzes gezahlte Bruttoarbeitsentgelt (= Mutterschutzlohn) sowie die darauf entfallenden Arbeitgeberbeiträge zur Sozialversicherung und die Beiträge nach § 172 Abs. 2 SGB VI sowie die Arbeitgeberzuschüsse nach § 257 SGB V, § 61 SGB XI,
- der nach § 14 Abs. 1 Mutterschutzgesetz gezahlte Zuschuss zum Mutterschaftsgeld nach § 200 RVO.

▶ Sonstige Regelungen

Folgende allgemeine Festlegungen sind bedeutsam:

- Die Umlagebeiträge U1 und U2 werden im Beitragsnachweis erfasst und auf diesem Wege der jeweiligen Krankenkasse gemeldet.

- Der Arbeitgeber kann die geforderten Erstattungsbeträge im laufenden Beitragsnachweis mit den zu zahlenden Beiträgen verrechnen.

- Bei Privatkrankenversicherten ist für das Umlageverfahren die Einzugsstelle der Beiträge zur RV und ALV zuständig.

- Die Satzung der Krankenkasse kann die Höhe der Erstattungsbeträge beschränken.

- Die gesetzlichen Neuregelungen ab 1.1.2006 gelten auch für bereits laufende Fälle (Beginn der Entgeltfortzahlung im Krankheitsfalle, des Mutterschutzes vor dem 1.1.2006).

- Die Erstattung wird auf Antrag erbracht, und zwar sobald der Arbeitgeber seiner Verpflichtung zur Auszahlung des Arbeitsentgelts und des Zuschusses zum Mutterschaftsgeld nachgekommen ist (im Allgemeinen nach Ablauf des jeweiligen Lohnabrechnungszeitraumes).

Weitere Erläuterungen enthält das Rundschreiben der Spitzenverbände der Sozialversicherungsträger vom 21.12.2005.

ABSCHNITT X:
Steuerrecht

1 Steuerpflicht und -freiheit allgemein

Während des Bestehens des aktiven Dienstverhältnisses gelten uneingeschränkt die gesetzlichen Regelungen über die Steuerpflicht und -freiheit. Dies bezieht sich auch auf die steuerliche Behandlung der Bezüge für Zeiten der Arbeitsfreistellung und insbesondere auf die verminderten Arbeitslöhne für die Altersteilzeitarbeit. Bei „Blockung" der Altersteilzeit mit der Folge, dass für eine bestimmte Zeit weniger gezahlt als gearbeitet wird und später dem Arbeitnehmer Arbeitslohn zufließt, obwohl nicht mehr gearbeitet wird, besteht Steuerpflicht des entsprechenden Altersteilzeitarbeitslohnes auch in dem Zeitraum, in dem nicht gearbeitet wird (Besonderheiten ergeben sich nur hinsichtlich der steuerlichen Behandlung von Sonn-, Feiertags- und Nachtarbeitszuschlägen - siehe nachfolgend -).

Da im Gegensatz zum Sozialversicherungsrecht das Dienstverhältnis im steuerlichen Sinne auch nach dem aktiven Dienst weiter besteht, sind damit grundsätzlich alle später gewährten Zuwendungen steuerpflichtig, wie beispielsweise Entschädigungen (Überbrückungsgeld, Vorruhestandsgeld nach Abschn. III Ziff. 9) für eine Zeit des so genannten Vorruhestandes. Allerdings gelten die nachfolgenden Sonderregelungen für Abfindungen und Aufstockungsbeträge.

2 Abfindungen wegen Auflösung des Dienstverhältnisses

2.1 Allgemeines

Nach den gesetzlichen Bestimmungen werden Entschädigungen (= Abfindungen), die wegen Auflösung eines Dienstverhältnisses gezahlt werden, steuerlich begünstigt (Ziff. 2.5).

2.2 Abfindungsbegriff

Das Einkommensteuergesetz enthält keine Definition des Begriffs „Abfindung". Dieser hat sich im Laufe der Zeit durch Rechtsprechung und Literatur herauskristallisiert.

Nach R 9 LStR, H 9 LStH sind Abfindungen Leistungen, die der Arbeitnehmer als Ausgleich für die mit der Auflösung des Dienstverhältnisses verbundenen Nachteile, insbesondere für den Verlust des Arbeitsplatzes, erhält (sachlicher Zusammenhang). Die Abfindung soll dem Arbeitnehmer einen gewissen Ausgleich für Vermögens- und Nichtvermögensschäden gewähren, die sich für ihn aus dem Verlust seines Arbeitsplatzes ergeben.

Daraus folgt, dass die Abfindung in einem kausalen Zusammenhang mit der Auflösung des Dienstverhältnisses stehen muss (z.B. nach Auflösungsvereinbarung). Sie darf nicht nur anlässlich, sondern muss wegen der Auflösung des Dienstverhältnisses gezahlt werden. Ein zeitlicher Zusammenhang zwischen dem Zufluss der Abfindung und der Beendigung des Dienstverhältnisses ist neben dem sachlichen Zusammenhang nicht erforderlich. Ein erhebliches zeitliches Auseinanderfallen der beiden Ereignisse kann jedoch den sachlichen Zusammenhang in Frage stellen. Nach der Verwaltungsmeinung soll ein Zeitraum von bis zu 5 Jahren ohne weitere Prüfung akzeptiert werden, so dass bei Altersteilzeitarbeit von 5 Jahren schon bei Beginn eine Abfindung beispielsweise als Ausgleich für Rentenminderungen mit den entsprechenden steuerlichen Vergünstigungen gezahlt werden kann; die Sozialversicherungsträger haben sich dem angepasst.

Keine Abfindungen sind Leistungen zur Abgeltung vertraglicher Ansprüche, die der Arbeitnehmer aus dem Dienstverhältnis bis zum Zeitpunkt der Auflösung erlangt hat, wie beispielsweise rückständiger Arbeitslohn, anteiliges Urlaubsgeld, Urlaubsbarabgeltung, Tantiemen oder Schadensersatz für nicht mit der Auflösung des Dienstverhältnisses zusammenhängende Ansprüche. Sofern solche Beträge mit Abfindungen in einem Betrag gezahlt werden, sind sie aus der Gesamtsumme auszuscheiden. Dasselbe gilt für Zuwendungen, die bei einem Wechsel des Dienstverhältnisses vom neuen Arbeitgeber erbracht werden.

Die Finanzverwaltung erkennt als Zahlungen wegen Auflösung des Arbeitsverhältnisses Bezüge an, mit denen entgangene Verdienstmöglichkeiten für die Zeit nach dem Ausscheiden abgegolten werden sollen. Es ist unerheblich, ob die Abfindung als Einmalbetrag, in Teilbeträgen oder in fortlaufenden Beträgen gezahlt wird.

Wählen Arbeitgeber und Arbeitnehmer anstelle der sofortigen Auflösung des Arbeitsvertrags zunächst die sog. Arbeitsfreistellung, sind die Zahlungen bis zur endgültigen Beendigung des Dienstverhältnisses keine steuerfreien Entlassungsabfindungen. Das Arbeitsverhältnis wird weder aufgehoben noch aufgelöst. Die Freistellung beseitigt lediglich die Arbeitspflicht des Arbeitnehmers, die übrigen Rechte und Pflichten, die das Arbeitsverhältnis den Beteiligten auferlegt, wie z.B. die Lohnfortzahlung im Krankheitsfalle, bleiben dagegen bestehen. Zahlungen für den Zeitraum einer Arbeitsfreistellung können deshalb keine begünstigte Abfindung darstellen, weil sie lediglich zur Tilgung des aus dem bestehenden Dienstverhältnis sich ergebenden laufenden Lohnanspruchs erfolgen. Die Steuerbefreiungsvorschrift erfasst

nur solche Beträge, die der Arbeitnehmer bei Auflösung des Dienstverhältnisses über den vertraglich bereits entstandenen Arbeitslohn hinaus erhält. Die Bestimmungen über die steuerrechtliche Beurteilung von Abfindungen gelten auch, wenn der Arbeitslohn nach § 3 Nr. 39 EStG steuerfrei ist oder nach § 40a EStG pauschal versteuert wird.
Bezüglich der beitragsrechtlichen Behandlung von Abfindungen siehe Abschn. IX Ziff 4.2.

2.3 Freibeträge

Abfindungen sind unter den Voraussetzungen des § 3 Nr. 9 EStG in den Übergangsfällen in folgender Höhe steuerfrei:

- bis zu 7.200,00 € ohne Berücksichtigung des Lebensalters und der Betriebszugehörigkeit des ausscheidenden Mitarbeiters,

- bis zu 9.000,00 €, wenn der Arbeitnehmer das 50. Lebensjahr vollendet und das Dienstverhältnis mindestens 15 Jahre bestanden hat,

- bis zu 11.000,00 €, wenn der Arbeitnehmer das 55. Lebensjahr vollendet und das Dienstverhältnis mindestens 20 Jahre bestanden hat.

Diese Freibeträge kommen nur noch in Ansatz für vor dem 1. Januar 2006 abgeschlossene Verträge über Abfindungen oder für Abfindungen wegen einer vor dem 1. Januar 2006 getroffenen Gerichtsentscheidung, soweit die Abfindungen dem Arbeitnehmer vor dem 1. Januar 2008 zufließen, und zwar zumindest der steuerfreie Teil (Übergangsfälle). Eine Abfindung ist also in vollem Umfange steuerpflichtig, wenn sie nach dem 31.12.2005 vereinbart oder erst nach dem 31.12.2007 gezahlt wird. Die begünstigte Besteuerung nach Ziff. 2.4 bleibt jedoch erhalten.

Diese Übergangsregel gilt auch für bereits am 31.12.2005 anhängige Klagen, wenn diese Fälle erst in 2007 gerichtlich entschieden werden und die Abfindung noch bis zum 31.12.2007 ausgezahlt wird. Damit umfasst die Übergangsregel auch gesetzliche Abfindungsansprüche nach § 1a Kündigungsschutzgesetz, wenn der Arbeitnehmer die innerhalb drei Wochen nach der Kündigung mögliche Klage bis zum 31.12.2005 bewirkt hatte.

Ansonsten gilt Folgendes:

- Erfolgt die Auszahlung (zumindest des steuerfreien Teils) der Abfindung früher als im Aufhebungsvertrag vereinbart, ist darin steuerrechtlich kein Gestaltungsmissbrauch zu sehen. Aus arbeitsrechtlichen Gründen wird aber empfohlen, eine entsprechende Zusatzvereinbarung zu treffen.

- Ein in 2005 bereits geschlossener Sozialplan allein reicht für die Anwendung der Übergangsregel nicht aus, da sich daraus keine arbeitsrechtliche Verbindlichkeit ergibt, sondern diese erst bei Aussprechen der einzelnen Kündigung eintritt. Eventuell ist es aber ausreichend, wenn im Sozialplan die einzelnen Arbeitnehmer und die ihnen zustehenden Abfindungsbeträge bereits namentlich aufgeführt sind.

- Durch den Wegfall der Steuerfreiheit entfällt auch die bisher häufig praktizierte Möglichkeit, den steuerfreien und den steuerpflichtigen Teil der Abfindung in zwei verschiedenen Kalenderjahren auszuzahlen.
- Die sog. Fünftelungsregel (§ 34 EStG) bleibt, wie schon erwähnt, unverändert. Für insgesamt steuerpflichtige Abfindungen kommt diese Steuervergünstigung eher zur Anwendung (Vergleich mit dem Arbeitslohn des Austrittsjahres bzw. mit dem Arbeitslohn des Vorjahres).
- Gemäß § 3 Nr. 28 EStG ist eine zweckgebundene Zahlung zum Ausgleich der Rentenminderung (z.B. bei Altersteilzeit) zur Hälfte steuerfrei.
- Wird jedoch die nicht zweckgebundene Zahlung einer Abfindung vereinbart, deren Höhe sich nach der sich ergebenden Rentenminderung berechnet, handelt es sich nicht um eine Zahlung im Sinne von § 3 Nr. 28 EStG, sondern um eine Abfindung nach § 3 Nr. 9 EStG bzw. um eine Entschädigung nach § 34 EStG.

Bei der Ermittlung der Betriebszugehörigkeitsdauer ist Folgendes zu beachten:

- Es sind auch Dienstzeiten zu berücksichtigen, die der Arbeitnehmer vor der Arbeitslosigkeit bei dem Arbeitgeber verbracht hat, wenn das Dienstverhältnis aus vom Arbeitnehmer nicht zu vertretenden Gründen, z.B. im Baugewerbe bei schlechter Witterung, aufgelöst wurde, der Arbeitnehmer anschließend arbeitslos war und im Anschluss an die Arbeitslosigkeit erneut ein Dienstverhältnis mit demselben Arbeitgeber eingegangen ist.
- Bei Beschäftigten innerhalb eines Konzerns sind Zeiten, in denen der Arbeitnehmer früher bei anderen rechtlich selbständigen Unternehmen des Konzerns tätig war, im Allgemeinen nicht zu berücksichtigen. Ist jedoch bei früheren Umsetzungen innerhalb des Konzerns keine Abfindung an den Arbeitnehmer gezahlt worden, weil der Konzern die Umsetzung als Fortsetzung eines einheitlichen Dienstverhältnisses betrachtet hat, ist für die Ermittlung des Freibetrags von einer Gesamtbeschäftigungsdauer für den Konzern auszugehen. Ausschlaggebend ist, dass der Arbeitsvertrag hierfür wichtige Anhaltspunkte, wie z.B. die Berechnung der Pensionsansprüche, des Urlaubsanspruchs oder des Dienstjubiläums des Arbeitnehmers, enthält.
- Werden Arbeitnehmer im Baugewerbe zu Arbeitsgemeinschaften entsandt, berechnet sich die Dauer des nach § 3 Nr. 9 EStG maßgebenden Dienstverhältnisses aus der Summe der Zeiten im Stammbetrieb und auf

den Baustellen der Arbeitsgemeinschaften. Das Gleiche gilt auch, wenn der Arbeitnehmer ein eigenständiges Dienstverhältnis zur Arbeitsgemeinschaft begründet hat und vom Stammbetrieb freigestellt worden ist, sofern während der Beschäftigung bei der Arbeitsgemeinschaft das Dienstverhältnis zum Stammbetrieb lediglich ruht und der Arbeitnehmer gegenüber dem Stammbetrieb weiterhin Rechte besitzt.

- Soweit nach gesetzlichen Vorschriften, z.B. Kündigungsschutzgesetz, Gesetz über einen Bergmann-Versorgungsschein, Dienstzeiten bei früheren Arbeitgebern zu berücksichtigen sind, gilt dies auch bei der Ermittlung der nach § 3 Nr. 9 EStG maßgebenden Dauer der Beschäftigungszeit.
- Eine Berücksichtigung von früher bei dem Arbeitgeber verbrachten Beschäftigungszeiten ist nur möglich, wenn aus Anlass der früheren Auflösung des Dienstverhältnisses keine Abfindung im Sinne des § 3 Nr. 9 EStG gezahlt worden ist.

Der Höchstbetrag ist ein Freibetrag. Die Steuerfreiheit geht also nicht verloren, wenn der Freibetrag überschritten wird. Der darüber hinausgehende Teil der Abfindung ist steuerpflichtig.

Der Höchstbetrag bezieht sich auf den Gesamtbetrag der Abfindung aus einem Dienstverhältnis, nicht auf die in einem Kalenderjahr gezahlten Beträge. Wird die Abfindung in mehreren Teilbeträgen bzw. in Form laufender Zahlungen auf mehrere Kalenderjahre verteilt gewährt, tritt Steuerpflicht ein, sobald der Höchstbetrag überschritten wird. Der Freibetrag ist gemäß der zeitlichen Reihenfolge der Zahlungen zu berücksichtigen.

Voraussetzung für die Anwendung des Freibetrages ist, dass das Dienstverhältnis aufgelöst wird. Die Auflösung muss entweder

- vom Arbeitgeber veranlasst

oder

- gerichtlich ausgesprochen

sein.

Die Auflösung ist als vom Arbeitgeber veranlasst anzusehen bei einer

- ordentlichen oder außerordentlichen Kündigung durch den Arbeitgeber. In diesen Fällen kommt bei Zahlung einer Abfindung der Freibetrag gem. § 3 Nr. 9 EStG zum Tragen.
- Vereinbarung zwischen dem Arbeitgeber und dem Arbeitnehmer über die Auflösung des Dienstverhältnisses. Die Veranlassung muss in diesem Fall vom Arbeitgeber ausgehen. Dies kommt auch zum Tragen bei einvernehmlicher Beendigung eines Altersteilzeitarbeitsverhältnisses.

Maßgebend ist immer, dass der Arbeitgeber die entscheidenden Ursachen für die Auflösung des Arbeitsverhältnisses gesetzt hat.

Sofern ein befristetes Dienstverhältnis wegen Zeitablaufs endet, liegt keine Veranlassung des Arbeitgebers vor. Eine gezahlte Abfindung ist in diesem Fall steuerpflichtig.

Bei der gerichtlich ausgesprochenen Auflösung handelt es sich meist um Fälle nach §§ 9 und 10 Kündigungsschutzgesetz. Der Freibetrag gem. § 3 Nr. 9 EStG ist anwendbar.

Bei einer Umsetzung innerhalb eines Konzerns ist nach den Verhältnissen des Einzelfalls zu prüfen, ob die Umsetzung als Fortsetzung eines einheitlichen Dienstverhältnisses oder als neues Dienstverhältnis zu beurteilen ist (BFH-Urteil vom 21.6.1990 – BStBl II S. 1021).

2.4 Behandlung des steuerpflichtigen Teils

Soweit die Abfindungszahlungen den Freibetrag übersteigen, sind sie steuerpflichtig und insoweit grundsätzlich – wie bei allen anderen steuerpflichtigen Bezügen – in dem Monat des Zuflusses zu besteuern. Wird eine Abfindung als sonstiger Bezug gewährt, also als Einmalzahlung, kann eine begünstigte Besteuerung in Betracht kommen. Die Steuervergünstigung entfällt nicht, wenn dem Arbeitnehmer nach Auflösung des Dienstverhältnisses die Möglichkeit geboten wird, für das frühere Unternehmen wieder zu arbeiten, z.B. weil sich die Verhältnisse geändert haben. Das Finanzamt wird allerdings darauf achten, dass das neue Vertragsverhältnis nicht im Zusammenhang mit dem bisherigen Arbeitsverhältnis steht. Unproblematisch ist der Fall, wenn dem Arbeitnehmer angeboten wird, in Zukunft auf freiberuflicher Basis für das Unternehmen weiterzuarbeiten, z.B. im Rahmen eines Beratervertrags.

In Form von laufenden Zahlungen gewährte Abfindungen können nicht begünstigt besteuert werden. Die Besteuerung ist als laufender Arbeitslohn gemäß § 39b Abs. 2 EStG durchzuführen.

Die Steuerbegünstigung besteht darin, dass die Lohnsteuer für ganz oder teilweise steuerpflichtige Entlassungsentschädigungen nach der Fünftelungsmethode zu berechnen ist (§§ 34, 39b Abs. 3 Satz 9 EStG). Dies bedeutet, dass die steuerpflichtige Entschädigung dem voraussichtlichen Jahresarbeitslohn mit einem Fünftel hinzuzurechnen und die sich ergebende Lohnsteuer mit dem fünffachen Betrag zu erheben ist. Zu beachten ist jedoch, dass das so genannte Fünftelungsverfahren entfällt, wenn die normale Jahresbesteuerung günstiger ist (= Vergleichsrechnung, siehe hierzu Abschn. VIII Ziff. 3.5.3.3).

Beispiel:

Ein Arbeitnehmer mit der Steuerklasse III erhält im Mai 2006 eine Entlassungsentschädigung von 33.000,00 €, die mit einem Teilbetrag von 25.800,00 € steuerpflichtig ist. Der maßgebende Jahresarbeitslohn beträgt in 2006 voraussichtlich 35.790,00 €. Der Jahresarbeitslohn wird um ein 1/5 der steuerpflichtigen Entschädigung (um 5.160,00 €) erhöht; es ergibt sich ein Betrag von 40.950,00 €.

Jahreslohnsteuer von 40.950,00 € =	4.618,00 €
Jahreslohnsteuer von 35.790,00 € =	3.190,00 €
Differenzbetrag	1.428,00 €

Von der Entlassungsentschädigung ist eine Lohnsteuer von (1.428,00 € x 5 =) 7.140,00 € zu erheben.

Es ist jedoch noch eine Vergleichsrechnung mit normaler Besteuerung (ohne Fünftelung) vorzunehmen.

Durch diese Regelung sollen erhöhte Steuerbelastungen gemildert werden, die durch den progressiven Einkommensteuertarif eintreten, wenn in einem Kalenderjahr laufend bezogene Einkünfte mit außerordentlichen, nicht regelmäßig erzielbaren Einkünften zusammentreffen. Voraussetzung für die Tarifbegünstigung ist deshalb, dass eine Zusammenballung von Einkünften innerhalb eines Kalenderjahres vorliegt.

Einzelheiten zur Abgrenzung der Entschädigung von anderen Arbeitgeberleistungen, die dem normal zu besteuernden Arbeitslohn zuzurechnen sind, sowie zur Zusammenballung von Einkünften sind in dem BMF-Schreiben vom 18.12.1998 (BStBl I S. 1512) geregelt.

3 Aufstockungsbeträge nach dem Altersteilzeitgesetz

Nach § 3 Nr. 28 EStG sind lohnsteuerfrei

- die Aufstockungsbeträge zum Altersteilzeitentgelt (§ 3 Abs. 1 Nr. 1a ATG),
- die erhöhten Beiträge zur Rentenversicherung (§ 3 Abs. 1 Nr. 1b ATG),
- Aufstockungsleistungen, die anstelle eines Krankengeldzuschusses an arbeitsunfähig erkrankte Arbeitnehmer gezahlt werden (BMF-Schreiben vom 27.4.2001 – IV / S-5-2333-21/01).

Ergänzende Regelungen dazu sieht Abschn. 18 LStR 1999 vor. Danach bleiben Aufstockungsbeträge auch steuerfrei, wenn

- sie über die im ATG genannten Mindestbeträge (20 % des Teilzeitbruttoentgelts/Regelarbeitsentgelts bzw. 70 % des Vollzeitnettoentgelts) hinausgehen, beispielsweise auf Basis betrieblicher oder tariflicher Regelungen, also bis zu 100 % des Vollzeitnettoentgelts,
- der Förderanspruch des Arbeitgebers an die BA erlischt, nicht besteht oder ruht, z.B. weil der freigewordene Voll- oder Teilzeitarbeitsplatz nicht wieder besetzt wird oder bei Altersteilzeitarbeit von bis zu 10 Jahren nach 6 Jahren entfällt bzw. durch Mehrarbeit die Geringfügigkeitsgrenze von 400,00 € überschritten wird und dadurch keine Förderung erfolgt.

Die Steuerfreiheit gilt nach R 18 Satz 6 LStR jedoch nur, soweit die Aufstockungsbeträge zusammen mit dem während der Altersteilzeitarbeit bezogenen Netto-Arbeitslohn monatlich 100 % des maßgebenden Arbeitslohns nicht übersteigen. Maßgebend ist bei laufendem Arbeitslohn der Nettoarbeitslohn, den der Arbeitnehmer im jeweiligen Lohnzahlungszeitraum ohne Altersteilzeitarbeit üblicherweise erhalten hätte. Bei sonstigen Bezügen ist auf den unter Berücksichtigung des nach R 119 Abs. 3 LStR ermittelten voraussichtlichen Jahresarbeitslohns unter Einbeziehung der sonstigen Bezüge bei einer unterstellten Vollzeitbeschäftigung abzustellen.

Unangemessene Erhöhungen vor oder während der Altersteilzeit sind dabei nicht zu berücksichtigen.

Diese Regelung erfordert eine Netto-Vergleichsrechnung: Netto-Arbeitslohn und steuerfreie Aufstockungsleistungen mit dem Netto-Arbeitslohn bei Vollzeitbeschäftigung ohne Altersteilzeitarbeit. Wird der übliche Netto-Arbeitslohn überschritten, besteht insoweit Steuerpflicht mit der Folge der Beitragspflicht. Dies kann sich in der Praxis ergeben, wenn der Tarifvertrag keine Begrenzung der Zuwendungen (Netto-Arbeitslohn + Aufstockungsleistungen) auf 100 % des bisherigen Netto-Arbeitslohns vorsieht (z.B. in Fällen der tariflichen Aufstockung des Altersteilzeit-Arbeitslohns um 40 %).

Beispiel nach H 18 LStH

Ein Arbeitnehmer mit einem monatlichen Vollzeit-Bruttogehalt in Höhe von 8.750,00 € nimmt von der Vollendung des 62. bis zur Vollendung des 64. Lebensjahrs Altersteilzeit in Anspruch. Danach scheidet er aus dem Arbeitsverhältnis aus.

Der Mindestaufstockungsbetrag nach § 3 Abs. 1 Nr. 1 Buchst. a Altersteilzeitgesetz beträgt 875,00 €. Der Arbeitgeber gewährt eine weitere freiwillige Aufstockung in Höhe von 3.000,00 € (Aufstockungsbetrag insgesamt 3.875,00 €). Der steuerfreie Teil des Aufstockungsbetrags ist wie folgt zu ermitteln:

a) Ermittlung des maßgebenden Arbeitslohns
Bruttoarbeitslohn bei fiktiver Vollarbeitszeit 8.750,00 €
./. gesetzliche Abzüge (Lohnsteuer, Solidaritätszuschlag,
    Kirchensteuer, Sozialversicherungsbeiträge) 3.750,00 €
= maßgebender Nettoarbeitslohn 5.000,00 €
========

b) Vergleichsberechnung
Bruttoarbeitslohn bei Altersteilzeit 4.375,00 €
./. gesetzliche Abzüge (Lohnsteuer, Solidaritätszuschlag,
    Kirchensteuer, Sozialversicherungsbeiträge) 1.725,00 €
= Zwischensumme 2.650,00 €
+ Mindestaufstockungsbetrag 875,00 €
+ freiwilliger Aufstockungsbetrag 3.000,00 €
= Nettoarbeitslohn 6.525,00 €
========

Durch den freiwilligen Aufstockungsbetrag von 3.000,00 € ergäbe sich ein Nettoarbeitslohn bei der Altersteilzeit, der den maßgebenden Nettoarbeitslohn um 1.525,00 € übersteigen würde. Demnach sind steuerfrei:

Mindestaufstockungsbetrag 875,00 €
+ Freiwilliger Aufstockungsbetrag 3.000,00 €
abzgl. 1.525,00 € 1.475,00 €
= steuerfreier Aufstockungsbetrag 2.350,00 €
========

c) Abrechnung des Arbeitgebers
Bruttoarbeitslohn bei Altersteilzeit 4.375,00 €
+ steuerpflichtiger Aufstockungsbetrag 1.525,00 €
= steuerpflichtiger Arbeitslohn 5.900,00 €
./. Gesetzliche Abzüge (Lohnsteuer, Solidaritätszuschlag,
    Kirchensteuer, Sozialversicherungsbeiträge) 2.300,00 €
= Zwischensumme 3.600,00 €
+ steuerfreier Aufstockungsbetrag 2.350,00 €
= Nettoarbeitslohn 5.950,00 €
========

Die Vereinbarung über die Arbeitszeitminderung muss sich zumindest auf die Zeit erstrecken, bis der Arbeitnehmer eine Rente wegen Alters beanspruchen kann. Dafür ist nicht erforderlich, dass die Rente ungemindert ist. Der frühest mögliche Zeitpunkt, zu dem eine Altersrente in Anspruch genommen werden kann, ist die Vollendung des 60. Lebensjahres.

Die Steuerbefreiung kommt dagegen nicht in Betracht, wenn

- die Arbeitszeit auf weniger als die Hälfte der bisherigen wöchentlichen Arbeitszeit verringert wird,
- der Arbeitgeber Aufstockungsbeträge zahlt, die unterhalb der Mindestbeträge nach dem AtG liegen, weil es insoweit an den Grundvoraussetzungen der Altersteilzeit fehlt,

- der Arbeitgeber das Arbeitsentgelt für Teilzeitarbeit vor Vollendung des 55. Lebensjahres aufstockt,
- der Arbeitnehmer die Altersteilzeitarbeit beendet,
- der Arbeitnehmer das 65. Lebensjahr vollendet hat (§ 5 Abs. 1 Nr. 1 AtG),

und zwar mit Ablauf des betreffenden Kalendermonats; die Möglichkeit einer vorzeitigen Inanspruchnahme einer Altersrente, gleichgültig, ob gekürzt oder ungekürzt, ist für die Steuerfreiheit unbedeutend.

Die Regelungen unter R 18 LStR führen auch dazu, dass bei Altersteilzeitarbeit über einen drei Jahre hinausgehenden Zeitraum die Aufstockungsbeträge nicht steuerfrei sind, wenn der Reduzierung der Arbeitszeit nach § 2 Abs. 1 Nr. 2 AtG kein Tarifvertrag, keine Betriebsvereinbarung aufgrund eines Tarifvertrages oder keine Regelung der Kirchen und der öffentlich-rechtlichen Religionsgemeinschaften zugrunde liegt. Bei leitenden Angestellten, für die ein Betriebsrat nach dem Betriebsverfassungsgesetz nicht zuständig ist, reicht eine Einzelvereinbarung über Altersteilzeitarbeit für die Steuerfreiheit der Aufstockungsbeträge aus (siehe § 2 Abs. 2 AtG).

Entsprechendes gilt für die vom Arbeitgeber übernommenen Beiträge zur Rentenversicherung, die über die Beiträge für das während der Altersteilzeitarbeit erzielte Entgelt hinausgehen, also bis zu 100 % des Vollzeitentgelts und ohne Rücksicht auf Zahlung von Zuschüssen durch die BA.

Nach dem Schreiben des BMF vom 11.12.2001 (IV C 5 – S 2342 – 73/01) sind Aufstockungsbeträge auch dann gem. § 3 Nr. 28 EStG steuerfrei, wenn der Arbeitgeber – wie z.B. im Fall der Arbeitsunfähigkeit nach Ablauf der Entgeltfortzahlung – nur Aufstockungsbeträge im Sinne des § 3 Abs. 1 Nr. 1 Buchst. a AtG, nicht jedoch die zusätzlichen Rentenversicherungsbeiträge nach § 3 Abs. 1 Nr. 1 Buchst. b AtG erbringt. Damit sind auch solche Aufstockungsleistungen beitragsfrei.

Die Aufstockungsbeträge nach dem Altersteilzeitgesetz unterliegen dem Progressionsvorbehalt nach § 32b EStG - nicht jedoch die erhöhten Beiträge zur Rentenversicherung - und sind deswegen im Lohnkonto auszuweisen und auf der Lohnsteuerkarte zu bescheinigen (siehe nachf. Ziff. 7).

4 Lohnzahlungszeitraum

Sofern das Dienstverhältnis - auch Altersteilzeitarbeitsverhältnis - vor Ultimo eines Kalendermonats endet, verkürzt sich der Lohnzahlungszeitraum. Die Steuern für den Arbeitslohn sind bis dahin auf Tagesbasis zu berechnen. Fällt nach Ausschöpfung des Freibetrages gem. § 3 Nr. 9 EStG weiterhin steuerpflichtiger Arbeitslohn an (z.b. Überbrückungsgeld), ist die Besteuerung bei einem angebrochenen Kalendermonat ebenso nach „Steuertagen" vorzunehmen. Sofern im Einzelfall während eines Lohnzahlungszeitraums das Vollzeitarbeitsverhältnis endet und ein Altersteilzeitarbeitsverhältnis beginnt, sind die Steuern insgesamt auf Monatsbasis zu berechnen.

5 Lohnkonto und Lohnsteuerbescheinigung

Mit dem offiziellen Ende des Dienstverhältnisses ist das Lohnkonto abzuschließen. Der steuerpflichtige Arbeitslohn aus dem aktiven Dienstverhältnis ist im Lohnkonto festzuhalten. Außerdem ist die elektronische Meldung der Daten zu erstatten. Das gilt auch für steuerfreie Aufstockungsbeträge bei Altersteilzeitarbeit. Steuerpflichtiger Arbeitslohn für die Zeit danach (z.B. steuerpflichtige Abfindung) ist separat zu behandeln.

Abfindungen, die nach § 39b Abs. 3 EStG begünstigt besteuert werden, sind in Feld 10 der Bescheinigung zu registrieren. Steuerfreie Aufstockungsbeträge nach dem Altersteilzeitgesetz und solche, die höher sind als nach dem Gesetz vorgeschrieben oder ohne Anspruch auf Erstattung durch die BA vom Arbeitgeber gezahlt werden, sind zur Berücksichtigung beim Progressionsvorbehalt unter Feld 15 der Bescheinigung zu erfassen. Unberücksichtigt bleiben die erhöhten Beiträge zur Rentenversicherung für das Vollzeitarbeitsentgelt (mindestens auf Basis von 90 %).

Dem Arbeitnehmer ist spätestens bei Beendigung des Überbrückungs- bzw. Vorruhestandszeitraumes (= Beginn der Altersrente) die elektronische Lohnsteuerbescheinigung über die an die Finanzverwaltung gemeldeten Daten auszuhändigen, und zwar zusammen mit der Lohnsteuerkarte, es sei denn, es wird eine steuerpflichtige Betriebsrente gezahlt.

6 Lohnsteuer-Jahresausgleich

Der Lohnsteuer-Jahresausgleich darf im Falle der Zahlung von Überbrückungsgeld / Vorruhestandsgeld bis Ende eines Kalenderjahres nicht durchgeführt werden, wenn Leistungen der Arbeitslosenversicherung (Arbeitslosengeld/ Arbeitslosengeld II) gewährt wurden, und zwar wegen des Progressionsvorbehalts. Das gilt auch für Fälle der Altersteilzeitarbeit, wenn Aufstockungsbeträge gezahlt wurden, die nach Ziff. 5 zur Berücksichtigung beim Progressionsvorbehalt separat erfasst werden.

Nach dem Entwurf des Jahressteuergesetzes 2008 soll der Lohnsteuer-Jahresausgleich abgeschafft werden.

7 Progressionsvorbehalt

Für Zeiten der Arbeitsunterbrechung mit Anspruch auf Lohnersatzleistungen werden diese zur Bestimmung der tariflichen Steuerbelastung dem übrigen zu versteuernden Einkommen durch das Finanzamt bei der Einkommensteuer-Veranlagung hinzugerechnet. Hierdurch ergibt sich ein besonderer Steuersatz, der auf das zu versteuernde Einkommen - ohne Lohnersatzleistungen - angewandt wird (= Progressionsvorbehalt nach § 32 b EStG). Der Steuersatz wird so errechnet, als ob die steuerbefreiten Lohnersatzleistungen bei der Berechnung der Steuer miteinbezogen und im Rahmen der Steuerpflicht erfasst werden. Damit ergibt sich vergleichsweise eine höhere Besteuerung als ohne Einbeziehung der Lohnersatzleistungen.

Durch dieses Verfahren wird erreicht, dass die progressive Besteuerung nach dem Jahresprinzip nicht unangemessen ermäßigt wird, wenn der Steuerzahler anstelle von Einnahmen, die der Besteuerung unterliegen, steuerfreie Lohnersatzleistungen erhält. Im Ergebnis bedeutet dies, dass die Lohnersatzleistungen zwar steuerfrei bleiben, aber das übrige steuerpflichtige Einkommen mit dem Steuersatz besteuert wird, der sich ergäbe, wenn die Lohnersatzleistungen besteuert würden. Ggf. können sich aufgrund des Progressionsvorbehalts Steuernachzahlungen ergeben.

Beispiel:

Zu versteuerndes Einkommen	20.000,00 €
steuerfrei bleibende Einkünfte (z.B. Aufstockungsbeträge)	5.000,00 €
maßgebendes Einkommen für die Berechnung des besonderen Steuersatzes	25.000,00 €

Der besondere Steuersatz wird also aus 25.000,00 € errechnet, der dann maßgebend ist für die Besteuerung der 20.000,00 €. Am Allgemeinen wird es dadurch zu Steuernachzahlungen kommen.

Es werden nach § 32b EStG u.a. folgende Lohnersatzleistungen in den Progressionsvorbehalt einbezogen:

- Arbeitslosengeld, Teilarbeitslosengeld, Arbeitslosenhilfe, Kurzarbeitergeld, Winterausfallgeld,
- Zuschüsse zum Arbeitsentgelt,
- Krankengeld, Mutterschaftsgeld, Verletztengeld, Übergangsgeld oder vergleichbare Lohnersatzleistungen nach dem Fünften, Sechsten oder Siebten Buch Sozialgesetzbuch, dem Gesetz über die Krankenversicherung der Landwirte oder dem Zweiten Gesetz über die Krankenversicherung der Landwirte,
- Mutterschaftsgeld, Zuschuss zum Mutterschaftsgeld, die Sonderunterstützung nach dem Mutterschutzgesetz sowie der Zuschuss nach § 4a Mutterschutzverordnung oder einer entsprechenden Landesregelung,
- Arbeitslosenbeihilfe oder Arbeitslosenhilfe nach dem Soldatenversorgungsgesetz,
- Entschädigungen für Verdienstausfall nach dem Infektionsschutzgesetz,
- Versorgungskrankengeld oder Übergangsgeld nach dem Bundesversorgungsgesetz,
- Aufstockungsbeträge nach dem Altersteilzeitgesetz (auch Beträge, die über den gesetzlichen Rahmen hinausgehen und solche, die dem Arbeitgeber wegen fehlender Anspruchsvoraussetzungen von der BA nicht erstattet werden) - die erhöhten Beitragsleistungen des Arbeitgebers (mindestens auf Basis von 90 % des Vollzeitarbeitsentgelts oder 80 % des Regelarbeitsentgelts für Fälle ab 1.7.2004) bleiben außer Ansatz, da es sich nicht um eine „Aufstockung" im Sinne des § 32b EStG handelt -,
- Verdienstausfallentschädigung nach dem Unterhaltssicherungsgesetz,

- Vorruhestandsgeld nach der Verordnung über die Gewährung von Vorruhestandsgeld vom 8.2.1990 (GBl. I Nr. 7 S. 42), die nach Anlage II Kapitel VIII Sachgebiet E Abschn. III Nr. 5 des Einigungsvertrags vom 31.8.1990 in Verbindung mit Artikel 1 des Gesetzes vom 23.9.1990 (BGBl II S. 885, 1209) mit Änderungen und Maßgaben fortgilt.

Darüber hinaus werden beim Progressionsvorbehalt berücksichtigt:

- **ausländische** Einkünfte, die nach einem Abkommen zur Vermeidung der Doppelbesteuerung oder nach dem Auslandstätigkeitserlass (siehe Abschn. VI Ziff. 3 und 4) steuerfrei sind, oder Einkünfte, die nach einem sonstigen zwischenstaatlichen Übereinkommen unter dem Vorbehalt der Einbeziehung bei der Berechnung der Einkommensteuer steuerfrei sind.

Aus dem Wortlaut des Gesetzes ergibt sich also, dass andere Leistungen, wie beispielsweise das für Zeiten der Elternzeit gezahlte Erziehungsgeld, nicht einbezogen werden.

Die Lohnersatzleistungen werden nicht mit einem besonders hochgerechneten fiktiven Bruttobetrag, sondern einheitlich mit dem Leistungsbetrag erfasst, der nach den einschlägigen Leistungsgesetzen festgestellt wird. Kürzungen dieser Leistungsbeträge, die sich im Fall der Abtretung oder durch den Abzug von Versichertenanteilen an den Beiträgen zur Renten-, Arbeitslosen- und ggf. Krankenversicherung ergeben, bleiben unberücksichtigt. Der Leistungsbetrag ist die Summe der bezogenen Leistungen nach Abzug des Arbeitnehmer-Pauschbetrags (§ 9a Nr. 1 EStG), soweit dieser nicht bei der Ermittlung der Einkünfte aus nichtselbständiger Arbeit abziehbar ist.

Bei ausländischen oder sonstigen Einkünften, die aufgrund eines Doppelbesteuerungsabkommens oder sonstiger zwischenstaatlicher Übereinkommen steuerfrei sind, werden diese in Ansatz gebracht, ausgenommen die darin enthaltenen außerordentlichen Einkünfte (z.B. Entschädigungen als Ersatz für entgangene Einnahmen gem. § 24 EStG).

Muss der Steuerzahler die o.a. Lohnersatzleistungen aus bestimmten Gründen zurückzahlen, sind sie von den im selben Kalenderjahr bezogenen Leistungsbeträgen abzuziehen. Es spielt keine Rolle, ob die zurückgezahlten Beträge im Jahr ihres Bezugs dem Progressionsvorbehalt unterlegen haben. Ergibt sich hierdurch ein negativer Betrag, ist auch der negative Betrag bei der Ermittlung des besonderen Steuersatzes zu berücksichtigen (negativer Progressionsvorbehalt).

Um den Arbeitnehmern den Nachweis der erhaltenen Lohnersatzleistungen zu erleichtern, haben die Träger der Sozialleistungen jeweils bei Einstellung der Leistung oder spätestens am Ende des Kalenderjahres eine Bescheinigung über die Dauer des Leistungszeitraumes sowie über die Art und Höhe der gezahlten Leistungen auszustellen. In der Bescheinigung wird der Empfänger auf die steuerliche Behandlung dieser Leistungen und seine Steuererklärungspflicht hingewiesen. Dies gilt auch für Aufstockungsleistungen der BA im Falle des Bezuges von Krankengeld oder vergleichbarer Leistungen bei Altersteilzeitarbeit; ggf. stellt das Arbeitsamt die zur Vorlage beim Finanzamt erforderliche Bescheinigung aus.

Hat ein Arbeitnehmer trotz Arbeitslosigkeit kein Arbeitslosengeld oder keine Arbeitslosenhilfe erhalten, weil der Antrag abgelehnt wurde, so kann dies durch den Ablehnungsbescheid nachgewiesen werden. Hat der Arbeitnehmer keinen Antrag gestellt, so kann dies durch die Vorlage der Arbeitsbescheinigung belegt werden. Kann ein Arbeitnehmer weder durch geeignete Unterlagen nachweisen noch in sonstiger Weise glaubhaft machen, dass er keine Lohnersatzleistungen erhalten hat, kann das Finanzamt bei dem für den Arbeitnehmer zuständigen Arbeitsamt eine Bescheinigung darüber anfordern.

Lohnersatzleistungen, die der Arbeitgeber zu erbringen oder vorzulegen hat (Kurzarbeitergeld, Winterausfallgeld, Zuschuss zum Mutterschaftsgeld, Entschädigung nach dem Infektionsschutzgesetz, Aufstockungsbeträge nach dem Arbeitsteilzeitgesetz), werden dadurch erfasst, dass sie in der Lohnsteuerbescheinigung zu erfassen sind (Feld 15).

8 Versorgungsfreibetrag

Bei Zahlung von Versorgungsbezügen kommt gem. § 19 Abs. 2 EStG und R 116 LStR ein Versorgungsfreibetrag in Ansatz. Außerdem wird ein Zuschlag gewährt.

Versorgungsbezüge sind Bezüge und Vorteile aus früheren Dienstleistungen, die als Ruhegehalt, Witwen- oder Waisengeld, Unterhaltsbeitrag oder als gleichartiger Bezug

a) aufgrund beamtenrechtlicher oder entsprechender gesetzlicher Vorschriften,

b) nach beamtenrechtlichen Grundsätzen von Körperschaften, Anstalten oder Stiftungen des öffentlichen Rechts oder öffentlichen-rechtlichen Verbänden von Körperschaften

gewährt werden.

Zu den Versorgungsbezügen gehören aber auch Bezüge, die

- wegen Erreichens einer Altersrente, z.B. Betriebsrente, Pension,
- Berufsunfähigkeit,
- Erwerbsunfähigkeit oder als
- Hinterbliebenenbezüge

gewährt werden. Bezüge, die wegen Erreichens einer Altersgrenze gezahlt werden, sind erst Versorgungsbezüge, wenn der Steuerpflichtige das 63. Lebensjahr oder wenn er als Schwerbehinderter das 60. Lebensjahr vollendet hat (im Gegensatz zu Beamten gilt also eine Altersgrenze).

Für die Berechnung des Versorgungsfreibetrages und des Zuschlages ist grundsätzlich das Jahr der Vollendung des betreffenden Lebensjahres maßgebend. Nur bei Veränderungen aufgrund besonderer Umstände erfolgt eine neue Festlegung. Im Übrigen gilt Folgendes:

- Es wird der jährliche Höchstbetrag von 3.072,00 € auf 3.000,00 € abgesenkt (= geglättet). Dieser Betrag ist die Grundlage für eine weitere Minderung ab 2006. Hinzu kommt eine schrittweise Minderung des Vomhundertsatzes für den steuerfreien Teil des Versorgungsbezuges. Neu ist der Zuschlag zum Versorgungsfreibetrag, der auch für die Lohnsteuerklasse VI gilt, obwohl bei dieser Klasse bis 2004 die Werbungskostenpauschale von 920,00 € nicht zur Anwendung kam.

Bis 2005 betrug der Vomhundertsatz 40,0 (alte Regelung) und der Höchstbetrag 3.000,00 €. Der Zuschlag beläuft sich auf 900,00 €.

Ab 2006 ergeben sich folgende Verringerungen:

- von 2006 bis 2020 jeweils 1,6 %,
  120,00 € vom Höchstsatz und 36,00 € vom Zuschlag,
- von 2021 bis 2039 jeweils 0,8 %,
  60,00 € vom Höchstsatz und 18,00 € vom Zuschlag,
- ab 2040 entfallen der Versorgungsfreibetrag und der Zuschlag

Tabelle:

Jahr des Versorgungsbeginns	Versorgungsfreibetrag		Zuschlag zum Versorgungsfreibetrag in €	Jahr des Versorgungsbeginns	Versorgungsfreibetrag		Zuschlag zum Versorgungsfreibetrag in €
	in v.H. der Versorgungsbezüge	Höchstbetrag in €			in v.H. der Versorgungsbezüge	Höchstbetrag in €	
bis 2005	40,0	3.000	900	2023	13,6	1.020	306
ab 2006	38,4	2.880	864	2024	12,8	960	288
2007	36,8	2.760	820	2025	12,0	900	270
2008	35,2	2.640	792	2026	11,2	840	252
2009	33,6	2.520	756	2027	10,4	780	234
2010	32,0	2.400	720	2028	9,6	720	216
2011	30,4	2.280	684	2029	8,8	660	198
2012	28,8	2.160	648	2030	8,0	600	180
2013	27,2	2.040	612	2031	7,2	540	162
2014	25,6	1.920	576	2032	6,4	480	144
2015	24,0	1.800	540	2033	5,6	420	126
2016	22,4	1.680	504	2034	4,8	360	108
2017	20,8	1.560	468	2035	4,0	300	90
2018	19,2	1.440	432	2036	3,2	240	72
2019	17,6	1.320	396	2037	2,4	180	54
2020	16,0	1.200	360	2038	1,6	120	36
2021	15,2	1.140	342	2039	0,8	60	18
2022	14,4	1.080	324	2040	0,0	0	0

- Für den einzelnen Rentner gilt als Versorgungsfreibetrag unverändert auch in den Folgejahren
  - bei Rentenbeginn bis zum 31.12.2004 der Betrag des Jahres 2005,
  - bei Rentenbeginn ab 1.1.2005 der Betrag des Jahres, in dem die Rentenzahlung begann,

„lebenslang" auch in den Folgejahren weiter (= Kohorte). Regelmäßige Anpassungen des Versorgungsbezuges führen nicht zu einer Neuberechnung des Versorgungsfreibetrages (§ 19 Abs. 2 Satz 9 EStG). Entsprechendes gilt für den Zuschlag zum Versorgungsfreibetrag.

Nur bei Veränderung aufgrund besonderer Umstände erfolgt eine neue Festlegung (§ 19 Abs. 2 Satz 10 EStG), z.B. in Verbindung mit beamtenrechtlichen Regelungen zum zusätzlichen Erwerbseinkommen entsprechend der vorerwähnten Vorgehensweise unter Berücksichtigung des neuen Versorgungsbezuges.

- Für Versorgungsbezüge an Hinterbliebene gilt Folgendes:
  - Wird die Rente eines ehemaligen Mitarbeiters nach dessen Tod als Witwenrente weitergeführt, handelt es sich bei der Witwenrente **nicht** um einen neuen Versorgungsbezug. Der Versorgungsfreibetrag und der Zuschlag zum Versorgungsfreibetrag des Verstorbenen gelten weiter.
  - Erhält die Witwe einen eigenständigen Versorgungsbezug, sind für diesen neuen Versorgungsbezug der Versorgungsfreibetrag und der Zuschlag zum Versorgungsfreibetrag neu festzulegen.
  - In dem Fall, dass die Witwe selbst bei demselben Arbeitgeber wie ihr verstorbener Mann gearbeitet hat und sowohl eine Witwenrente als auch eine eigene Rente erhält, ist wie folgt abzurechnen:
    - Bei der Witwenrente ist der Versorgungsfreibetrag und der Zuschlag zum Versorgungsfreibetrag aus dem Erstjahr des Rentenbezuges des Verstorbenen weiter anzuwenden. Bei der eigenen Rente ist der Versorgungsfreibetrag und der Zuschlag zum Versorgungsbezugsfreibetrag mit den Daten des Erstjahres des eigenen Rentenbezugs der Arbeitnehmerin neu festzulegen. In diesem Fall wäre es notwendig, die entsprechenden Felder im Personalstamm mehrfach zu belegen.
    - Das bedeutet, dass es bei einem Versorgungsbezugsempfänger, der zwei rechtlich unterschiedliche Versorgungsbezüge mit unterschiedlichen Beginn-Daten erhält, zwei Kohorten gibt. Wenn das wie in diesem Fall beim selben Arbeitgeber passiert, wäre es notwendig, die entsprechenden Felder im Personalstamm mehrfach zu belegen. Das wird im Programmablaufplan ab 2006 so vorgesehen werden.
    - Bei Zahlung von Sterbegeld („Gnadenbezug") ist zuerst der Jahres-Versorgungsbezugsfreibetrag anhand des Prozentsatzes und des Höchstbetrages zu ermitteln, die gemäß Tabelle in § 19 EStG für das entsprechende Kalenderjahr der Zahlung gelten. Davon ist für jeden Monat, in dem Sterbegeld gezahlt wird, 1/12 zu berücksichtigen.
    - Für zeitgleich oder später beginnende Hinterbliebenen-Versorgungsbezüge sind die Werte gesondert zu ermitteln.
    - Das bedeutet, dass es bei einem Empfänger von Sterbegeld, der auch Versorgungsbezüge als Hinterbliebenenbezüge erhält, zwei unterschiedliche Versorgungsfreibeträge bzw. Kohorten gibt. Wenn

das im selben Kalenderjahr passiert, wäre es notwendig, die entsprechenden Felder im Personalstamm mehrfach zu belegen.

- Zahlung von mehreren Versorgungsbezügen

  Erhält ein ehemaliger Arbeitnehmer von mehreren Arbeitgebern Versorgungsbezüge, berechnet jeder Arbeitgeber im Rahmen seiner Abrechnung den Versorgungsfreibetrag und den Zuschlag zum Versorgungsfreibetrag. Dadurch kann es zu einer mehrfachen Anwendung des Höchstbetrages kommen.

  Das wird durch das Finanzamt im Rahmen der persönlichen Einkommensteuererklärung berichtigt. Dabei wird der Höchstbetrag insgesamt für alle Versorgungsbezüge nur 1 x berücksichtigt. Das kann zu Einkommensteuernachzahlungen und ggf. Einkommensteuervorauszahlungen beim Rentner führen.

- Daten zur Versteuerung von Versorgungsbezügen

  Bei Abrechnung von Versorgungsbezügen sind die Daten zur Ermittlung des Versorgungsfreibetrages automatisch zu hinterlegen, da diese im Erstjahr und in sämtlichen Folgejahren anzuwenden und im Lohnkonto aufzuzeichnen sind:

  - das Erstjahr des Bezugs von Versorgungsbezügen
  - der %-Satz des Erstjahres
  - der Höchstbetrag des Erstjahres
  - die Bemessungsgrundlage des Erstjahres, zu ermitteln aus
    - dem ersten vollen Monat (1. Eingabefeld)
    - voraussichtliche Jahres-Sonderzahlungen (2. Eingabefeld)

  Dieser Betrag kann wahrscheinlich nicht automatisch ermittelt werden. Bei Bestandsfällen mit Rentenbeginn bis zum 1.1.2004 kann hilfsweise der Jahresbetrag aus 2004 für 2005 vorgegeben werden. Ggf. ist eine manuelle Berechnung und Eingabe notwendig. Evtl. ist diese Eingabe per Lohnart vorzunehmen.

  - Tatsächlicher Versorgungsbezugsfreibetrag des Erstjahres. Dieser kann zwar aus den oben genannten Daten ermittelt werden, sollte aber zur leichteren Prüfbarkeit zusätzlich gespeichert werden.
  - Bei der Änderung des Versorgungsbezugs aufgrund besonderer Umstände erfolgt eine neue Festlegung des Versorgungsfreibetrages mit der geänderten Bemessungsgrundlage (§ 19 Abs. 2 Satz 10 EStG). Ab diesem Jahr ist der neue Wert zu dokumentieren.

Bei der Abrechnung von Versorgungsbezügen sind die Daten zur Ermittlung des Zuschlags zum Versorgungsfreibetrag automatisch zu hinterlegen, da diese im Erstjahr und in sämtlichen Folgejahren anzuwenden und im Lohnkonto aufzuzeichnen sind:

- das Erstjahr des Bezugs von Versorgungsbezügen
- der im Erstjahr gültige Freibetrag.

Das Speichern dieser Daten in den Personalstammdaten ist zwar gesetzlich nicht vorgeschrieben, jedoch aus Sicht der Entgeltabrechnung wünschenswert.

- Aufzeichnungspflichten im Lohnkonto

Ab 2005 sind aufzuzeichnen

„in den Fällen des § 19 Abs. 2 EStG die für die zutreffende Berechnung des Versorgungsfreibetrags und des Zuschlags zum Versorgungsfreibetrag erforderlichen Angaben" (§ 4 Abs. 1 Nr. 4 LStDV)

Das betrifft

- das für die Kohortenbildung maßgebende Jahr des Versorgungsbeginns bzw. für „Altfälle" das Jahr 2006
- der für dieses Jahr sich aus dem Gesetz ergebende Prozentsatz
- der für dieses Jahr sich aus dem Gesetz ergebende Jahres-Höchstbetrag
- die Höhe des als Bemessungsgrundlage maßgeblichen Versorgungsbezuges (erster voller Monat x 12 + Einmalzahlungen)
- der danach ermittelte Versorgungsfreibetrag
- der für das Erstjahr geltende Zuschlag zum Versorgungsfreibetrag.

Es soll in einem zu erwartenden BMF-Schreiben festgelegt werden, welche Mindestangaben aufzuzeichnen sind.

Bei einer Änderung des Versorgungsbezugs aufgrund besonderer Umstände erfolgt eine neue Festlegung des Versorgungsfreibetrages mit der geänderten Bemessungsgrundlage (§ 19 Abs. 2 Satz 10 EStG). Ab diesem Jahr ist der neue Wert zu dokumentieren.

Sofern Versorgungsbezüge als laufender Arbeitslohn gezahlt werden, z.B. Betriebsrente, sind der Versorgungsfreibetrag und der Zuschlag anteilig mit dem auf den Lohnzahlungszeitraum entfallenden Teil anzusetzen:

− bei monatlicher Lohnzahlung Berücksichtigung des Jahresbetrages mit 1/12,

– bei täglicher Lohnzahlung Berücksichtigung des Monatsbetrages mit 1/30.

9 Bruttoverdienstumwandlung (Direktversicherung mit Pauschalversteuerung)

Die Lohnsteuer kann nach § 40b Abs. 2 Satz 3 EStG mit 20 % der steuerpflichtigen Prämien für eine Direktversicherung des Arbeitnehmers für maximal jährlich 1.752,00 € erhoben werden. Das gilt entsprechend für die Kirchensteuer. Der SolZ beträgt 5,5 % der pauschalen Lohnsteuer.

Die Steuerbegünstigung besteht darin, dass ein vom Arbeitgeber für den versicherten Mitarbeiter gezahlter Versicherungsbeitrag nicht mit dem individuellen, sondern mit einem pauschalen Steuersatz vom Arbeitgeber zu versteuern ist.

Durch die Verwendung eines Teils des Bruttoverdienstes für Ansprüche aus einer Direktversicherung nach § 4b EStG vermindern sich die individuell zu versteuernden Bezüge: Der zweckgebunden verwendete Teil des Bruttoverdienstes ist steuerlich nicht mehr „Arbeitslohn", so dass sich die Minderung sowohl für den monatlichen oder jährlichen Lohnsteuerabzug durch den Arbeitgeber als auch bei der Veranlagung zur Einkommensteuer auswirkt.

Pauschalierungsfähig sind jedoch nur Zukunftssicherungsleistungen, die der Arbeitgeber aufgrund ausschließlich eigener rechtlicher Verpflichtung erbringt (BFH-Urteil vom 29.4.1991 - BStBl II S. 647).

Eine Direktversicherung ist eine Lebensversicherung auf das Leben des Arbeitnehmers, die durch den Arbeitgeber bei einem inländischen oder ausländischen Versicherungsunternehmen abgeschlossen worden ist und bei der der Arbeitnehmer oder seine Hinterbliebenen hinsichtlich der Versorgungsleistungen des Versicherers ganz oder teilweise bezugsberechtigt sind (weitere Ausführungen zur Direktversicherung sowie zu Pensionskassen können Abschn. 129 Abs. 3 LStR entnommen werden).

Die Beiträge zu einer Direktversicherung müssen nicht als zusätzliche Leistung des Arbeitgebers erbracht werden. Es ist auch möglich, dass solche Verträge den Arbeitnehmern angeboten werden, sie aber in Höhe der Beiträge auf ihren Arbeitslohn verzichten. Das kann in Form monatlicher Verrechnung geschehen, aber auch als jährlicher Betrag, z.B. in Verbindung mit Sonderzahlungen.

Außerdem kann vereinbart werden, dass der Arbeitnehmer auch die pauschale Lohnsteuer, den SolZ und ggf. die Kirchensteuer zu tragen hat. Bei dieser Vorgehensweise handelt es sich um eine Abwälzung der Pauschalbeträge auf den Arbeitnehmer. Allerdings hat die Abwälzung ab 1.1.1999 steuerlich keine Auswirkungen mehr. Das heißt, dass sich die Bemessungsgrundlage für die individuelle Besteuerung des Arbeitslohns um die abgewälzten Steuern nicht vermindert.

Sofern der Arbeitgeber für den Arbeitnehmer aus Anlass der Beendigung des Dienstverhältnisses Beitragsleistungen oder Zuwendungen zur steuerbegünstigten Direktversicherung erbringt, vervielfältigt sich der Betrag von 1.752,00 € mit der Anzahl der Jahre des Dienstverhältnisses. Auf die vervielfältigte Pauschalierungsgrenze sind die für den einzelnen Arbeitnehmer in dem Kalenderjahr, in dem das Dienstverhältnis beendet wird, und in den sechs vorangegangenen Kalenderjahren tatsächlich entrichteten Beiträge und Zuwendungen anzurechnen, die nach § 40b Abs. 1 EStG pauschal besteuert wurden. Dazu gehören auch die 1.752,00 € übersteigenden personenbezogenen Beiträge, wenn sie nach § 40 Abs. 2 Satz 2 EStG in die Bemessungsgrundlage für die Pauschsteuer einbezogen worden sind. Ist bei Pauschalzuweisungen ein personenbezogener Beitrag nicht feststellbar, so ist als tatsächlicher Beitrag für den einzelnen Arbeitnehmer der Durchschnittsbetrag aus der Pauschalzuweisung anzunehmen.

Die Vervielfältigungsregelung ist immer dann anwendbar, wenn sie im Zusammenhang mit der Beendigung des Dienstverhältnisses steht. Ein solcher Zusammenhang wird insbesondere dann vermutet, wenn z.B. der Direktversicherungsbeitrag innerhalb von 3 Monaten vor dem Beendigungszeitpunkt geleistet wird (R 129 Abs. 11 Satz 1 LStR). Steht der Zusammenhang mit der Auflösung des Dienstverhältnisses fest, z.B. weil in der Auflösungsvereinbarung der Direktversicherungsbeitrag vereinbart worden ist, kann die Vervielfältigungsregelung ohne zeitliche Begrenzung angewendet werden.

Beispiel:

Am 30. Oktober 2006 Abschluss eines Vertrages über die Beendigung des Beschäftigungsverhältnisses zum 30. September 2007. Spätestens mit dieser Auflösungsvereinbarung sollte festgelegt werden, welche Beträge aus der Zeit vom 1. November (also nach Abschluss des Vertrages) bis zum 30. September 2007 (also bis zur Beendigung des Beschäftigungsverhältnisses) durch Umwandlung in Beiträge zu Direktversicherungen in die Vervielfältigungsregel einzubeziehen sind. Dabei zählt das Jahr des Austrittes voll mit.

Die Vervielfältigungsregelung kann auch bei Umwandlung von Barlohn in Direktversicherungsbeiträge angewendet werden. Vor Beendigung des Dienstverhältnisses ist deshalb die Umwandlung des Barlohns stets für die letzten drei Monate zulässig. Nach Auflösung des Dienstverhältnisses fälliger Arbeitslohn (z.B. Tantiemen, Übergangsgelder, laufende Versorgungsbezüge) kann unter Berücksichtigung der vervielfältigten Pauschalierungsgrenze ohne zeitliche Begrenzung umgewandelt werden, wenn diese Umwandlung im Zeitpunkt der Auflösung des Dienstverhältnisses vereinbart war. Die Gründe, aus denen das Dienstverhältnis beendet wird, sind für die Vervielfältigung der Pauschalierungsgrenze unerheblich. Die Vervielfältigungsregelung kann daher auch in den Fällen angewendet werden, in denen ein Arbeitnehmer wegen Erreichens der Altersgrenze aus dem Dienstverhältnis ausscheidet.

Die aufgezeigte Vervielfältigungsregelung kommt nur in Betracht, wenn die Voraussetzungen für eine Pauschalierung erfüllt sind. Bei Altfällen und Neufällen (ab 1.1.2005) mit Steuerbefreiung nach § 3 Nr. 63 EStG gilt eine andere Vervielfältigungsregelung.

10 Arbeitslohn bei Altersteilzeitarbeit mit Arbeitsfreistellung (Blockbildung)

Nach den im Rahmen der Arbeitszeitflexibilisierung (Jahresarbeitszeit) praktizierten Modellen werden die vom Arbeitnehmer erwirtschafteten Bezüge von dem Zeitraum, in dem sie erzielt wurden, in einen Zeitraum verlagert, in dem Arbeit gar nicht oder nur im geringem Umfang geleistet wird. Damit wird sichergestellt, dass auch während der Freistellungsphase eine durchgehende Entgeltzahlung gegeben ist (= diskontinuierliche Arbeitsleistung bei verstetigtem Einkommen/Blockbildung).

Steuerlich gilt auch bei Altersteilzeitarbeit das Zuflussprinzip. Das heißt, dass der Arbeitslohn nicht in Abrechnungszeiträumen besteuert wird, in denen der Arbeitnehmer den Arbeitslohn erwirtschaftet, sondern in der Zeit der Zahlung des Arbeitslohns. Ansonsten gelten die Regelungen für die anderen Fälle der Arbeitszeitflexibilisierung entsprechend.

Hinsichtlich der Behandlung erarbeiteter steuerfreier Sonn-, Feiertags- und Nachtarbeitszuschläge, auf deren Auszahlung verzichtet wird und die als Wertguthaben vorgetragen werden, geht die Steuerfreiheit nicht verloren. Der Arbeitslohn ist insoweit steuerfrei als Geldbetrag festzuhalten. Wird er nicht zur Verlängerung der Freistellungsphase verwendet und vorzeitig ausgezahlt, bleibt er steuerfrei. Werden jedoch solche Zuschläge in Freizeit umgewandelt und dieser Freizeitanspruch später in bar abgegolten, handelt es sich nicht um einen begünstigten Lohnzuschlag. Gegebenenfalls ist der Barabgeltungsbetrag nach Absch. 30 Abs. 1 Satz 14 LStR 1999 steuerpflichtig.

Wenn im Falle der Beendigung des Dienstverhältnisses erarbeitete Freizeit nicht mehr in Anspruch genommen werden kann und damit eine Barabgeltung des bereits erwirtschafteten Arbeitslohns gewährt wird, ist eine rückwirkende Korrektur abgerechneter Zeiträume nicht möglich. Die Barabgeltung wird dann wie eine Urlaubsbarabgeltung behandelt und auf Jahresbasis besteuert. Denkbar ist es, das Fünftelungsverfahren anzuwenden, wenn feststeht, dass sich die Barabgeltung auf mehr als 12 Monate bezieht.

11 Altersteilzeitarbeit mit Wertguthaben

Die für Zeitwertguthaben oder für eine Beteiligungsrente herangezogenen Entgeltteile verkürzen im Monat der Einbehaltung den steuerpflichtigen Arbeitslohn. Nach dem steuerrechtlichen Zuflussprinzip unterliegt in der Zeit der Ansparung des Wertguthabens nur der tatsächlich ausgezahlte Arbeitslohn dem Lohnsteuerabzug. Das kann sogar so weit gehen, dass in einem Abrechnungszeitraum keine Steuern anfallen, weil der gesamte Arbeitslohn nicht zur Auszahlung an den Arbeitnehmer gelangt ist. Die Steuerpflicht entsteht erst mit der effektiven Zahlung im Rahmen der Arbeitsfreistellung oder bei Zahlung der Beteiligungsrente. Allerdings sind dann auch sonst steuerfreie Bezüge (z.B. Zuschläge) in die Steuerbemessungsgrundlage einzubeziehen.

Sofern das für die Altersteilzeitarbeit zur Verkürzung der Arbeitszeitphase angesparte Wertguthaben nicht entsprechend den getroffenen Vereinbarungen verwendet wird, beispielsweise durch vorzeitige Auszahlung wegen Beendigung des Arbeitsverhältnisses, wegen Todes oder bei Übertragung auf andere Personen, hat der Arbeitgeber den steuerpflichtigen Bruttobetrag festzustellen und die Lohnsteuer (zuzüglich Annexsteuern) danach zu berechnen. Dabei hat der Arbeitgeber zunächst zu ermitteln, ob das Wertguthaben ausschließlich in dem Jahr angesammelt worden ist, in dem es zur Auszahlung kommt, oder ob es - jedenfalls teilweise - auch in vorhergehenden Jahren angesammelt worden ist. Ist das Wertguthaben jedenfalls teilweise auch in anderen Kalenderjahren angesammelt worden, so handelt es sich bei der (teilweisen) Auszahlung des Wertguthabens immer um einen sonstigen Bezug (Abschn. 115 Abs. 2 Nr. 8 LStR). Darüber hinaus ist dann auch eine begünstigte Besteuerung nach § 34 Abs. 2 EStG möglich. Ist das Wertguthaben ausschließlich in dem Kalenderjahr in dem es ohne Freistellungsphase (teilweise) ausgezahlt wird, angesammelt worden, so ist es verursachungsgemäß den Lohnzahlungszeiträumen zuzurechnen, in dem es angespart worden ist. Es bestehen aber auch keine Bedenken, die Auszahlungen in diesen Fällen als sonstigen Bezug zu behandeln (vgl. dazu Abschnitt 118 Abs. 4 LStR).

ABSCHNITT XI:
Abrechnungsrelevante Aspekte

1 Teilmonatsverdienstberechnung bei Ausscheiden vor Ultimo eines Kalendermonats

▶ Stundenlohn

Bei Zahlung eines Stundenlohnes werden zur Ermittlung des Teilmonatsverdienstes die geleisteten und zu vergütenden Stunden erfasst und mit dem festgelegten Stundensatz vervielfacht. Hinzu kommen eventuell beanspruchbare Zuschläge:

Hier ein Beispiel:

- Arbeitsleistung an 10 Tagen jeweils 8 Std.
- Vergütungsanspruch für 2 Fehltage à 8 Std.
- Stundenlohn beträgt 5,00 €

Rechenvorgang:	12 Tage x 8 Std.	= 96 Std.
	x 5,00 €	= 480,00 € brutto

▶ Teilmonatsfixum

Ein „Teilmonatsverdienst" kommt immer dann in Betracht, wenn ein gleichbleibender Monatsbezug vorliegt und der Arbeitnehmer wegen Arbeitsausfalls oder infolge Ein- bzw. Austritts im Laufe eines Kalendermonats nicht das Fixum für einen vollen Monat beanspruchen kann. Dieses so genannte Teilentgelt kann nach dem

- Bezugsprinzip

oder

- Abzugsprinzip

berechnet werden. Es ist aber auch eine Kombination beider Prinzipien denkbar. So sieht ein Tarifvertrag vor, dass bei einer Beschäftigung bis zu 11 Arbeitstagen in einem Kalendermonat die Bezugsmethode und bei einer Beschäftigung von mehr als 11 Arbeitstagen die Abzugsmethode angewendet wird.

Bezugsprinzip bedeutet, dass aus dem vereinbarten Monatsbetrag der Stundensatz oder Tagessatz errechnet und mit der Anzahl der zu bezahlenden Stunden oder Tage vervielfacht wird. Das Ergebnis wird dann anstelle der vollen Monatsvergütung zur Zahlung angewiesen.

Umgekehrt ist beim Abzugsprinzip der Stunden- bzw. Tagessatz mit der Anzahl der nicht zu bezahlenden Zeiten zu vervielfachen und der Endbetrag vom vereinbarten Monatsfixum abzuziehen. Das Ergebnis wird als Teilentgelt angewiesen.

Bei einem Vergleich der beiden Methoden ist festzustellen, dass die Ergebnisse voneinander abweichen können.

Folgendes Beispiel verdeutlicht das:

- vereinbartes Gehalt: 1.800,00 €
- Arbeitstage des betreffenden Monats: 22
- Arbeitszeit: 80 Std. (10 Tage)
- Vergütungsanspruch: 16 Stunden (2 Tage)
- Stundensatz bei 174 Std. (Richtwert des Durchschnitts der Arbeitsstunden aus 12 Jahren) 10,34 €
- Ergebnis des Bezugsprinzips:
  Bezüge für 96 Std. (12 Tage) x 10,34 €   = Anspruch   <u>992,64 €</u>
- Ergebnis des Abzugsprinzips:
  Abzug für 80 Std. (10 Tage) x 10,34 € von 1.800,00 €
  = Anspruch   <u>972,80 €</u>

Die Ergebnisse stimmen - abgesehen von Rundungsdifferenzen - dann nahezu überein, wenn für die Berechnung des Teilentgelts die jeweils individuellen Soll-Arbeitsstunden oder -Arbeitstage des betreffenden Kalendermonats in Ansatz kommen. Dazu ein Beispiel:

- Vereinbartes Gehalt: 1.800,00 €
- Soll-Arbeitszeit des betreffenden Monats: 176 Std.
- Arbeitszeit mit Entgeltanspruch: 80 Std. (10 Tage)
- Vergütungsanspruch: 16 Std. (2 Tage)
- Stundensatz bei 176 Std.: 10,23 €

- Ergebnis des Bezugsprinzips:

  Bezüge für 96 Std. (12 Tage) x 10,23 € = Anspruch <u>982,09 €</u>

- Ergebnis des Abzugsprinzips:

  Abzug für 80 Std. (10 Tage) x 10,23 € von 1.800,00 €

  = Anspruch <u>981,60 €</u>

Neben der Frage, ob das Bezugs- oder Abzugsprinzip zum Tragen kommt, sind mehrere Berechnungsmöglichkeiten für Teilmonatsbezüge zu beleuchten. In Literatur und Rechtsprechung werden unterschiedliche Wege aufgezeigt. Konkrete gesetzliche Bestimmungen über die Berechnungsmethoden bei Teilentgeltansprüchen gibt es nicht. Festlegungen enthalten allenfalls Tarifverträge oder Betriebsvereinbarungen.

In der Praxis sind die nachfolgenden Alternativen für die Teilentgeltberechnung denkbar, bei denen zwischen einer „praxisnahen" und „konkreten" Berechnungsweise unterschieden wird.

▶ Kalendertägliche Berechnungsmethode

Für jeden Kalendertag wird der auf ihn nach der Zahl der Tage des Monats entfallende Bruchteil des Monatsbetrages gezahlt (z.B. bei einem Monat mit 28 Tagen und Anspruch auf Bezüge für 22 Tage = 22/28).

▶ Dreißigstel-Berechnungsmethode

Das Monatsfixum wird generell durch 30 geteilt, und zwar ohne Rücksicht auf die Anzahl der Tage des betreffenden Kalendermonats. Das Ergebnis wird dann mit der Anzahl der Kalendertage mit Anspruch auf Entgelt vervielfacht (z.B. bei einem Monat mit 28 Kalendertagen und 22 Anspruchstagen = 22/30).

▶ Berechnung nach durchschnittlichen Monats-Arbeitstagen

Die Höhe des beanspruchbaren Entgelts wird wie folgt ermittelt: Das Monatsfixum wird durch die Zahl der im Jahresdurchschnitt auf einen Monat entfallenden Arbeitstage - einschließlich gesetzlicher Wochenfeiertage - geteilt (pauschalierte Berechnungsweise). Hierbei wird das ganze Jahr hindurch mit einem einheitlichen Durchschnittswert gerechnet (z.B. 22 Arbeitstage).

▶ Arbeitstägliche Berechnungsmethode

Das Monatsfixum wird durch die Zahl der Arbeitstage - einschließlich gesetzlicher Wochenfeiertage - des jeweiligen Kalendermonats geteilt und der so ermittelte Betrag mit der Anzahl der Arbeitstage mit Anspruch auf Entgelt vervielfacht (z.B. in einem Monat mit 23 Arbeitstagen und 20 Anspruchstagen = 20/23).

▶ Stundenweise Berechnungsmethode

Diese Berechnungsweise entspricht der arbeitstäglichen Methode. An die Stelle der Arbeitstage des betreffenden Kalendermonats treten in diesem Falle jedoch die Soll-Arbeitsstunden. Das Monatsfixum wird also durch die Soll-Arbeitsstunden des jeweiligen Kalendermonats geteilt und das Ergebnis mit der Zahl der Stunden vervielfacht, für die Entgeltanspruch besteht (z.B. bei 23 Arbeitstagen mit jeweils 8 Soll-Arbeitsstunden und Anspruch auf Entgelt für 10 Arbeitstage = 80/184).

▶ Berechnung nach festen Soll-Arbeitsstunden

Es handelt sich dabei um eine feste Vorgabe von Monatsstunden, und zwar ohne Rücksicht auf die jeweiligen Arbeitsstunden des Kalendermonats. Das Monatsfixum wird durch diese pauschale Stundenzahl geteilt und das Ergebnis mit der Zahl der zu bezahlenden Arbeitsstunden vervielfacht (z.B. Monatsfixum geteilt durch 173 x 24 Stunden).

In der Praxis werden alle aufgeführten Berechnungsweisen angewandt. Es gibt jedoch auch Regelungen, die für unterschiedliche Sachverhalte verschiedene Berechnungsmethoden vorsehen. Liegen keine einschlägigen Tarifbestimmungen vor, ist das Urteil des BAG vom 14.08.85 (5 AZR 384/84), das im Zusammenhang mit der Berechnung der anteiligen Gehaltshöhe im Krankheitsfalle eines Angestellten ergangen ist, von Bedeutung. Nach diesem Urteil ist der Gedanke, den der Gesetzgeber in § 2 Abs. 1 und Abs. 2 des Lohnfortzahlungsgesetzes (heute § 4 des Entgeltfortzahlungsgesetzes) für das Recht der Lohnfortzahlung im Krankheitsfalle verankert und der sich unter der Bezeichnung „Lohnausfallprinzip" eingebürgert hat, auch für die Berechnung der anteiligen Gehaltshöhe im Krankheitsfalle maßgeblich. Daher ist von den verschiedenen Berechnungsmethoden derjenigen der Vorzug zu geben, welche dieser gesetzgeberischen Vorstellung am nächsten kommt. Das ist die konkrete arbeitstägliche Berechnungsweise.

Dieses Urteil gilt nicht nur für den Krankheitsfall, sondern es wird wohl auch für andere Sachverhalte, die zu einer Teilentgeltberechnung führen, richtungsweisend sein. Unter diesem Aspekt ist eine noch bessere Alternative die Methode der konkreten stundenweisen Berechnung, zumal die Arbeitstage unterschiedlich lang sein können (z.B. 3 Tage à 10 Std. / 2 Tage à 5 Stunden).

Folgende Formeln entsprechen dem „Lohnausfallprinzip" mithin am ehesten:

$$\frac{\text{Monatsfixum x Anzahl der zu bezahlenden Arbeitstage}}{\text{Anzahl der möglichen Arbeitstage des jeweiligen Kalendermonats (z.B. 20, 21, 22, 23)}}$$

$$\frac{\text{Monatsfixum} \times \text{Anzahl der zu bezahlenden Arbeitsstunden}}{\text{Anzahl der möglichen Arbeitsstunden des jeweiligen Kalendermonats}}$$

Diese Formeln tragen auch der Tatsache Rechnung, dass die Zahl der möglichen Arbeitstage und Arbeitsstunden monatlich unterschiedlich ist, das Monatsfixum aber in jedem Monat gleich ist. Daraus folgt, dass von Monat zu Monat Tages- und Stundenverdienst schwanken. Das entspricht auch der Realität, da beispielsweise in einem Monat mit 23 Arbeitstagen für dasselbe Entgelt länger als in einem Monat mit 20 Arbeitstagen gearbeitet wird. Insofern ist es auch vertretbar, dass im Februar für einen Fehltag mehr abgezogen wird als im März. Analog gilt dies auch für die Berechnung auf Stundenbasis. Das kann allerdings dazu führen, dass für eine Fehlstunde 1/160 (bei 160 möglichen Arbeitsstunden) abgezogen wird, während für eine Stunde Mehrarbeit nach tarifvertraglichen Bestimmungen, die für Mehrarbeitsvergütung eine andere Berechnungsgrundlage vorsehen, 1/174 zu zahlen ist.

Für die Praxis ist es wünschenswert und rationell, wenn in allen Fällen der erforderlichen Teilentgeltberechnung nur eine Formel in Betracht kommt, also sowohl bei Ein- und Austritt im Laufe eines Kalendermonats als auch z.B. im Krankheitsfalle, bei unbezahltem Urlaub und Kurzarbeit. Bei Fehlzeiten, die sich über mehrere Monate erstrecken, ist jeder Monat für sich zu betrachten und zu beurteilen.

Nachfolgend einige Beispiele, die die Ausführungen verdeutlichen.

Grunddaten:

– Arbeitszeit Montag bis Freitag je 8 Stunden
– Monatsfixum 1.500,00 €
– Kalendermonat umfasst 31 Kalendertage/23 Arbeitstage/184 Stunden
– Eintritt am 7.10. (= 19 Arbeitstage)
– Berechnung nach Bezugsmethode

Formel 1: Dreißigstel-Berechnung

$$\frac{1.500,00\ \text{€} \times 25}{30} = \underline{1.250,00\ \text{€}}$$

Formel 2: Durchschnittsberechnung (Arbeitstage)

$$\frac{1.500,00\ \text{€} \times 19}{22} = \underline{1.295,45\ \text{€}}$$

Formel 3:   Arbeitstage-Berechnung

$$\frac{1.500,00\ € \times 19}{23} = \underline{1.239,13\ €}$$

Formel 4:   Arbeitsstunden-Berechnung

$$\frac{1.500,00\ € \times 152}{184} = \underline{1.239,13\ €}$$

Formel 5:   Durchschnittsberechnung (feste Soll-Arbeitsstunden)

$$\frac{1.500,00\ € \times 152}{173} = \underline{1.317,92\ €}$$

Die Ergebnisse schwanken zwischen 1.250,00 € und 1.317,92 €.

2 Abgeltung von Urlaubsansprüchen

Sofern im Falle der Beendigung des Arbeitsverhältnisses noch Urlaubsansprüche bestehen, bieten sich zwei Möglichkeiten der Abgeltung an:
– entweder in natura durch entsprechende Verlängerung des Arbeitsverhältnisses
– oder in bar durch Zahlung eines Einmalbetrages (= Barabgeltung).

Im Falle der Verlängerung des Arbeitsverhältnisses verkürzt sich ein etwaiger Überbrückungszeitraum bis zum Bezug der gesetzlichen Rente. Diese Alternative führt aber auch zur vollen Beitragspflicht bis zur jeweiligen Monats-BBG und zur Steuerpflicht mit Berechnung der Steuern auf Monats- oder Tagesbasis. Die Frage der Einbeziehung in eine sonstige Abfindung mit der Möglichkeit nach den §§ 34 Abs. 1, 39b Abs. 3 EStG stellt sich damit nicht.

Eine Barabgeltung ist zwar auch beitrags- und steuerpflichtig, sie kann aber zu einer Beitragsminderung führen, da sie als Einmalzahlung zu behandeln ist und bei voller oder annähernder Ausschöpfung der bis zum Ausscheiden errechneten BBGen nicht mehr oder nur im gewissen Umfang zur Beitragsberechnung herangezogen wird. Damit reduzieren sich auch die Personalkosten des Arbeitgebers (= Arbeitgeberanteile zur SV).

Steuerlich tritt insoweit eine Begünstigung ein, als die Barabgeltung als sonstiger Bezug behandelt wird und auf Basis der Jahresbesteuerung zum Zeitpunkt der Zahlung des Barbezuges weniger Lohnsteuer anfallen kann als bei Monatsbesteuerung im Falle der Verlängerung des Arbeits- und damit des Dienstverhältnisses im Sinne des Steuerrechts.

Bei der Entscheidung für eine der beiden Alternativen muss abgewogen werden, welche Interessen insbesondere des Arbeitgebers im Vordergrund stehen. Es können betriebspolitische Aspekte den Ausschlag geben. Wenn finanzielle Erwägungen im Vordergrund stehen, sind wohl die Einsparungen der Arbeitgeber-Beitragsanteile im Falle einer Barabgeltung ins Verhältnis zu setzen zur Höhe der Aufwendungen bei Verlängerung des Arbeitsverhältnisses und der damit verbundenen Einsparung von Überbrückungsgeld durch Verkürzung des Überbrückungszeitraumes.

Eine Urlaubsbarabgeltung darf auf keinen Fall als Abfindung im steuer- und sozialversicherungsrechtlichen Sinne behandelt werden. Sie gilt bei der Berechnung der Beiträge als „einmalige Zuwendung" und im Zusammenhang mit der Berechnung der Lohn- und Kirchensteuer sowie des Solidaritätszuschlags als „sonstiger Bezug".

Hinsichtlich der Berechnung der Urlaubsvergütung als Barabgeltung eines nicht in Anspruch genommenen Urlaubs gibt es keine einschlägige Bestimmung, es sei denn der Tarifvertrag sieht eine Regelung vor. In der Praxis werden folgende Methoden angewandt.

▶ Fiktive Verlängerung des Arbeitsverhältnisses

Eine Barabgeltung könnte, sofern die tariflichen oder betrieblichen Festlegungen nicht einschlägig sind, auf der Basis der Ansprüche berechnet werden, die sich bei Verlängerung des Beschäftigungsverhältnisses um die Tage des abzugeltenden Urlaubs ergeben würden. Bei dieser Fiktion kommen alle Zahlungen in Ansatz, die ohne Arbeitsaufgabe angefallen wären. Dazu gehören u.a. Zuschläge für Schicht- und Nachtarbeit. Für die Berechnung der einzelnen Bezugsarten kämen die allgemein für den Betrieb gültigen Methoden in Betracht. Während des fiktiven Beschäftigungszeitraums fällige Einmalzahlungen werden in der Regel nicht erfasst, weil sie nach tariflichen oder betrieblichen Festlegungen im Allgemeinen nur den aktiven Mitarbeitern gewährt werden.

▶ Berechnung wie Teilentgelt

Bei festen Monatsbezügen wird wie im Falle einer erforderlichen Teilentgeltabrechnung nach der Formel verfahren, die bei Ausscheiden im Laufe eines Monats in Betracht kommt (siehe Ziff. 11.1). Wenn also die arbeitstägliche Berechnungsmethode festgelegt ist, müsste diese auch bei der Ermittlung des Barabgeltungsbetrages zur Anwendung kommen. Würde sich der fiktive Verlängerungszeitraum über zwei Kalendermonate erstrecken, kämen damit bei einer unterschiedlichen Zahl von Arbeitstagen verschiedene Divisoren zum Tragen.

▶ Anwendung der Referenzmethode

Denkbar ist eine Berechnung entsprechend der Vorgehensweise bei Entnahme von Urlaub, also beispielsweise nach der Referenzmethode (= Durchschnittsberechnung auf Basis des Verdienstes der letzten 3 Monate).

So wird im Allgemeinen vorgegangen, wenn der Ausscheidende zu dem Personenkreis gehört, der schwankende Bezüge erhält, und insoweit eine Teilentgeltberechnung wie bei festen Monatsbezügen nicht möglich ist (z.B. bei Akkordarbeit).

▶ Teilentgeltberechnung und Referenzmethode

Wenn ein Arbeitnehmer neben festen Monatsbezügen (z.B. Gehalt) schwankende Zulagen erhält (z.B. Erschwerniszulagen), könnten die Grundbezüge auf der Basis der Teilentgeltmethode und der Anteil der schwankenden Bezüge aus dem Durchschnitt der letzten drei Monate berechnet werden.

3 Berechnung einer Abfindung

Für die Berechnung einer Abfindung im arbeitsrechtlichen Sinne, insbesondere aber unter steuer- und beitragsrechtlichen Gesichtspunkten, sind die betrieblichen und tariflichen Regelungen entscheidend, gleichgültig, ob die Abfindung als Einmalbezug oder in Monatsbeträgen gewährt wird. In die Bemessungsgrundlage darf jedoch kein Arbeitslohn bzw. Arbeitsentgelt einbezogen werden, worauf ein Anspruch aus dem beendeten Arbeitsverhältnis abzuleiten ist. Hierzu gehören insbesondere Entgeltnachzahlungen, Urlaubsbarabgeltungen und Gratifikationen für ein Ereignis während des Arbeitsverhältnisses.

Rechtlich ist es nach den Steuer- und Sozialversicherungsgrundsätzen vertretbar, in die Bemessungsgrundlage für eine Abfindung Beträge einzubeziehen, auf die wegen Beendigung des Arbeitsverhältnisses an sich kein Rechtsanspruch des Arbeitnehmers mehr besteht, die aber aufgrund besonderer Regelungen des Betriebes (Einzelvertrag, Betriebsvereinbarung, Tarifvertrag) in Betracht kommen. Dazu gehört beispielsweise eine Zuwendung für ein Jubiläum, das in die Zeit nach Beendigung des Arbeitsverhältnisses fällt und wegen Aufgabe der Tätigkeit nicht mehr zum Tragen kommt.

4 Erfassung der Aufstockungsbeträge bei Altersteilzeitarbeit im Rahmen der Abrechnung

Über die Art der Erfassung und Ausweisung der Aufstockungsbeträge zum Teilzeitarbeitsentgelt im Rahmen der Entgeltabrechnung gibt es keine gesetzlichen Regelungen oder Richtlinien. Es stellt sich deswegen für jedes Unternehmen die Frage, ob die Aufstockungsbeträge als

– „Zulage zum Bruttoverdienst"

oder

– „Zulage zum Nettoverdienst"

dargestellt werden. Denkbar wäre auch, den Teil des Aufstockungsbetrages, der vom Arbeitsamt übernommen wird und insoweit als so genannter durchlaufender Posten gilt, wie alle anderen Zulagen, die vom Arbeitgeber vorgelegt werden, dem Nettoverdienst zuzuschlagen, und den Bruttoverdienst um den vom Arbeitgeber aufgrund einer Vereinbarung zusätzlich gezahlten Teil (über 20% des Teilzeitbruttoarbeitsentgelts bzw. 70 % des Vollzeitnettoentgelts) zu erhöhen. Auf jeden Fall ist es aus Gründen der Transparenz angebracht, gesetzliche und betriebliche Aufstockungsbeträge getrennt auszuweisen.

Für eine „Zulage zum Bruttoverdienst" spricht, dass es sich bei den Aufstockungsbeträgen im weitesten Sinne um erhöhte Bezüge handelt, die allerdings wie viele andere Zuwendungen steuer- und beitragsfrei sind. Es muss dann nur sichergestellt werden, dass die Aufstockungsbeträge bei bestimmten Verdienstbescheinigungen außer Ansatz bleiben. Das gilt ebenso für die Bemessungsgrundlagen von Lohnersatzleistungen, wie beispielsweise Krankengeld oder Zuschüsse des Arbeitgebers.

Beispiele:

1. Getrennte Darstellung nach gesetzlichem und betrieblichem Aufstockungsbetrag

    - Bruttoverdienst (Teilzeitarbeit)   1.500,00 €
    - ➤ Aufstockungsbetrag Altersteilzeitarbeit (gesetzlich)   300,00 €
    - ➤ Zuschuss Altersteilzeitarbeit (Aufstockungsbetrag) (tariflich)   265,75 €

    Gesamtbrutto   2.065,75 €

    (Aufstockungsbeträge sind steuer- und beitragsfrei)

2. Zusammengefasste Darstellung des gesetzlichen und betrieblichen Aufstockungsbetrags

    - Bruttoverdienst (Teilzeitarbeit)   1.500,00 €
    - ➤ Aufstockungsbetrag u. Zuschuss Altersteilzeitarbeit   565,75 €

    Gesamtbrutto   2.065,75 €

    (Aufstockungsbeträge sind steuer- und beitragsfrei)

Für eine „Zulage zum Nettoverdienst" spricht, dass zumindest der gesetzliche Teil des Aufstockungsbetrages so erfasst wird, wenn feststeht, dass ein Erstattungsanspruch gegen die Bundesagentur für Arbeit besteht, weil es sich ebenso nicht um einen Aufwand des Unternehmens handelt wie das Kindergeld oder Kurzarbeitergeld.

Beispiele:

1. Erfassung des gesetzlichen und betrieblichen Teils des Aufstockungsbetrages als „Zulage zum Nettoverdienst"

- Bruttoverdienst (Teilzeitarbeit)   1.500,00 €
- gesetzliche Abzüge   ./. 315,00 €
- Nettoverdienst   1.185,00 €

    Sonstige Abzüge

    – Telefongebühr   ./. 5,00 €

    Zwischensumme   1.180,00 €

    Sonstige Zulagen

➡   – Aufstockungsbetrag/Zuschuss Altersteilzeitarbeit   + 565,75 €

- Auszahlungsbetrag   1.745,75 €

    (Aufstockungsbeträge sind steuer- und beitragsfrei)

2. Erfassung des gesetzlichen Teils als „Zulage zum Nettoverdienst" und des betrieblichen Teils als „Zulage zum Bruttoverdienst"

- Bruttoverdienst (Teilzeitarbeit)   1.500,00 €

➡   Zuschuss (Aufstockungsbetrag) Altersteilzeitarbeit (tariflich)   265,75 €

- Gesamtbrutto   1.765,75 €
- gesetzliche Abzüge   ./. 315,00 €
- Nettoverdienst   1.450,75 €

    Sonstige Zulagen

➡   – Aufstockungsbetrag Altersteilzeitarbeit (gesetzlich)   300,00 €

- Auszahlungsbetrag   1.750,75 €

    (Aufstockungsbeträge sind steuer- und beitragsfrei)

ABSCHNITT XII:
Rentenrechtliche Auswirkungen

1 Grundsätzliches

Die Höhe der Rente ist u.a. abhängig von der Anzahl der Versicherungsjahre und der Höhe des Bemessungsentgelts, für das Beiträge zur Rentenversicherung gezahlt wurden oder das in Zeiten ohne Entgeltzahlung fiktiv in Ansatz kommt (z.B. für Anrechnungszeiten)

In Fällen des Weiterbestehens des Beschäftigungsverhältnisses mit Zahlung von Beiträgen ist das beitragspflichtige Arbeitsentgelt maßgebend. Mindert sich dieses beispielsweise bei einer betrieblichen Vorruhestandsregelung, sinkt für solche Zeiten auch die Bemessungsgrundlage mit der Folge der Rentenminderung.

Bei Altersteilzeitarbeit erfolgt ein Ausgleich dadurch, dass der Arbeitgeber nach dem Altersteilzeitgesetz verpflichtet ist, Beiträge zur Rentenversicherung bei Altfällen (Beginn der Altersteilzeit vor dem 1.7.2004) auf der Grundlage von 90 % des Vollzeitbruttoarbeitsentgelts des jeweiligen Monats zu zahlen. Er hat also einen Zusatzbeitrag auf Basis des Betrages zwischen dem für die Altersteilzeitarbeit tatsächlich gezahltem Arbeitsentgelt und 90 % des Entgelts, das bei einer Vollzeitbeschäftigung erzielt würde, zu entrichten. Bei Neufällen (Beginn der Altersteilzeit nach dem 30.6.2004) sind vom Arbeitgeber Zusatzbeiträge zur Rentenversicherung in Höhe von mindestens 80 % des Regelarbeitsentgelts, begrenzt auf den Unterschiedsbetrag zwischen 90 % der BBG der RV und dem Regelarbeitsentgelt aufzubringen. Diese Beiträge wirken rentensteigernd, so dass der Wert nur unwesentlich absinkt. Selbst das kann noch vermieden werden, wenn der Arbeitgeber auf freiwilliger Basis oder durch Tarifvertrag einen höheren Ausgleich bis zu 100 % des Vollzeitarbeitsentgelts vornimmt, höchstens jedoch bis zur BBG der RV. Dies gilt auch für Altersteilzeitarbeit ohne Anspruch auf Leistungen der BA, weil die Voraussetzungen (z.B. Einstellung eines Arbeitslosen) nicht erfüllt werden.

Da die Höhe der Rente auch von der Anzahl der Versicherungsjahre abhängig ist, mindert sich die Altersrente mithin dann, wenn durch vorzeitigen Bezug weniger Versicherungsjahre nachgewiesen werden, beispielsweise bei Beanspruchung der Rente mit 60 statt mit 63 Jahren = 3 Versicherungsjahre. Für solche Zeiten ist ein Ausgleich, etwa durch Zahlung zusätzlicher Beiträge, nicht möglich.

Eine weitere Minderung der Rente (= Abschläge) tritt ein, wenn sie vorzeitig, also beispielsweise mit 60 Jahren in Anspruch genommen wird (siehe hierzu Abschn. III Ziff. 4.3). In diesen Fällen kann jedoch nach § 187a SGB VI in der Weise ein Ausgleich vorgenommen werden, dass zusätzlich Beiträge bis zu der Höhe gezahlt werden, die sich nach Auskunft des Rentenversicherungsträgers der zum Ausgleich einer Rentenminderung erforderlichen Beitragszahlung als höchstmögliche Minderung an persönlichen Entgeltpunkten ergibt. Wird diese zusätzliche Beitragszahlunq nicht vorgenommen, muss die Minderung der Altersrente und Hinterbliebenenrente insoweit bis zum Lebensende hingenommen werden. Der Arbeitgeber könnte allenfalls einen Ausgleich durch Erhöhung der Betriebsrente oder ähnliche Zahlungen vornehmen.

2 Bezieher von Arbeitslosengeld/Arbeitslosengeld II

Bezieher von Arbeitslosengeld oder Arbeitslosengeld II sind in der Rentenversicherung automatisch pflichtversichert, wenn sie im letzten Jahr vor Beginn dieser Leistung – wenn auch nur kurze Zeit – zuletzt pflichtversichert waren (§ 3 Nr. 3 SGB VI). Insoweit handelt es sich um Beitragszeiten. Die Bundesagentur für Arbeit zahlt die vollen Rentenversicherungsbeiträge und meldet auch die Zeiten der Arbeitslosigkeit dem Rentenversicherungsträger.

War der Betreffende im letzten Jahr vor der Arbeitslosigkeit nicht pflichtversichert, kann er die Versicherungspflicht als Arbeitsloser beim Rentenversicherungsträger beantragen. Auch in diesem Fall trägt die Bundesagentur für Arbeit die Rentenversicherungsbeiträge allein.

3 Fehlender Anspruch auf Leistungen der Bundesagentur für Arbeit

Besteht kein Anspruch auf Leistungen, beispielsweise weil kein Arbeitslosengeld II wegen anderen Einkommens oder Einkommens des Ehegatten zusteht, besteht keine Rentenversicherungspflicht. Diese Zeiten zählen dann bei der Rente lediglich als so genannte „Anrechnungszeiten ohne Bewertung" mit. Voraussetzung ist allerdings, dass man sich regelmäßig, normalerweise alle drei Monate, bei der Agentur für Arbeit meldet und damit dem Arbeitsmarkt zur Verfügung steht. Nach Beendigung der Arbeitslosigkeit wird die Agentur für Arbeit auch in diesen Fällen die Zeit der Arbeitslosigkeit dem Rentenversicherungsträger melden.

Solche Anrechnungszeiten „ohne Bewertung" führen nicht mehr – wie vor vielen Jahren – unmittelbar zu einer Rentensteigerung, sondern nur noch mittelbar, beispielsweise durch ihre Auswirkung auf die Bewertung anderer beitragsfreier Zeiten (wie z.B. Zeiten des Mutterschutzes, der Fachschulausbildung, einer früheren Krankheit oder früheren Arbeitslosigkeit usw.). Außerdem tragen „Anrechnungszeiten ohne Bewertung" zur Erfüllung der Wartezeit bei bestimmten Renten bei, z.b. der Wartezeit von 35 Jahren, um eine Altersrente bereits mit 63 Jahren bekommen zu können.

Ist ein Leistungsbezug aus anderen Gründen ausgeschlossen (z.b. Sperrzeiten), wird diese Zeit nicht als Anrechnungszeit berücksichtigt.

4 Übersicht über die rentenrechtlichen Auswirkungen von Arbeitslosigkeit

Auszug aus der Informationsreihe der Rentenversicherung ab 1983

ZEITEN DER ARBEITSLOSIGKEIT UND IHRE BERÜCKSICHTIGUNG IN DER RENTE			
Arbeitslosigkeit im Zeitraum	Voraussetzungen	Berücksichtigung als	Wert für die Rentenberechnung
01.01.1983 bis 31.12.1991 mit Leistungsbezug	Meldung bei der Arbeitsagentur. (Es kommt nicht darauf an, dass eine versicherungspflichtige Beschäftigung oder Tätigkeit unterbrochen worden ist und dass diese Zeit mindestens einen Kalendermonat angedauert hat.)	Anrechnungszeit	Gesamtleistungswert für Anrechnungszeiten, auf 80 % begrenzt.
01.01.1983 bis 31.12.1991 ohne Leistungsbezug	Versicherungspflichtige Beschäftigung oder Tätigkeit muss unterbrochen worden sein; Meldung bei der Arbeitsagentur; Arbeitslosigkeit muss mindestens einen Kalendermonat angedauert haben.	Anrechnungszeit	ohne Bewertung
01.01.1992 bis 31.12.1997 mit Leistungsbezug	Meldung bei der Arbeitsagentur; im Jahr vor Leistungsbeginn zuletzt versicherungspflichtig oder Antragspflichtversicherung (eine versicherungspflichtige Beschäftigung oder Tätigkeit muss nicht unterbrochen worden sein; keine Mindestdauer der Arbeitslosigkeit).	Pflichtbeitragszeit und Anrechnungszeit (beitragsgeminderte Zeit)	Entgeltpunkte aus den Pflichtbeiträgen oder Gesamtleistungswert für Anrechnungszeiten, auf 80 % begrenzt (günstigerer Wert wird zugrunde gelegt).
01.01.1992 bis 31.12.1997	Meldung bei der Arbeitsagentur; versicherungs-	Anrechnungszeit	ohne Bewertung

ohne Leistungsbezug	pflichtige Beschäftigung oder Tätigkeit muss unterbrochen sein (keine Mindestdauer erforderlich).		
ab 01.01.1998 mit Leistungsbezug	Meldung bei der Arbeitsagentur; im Jahr vor Leistungsbeginn zuletzt versicherungspflichtig oder Antragspflichtversicherung (eine versicherungspflichtige Beschäftigung oder Tätigkeit muss nicht unterbrochen worden sein; keine Mindestdauer der Arbeitslosigkeit).	Pflichtbeitragszeit, vor dem 25. Lebensjahr auch Anrechnungszeit (beitragsgeminderte Zeit)	Entgeltpunkte aus den Pflichtbeiträgen, für beitragsgeminderte Zeiten 80 % des Gesamtleistungswerts, falls dies günstiger ist.
ab 01.01.1998 ohne Leistungsbezug	Meldung bei der Arbeitsagentur, Unterbrechung einer versicherungspflichtigen Beschäftigung oder Tätigkeit.	Anrechnungszeit	Ohne Bewertung

5 Arbeitslosengeld unter erleichterten Bedingungen des § 428 SGB III

Die Abgabe einer Erklärung nach § 428 SGB III zum Bezug von Leistungen unter erleichterten Bedingungen für 58-jährige und ältere Arbeitslose hat folgende Bedeutung und Auswirkungen:

- Der Anspruch auf Arbeitslosengeld bleibt bei Arbeitnehmern, die das 58. Lebensjahres vollendet haben, auch erhalten, wenn sie nicht arbeitsbereit sind und nicht alle Möglichkeiten nutzen und nutzen wollen, um ihre Beschäftigungslosigkeit zu beenden (§ 119 SGB III).

- Die Agentur für Arbeit soll den Arbeitslosen, der in absehbarer Zeit die Voraussetzungen für den Anspruch auf Altersrente voraussichtlich erfüllt, auffordern, innerhalb eines Monats Altersrente zu beantragen. Stellt der Arbeitslose den Antrag nicht, ruht der Anspruch auf Arbeitslosengeld. Weitere Einzelheiten ergeben sich aus § 428 Abs. 2 und 3 SGB III.

- Nach § 252 Abs. 8 Nr. 2 SGB VI sind Anrechnungszeiten auch Zeiten, in denen Versicherte der Arbeitsvermittlung nur deshalb nicht zur Verfügung standen, weil sie nicht arbeitsbereit waren und nicht alle Möglichkeiten nutzten und nutzen wollten, um ihre Beschäftigungslosigkeit zu beenden.

ABSCHNITT XIII:
Maßgebende Rechtsgrundlagen (nach Stand 1.1.2007)

1 Altersteilzeitgesetz

Gegenüberstellung des Gesetzes zur Förderung eines gleitenden Übergangs in den Ruhestand vom 23. Juli 1996 (BGBl. I S. 1078), nach dem Stand vom 1.4.2003 (Altfälle) und vom 1.7.2004 (Neufälle) und unter Berücksichtigung der Änderungen nach dem Gesetz zur Förderung ganzjähriger Beschäftigung vom 24.4.2006 und dem RV-Altersgrenzenanpassungsgesetz vom 20.4.2007

Altersteilzeitgesetz (Stand: 1.7.2004 – i.d.F. Viertes Gesetz für moderne Dienstleistungen am Arbeitsmarkt BGBl 2003 I S. 2993 ff.)	Altersteilzeitgesetz (Stand: 1.4.2003 – Zweites Gesetz für moderne Dienstleistungen am Arbeitsmarkt)
§ 1 Grundsatz	§ 1 Grundsatz
(1) Durch Altersteilzeitarbeit soll älteren Arbeitnehmern ein gleitender Übergang vom Erwerbsleben in die Altersrente ermöglicht werden.	(1) Durch Altersteilzeitarbeit soll älteren Arbeitnehmern ein gleitender Übergang vom Erwerbsleben in die Altersrente ermöglicht werden.
(2) Die Bundesagentur für Arbeit (Bundesagentur) fördert durch Leistungen nach diesem Gesetz die Teilzeitarbeit älterer Arbeitnehmer, die ihre Arbeitszeit ab Vollendung des 55. Lebensjahres spätestens ab 31. Dezember 2009 vermindern, und damit die Einstellung eines sonst arbeitslosen Arbeitnehmers ermöglichen.	(2) Die Bundesanstalt für Arbeit (Bundesanstalt) fördert durch Leistungen nach diesem Gesetz die Teilzeitarbeit älterer Arbeitnehmer, die ihre Arbeitszeit ab Vollendung des 55. Lebensjahres spätestens ab 31. Dezember 2009 vermindern, und damit die Einstellung eines sonst arbeitslosen Arbeitnehmers ermöglichen.
§ 2 Begünstigter Personenkreis	§ 2 Begünstigter Personenkreis
(1) Leistungen werden für Arbeitnehmer gewährt, die	(1) Leistungen werden für Arbeitnehmer gewährt, die
1. das 55. Lebensjahr vollendet haben,	1. das 55. Lebensjahr vollendet haben,
2. nach dem 14. Februar 1996 aufgrund einer Vereinbarung mit ihrem Arbeitgeber, die sich zumindest auf die Zeit erstrecken muss, bis eine Rente wegen	2. nach dem 14. Februar 1996 aufgrund einer Vereinbarung mit ihrem Arbeitgeber, die sich zumindest auf die Zeit erstrecken muss, bis eine Rente wegen

Alters beansprucht werden kann, ihre Arbeitszeit auf die Hälfte der bisherigen wöchentlichen Arbeitszeit vermindert haben, und versicherungspflichtig beschäftigt im Sinne des Dritten Buches Sozialgesetzbuch sind (Altersteilzeitarbeit)

und

3. innerhalb der letzten fünf Jahre vor Beginn der Altersteilzeitarbeit mindestens 1.080 Kalendertage in einer versicherungspflichtigen Beschäftigung nach dem Dritten Buch Sozialgesetzbuch <u>oder nach den Vorschriften eines Mitgliedstaates, in dem die Verordnung (EWG) Nr. 1408/71 des Rates der Europäischen Union Anwendung findet</u>, gestanden haben. Zeiten mit Anspruch auf Arbeitslosengeld oder Arbeitslosenhilfe, <u>Zeiten des Bezuges von Arbeitslosengeld II</u> sowie Zeiten, in denen Versicherungspflicht nach § 26 Abs. 2 des Dritten Buches Sozialgesetzbuch bestand, stehen der versicherungspflichtigen Beschäftigung gleich. § 427 Abs. 3 des Dritten Buches Sozialgesetzbuch gilt entsprechend.

(2) Sieht die Vereinbarung über die Altersteilzeitarbeit unterschiedliche wöchentliche Arbeitszeiten oder eine unterschiedliche Verteilung der wöchentlichen Arbeitszeit vor, ist die Voraussetzung nach Absatz 1 Nr. 2 auch erfüllt, wenn

1. die wöchentliche Arbeitszeit im Durchschnitt eines Zeitraums von bis zu drei Jahren oder bei Regelung in einem Tarifvertrag, aufgrund eines Tarifvertrages in einer Betriebsvereinbarung oder in einer Regelung der Kirchen und der öffentlich-rechtlichen Religionsgesellschaften im Durchschnitt eines Zeitraums von bis zu sechs Jahren die Hälfte der bisherigen wöchentlichen Arbeitszeit nicht überschreitet und der Arbeitnehmer versicherungspflichtig beschäftigt im Sinne des Dritten Buches Sozialgesetzbuch ist

und

2. das Arbeitsentgelt für die Altersteilzeitarbeit sowie der Aufstockungsbetrag nach § 3 Abs. 1 Nr. 1 Buchstabe a fortlaufend gezahlt werden.

Im Geltungsbereich eines Tarifvertrages

nach Satz 1 Nr. 1 kann die tarifvertragliche Regelung im Betrieb eines nicht tarifgebundenen Arbeitgebers durch Betriebsvereinbarung oder, wenn ein Betriebsrat nicht besteht, durch schriftliche Vereinbarung zwischen dem Arbeitgeber und dem Arbeitnehmer übernommen werden. Können aufgrund eines solchen Tarifvertrages abweichende Regelungen in einer Betriebsvereinbarung getroffen werden, kann auch in Betrieben eines nicht tarifgebundenen Arbeitgebers davon Gebrauch gemacht werden. Satz 1 Nr. 1, 2. Alternative gilt entsprechend. In einem Bereich, in dem tarifvertragliche Regelungen zur Verteilung der Arbeitszeit nicht getroffen sind oder üblicherweise nicht getroffen werden, kann eine Regelung im Sinne des Satzes 1 Nr. 1, 2. Alternative auch durch Betriebsvereinbarung oder, wenn ein Betriebsrat nicht besteht, durch schriftliche Vereinbarung zwischen Arbeitgeber und Arbeitnehmer getroffen werden.

(3) Sieht die Vereinbarung über die Altersteilzeit unterschiedliche wöchentliche Arbeitszeiten oder eine unterschiedliche Verteilung der wöchentlichen Arbeitszeit über einen Zeitraum von mehr als sechs Jahren vor, ist die Voraussetzung nach Absatz 1 Nr. 2 auch erfüllt, wenn die wöchentliche Arbeitszeit im Durchschnitt eines Zeitraums von sechs Jahren, der innerhalb des Gesamtzeitraums der vereinbarten Altersteilzeitarbeit liegt, die Hälfte der bisherigen wöchentlichen Arbeitszeit nicht überschreitet, der Arbeitnehmer versicherungspflichtig beschäftigt im Sinne des Dritten Buches Sozialgesetzbuch ist und die weiteren Voraussetzungen des Absatzes 2 vorliegen. Die Leistungen nach § 3 Abs. 1 Nr. 1 sind nur in dem in Satz 1 genannten Zeitraum von sechs Jahren zu erbringen.

§ 3
Anspruchsvoraussetzungen

(1) Der Anspruch auf die Leistungen nach § 4 setzt voraus, dass

1. der Arbeitgeber aufgrund eines Tarifvertrages, einer Regelung der Kirchen und der öffentlich-rechtlichen Religionsgesellschaften, einer Betriebsvereinbarung oder einer Vereinbarung mit dem Arbeit-

nehmer

a) das Regelarbeitsentgelt für die Altersteilzeitarbeit um mindestens 20 vom Hundert aufgestockt hat, wobei die Aufstockung auch weitere Entgeltbestandteile umfassen kann,

und

b) für den Arbeitnehmer zusätzlich Beiträge zur gesetzlichen Rentenversicherung mindestens in Höhe des Beitrags entrichtet hat, der auf 80 vom Hundert des Regelarbeitsentgelts für die Altersteilzeitarbeit, begrenzt auf den Unterschiedsbetrag zwischen 90 vom Hundert der monatlichen Beitragsbemessungsgrenze und dem Regelarbeitsentgelt entfällt, höchstens bis zur Beitragsbemessungsgrenze, sowie

2. der Arbeitgeber aus Anlass des Übergangs des Arbeitnehmers in die Altersteilzeitarbeit

a) einen bei einer Agentur für Arbeit arbeitslos gemeldeten Arbeitnehmer oder einen Arbeitnehmer nach Abschluss der Ausbildung auf dem freigemachten oder auf einem in diesem Zusammenhang durch Umsetzung freigewordenen Arbeitsplatz versicherungspflichtig im Sinne des Dritten Buches Sozialgesetzbuch beschäftigt; bei Arbeitgebern, die in der Regel nicht mehr als 50 Arbeitnehmer beschäftigen, wird unwiderleglich vermutet, dass der Arbeitnehmer auf dem freigemachten oder auf einem in diesem Zusammenhang durch Umsetzung freigewordenen Arbeitsplatz beschäftigt wird, oder

b) einen Auszubildenden versicherungspflichtig im Sinne des Dritten Buches Sozialgesetzbuch beschäftigt, wenn der Arbeitgeber in der Regel nicht mehr als 50 Arbeitnehmer beschäftigt

dem Arbeitnehmer

a) das Arbeitsentgelt für die Altersteilzeitarbeit um mindestens 20 vom Hundert dieses Arbeitsentgelts, jedoch mindestens auf 70 vom Hundert des um die gesetzlichen Abzüge, die bei Arbeitnehmern gewöhnlich anfallen, verminderten bisherigen Arbeitsentgelts im Sinne des § 6 Abs. 1 (Mindestnettobetrag), aufgestockt hat

und

b) für den Arbeitnehmer Beiträge zur gesetzlichen Rentenversicherung mindestens in Höhe des Beitrags entrichtet hat, der auf den Unterschiedsbetrag zwischen 90 vom Hundert des bisherigen Arbeitsentgelts im Sinne des § 6 Abs. 1 und dem Arbeitsentgelt für die Altersteilzeitarbeit entfällt, höchstens bis zur Beitragsbemessungsgrenze, sowie

2. der Arbeitgeber aus Anlass des Übergangs des Arbeitnehmers in die Altersteilzeitarbeit

a) einen beim Arbeitsamt arbeitslos gemeldeten Arbeitnehmer oder einen Arbeitnehmer nach Abschluss der Ausbildung auf dem freigemachten oder auf einem in diesem Zusammenhang durch Umsetzung freigewordenen Arbeitsplatz versicherungspflichtig im Sinne des Dritten Buches Sozialgesetzbuch beschäftigt; bei Arbeitgebern, die in der Regel nicht mehr als 50 Arbeitnehmer beschäftigen, wird unwiderleglich vermutet, dass der Arbeitnehmer auf dem freigemachten oder auf einem in diesem Zusammenhang durch Umsetzung freigewordenen Arbeitsplatz beschäftigt wird, oder

b) einen Auszubildenden versicherungspflichtig im Sinne des Dritten Buches Sozialgesetzbuch beschäftigt, wenn der Arbeitgeber in der Regel nicht mehr als 50 Arbeitnehmer beschäftigt und

3. die freie Entscheidung des Arbeitgebers bei einer über fünf vom Hundert der Arbeitnehmer des Betriebes hinausgehenden Inanspruchnahme sichergestellt ist oder eine Ausgleichskasse der Arbeitgeber oder eine gemeinsame Einrichtung der Tarifvertragsparteien besteht, wobei beide Voraussetzungen in Tarifverträgen verbunden werden können. Die Beschäftigung eines Beziehers von Arbeitslosengeld II erfüllt die Voraussetzungen nach Satz 1 Nr. 2 Buchstabe a nur dann, wenn eine Zusage nach § 16 Abs. 2 Satz 2 Nr. 8 des Zweiten Buches Sozialgesetzbuch erfolgt ist.

(1a) (S. 1 aufgehoben) Die Voraussetzungen des Absatzes 1 Nr. 1 Buchstabe a sind auch erfüllt, wenn Bestandteile des Arbeitsentgelts, die für den Zeitraum der vereinbarten Altersteilzeitarbeit nicht vermindert worden sind, bei der Aufstockung außer Betracht bleiben.

(2) Für die Zahlung der Beiträge nach Absatz 1 Nr. 1 Buchstabe b gelten die Bestimmungen des Sechsten Buches Sozialgesetzbuch über die Beitragszahlung aus dem Arbeitsentgelt.

(3) Hat der in Altersteilzeitarbeit beschäftigte Arbeitnehmer die Arbeitsleistung oder Teile der Arbeitsleistung im Voraus erbracht, so ist die Voraussetzung nach Absatz 1 Nr. 2 bei Arbeitszeiten nach § 2 Abs. 2 und 3 (auch = gestrichen) erfüllt, wenn die Beschäftigung eines bei einer Agentur für Arbeit arbeitslos gemeldeten Arbeitnehmers oder eines Arbeitnehmers nach Abschluss der Ausbildung auf dem freigemachten oder durch Umsetzung freigewordenen Arbeitsplatz erst nach Erbringung der Arbeitsleistung erfolgt.

§ 4
Leistungen

(1) Die Bundesagentur erstattet dem Arbeitgeber für längstens sechs Jahre

und

3. die freie Entscheidung des Arbeitgebers bei einer über fünf vom Hundert der Arbeitnehmer des Betriebes hinausgehenden Inanspruchnahme sichergestellt ist oder eine Ausgleichskasse der Arbeitgeber oder eine gemeinsame Einrichtung der Tarifvertragsparteien besteht, wobei beide Voraussetzungen in Tarifverträgen verbunden werden können.

(1a) Bei der Ermittlung des Arbeitsentgelts für die Altersteilzeitarbeit nach Absatz 1 Nr. 1 Buchstabe a bleibt einmalig gezahltes Arbeitsentgelt insoweit außer Betracht, als nach Berücksichtigung des laufenden Arbeitsentgelts die monatliche Beitragsbemessungsgrenze überschritten wird. Die Voraussetzungen des Absatzes 1 Nr. 1 Buchstabe a sind auch erfüllt, wenn Bestandteile des Arbeitsentgelts, die für den Zeitraum der vereinbarten Altersteilzeitarbeit nicht vermindert worden sind, bei der Aufstockung außer Betracht bleiben.

(2) Für die Zahlung der Beiträge nach Absatz 1 Nr. 1 Buchstabe b gelten die Bestimmungen des Sechsten Buches Sozialgesetzbuch über die Beitragszahlung aus dem Arbeitsentgelt.

(3) Hat der in Altersteilzeitarbeit beschäftigte Arbeitnehmer die Arbeitsleistung oder Teile der Arbeitsleistung im Voraus erbracht, so ist die Voraussetzung nach Absatz 1 Nr. 2 bei Arbeitszeiten nach § 2 Abs. 2 und 3 auch erfüllt, wenn die Beschäftigung eines beim Arbeitsamt arbeitslos gemeldeten Arbeitnehmers oder eines Arbeitnehmers nach Abschluss der Ausbildung auf dem freigemachten oder durch Umsetzung freigewordenen Arbeitsplatz erst nach Erbringung der Arbeitsleistung erfolgt.

§ 4
Leistungen

(1) Die Bundesanstalt erstattet dem Arbeitgeber für längstens sechs Jahre

1. den Aufstockungsbetrag nach § 3 Abs. 1 Nr. 1 Buchstabe a in Höhe von 20 vom Hundert des für die Altersteilzeitarbeit gezahlten Regelarbeitsentgelts	1. den Aufstockungsbetrag nach § 3 Abs. 1 Nr. 1 Buchstabe a in Höhe von 20 vom Hundert des für die Altersteilzeitarbeit gezahlten Arbeitsentgelts, jedoch mindestens den Betrag zwischen dem für die Altersteilzeitarbeit gezahlten Arbeitsentgelt und dem Mindestnettobetrag,
und	und
2. den Betrag, der nach § 3 Abs. 1 Nr. 1 Buchstabe b in Höhe des Beitrags geleistet worden ist, der auf den Betrag entfällt, der sich aus 80 vom Hundert des Regelarbeitsentgelts für die Altersteilzeitarbeit ergibt, jedoch höchstens des auf den Unterschiedsbetrag zwischen 90 vom Hundert der monatlichen Beitragsbemessungsgrenze und dem Regelarbeitsentgelt entfallenden Beitrags.	2. den Betrag, der nach § 3 Abs. 1 Nr. 1 Buchstabe b in Höhe des Beitrags geleistet worden ist, der auf den Unterschiedsbetrag zwischen 90 vom Hundert des bisherigen Arbeitsentgelts im Sinne des § 6 Abs. 1 und dem Arbeitsentgelt für die Altersteilzeitarbeit entfällt.
(2) Bei Arbeitnehmern, die nach § 6 Abs. 1 Satz 1 Nr. 1 oder § 231 Abs. 1 und 2 des Sechsten Buches Sozialgesetzbuch von der Versicherungspflicht befreit sind, werden Leistungen nach Absatz 1 auch erbracht, wenn die Voraussetzung des § 3 Abs. 1 Nr. 1 Buchstabe b nicht erfüllt ist. Dem Betrag nach Absatz 1 Nr. 2 stehen in diesem Fall vergleichbare Aufwendungen des Arbeitgebers bis zur Höhe des Beitrags gleich, den die Bundesagentur nach Absatz 1 Nr. 2 zu tragen hätte, wenn der Arbeitnehmer nicht von der Versicherungspflicht befreit wäre.	(2) Bei Arbeitnehmern, die nach § 6 Abs. 1 Satz 1 Nr. 1 oder § 231 Abs. 1 und 2 des Sechsten Buches Sozialgesetzbuch von der Versicherungspflicht befreit sind, werden Leistungen nach Absatz 1 auch erbracht, wenn die Voraussetzung des § 3 Abs. 1 Nr. 1 Buchstabe b nicht erfüllt ist. Dem Betrag nach Absatz 1 Nr. 2 stehen in diesem Fall vergleichbare Aufwendungen des Arbeitgebers bis zur Höhe des Beitrags gleich, den die Bundesanstalt nach Absatz 1 Nr. 2 zu tragen hätte, wenn der Arbeitnehmer nicht von der Versicherungspflicht befreit wäre.

§ 5
Erlöschen und Ruhen des Anspruchs

(1) Der Anspruch auf die Leistungen nach § 4 erlischt

1. mit Ablauf des Kalendermonats, in dem der Arbeitnehmer die Altersteilzeitarbeit beendet hat,	1. mit Ablauf des Kalendermonats, in dem der Arbeitnehmer die Altersteilzeitarbeit beendet oder das 65. Lebensjahr vollendet hat,
2. mit Ablauf des Kalendermonats vor dem Kalendermonat, für den der Arbeitnehmer eine Rente wegen Alters oder, wenn er von der Versicherungspflicht in der gesetzlichen Rentenversicherung befreit ist, das 65. Lebensjahr vollendet hat oder eine der Rente vergleichbare Leistung einer Versicherungs- oder Versorgungsein-	2. mit Ablauf des Kalendermonats vor dem Kalendermonat, für den der Arbeitnehmer eine Rente wegen Alters oder, wenn er von der Versicherungspflicht in der gesetzlichen Rentenversicherung befreit ist, eine vergleichbare Leistung einer Versicherungs- oder Versorgungseinrichtung oder eines

richtung oder eines Versicherungsunternehmens beanspruchen kann; dies gilt nicht für Renten, die vor dem für den Versicherten maßgebenden Rentenalter in Anspruch genommen werden können

oder

3. mit Beginn des Kalendermonats, für den der Arbeitnehmer eine Rente wegen Alters, eine Knappschaftsausgleichsleistung, eine ähnliche Leistung öffentlich-rechtlicher Art oder, wenn er von der Versicherungspflicht in der gesetzlichen Rentenversicherung befreit ist, eine vergleichbare Leistung einer Versicherungs- oder Versorgungseinrichtung oder eines Versicherungsunternehmens bezieht.

(2) Der Anspruch auf die Leistungen besteht nicht, solange der Arbeitgeber auf dem freigemachten oder durch Umsetzung freigewordenen Arbeitsplatz keinen Arbeitnehmer mehr beschäftigt, der bei Beginn der Beschäftigung die Voraussetzungen des § 3 Abs. 1 Nr. 2 erfüllt hat. Dies gilt nicht, wenn der Arbeitsplatz mit einem Arbeitnehmer, der diese Voraussetzungen erfüllt, innerhalb von drei Monaten erneut wiederbesetzt wird oder der Arbeitgeber insgesamt für vier Jahre die Leistungen erhalten hat.

(3) Der Anspruch auf die Leistungen ruht während der Zeit, in der der Arbeitnehmer neben seiner Altersteilzeitarbeit Beschäftigungen oder selbständige Tätigkeiten ausübt, die die Geringfügigkeitsgrenze des § 8 des Vierten Buches Sozialgesetzbuch überschreiten oder aufgrund solcher Beschäftigungen eine Entgeltersatzleistung erhält. Der Anspruch auf die Leistungen erlischt, wenn er mindestens 150 Kalendertage geruht hat. Mehrere Ruhenszeiträume sind zusammenzurechnen. Beschäftigungen oder selbständige Tätigkeiten bleiben unberücksichtigt, soweit der altersteilzeitarbeitende Arbeitnehmer sie bereits innerhalb der letzten fünf Jahre vor Beginn der Altersteilzeitarbeit ständig ausgeübt hat.

(4) Der Anspruch auf die Leistungen ruht während der Zeit, in der der Arbeitnehmer über die Altersteilzeitarbeit hinaus Mehrarbeit leistet, die den Umfang der Geringfügig-

keitsgrenze des § 8 des Vierten Buches Sozialgesetzbuch überschreitet. Absatz 3 Satz 2 und 3 gilt entsprechend.

(5) § 48 Abs. 1 Nr. 3 des Zehnten Buches Sozialgesetzbuch findet keine Anwendung.

§ 6
Begriffsbestimmungen

(1) Das Regelarbeitsentgelt für die Altersteilzeitarbeit im Sinne dieses Gesetzes ist das auf einen Monat entfallende vom Arbeitgeber regelmäßig zu zahlende sozialversicherungspflichtige Arbeitsentgelt, soweit es die Beitragsbemessungsgrenze des Dritten Buches Sozialgesetzbuchs nicht überschreitet. Entgeltbestandteile, die nicht laufend gezahlt werden, sind nicht berücksichtigungsfähig.

(2) Als bisherige wöchentliche Arbeitszeit ist die wöchentliche Arbeitszeit zugrunde zu legen, die mit dem Arbeitnehmer vor dem Übergang in die Altersteilzeitarbeit vereinbart war. Zugrunde zu legen ist höchstens die Arbeitszeit, die im Durchschnitt der letzten 24 Monate vor dem Übergang in die Altersteilzeit vereinbart war. Die ermittelte durchschnittliche Arbeitszeit kann auf die nächste volle Stunde gerundet werden.

(3) (weggefallen)

gigkeitsgrenze des § 8 des Vierten Buches Sozialgesetzbuch überschreitet. Absatz 3 Satz 2 und 3 gilt entsprechend.

(5) § 48 Abs. 1 Nr. 3 des Zehnten Buches Sozialgesetzbuch findet keine Anwendung.

§ 6
Begriffsbestimmungen

(1) Bisheriges Arbeitsentgelt im Sinne dieses Gesetzes ist das Arbeitsentgelt, das der Altersteilzeitarbeit beschäftigte Arbeitnehmer für eine Arbeitsleistung bei bisheriger wöchentlicher Arbeitszeit zu beanspruchen hätte, soweit es die Beitragsbemessungsgrenze des Dritten Buches Sozialgesetzbuchs nicht überschreitet. § 134 Abs. 2 Nr. 1 des Dritten Buches Sozialgesetzbuch gilt entsprechend.

(2) Als bisherige wöchentliche Arbeitszeit ist die wöchentliche Arbeitszeit zugrunde zu legen, die mit dem Arbeitnehmer vor dem Übergang in die Altersteilzeitarbeit vereinbart war. Zugrunde zu legen ist höchstens die Arbeitszeit, die im Durchschnitt der letzten 24 Monate vor dem Übergang in die Altersteilzeit vereinbart war. Bei der Ermittlung der durchschnittlichen Arbeitszeit nach Satz 2 bleiben Arbeitszeiten, die die tarifliche regelmäßige wöchentliche Arbeitszeit überschritten haben, außer Betracht. Die ermittelte durchschnittliche Arbeitszeit kann auf die nächste volle Stunde gerundet werden.

(3) Als tarifliche regelmäßige wöchentliche Arbeitszeit ist zugrunde zu legen,

1. wenn ein Tarifvertrag eine wöchentliche Arbeitszeit nicht oder für Teile eines Jahres eine unterschiedliche wöchentliche Arbeitszeit vorsieht, die Arbeitszeit, die sich im Jahresdurchschnitt wöchentlich ergibt; wenn ein Tarifvertrag Ober- und Untergrenzen für die Arbeitszeit vorsieht, die Arbeitszeit, die sich für den Arbeitnehmer im Jahresdurchschnitt wöchentlich ergibt,

2. wenn eine tarifliche Arbeitszeit nicht besteht, die tarifliche Arbeitszeit für gleiche oder ähnliche Beschäftigungen, oder falls eine solche tarifliche Regelung nicht besteht, die für gleiche oder

ähnliche Beschäftigungen übliche Arbeitszeit.

§ 7
Berechnungsvorschriften

(1) Ein Arbeitgeber beschäftigt in der Regel nicht mehr als 50 Arbeitnehmer, wenn er in dem Kalenderjahr, das demjenigen, für das die Feststellung zu treffen ist, vorausgegangen ist, für einen Zeitraum von mindestens acht Kalendermonaten nicht mehr als 50 Arbeitnehmer beschäftigt hat. Hat das Unternehmen nicht während des ganzen nach Satz 1 maßgebenden Kalenderjahres bestanden, so beschäftigt der Arbeitgeber in der Regel nicht mehr als 50 Arbeitnehmer, wenn er während des Zeitraums des Bestehens des Unternehmens in der überwiegenden Zahl der Kalendermonate nicht mehr als 50 Arbeitnehmer beschäftigt hat. Ist das Unternehmen im Laufe des Kalenderjahres errichtet worden, in dem die Feststellung nach Satz 1 zu treffen ist, so beschäftigt der Arbeitgeber in der Regel nicht mehr als 50 Arbeitnehmer, wenn nach der Art des Unternehmens anzunehmen ist, dass die Zahl der beschäftigten Arbeitnehmer während der überwiegenden Kalendermonate dieses Kalenderjahres 50 nicht überschreiten wird.

(2) Für die Berechnung der Zahl der Arbeitnehmer nach § 3 Abs. 1 Nr. 3 ist der Durchschnitt der letzten zwölf Kalendermonate vor dem Beginn der Altersteilzeitarbeit des Arbeitnehmers maßgebend. Hat ein Betrieb noch nicht zwölf Monate bestanden, ist der Durchschnitt der Kalendermonate während des Zeitraums des Bestehens des Betriebes maßgebend.

(3) Bei der Feststellung der Zahl der beschäftigten Arbeitnehmer nach Absatz 1 und 2 bleiben schwerbehinderte Menschen und Gleichgestellte im Sinne des Neunten Buches Sozialgesetzbuch sowie Auszubildende außer Ansatz. Teilzeitbeschäftigte Arbeitnehmer mit einer regelmäßigen wöchentlichen Arbeitszeit von nicht mehr als 20 Stunden sind mit 0,5 und mit einer regelmäßigen wöchentlichen Arbeitszeit von nicht mehr als 30 Stunden mit 0,75 zu berücksichtigen.

<u>(4) Bei der Ermittlung der Zahl der in Altersteilzeitarbeit beschäftigten Arbeitnehmer</u>

§ 7
Berechnungsvorschriften

(1) Ein Arbeitgeber beschäftigt in der Regel nicht mehr als 50 Arbeitnehmer, wenn er in dem Kalenderjahr, das demjenigen, für das die Feststellung zu treffen ist, vorausgegangen ist, für einen Zeitraum von mindestens acht Kalendermonaten nicht mehr als 50 Arbeitnehmer beschäftigt hat. Hat das Unternehmen nicht während des ganzen nach Satz 1 maßgebenden Kalenderjahres bestanden, so beschäftigt der Arbeitgeber in der Regel nicht mehr als 50 Arbeitnehmer, wenn er während des Zeitraums des Bestehens des Unternehmens in der überwiegenden Zahl der Kalendermonate nicht mehr als 50 Arbeitnehmer beschäftigt hat. Ist das Unternehmen im Laufe des Kalenderjahres errichtet worden, in dem die Feststellung nach Satz 1 zu treffen ist, so beschäftigt der Arbeitgeber in der Regel nicht mehr als 50 Arbeitnehmer, wenn nach der Art des Unternehmens anzunehmen ist, dass die Zahl der beschäftigten Arbeitnehmer während der überwiegenden Kalendermonate dieses Kalenderjahres 50 nicht überschreiten wird.

(2) Für die Berechnung der Zahl der Arbeitnehmer nach § 3 Abs. 1 Nr. 3 ist der Durchschnitt der letzten zwölf Kalendermonate vor dem Beginn der Altersteilzeitarbeit des Arbeitnehmers maßgebend. Hat ein Betrieb noch nicht zwölf Monate bestanden, ist der Durchschnitt der Kalendermonate während des Zeitraums des Bestehens des Betriebes maßgebend.

(3) Bei der Feststellung der Zahl der beschäftigten Arbeitnehmer nach Absatz 1 und 2 bleiben schwerbehinderte Menschen und Gleichgestellte im Sinne des Neunten Buches Sozialgesetzbuch sowie Auszubildende außer Ansatz. Teilzeitbeschäftigte Arbeitnehmer mit einer regelmäßigen wöchentlichen Arbeitszeit von nicht mehr als 20 Stunden sind mit 0,5 und mit einer regelmäßigen wöchentlichen Arbeitszeit von nicht mehr als 30 Stunden mit 0,75 zu berücksichtigen.

nach § 3 Abs. 1 Nr. 3 sind schwerbehinderte Menschen und Gleichgestellte im Sinne des Neunten Buches Sozialgesetzbuch zu berücksichtigen.

§ 8
Arbeitsrechtliche Regelungen

(1) Die Möglichkeit eines Arbeitnehmers zur Inanspruchnahme von Altersteilzeitarbeit gilt nicht als eine die Kündigung des Arbeitsverhältnisses durch den Arbeitgeber begründende Tatsache im Sinne des § 1 Abs. 2 Satz 1 des Kündigungsschutzgesetzes; sie kann auch bei der sozialen Auswahl nach § 1 Abs. 3 Satz 1 des Kündigungsschutzgesetzes zum Nachteil des Arbeitnehmers berücksichtigt werden.

(2) Die Verpflichtung des Arbeitgebers zur Zahlung von Leistungen nach § 3 Abs. 1 Nr. 1 kann nicht für den Fall ausgeschlossen werden, dass der Anspruch des Arbeitgebers auf die Leistungen nach § 4 nicht besteht, weil die Voraussetzung des § 3 Abs. 1 Nr. 2 nicht vorliegt. Das gleiche gilt für den Fall, dass der Arbeitgeber die Leistungen nur deshalb nicht erhält, weil er den Antrag nach § 12 nicht, nicht richtig, nicht vollständig oder nicht rechtzeitig gestellt hat oder seinen Mitwirkungspflichten nicht nachgekommen ist, ohne dass dafür eine Verletzung der Mitwirkungspflichten des Arbeitnehmers ursächlich war.

(3) Eine Vereinbarung zwischen Arbeitnehmer und Arbeitgeber über die Altersteilzeitarbeit, die die Beendigung des Arbeitsverhältnisses ohne Kündigung zu einem Zeitpunkt vorsieht, in dem der Arbeitnehmer Anspruch auf eine Rente wegen Alters hat, ist zulässig.

§ 8
Arbeitsrechtliche Regelungen

(1) Die Möglichkeit eines Arbeitnehmers zur Inanspruchnahme von Altersteilzeitarbeit gilt nicht als eine die Kündigung des Arbeitsverhältnisses durch den Arbeitgeber begründende Tatsache im Sinne des § 1 Abs. 2 Satz 1 des Kündigungsschutzgesetzes; sie kann auch bei der sozialen Auswahl nach § 1 Abs. 3 Satz 1 des Kündigungsschutzgesetzes zum Nachteil des Arbeitnehmers berücksichtigt werden.

(2) Die Verpflichtung des Arbeitgebers zur Zahlung von Leistungen nach § 3 Abs. 1 Nr. 1 kann nicht für den Fall ausgeschlossen werden, dass der Anspruch des Arbeitgebers auf die Leistungen nach § 4 nicht besteht, weil die Voraussetzung des § 3 Abs. 1 Nr. 2 nicht vorliegt. Das gleiche gilt für den Fall, dass der Arbeitgeber die Leistungen nur deshalb nicht erhält, weil er den Antrag nach § 12 nicht, nicht richtig, nicht vollständig oder nicht rechtzeitig gestellt hat oder seinen Mitwirkungspflichten nicht nachgekommen ist, ohne dass dafür eine Verletzung der Mitwirkungspflichten des Arbeitnehmers ursächlich war.

(3) Eine Vereinbarung zwischen Arbeitnehmer und Arbeitgeber über die Altersteilzeitarbeit, die die Beendigung des Arbeitsverhältnisses ohne Kündigung zu einem Zeitpunkt vorsieht, in dem der Arbeitnehmer Anspruch auf eine Rente nach Altersteilzeitarbeit hat, ist zulässig.

§ 8a
Insolvenzsicherung

(1) Führt eine Vereinbarung über die Altersteilzeitarbeit im Sinne von § 2 Abs. 2 zum Aufbau eines Wertguthabens, das den Betrag des Dreifachen des Regelarbeitsentgeltes nach § 6 Abs. 1 einschließlich des darauf entfallenden Arbeitgeberanteils am Gesamtsozialversicherungsbeitrag übersteigt, ist der Arbeitgeber verpflichtet, das Wertguthaben einschließlich des darauf entfallenden Arbeitgeberanteils am Gesamtso-

zialversicherungsbeitrag mit der ersten Gutschrift in geeigneter Weise gegen das Risiko seiner Zahlungsunfähigkeit abzusichern. Bilanzielle Rückstellungen sowie zwischen Konzernunternehmen (§ 18 Aktiengesetz) begründete Einstandspflichten, insbesondere Bürgschaften, Patronatserklärungen oder Schuldbeitritte, gelten nicht als geeignete Sicherungsmittel im Sinne des Satzes 1.

(2) Bei der Ermittlung der Höhe des zu sichernden Wertguthabens ist eine Anrechnung der Leistungen nach § 3 Abs. 1 Nr. 1 Buchstaben a und b und § 4 Abs. 2 sowie der Zahlungen des Arbeitgebers zur Übernahme der Beiträge im Sinne des § 187a des Sechsten Buches Sozialgesetzbuch unzulässig.

(3) Der Arbeitgeber hat dem Arbeitnehmer die zur Sicherung des Wertguthabens ergriffenen Maßnahmen mit der ersten Gutschrift und danach alle sechs Monate in Textform nachzuweisen. Die Betriebsparteien können eine andere gleichwertige Art und Form des Nachweises vereinbaren; Abs. 4 bleibt hiervon unberührt.

(4) Kommt der Arbeitgeber seiner Verpflichtung nach Absatz 3 nicht nach oder sind die nachgewiesenen Maßnahmen nicht geeignet und weist er auf schriftliche Aufforderung des Arbeitnehmers nicht innerhalb eines Monats eine geeignete Insolvenzsicherung des bestehenden Wertguthabens in Textform nach, kann der Arbeitnehmer verlangen, dass Sicherheit in Höhe des bestehenden Wertguthabens geleistet wird. Die Sicherheitsleistung kann nur erfolgen durch Stellung eines tauglichen Bürgen oder Hinterlegung von Geld oder solchen Wertpapieren, die nach § 234 Abs. 1 und 3 des Bürgerlichen Gesetzbuches zur Sicherheitsleistung geeignet sind. Die Vorschriften der §§ 233, 234 Abs. 2, §§ 235 und 239 des Bürgerlichen Gesetzbuches sind entsprechend anzuwenden.

(5) Vereinbarungen über den Insolvenzschutz, die zum Nachteil des in Altersteilzeit beschäftigten Arbeitnehmers von den Bestimmungen dieser Vorschrift abweichen, sind unwirksam.

(6) Die Absätze 1 bis 5 finden keine Anwendung gegenüber dem Bund, den Ländern, den Gemeinden, Körperschaften, Stiftungen und Anstalten des öffentlichen Rechts, über

deren Vermögen die Eröffnung eines Insolvenzverfahrens nicht zulässig ist, sowie solchen juristischen Personen des öffentlichen Rechts, bei denen der Bund, ein Land oder eine Gemeinde kraft Gesetzes die Zahlungsfähigkeit sichert.

§ 9
Ausgleichskassen, gemeinsame Einrichtungen

(1) Werden die Leistungen nach § 3 Abs. 1 Nr. 1 aufgrund eines Tarifvertrages von einer Ausgleichskasse der Arbeitgeber erbracht oder dem Arbeitgeber erstattet, gewährt die Bundesagentur auf Antrag der Tarifvertragsparteien die Leistungen nach § 4 der Ausgleichskasse.

(2) Für gemeinsame Einrichtungen der Tarifvertragsparteien gilt Absatz 1 entsprechend.

§ 10
Soziale Sicherung des Arbeitnehmers

(1) Beansprucht ein Arbeitnehmer, der Altersteilzeitarbeit (§ 2) geleistet hat und für den der Arbeitgeber Leistungen nach § 3 Abs. 1 Nr. 1 erbracht hat, Arbeitslosengeld, Arbeitslosenhilfe oder Unterhaltsgeld, erhöht sich das Bemessungsentgelt, das sich nach den Vorschriften des Dritten Buches Sozialgesetzbuch ergibt, bis zu dem Betrag, der als Bemessungsentgelt zugrunde zu legen wäre, wenn der Arbeitnehmer seine Arbeitszeit nicht im Rahmen der Altersteilzeit vermindert hätte. Kann der Arbeitnehmer eine Rente wegen Alters in Anspruch nehmen, ist von dem Tage an, an dem die Rente erstmals beansprucht werden kann, das Bemessungsentgelt maßgebend, das ohne die Erhöhung nach Satz 1 zugrunde zu legen gewesen wäre. Änderungsbescheide werden mit dem Tag wirksam, an dem die Altersrente erstmals beansprucht werden konnte.

(2) Bezieht ein Arbeitnehmer, für den die Bundesagentur Leistungen nach § 4 erbracht hat, Krankengeld, Versorgungskrankengeld, Verletztengeld oder Übergangsgeld und liegt der Bemessung dieser Leistungen ausschließlich die Altersteilzeit zugrunde

§ 9
Ausgleichskassen, gemeinsame Einrichtungen

(1) Werden die Leistungen nach § 3 Abs. 1 Nr. 1 aufgrund eines Tarifvertrages von einer Ausgleichskasse der Arbeitgeber erbracht oder dem Arbeitgeber erstattet, gewährt die Bundesanstalt auf Antrag der Tarifvertragsparteien die Leistungen nach § 4 der Ausgleichskasse.

(2) Für gemeinsame Einrichtungen der Tarifvertragsparteien gilt Absatz 1 entsprechend.

§ 10
Soziale Sicherung des Arbeitnehmers

(1) Beansprucht ein Arbeitnehmer, der Altersteilzeitarbeit (§ 2) geleistet hat und für den der Arbeitgeber Leistungen nach § 3 Abs. 1 Nr. 1 erbracht hat, Arbeitslosengeld, Arbeitslosenhilfe oder Unterhaltsgeld, erhöht sich das Bemessungsentgelt, das sich nach den Vorschriften des Dritten Buches Sozialgesetzbuch ergibt, bis zu dem Betrag, der als Bemessungsentgelt zugrunde zu legen wäre, wenn der Arbeitnehmer seine Arbeitszeit nicht im Rahmen der Altersteilzeit vermindert hätte. Kann der Arbeitnehmer eine Rente wegen Alters in Anspruch nehmen, ist von dem Tage an, an dem die Rente erstmals beansprucht werden kann, das Bemessungsentgelt maßgebend, das ohne die Erhöhung nach Satz 1 zugrunde zu legen gewesen wäre. Änderungsbescheide werden mit dem Tag wirksam, an dem die Altersrente erstmals beansprucht werden konnte.

(2) Bezieht ein Arbeitnehmer, für den die Bundesanstalt Leistungen nach § 4 erbracht hat, Krankengeld, Versorgungskrankengeld, Verletztengeld oder Übergangsgeld und liegt der Bemessung dieser Leistungen ausschließlich die Altersteilzeit zugrunde

oder bezieht der Arbeitnehmer Krankentagegeld von einem privaten Krankenversicherungsunternehmen, erbringt die Bundesagentur anstelle des Arbeitgebers die Leistungen nach § 3 Abs. 1 Nr. 1 in Höhe der Erstattungsleistungen nach § 4. <u>Satz 1 gilt soweit und solange nicht, als Leistungen nach § 3 Abs. 1 Nr. 1 vom Arbeitgeber erbracht werden.</u> Durch die Leistungen darf der Höchstförderungszeitraum nach § 4 Abs. 1 nicht überschritten werden. § 5 Abs. 1 gilt entsprechend.

(3) Absatz 2 gilt entsprechend für Arbeitnehmer, die nur wegen Inanspruchnahme der Altersteilzeit nach § 2 Abs. 1 Nr. 1 und 2 des Zweiten Gesetzes über die Krankenversicherung der Landwirte versicherungspflichtig in der Krankenversicherung der Landwirte sind, soweit und solange ihnen Krankengeld gezahlt worden wäre, falls sie nicht Mitglied einer landwirtschaftlichen Krankenkasse geworden wären.

(4) Bezieht der Arbeitnehmer Kurzarbeitergeld, gilt für die Berechnung der Leistungen des § 3 Abs. 1 Nr. 1 und des § 4 das Entgelt für die vereinbarte Arbeitszeit als Arbeitsentgelt für die Altersteilzeitarbeit.

(5) <u>Sind für den Arbeitnehmer Aufstockungsleistungen nach § 3 Abs. 1 Nr. 1 Buchstabe a und b gezahlt worden, gilt in den Fällen der nicht zwecksentsprechenden Verwendung von Wertguthaben für die Berechnung der Beiträge zur gesetzlichen Rentenversicherung der Unterschiedsbetrag zwischen dem Betrag, den der Arbeitgeber der Berechnung der Beiträge nach § 3 Abs. 1 Nr. 1 Buchstabe b zugrunde gelegt hat, und dem Doppelten des Regelarbeitsentgelts zum Zeitpunkt der nicht zwecksentsprechenden Verwendung, höchstens bis zur Beitragsbemessungsgrenze, als beitragspflichtige Einnahme aus dem Wertguthaben; für die Beiträge zur Krankenversicherung, Pflegeversicherung oder nach dem Recht der Arbeitsförderung gilt § 23b Abs. 2 bis 3 Vierten Buches Sozialgesetzbuch.</u> Im Falle der Zahlungsunfähigkeit des Arbeitgebers gilt Satz 1 entsprechend, soweit Beiträge gezahlt werden.

zugrunde oder bezieht der Arbeitnehmer Krankentagegeld von einem privaten Krankenversicherungsunternehmen, erbringt die Bundesagentur anstelle des Arbeitgebers die Leistungen nach § 3 Abs. 1 Nr. 1 in Höhe der Erstattungsleistungen nach § 4. Durch die Leistungen darf der Höchstförderungszeitraum nach § 4 Abs. 1 nicht überschritten werden. § 5 Abs. 1 gilt entsprechend.

(3) Absatz 2 gilt entsprechend für Arbeitnehmer, die nur wegen Inanspruchnahme der Altersteilzeit nach § 2 Abs. 1 Nr. 1 und 2 des Zweiten Gesetzes über die Krankenversicherung der Landwirte versicherungspflichtig in der Krankenversicherung der Landwirte sind, soweit und solange ihnen Krankengeld gezahlt worden wäre, falls sie nicht Mitglied einer landwirtschaftlichen Krankenkasse geworden wären.

(4) Bezieht der Arbeitnehmer Kurzarbeitergeld oder Winterausfallgeld, gilt für die Berechnung der Leistungen des § 3 Abs. 1 Nr. 1 und des § 4 das Entgelt für die vereinbarte Arbeitszeit als Arbeitsentgelt für die Altersteilzeitarbeit.

(5) Sind für den Arbeitnehmer Aufstockungsbeträge zum Arbeitsentgelt und Beiträge zur gesetzlichen Rentenversicherung für den Unterschiedsbetrag zwischen dem Arbeitsentgelt für die Altersteilzeitarbeit und mindestens 90 vom Hundert des bisherigen Arbeitsentgelts nach § 3 Abs. 1 gezahlt worden, gilt in den Fällen der nicht zweckentsprechenden Verwendung von Wertguthaben für die Berechnung der Beiträge zur gesetzlichen Rentenversicherung der Unterschiedsbetrag zwischen dem Betrag, den der Arbeitgeber der Berechnung der Beiträge nach § 3 Abs. 1 Nr. 1 Buchstabe b zugrunde gelegt hat, und 100 vom Hundert des im Zeitpunkt der nicht zweckentsprechenden Verwendung erzielten bisherigen Arbeitsentgelts als beitragspflichtige Einnahme aus dem Wertguthaben; für die Beiträge zur Krankenversicherung, Pflegeversicherung oder nach dem Recht der Arbeitsförderung gilt § 23b Abs. 2 und 3 des Vierten Buches Sozialgesetzbuch. Im Falle der Zahlungsunfähigkeit des Arbeitgebers gilt Satz 1 entsprechend, soweit

Beiträge gezahlt werden.

§ 11
Mitwirkungspflichten des Arbeitnehmers

(1) Der Arbeitnehmer hat Änderungen der ihn betreffenden Verhältnisse, die für die Leistungen nach § 4 erheblich sind, dem Arbeitgeber unverzüglich mitzuteilen. Werden im Fall des § 9 die Leistungen von der Ausgleichskasse der Arbeitgeber oder der gemeinsamen Einrichtung der Tarifvertragsparteien erbracht, hat der Arbeitnehmer Änderungen nach Satz 1 diesen gegenüber unverzüglich mitzuteilen.

(2) Der Arbeitnehmer hat der <u>Bundesagentur</u> die dem Arbeitgeber zu Unrecht gezahlten Leistungen zu erstatten, wenn der Arbeitnehmer die unrechtmäßige Zahlung dadurch bewirkt hat, dass er vorsätzlich oder grob fahrlässig

1. Angaben gemacht hat, die unrichtig oder unvollständig sind, oder
2. der Mitteilungspflicht nach Absatz 1 nicht nachgekommen ist.

Die zu erstattende Leistung ist durch schriftlichen Verwaltungsakt festzusetzen. Eine Erstattung durch den Arbeitgeber kommt insoweit nicht in Betracht.

§ 12
Verfahren

(1) <u>Die Agentur für Arbeit</u> entscheidet auf schriftlichen Antrag des Arbeitgebers, ob die Voraussetzungen für die Erbringung von Leistungen nach § 4 vorliegen. Der Antrag wirkt vom Zeitpunkt des Vorliegens der Anspruchsvoraussetzungen, wenn er innerhalb von drei Monaten nach deren Vorliegen gestellt wird, andernfalls wirkt er vom Beginn des Monats der Antragstellung. In den Fällen des § 3 Abs. 3 kann <u>die Agentur für Arbeit</u> auch vorab entscheiden, ob die Voraussetzungen des § 2 vorliegen. Mit dem Antrag sind die Namen, Anschriften und Versicherungsnummern der Arbeitnehmer mitzuteilen, für die Leistungen beantragt werden. Zuständig ist <u>die Agentur für Arbeit</u>, in dessen Bezirk der Betrieb liegt, in der der Arbeitnehmer beschäftigt ist. Die <u>Bundesagentur</u> erklärt <u>eine andere Agentur</u> für zuständig,

§ 11
Mitwirkungspflichten des Arbeitnehmers

(1) Der Arbeitnehmer hat Änderungen der ihn betreffenden Verhältnisse, die für die Leistungen nach § 4 erheblich sind, dem Arbeitgeber unverzüglich mitzuteilen. Werden im Fall des § 9 die Leistungen von der Ausgleichskasse der Arbeitgeber oder der gemeinsamen Einrichtung der Tarifvertragsparteien erbracht, hat der Arbeitnehmer Änderungen nach Satz 1 diesen gegenüber unverzüglich mitzuteilen.

(2) Der Arbeitnehmer hat der Bundesanstalt die dem Arbeitgeber zu Unrecht gezahlten Leistungen zu erstatten, wenn der Arbeitnehmer die unrechtmäßige Zahlung dadurch bewirkt hat, dass er vorsätzlich oder grob fahrlässig

1. Angaben gemacht hat, die unrichtig oder unvollständig sind, oder
2. der Mitteilungspflicht nach Absatz 1 nicht nachgekommen ist.

Die zu erstattende Leistung ist durch schriftlichen Verwaltungsakt festzusetzen. Eine Erstattung durch den Arbeitgeber kommt insoweit nicht in Betracht.

§ 12
Verfahren

(1) Das Arbeitsamt entscheidet auf schriftlichen Antrag des Arbeitgebers, ob die Voraussetzungen für die Erbringung von Leistungen nach § 4 vorliegen. Der Antrag wirkt vom Zeitpunkt des Vorliegens der Anspruchsvoraussetzungen, wenn er innerhalb von drei Monaten nach deren Vorliegen gestellt wird, andernfalls wirkt er vom Beginn des Monats der Antragstellung. In den Fällen des § 3 Abs. 3 kann das Arbeitsamt auch vorab entscheiden, ob die Voraussetzungen des § 2 vorliegen. Mit dem Antrag sind die Namen, Anschriften und Versicherungsnummern der Arbeitnehmer mitzuteilen, für die Leistungen beantragt werden. Zuständig ist das Arbeitsamt, in dessen Bezirk der Betrieb liegt, in der der Arbeitnehmer beschäftigt ist. Die Bundesanstalt erklärt ein anderes Arbeitsamt für zustän-

wenn der Arbeitgeber dafür ein berechtigtes Interesse glaubhaft macht.

(2) Die Höhe der Leistungen nach § 4 wird zu Beginn des Erstattungsverfahrens in monatlichen Festbeträgen für die gesamte Förderdauer festgelegt. Die monatlichen Festbeträge werden nur angepasst, wenn sich das berücksichtigungsfähige Regelarbeitsentgelt um mindestens zehn Euro verringert. Leistungen nach § 4 werden auf Antrag erbracht und nachträglich jeweils für den Kalendermonat ausgezahlt, in dem die Anspruchsvoraussetzungen vorgelegen haben. Leistungen nach § 10 Abs. 2 werden auf Antrag des Arbeitnehmers oder, im Falle einer Leistungserbringung des Arbeitgebers an den Arbeitnehmer gem. § 10 Abs. 2 Satz 2, auf Antrag des Arbeitgebers monatlich nachträglich ausgezahlt.

(3) In den Fällen des § 3 Abs. 3 werden dem Arbeitgeber die Leistungen nach Absatz 1 erst von dem Zeitpunkt an ausgezahlt, in dem der Arbeitgeber auf dem freigemachten oder durch Umsetzung freigewordenen Arbeitsplatz einen Arbeitnehmer beschäftigt, der bei Beginn der Beschäftigung die Voraussetzungen des § 3 Abs. 1 Nr. 2 erfüllt hat. Endet die Altersteilzeitvereinbarung in den Fällen des § 3 Abs. 3 vorzeitig, erbringt die Agentur für Arbeit die Leistungen für zurückliegende Zeiträume nach Satz 3, solange die Voraussetzungen des § 3 Abs. 1 Nr. 2 erfüllt sind und soweit dem Arbeitgeber entsprechende Aufwendungen für Aufstockungsleistungen nach § 3 Abs. 1 Nr. 1 und § 4 Abs. 2 verblieben sind. Die Leistungen für zurückliegende Zeiten bestimmen sich nach der Höhe der laufenden Leistungen.

(4) Über die Erbringung von Leistungen kann die Agentur für Arbeit vorläufig entscheiden, wenn die Voraussetzungen für den Anspruch mit hinreichender Wahrscheinlichkeit vorliegen und zu ihrer Feststellung voraussichtlich längere Zeit erforderlich ist. Aufgrund der vorläufigen Entscheidung erbrachte Leistungen sind auf die zustehende Leistung anzurechnen. Sie sind zu erstatten, soweit mit der abschließenden Entscheidung ein Anspruch nicht oder nur in geringerer Höhe zuerkannt wird.

dig, wenn der Arbeitgeber dafür ein berechtigtes Interesse glaubhaft macht.

(2) Leistungen nach § 4 werden nachträglich jeweils für den Kalendermonat ausgezahlt, in dem die Anspruchsvoraussetzungen vorgelegen haben, wenn sie innerhalb von sechs Monaten nach Ablauf dieses Kalendermonats beantragt werden. Leistungen nach § 10 Abs. 2 werden auf Antrag des Arbeitnehmers monatlich nachträglich ausgezahlt.

(3) In den Fällen des § 3 Abs. 3 werden dem Arbeitgeber die Leistungen nach Absatz 1 erst von dem Zeitpunkt an ausgezahlt, in dem der Arbeitgeber auf dem freigemachten oder durch Umsetzung freigewordenen Arbeitsplatz einen Arbeitnehmer beschäftigt, der bei Beginn der Beschäftigung die Voraussetzungen des § 3 Abs. 1 Nr. 2 erfüllt hat. Endet die Altersteilzeitvereinbarung in den Fällen des § 3 Abs. 3 vorzeitig, erbringt das Arbeitsamt die Leistungen für zurückliegende Zeiträume nach Satz 3, solange die Voraussetzungen des § 3 Abs. 1 Nr. 2 erfüllt sind und soweit dem Arbeitgeber entsprechende Aufwendungen für Aufstockungsleistungen nach § 3 Abs. 1 Nr. 1 und § 4 Abs. 2 verblieben sind. Die Leistungen für zurückliegende Zeiten bestimmen sich nach der Höhe der laufenden Leistungen.

(4) Über die Erbringung von Leistungen kann das Arbeitsamt vorläufig entscheiden, wenn die Voraussetzungen für den Anspruch mit hinreichender Wahrscheinlichkeit vorliegen und zu ihrer Feststellung voraussichtlich längere Zeit erforderlich ist. Aufgrund der vorläufigen Entscheidung erbrachte Leistungen sind auf die zustehende Leistung anzurechnen. Sie sind zu erstatten, soweit mit der abschließenden Entscheidung ein Anspruch nicht oder nur in geringerer Höhe zuerkannt wird.

§ 13
Auskünfte und Prüfung

§ 304 Abs. 1, §§ 305, 306, 315 und 319 des Dritten Buches und das Zweite Kapitel des Zehnten Buches Sozialgesetzbuch gelten entsprechend.

§ 14
Bußgeldvorschriften

(1) Ordnungswidrig handelt, wer vorsätzlich oder fahrlässig

1. entgegen § 11 Abs. 1 oder als Arbeitgeber entgegen § 60 Abs. 1 Nr. 2 des Ersten Buches Sozialgesetzbuch eine Mitteilung nicht, nicht richtig, nicht vollständig oder nicht rechtzeitig macht,

2. entgegen § 13 in Verbindung mit § 319 des Dritten Buches Sozialgesetzbuch Einsicht nicht oder nicht rechtzeitig gewährt,

3. entgegen § 13 in Verbindung mit § 315 des Dritten Buches Sozialgesetzbuch eine Auskunft nicht, nicht richtig, nicht vollständig oder nicht rechtzeitig erteilt,

4. entgegen § 13 in Verbindung mit § 306 Abs. 1 Satz 1 oder 2 oder § 319 des Dritten Buches Sozialgesetzbuch eine Prüfung oder das Betreten eines Grundstücks oder eines Geschäftsraumes nicht duldet oder bei der Ermittlung von Tatsachen nicht mitwirkt,

5. entgegen § 13 in Verbindung mit § 306 Abs. 2 Satz 1 des Dritten Buches Sozialgesetzbuch Daten nicht, nicht richtig, nicht vollständig, nicht in der vorgeschriebenen Weise oder nicht rechtzeitig zur Verfügung stellt,

(2) Die Ordnungswidrigkeit nach Absatz 1 Nr. 1 bis 4 kann mit einer Geldbuße bis zu fünfhundert Euro, die Ordnungswidrigkeit nach Absatz 1 Nr. 5 mit einer Geldbuße bis zu fünfundzwanzigtausend Euro geahndet werden.

(3) Verwaltungsbehörden im Sinne des § 36 Abs. 1 Nr. 1 des Gesetzes über Ordnungswidrigkeiten sind <u>die Agenturen für Arbeit</u>.

(4) Die Geldbußen fließen in die Kasse der

§ 13
Auskünfte und Prüfung

§ 304 Abs. 1, §§ 305, 306, 315 und 319 des Dritten Buches und das Zweite Kapitel des Zehnten Buches Sozialgesetzbuch gelten entsprechend.

§ 14
Bußgeldvorschriften

(1) Ordnungswidrig handelt, wer vorsätzlich oder fahrlässig

1. entgegen § 11 Abs. 1 oder als Arbeitgeber entgegen § 60 Abs. 1 Nr. 2 des Ersten Buches Sozialgesetzbuch eine Mitteilung nicht, nicht richtig, nicht vollständig oder nicht rechtzeitig macht,

2. entgegen § 13 in Verbindung mit § 319 des Dritten Buches Sozialgesetzbuch Einsicht nicht oder nicht rechtzeitig gewährt,

3. entgegen § 13 in Verbindung mit § 315 des Dritten Buches Sozialgesetzbuch eine Auskunft nicht, nicht richtig, nicht vollständig oder nicht rechtzeitig erteilt,

4. entgegen § 13 in Verbindung mit § 306 Abs. 1 Satz 1 oder 2 des Dritten Buches Sozialgesetzbuch eine Prüfung oder das Betreten eines Grundstücks oder eines Geschäftsraumes nicht duldet oder bei der Ermittlung von Tatsachen nicht mitwirkt,

5. entgegen § 13 in Verbindung mit § 306 Abs. 2 Satz 1 des Dritten Buches Sozialgesetzbuch Daten nicht, nicht richtig, nicht vollständig, nicht in der vorgeschriebenen Weise oder nicht rechtzeitig zur Verfügung stellt,

(2) Die Ordnungswidrigkeit nach Absatz 1 Nr. 1 bis 4 kann mit einer Geldbuße bis zu fünfhundert Euro, die Ordnungswidrigkeit nach Absatz 1 Nr. 5 mit einer Geldbuße bis zu fünfundzwanzigtausend Euro geahndet werden.

(3) Verwaltungsbehörden im Sinne des § 36 Abs. 1 Nr. 1 des Gesetzes über Ordnungswidrigkeiten sind die Arbeitsämter.

(4) Die Geldbußen fließen in die Kasse der

Bundesagentur. § 66 des Zehnten Buches Sozialgesetzbuch gilt entsprechend.

(5) Die notwendigen Auslagen trägt abweichend von § 105 Abs. 2 des Gesetzes über Ordnungswidrigkeiten die Bundesagentur; diese ist auch ersatzpflichtig im Sinne des § 110 Abs. 4 des Gesetzes über Ordnungswidrigkeiten.

§ 15
Verordnungsermächtigung

<u>Das Bundesministerium für Wirtschaft und Arbeit kann durch Rechtsverordnung die Mindestnettobeträge nach § 3 Abs. 1 Nr. 1 Buchstabe a in der bis zum 30. Juni 2004 gültigen Fassung bestimmen. Die Vorschriften zum Leistungsentgelt des Dritten Buches Sozialgesetzbuch gelten entsprechend. Das bisherige Arbeitsentgelt im Sinne des § 6 Abs. 1 in der bis zum 30. Juni 2004 gültigen Fassung ist auf den nächsten durch fünf teilbaren Euro-Betrag zu runden. Der Kalendermonat ist mit 30 Tagen anzusetzen.</u>

§ 15 a
Übergangsregelung nach dem Gesetz zur Reform der Arbeitsförderung

Haben die Voraussetzungen für die Erbringung von Leistungen nach § 4 vor dem 1.4.1997 vorgelegen, erbringt die <u>Bundesagentur</u> die Leistungen nach § 4 auch dann, wenn die Voraussetzungen des § 2 Abs. 1 Nr. 2 und Abs. 2 Nr. 1 in der bis zum 31.3.1997 geltenden Fassung vorliegen.

§ 15 b
Übergangsregelung nach dem Gesetz zur Reform der gesetzlichen Rentenversicherung

Abweichend von § 5 Abs. 1 Nr. 2 erlischt der Anspruch auf die Leistungen nach § 4 nicht, wenn mit der Altersteilzeit vor dem 1. Juli 1998 begonnen worden ist und Anspruch auf eine ungeminderte Rente wegen Alters besteht, weil 45 Jahre mit Pflichtbeiträgen für eine versicherte Beschäftigung oder Tätigkeit vorliegen.

Bundesanstalt. § 66 des Zehnten Buches Sozialgesetzbuch gilt entsprechend.

(5) Die notwendigen Auslagen trägt abweichend von § 105 Abs. 2 des Gesetzes über Ordnungswidrigkeiten die Bundesanstalt; diese ist auch ersatzpflichtig im Sinne des § 110 Abs. 4 des Gesetzes über Ordnungswidrigkeiten.

§ 15
Verordnungsermächtigung

Das Bundesministerium für Arbeit und Sozialordnung kann durch Rechtsverordnung jeweils für ein Kalenderjahr

1. die Mindestnettobeträge nach § 3 Abs. 1 Nr. 1 Buchstabe a,

2. Nettobeträge des Arbeitsentgelts für die Altersteilzeitarbeit

bestimmen. § 132 Abs. 3 und § 136 des Dritten Buches Sozialgesetzbuch gelten entsprechend. Der Kalendermonat ist mit 30 Tagen anzusetzen.

§ 15 a
Übergangsregelung nach dem Gesetz zur Reform der Arbeitsförderung

Haben die Voraussetzungen für die Erbringung von Leistungen nach § 4 vor dem 1.4.1997 vorgelegen, erbringt die Bundesanstalt die Leistungen nach § 4 auch dann, wenn die Voraussetzungen des § 2 Abs. 1 Nr. 2 und Abs. 2 Nr. 1 in der bis zum 31.3.1997 geltenden Fassung vorliegen.

§ 15 b
Übergangsregelung nach dem Gesetz zur Reform der gesetzlichen Rentenversicherung

Abweichend von § 5 Abs. 1 Nr. 2 erlischt der Anspruch auf die Leistungen nach § 4 nicht, wenn mit der Altersteilzeit vor dem 1. Juli 1998 begonnen worden ist und Anspruch auf eine ungeminderte Rente wegen Alters besteht, weil 45 Jahre mit Pflichtbeiträgen für eine versicherte Beschäftigung oder Tätigkeit vorliegen.

§ 15c
Übergangsregelung nach dem Gesetz zur Fortentwicklung der Altersteilzeit

Ist eine Vereinbarung über Altersteilzeitarbeit vor dem 1.1.2000 abgeschlossen worden, erbringt die Bundesagentur die Leistungen nach § 4 auch dann, wenn die Voraussetzungen des § 2 Abs. 1 Nr. 2 und 3 in der bis zum 1.1.2000 geltenden Fassung vorliegen.

§ 15d
Übergangsregelung zum Zweiten Gesetz zur Fortentwicklung der Altersteilzeit

Ist eine Vereinbarung über Altersteilzeitarbeit vor dem 1.7.2000 abgeschlossen worden, gelten § 5 Abs. 2 Satz 2 und § 6 Abs. 2 Satz 2 in der bis zum 1.7.2000 geltenden Fassung. Sollen bei einer Vereinbarung nach Satz 1 Leistungen nach § 4 für einen Zeitraum von länger als fünf Jahren beansprucht werden, gilt § 5 Abs. 2 Satz 2 in der ab dem 1.7.2000 geltenden Fassung.

§ 15e
Übergangsregelung nach dem Gesetz zur Reform der Renten wegen verminderter Erwerbsfähigkeit

Abweichend von § 5 Abs. 1 Nr. 2 erlischt der Anspruch auf die Leistungen nach § 4 nicht, wenn mit der Altersteilzeit vor dem 17.11.2000 begonnen worden ist und Anspruch auf eine ungeminderte Rente wegen Alters besteht, weil die Voraussetzungen nach § 236a Satz 5 Nr. 1 des Sechsten Buches Sozialgesetzbuch vorliegen.

§ 15f
Übergangsregelung nach dem Zweiten Gesetz für moderne Dienstleistungen am Arbeitsmarkt

Wurde mit der Altersteilzeit vor dem 1.4.2003 begonnen, gelten Arbeitnehmer, die bis zu diesem Zeitpunkt in einer versicherungspflichtigen Beschäftigung nach dem Dritten Buch Sozialgesetzbuch gestanden haben, auch nach dem 1.4.2003 als versicherungspflichtig beschäftigt, wenn sie die bis zum 31.3.2003 geltenden Voraussetzungen für das Vorliegen einer versicherungspflichtigen Beschäftigung weiterhin erfüllen.

§ 15g
Übergangsregelung zum Dritten Gesetz für moderne Dienstleistungen am Arbeitsmarkt

Wurde mit der Altersteilzeitarbeit vor dem 1. Juli 2004 begonnen, sind die Vorschriften in der bis zum 30. Juni 2004 geltenden Fassung mit Ausnahme des § 15 weiterhin anzuwenden. Auf Antrag des Arbeitgebers erbringt die Bundesagentur abweichend von Satz 1 Leistungen nach § 4 in der ab dem 1. Juli 2004 geltenden Fassung, wenn die hierfür ab dem 1. Juli 2004 maßgebenden Voraussetzungen erfüllt sind.

§16
Befristung der Förderungsfähigkeit

Für die Zeit ab dem 1. Januar 2010 sind Leistungen nach § 4 nur noch zu erbringen, wenn die Voraussetzungen des § 2 erstmals vor diesem Zeitpunkt vorgelegen haben.

§16
Befristung der Förderungsfähigkeit

Für die Zeit ab dem 1. Januar 2010 sind Leistungen nach § 4 nur noch zu erbringen, wenn die Voraussetzungen des § 2 und des § 3 Abs. 1 Nr. 2 erstmals vor diesem Zeitpunkt vorgelegen haben.

2 Betriebsverfassungsgesetz

§ 77 Abs. 6 BetrVG
Durchführung gemeinsamer Beschlüsse, Betriebsvereinbarungen

(6) Nach Ablauf einer Betriebsvereinbarung gelten ihre Regelungen in Angelegenheiten, in denen ein Spruch der Einigungsstelle die Einigung zwischen Arbeitgeber und Betriebsrat ersetzen kann, weiter, bis sie durch eine andere Abmachung ersetzt werden.

§ 87 BetrVG
Mitbestimmungsrechte

(1) Der Betriebsrat hat, soweit eine gesetzliche oder tarifliche Regelung nicht besteht, in folgenden Angelegenheiten mitzubestimmen:

1. Fragen der Ordnung des Betriebs und des Verhaltens der Arbeitnehmer im Betrieb;
2. Beginn und Ende der täglichen Arbeitszeit einschließlich der Pausen sowie Verteilung der Arbeitszeit auf die einzelnen Wochentage;

3. vorübergehende Verkürzung oder Verlängerung der betriebsüblichen Arbeitszeit;
4. Zeit, Ort und Art der Auszahlung der Arbeitsentgelte;
5. Aufstellung allgemeiner Urlaubsgrundsätze und des Urlaubsplans sowie die Festsetzung der zeitlichen Lage des Urlaubs für einzelne Arbeitnehmer, wenn zwischen dem Arbeitgeber und den beteiligten Arbeitnehmern kein Einverständnis erzielt wird;
6. Einführung und Anwendung von technischen Einrichtungen, die dazu bestimmt sind, das Verhalten oder die Leistung der Arbeitnehmer zu überwachen;
7. Regelungen über die Verhütung von Arbeitsunfällen und Berufskrankheiten sowie über den Gesundheitsschutz im Rahmen der gesetzlichen Vorschriften oder der Unfallverhütungsvorschriften;
8. Form, Ausgestaltung und Verwaltung von Sozialeinrichtungen, deren Wirkungsbereich auf den Betrieb, das Unternehmen oder den Konzern beschränkt ist;
9. Zuweisung und Kündigung von Wohnräumen, die den Arbeitnehmern mit Rücksicht auf das Bestehen eines Arbeitsverhältnisses vermietet werden, sowie die allgemeine Festlegung der Nutzungsbedingungen;
10. Fragen der betrieblichen Lohngestaltung, insbesondere die Aufstellung von Entlohnungsgrundsätzen und die Einführung und Anwendung von neuen Entlohnungsmethoden sowie deren Änderung;
11. Festsetzung der Akkord- und Prämiensätze und vergleichbarer leistungsbezogener Entgelte, einschließlich der Geldfaktoren;
12. Grundsätze über das betriebliche Vorschlagswesen;
13. Grundsätze über die Durchführung von Gruppenarbeit; Gruppenarbeit im Sinne dieser Vorschrift liegt vor, wenn im Rahmen des betrieblichen Arbeitsablaufs eine Gruppe von Arbeitnehmern eine ihr übertragene Gesamtaufgabe im Wesentlichen eigenverantwortlich erledigt.

(2) Kommt eine Einigung über eine Angelegenheit nach Absatz 1 nicht zustande, so entscheidet die Einigungsstelle. Der Spruch der Einigungsstelle ersetzt die Einigung zwischen Arbeitgeber und Betriebsrat.

§ 90 BetrVG
Unterrichtungs- und Beratungsrechte

(1) Der Arbeitgeber hat den Betriebsrat über die Planung

1. von Neu-, Um- und Erweiterungsbauten von Fabrikations-, Verwaltungs- und sonstigen betrieblichen Räumen,
2. von technischen Anlagen,
3. von Arbeitsverfahren und Arbeitsabläufen oder
4. der Arbeitsplätze

rechtzeitig unter Vorlage der erforderlichen Unterlagen zu unterrichten.

(2) Der Arbeitgeber hat mit dem Betriebsrat die vorgesehenen Maßnahmen und ihre Auswirkungen auf die Arbeitnehmer, insbesondere auf die Art ihrer Arbeit sowie die sich daraus ergebenden Anforderungen an die Arbeitnehmer so rechtzeitig zu beraten, dass Vorschläge und Bedenken des Betriebsrats bei der Planung berücksichtigt werden können. Arbeitgeber und Betriebsrat sollen dabei auch die gesicherten arbeitswissenschaftlichen Erkenntnisse über die menschengerechte Gestaltung der Arbeit berücksichtigen.

§ 95 BetrVG
Auswahlrichtlinien

(1) Richtlinien über die personelle Auswahl bei Einstellungen, Versetzungen, Umgruppierungen und Kündigungen bedürfen der Zustimmung des Betriebsrats. Kommt eine Einigung über die Richtlinien oder ihren Inhalt nicht zustande, so entscheidet auf Antrag des Arbeitgebers die Einigungsstelle. Der Spruch der Einigungsstelle ersetzt die Einigung zwischen Arbeitgeber und Betriebsrat.

(2) In Betrieben mit mehr als 500 Arbeitnehmern kann der Betriebsrat die Aufstellung von Richtlinien über die bei Maßnahmen des Absatzes 1 Satz 1 zu beachtenden fachlichen und persönlichen Voraussetzungen und sozialen Gesichtspunkte verlangen. Kommt eine Einigung über die Richtlinien oder ihren Inhalt nicht zustande, so entscheidet die Einigungsstelle. Der Spruch der Einigungsstelle ersetzt die Einigung zwischen Arbeitgeber und Betriebsrat.

(3) Versetzung im Sinne dieses Gesetzes ist die Zuweisung eines anderen Arbeitsbereichs, die voraussichtlich die Dauer von einem Monat überschreitet, oder die mit einer erheblichen Änderung der Umstände verbunden ist, unter denen die Arbeit zu leisten ist. Werden Arbeitnehmer nach der Eigenart ihres Arbeitsverhältnisses üblicherweise nicht ständig an einem bestimm-

ten Arbeitsplatz beschäftigt, so gilt die Bestimmung des jeweiligen Arbeitsplatzes nicht als Versetzung.

§ 102 BetrVG
Mitbestimmung bei Kündigungen

(1) Der Betriebsrat ist vor jeder Kündigung zu hören. Der Arbeitgeber hat ihm die Gründe für die Kündigung mitzuteilen. Eine ohne Anhörung des Betriebsrats ausgesprochene Kündigung ist unwirksam.

(2) Hat der Betriebsrat gegen eine ordentliche Kündigung Bedenken, so hat er diese unter Angabe der Gründe dem Arbeitgeber spätestens innerhalb einer Woche schriftlich mitzuteilen. Äußert er sich innerhalb dieser Frist nicht, gilt seine Zustimmung zur Kündigung als erteilt. Hat der Betriebsrat gegen eine außerordentliche Kündigung Bedenken, so hat er diese unter Angabe der Gründe dem Arbeitgeber unverzüglich, spätestens jedoch innerhalb von drei Tagen, schriftlich mitzuteilen. Der Betriebsrat soll, soweit dies erforderlich erscheint, vor seiner Stellungnahme den betroffenen Arbeitnehmer hören. § 99 Abs. 1 Satz 3 gilt entsprechend.

(3) Der Betriebsrat kann innerhalb der Frist des Absatzes 2 Satz 1 der ordentlichen Kündigung widersprechen, wenn

1. der Arbeitgeber bei der Auswahl des zu kündigenden Arbeitnehmers soziale Gesichtspunkte nicht oder nicht ausreichend berücksichtigt hat,

2. die Kündigung gegen eine Richtlinie nach § 95 verstößt,

3. der zu kündigende Arbeitnehmer an einem anderen Arbeitsplatz im selben Betrieb oder in einem anderen Betrieb des Unternehmens weiterbeschäftigt werden kann,

4. die Weiterbeschäftigung des Arbeitnehmers nach zumutbaren Umschulungs- oder Fortbildungsmaßnahmen möglich ist oder

5. eine Weiterbeschäftigung des Arbeitnehmers unter geänderten Vertragsbedingungen möglich ist und der Arbeitnehmer sein Einverständnis hiermit erklärt hat.

(4) Kündigt der Arbeitgeber, obwohl der Betriebsrat nach Absatz 3 der Kündigung widersprochen hat, so hat er dem Arbeitnehmer mit der Kündigung eine Abschrift der Stellungnahme des Betriebsrats zuzuleiten.

(5) Hat der Betriebsrat einer ordentlichen Kündigung frist- und ordnungsgemäß widersprochen, und hat der Arbeitnehmer nach dem Kündigungsschutzgesetz Klage auf Feststellung erhoben, dass das Arbeitsverhältnis durch die Kündigung nicht aufgelöst ist, so muss der Arbeitgeber auf Verlangen des Arbeitnehmers diesen nach Ablauf der Kündigungsfrist bis zum

rechtskräftigen Abschluss des Rechtsstreits bei unveränderten Arbeitsbedingungen weiterbeschäftigen. Auf Antrag des Arbeitgebers kann das Gericht ihn durch einstweilige Verfügung von der Verpflichtung zur Weiterbeschäftigung nach Satz 1 entbinden, wenn

1. die Klage des Arbeitnehmers keine hinreichende Aussicht auf Erfolg bietet oder mutwillig erscheint oder
2. die Weiterbeschäftigung des Arbeitnehmers zu einer unzumutbaren wirtschaftlichen Belastung des Arbeitgebers führen würde oder
3. der Widerspruch des Betriebsrats offensichtlich unbegründet war.

(6) Arbeitgeber und Betriebsrat können vereinbaren, dass Kündigungen der Zustimmung des Betriebsrats bedürfen und dass bei Meinungsverschiedenheiten über die Berechtigung der Nichterteilung der Zustimmung die Einigungsstelle entscheidet.

(7) Die Vorschriften über die Beteiligung des Betriebsrats nach dem Kündigungsschutzgesetz bleiben unberührt.

§ 112 BetrVG
Interessenausgleich über die Betriebsänderung, Sozialplan

(1) Kommt zwischen Unternehmer und Betriebsrat ein Interessenausgleich über die geplante Betriebsänderung zustande, so ist dieser schriftlich niederzulegen und vom Unternehmer und Betriebsrat zu unterschreiben. Das gleiche gilt für eine Einigung über den Ausgleich oder die Milderung der wirtschaftlichen Nachteile, die den Arbeitnehmern infolge der geplanten Betriebsänderung entstehen (Sozialplan). Der Sozialplan hat die Wirkung einer Betriebsvereinbarung. § 77 Abs. 3 ist auf den Sozialplan nicht anzuwenden.

(2) Kommt ein Interessenausgleich über die geplante Betriebsänderung oder eine Einigung über den Sozialplan nicht zustande, so können der Unternehmer oder der Betriebsrat den Vorstand der Bundesagentur für Arbeit um Vermittlung ersuchen, der Vorstand kann die Aufgabe auf andere Bedienstete der Bundesagentur für Arbeit übertragen. Erfolgt kein Vermittlungsersuchen oder bleibt der Vermittlungsversuch ergebnislos, so können der Unternehmer oder der Betriebsrat die Einigungsstelle anrufen. Auf Ersuchen des Vorsitzenden der Einigungsstelle nimmt ein Mitglied des Vorstands der Bundesagentur für Arbeit oder ein vom Vorstand der Bundesagentur für Arbeit benannter Bediensteter der Bundesagentur für Arbeit an der Verhandlung teil.

(3) Unternehmer und Betriebsrat sollen der Einigungsstelle Vorschläge zur Beilegung der Meinungsverschiedenheiten über den Interessenausgleich

und den Sozialplan machen. Die Einigungsstelle hat eine Einigung der Parteien zu versuchen. Kommt eine Einigung zustande, so ist sie schriftlich niederzulegen und von den Parteien und vom Vorsitzenden zu unterschreiben.

(4) Kommt eine Einigung über den Sozialplan nicht zustande, so entscheidet die Einigungsstelle über die Aufstellung eines Sozialplanes. Der Spruch der Einigungsstelle ersetzt die Einigung zwischen Arbeitgeber und Betriebsrat.

Die Einigungsstelle hat bei ihrer Entscheidung nach Absatz 4 sowohl die sozialen Belange der betroffenen Arbeitnehmer zu berücksichtigen als auch auf die wirtschaftliche Vertretbarkeit für das Unternehmen zu achten. Dabei hat die Einigungsstelle sich im Rahmen des billigen Ermessens insbesondere von folgenden Grundsätzen leiten zu lassen:

1. Sie soll beim Ausgleich oder bei der Milderung wirtschaftlicher Nachteile, insbesondere durch Einkommensminderung, Wegfall von Sonderleistungen oder Verlust von Anwartschaften auf betriebliche Altersversorgung, Umzugskosten oder erhöhte Fahrtkosten, Leistungen vorsehen, die in der Regel den Gegebenheiten des Einzelfalles Rechnung tragen.

2. Sie hat die Aussichten der betroffenen Arbeitnehmer auf dem Arbeitsmarkt zu berücksichtigen. Sie soll Arbeitnehmer von Leistungen ausschließen, die in einem zumutbaren Arbeitsverhältnis im selben betrieb oder in einem anderen betrieb des Unternehmens oder eines zum Konzern gehörenden Unternehmens weiterbeschäftigt werden können und die Weiterbeschäftigung ablehnen; die mögliche Weiterbeschäftigung an einem anderen Ort begründet für sich allein nicht die Unzumutbarkeit.

2a. Sie soll insbesondere die im Dritten Buch des Sozialgesetzbuches vorgesehenen Förderungsmöglichkeiten zur Vermeidung von Arbeitslosigkeit berücksichtigen.

3. Sie hat bei der Bemessung des Gesamtbetrages der Sozialplanleistungen darauf zu achten, dass der Fortbestand des Unternehmens oder die nach Durchführung der Betriebsänderung verbleibenden Arbeitsplätze nicht gefährdet werden.

§ 112a BetrVG
Erzwingbarer Sozialplan bei Personalabbau; Neugründungen

Besteht eine geplante Betriebsänderung im Sinne des § 111 Satz 3 Nr. 1 allein in der Entlassung von Arbeitnehmern, so findet § 112 Abs. 4 und 5 nur Anwendung, wenn

in Betrieben mit in der Regel mindestens weniger als 60 und weniger als 250 Arbeitnehmern 20 vom Hundert der regelmäßig beschäftigten Arbeitnehmer oder mindestens 37 Arbeitnehmer,

1. in Betrieben mit in der Regel mindestens 60 und weniger als 250 Arbeitnehmern 20 vom Hundert der regelmäßig beschäftigten Arbeitnehmer oder mindestens 37 Arbeitnehmer,
2. in Betrieben mit in der Regel mindestens 250 und weniger als 500 Arbeitnehmern 15 vom Hundert der regelmäßig beschäftigten Arbeitnehmer oder mindestens 60 Arbeitnehmer,
3. in Betrieben mit in der Regel mindestens 500 Arbeitnehmern 10 vom Hundert der regelmäßig beschäftigten Arbeitnehmer, aber mindestens 60 Arbeitnehmer

aus betriebsbedingten Gründen entlassen werden sollen. Als Entlassung gilt auch das vom Arbeitgeber aus Gründen der Betriebsänderung veranlasste Ausscheiden von Arbeitnehmern auf Grund von Aufhebungsverträgen.

(2) § 112 Abs. 4 und 5 findet keine Anwendung auf Betriebe eines Unternehmens in den ersten vier Jahren nach seiner Gründung. Dies gilt nicht für Neugründungen im Zusammenhang mit der rechtlichen Umstrukturierung von Unternehmen und Konzernen. Maßgebend für den Zeitpunkt der Gründung ist die Aufnahme einer Erwerbstätigkeit, die nach § 138 der Abgabenordnung dem Finanzamt mitzuteilen ist.

3 Bürgerliches Gesetzbuch

§ 187 BGB
[Fristbeginn]

(1) Ist für den Anfang einer Frist ein Ereignis oder ein in den Lauf eines Tages fallender Zeitpunkt maßgebend, so wird bei der Berechnung der Frist der Tag nicht mitgerechnet, in welchen das Ereignis oder der Zeitpunkt fällt.

(2) Ist der Beginn eines Tages der für den Anfang einer Frist maßgebende Zeitpunkt, so wird dieser Tag bei der Berechnung der Frist mitgerechnet. Das gleiche gilt von dem Tage der Geburt bei der Berechnung des Lebensalters.

§ 188 BGB
[Fristende]

(1) Eine nach Tagen bestimmte Frist endigt mit dem Ablaufe des letzten Tages der Frist.

(2) Eine Frist, die nach Wochen, nach Monaten oder nach einem mehrere Monate umfassenden Zeiträume - Jahr, halbes Jahr, Vierteljahr - bestimmt ist,

endigt im Falle des § 187 Abs. 1 mit dem Ablaufe desjenigen Tages der letzten Woche oder des letzten Monats, welcher durch seine Benennung oder seine Zahl dem Tage entspricht, in den das Ereignis oder der Zeitpunkt fällt, im Falle des § 187 Abs. 2 mit dem Ablaufe desjenigen Tages der letzten Woche oder des letzten Monats, welcher dem Tage vorhergeht, der durch seine Benennung oder seine Zahl dem Anfangstage der Frist entspricht.

(3) Fehlt bei einer nach Monaten bestimmten Frist in dem letzten Monate der für ihren Ablauf maßgebende Tag, so endigt die Frist mit dem Ablaufe des letzten Tages dieses Monats.

4   Einkommensteuergesetz

§ 3 Nr. 9 (aufgehoben ab 1.1.2006)
und 28 EStG steuerfreie Einnahmen

Steuerfrei sind

...

9. Abfindungen wegen einer vom Arbeitgeber veranlassten oder gerichtlich ausgesprochenen Auflösung des Dienstverhältnisses, höchstens jedoch 7.200,00 €. Hat der Arbeitnehmer das 50. Lebensjahr vollendet und hat das Dienstverhältnis mindestens 15 Jahre bestanden, so beträgt der Höchstbetrag 9.000,00 €, hat der Arbeitnehmer das 55. Lebensjahr vollendet und hat das Dienstverhältnis mindestens 20 Jahre bestanden, so beträgt der Höchstbetrag 11.000,00 €;

...

28. die Aufstockungsbeträge im Sinne des § 3 Abs. 1 Nr. 1 Buchstabe a sowie die Beiträge und Aufwendungen im Sinne des § 3 Abs. 1 Nr. 1 Buchstabe b und des § 4 Abs. 2 des Altersteilzeitgesetzes, die Zuschläge, die versicherungsfrei Beschäftigte im Sinne des § 27 Abs. 1 Nr. 1 bis 3 des Dritten Buches Sozialgesetzbuch zur Aufstockung der Bezüge bei Altersteilzeit nach beamtenrechtlichen Vorschriften oder Grundsätzen erhalten sowie die Zahlungen des Arbeitgebers zur Übernahme der Beiträge im Sinne des § 187a des Sechsten Buches Sozialgesetzbuch, soweit sie 50 vom Hundert der Beiträge nicht übersteigen;

§ 52 Abs. 4a EStG
Anwendungsvorschriften

(4a) § 3 Nr. 9 in der bis zum 31. Dezember 2005 geltenden Fassung ist weiter anzuwenden für vor dem 1. Januar 2006 entstandene Ansprüche der Arbeitnehmer auf Abfindungen oder für Abfindungen wegen einer vor dem 1. Januar 2006 getroffenen Gerichtsentscheidung oder einer am 31. Dezember 2005 anhängigen Klage, soweit die Abfindungen dem Arbeitnehmer vor dem 1. Januar 2008 zufließen. § 3 Nr. 10 in der bis zum 31. Dezember 2005 geltenden Fassung ist weiter anzuwenden für Entlassungen vor dem 1. Januar 2006, soweit die Übergangsgelder und Übergangsbeihilfen dem Arbeitnehmer vor dem 1. Januar 2008 zufließen, und für an Soldatinnen auf Zeit und Soldaten auf Zeit vor dem 1. Januar 2009 gezahlte Übergangsbeihilfen, wenn das Dienstverhältnis vor dem 1. Januar 2006 begründet wurde.

§ 19 EStG
Nichtselbständige Arbeit

(1) Zu den Einkünften aus nichtselbständiger Arbeit gehören

1. Gehälter, Löhne, Gratifikationen, Tantiemen und andere Bezüge und Vorteile für eine Beschäftigung im öffentlichen oder privaten Dienst gewährt;

2. Wartegelder, Ruhegelder, Witwen- und Waisengelder und andere Bezüge und Vorteile aus früheren Dienstleistungen;

3. laufende Beiträge und laufende Zuwendungen des Arbeitgebers aus einem bestehenden Dienstverhältnis an einen Pensionsfonds, eine Pensionskasse oder für eine Direktversicherung für eine betriebliche Altersversorgung. Zu den Einkünften aus nichtselbständiger Arbeit gehören auch Sonderzahlungen, die der Arbeitgeber neben den laufenden Beiträgen und Zuwendungen an eine solche Versorgungseinrichtung leistet, mit Ausnahme der Zahlungen des Arbeitgebers zur Erfüllung der Solvabilitätsvorschriften nach den §§ 53c und 114 des Versicherungsaufsichtsgesetzes, Zahlungen des Arbeitgebers in der Rentenbezugszeit nach § 112 Abs. 1a des Versicherungsaufsichtsgesetzes oder Sanierungsgelder; Sonderzahlungen des Arbeitgebers sind insbesondere Zahlungen an eine Pensionskasse anlässlich

a) seines Ausscheidens aus einer nicht im Wege der Kapitaldeckung finanzierten betrieblichen Altersversorgung oder

b) des Wechsels von einer nicht im Wege der Kapitaldeckung zu einer anderen nicht im Wege der Kapitaldeckung finanzierten betrieblichen Altersversorgung.

Von Sonderzahlungen im Sinne des Satzes 2 Buchstabe b ist bei laufenden und wiederkehrenden Zahlungen entsprechend dem periodischen Bedarf nur auszugehen, soweit die Bemessung der Zahlungsverpflichtungen des Arbeitgebers in das Versorgungssystem nach dem Wechsel die Bemessung der Zahlungsverpflichtung zum Zeitpunkt des Wechsels übersteigt. Sanierungsgelder sind Sonderzahlungen des Arbeitgebers an eine Pensionskasse anlässlich der Systemumstellung einer nicht im Wege der Kapitaldeckung finanzierten betrieblichen Altersversorgung auf der Finanzierungs- oder Leistungsseite, die der Finanzierung der zum Zeitpunkt der Umstellung bestehenden Versorgungsverpflichtungen oder Versorgungsanwartschaften dienen; bei laufenden und wiederkehrenden Zahlungen entsprechend dem periodischen Bedarf ist nur von Sanierungsgeldern auszugehen, soweit die Bemessung der Zahlungsverpflichtungen des Arbeitgebers in das Versorgungssystem nach der Systemumstellung die Bemessung der Zahlungsverpflichtung zum Zeitpunkt der Systemumstellung übersteigt.

Es ist gleichgültig, ob es sich um laufende oder um einmalige Bezüge handelt und ob ein Rechtsanspruch auf sie besteht.

(2) Von Versorgungsbezügen bleiben ein nach dem Vomhundertsatz ermittelter, auf einen Höchstbetrag begrenzter Betrag (Versorgungsfreibetrag) und ein Zuschlag zum Versorgungsfreibetrag steuerfrei. Versorgungsbezüge sind

1. das Ruhegehalt, Witwen- oder Waisengeld, der Unterhaltsbeitrag oder ein gleichartiger Bezug

   a) aufgrund beamtenrechtlicher oder entsprechender gesetzlicher Vorschriften;

   b) nach beamtenrechtlichen Grundsätzen von Körperschaften, Anstalten oder Stiftungen des öffentlichen Rechts oder öffentlich-rechtlichen Verbänden von Körperschaften

   oder

2. in anderen Fällen Bezüge und Vorteile aus früheren Dienstleistungen wegen Erreichens einer Altersgrenze, verminderter Erwerbsfähigkeit oder Hinterbliebenenbezüge; Bezüge wegen Erreichens einer Altersgrenze gelten erst dann als Versorgungsbezüge, wenn der Steuerpflichtige das 63. Lebensjahr oder, wenn er schwerbehindert ist, das 60. Lebensjahr vollendet hat.

Der maßgebende Vomhundertsatz, der Höchstbetrag des Versorgungsfreibetrags und der Zuschlag zum Versorgungsfreibetrag sind der nachstehenden Tabelle zu entnehmen:

Jahr des Versorgungsbeginns	Versorgungsfreibetrag		Zuschlag zum Versorgungsfreibetrag in Euro
	in v.H. der Versorgungsbezüge	Höchstbetrag in Euro	
bis 2005	40,0	3.000	900
ab 2006	38,4	2.880	864
2007	36,8	2.760	828
2008	35,2	2.640	792
2009	33,6	2.520	756
2010	32,0	2.400	720
2011	30,4	2.280	684
2012	28,8	2.160	648
2013	27,2	2.040	612
2014	25,6	1.920	576
2015	24,0	1.800	540
2016	22,4	1.680	504
2017	20,8	1.560	468
2018	19,2	1.440	432
2019	17,6	1.320	396
2020	16,0	1.200	360
2021	15,2	1.140	342
2022	14,4	1.080	324
2023	13,6	1.020	306
2024	12,8	960	288
2025	12,0	900	270
2026	11,2	840	252
2027	10,4	780	234
2028	9,6	720	216
2029	8,8	660	198
2030	8,0	600	180
2031	7,2	540	162
2032	6,4	480	144
2033	5,6	420	126
2034	4,8	360	108

2035	4,0	300	90
2036	3,2	240	72
2037	2,4	180	54
2038	1,6	120	36
2039	0,8	60	18
2040	0,0	0	0

§ 24 Nr. 1 EStG

Zu den Einkünften im Sinne des § 2 Abs. 1 gehören auch

1. Entschädigungen, die gewährt worden sind

    a) als Ersatz für entgangene oder entgehende Einnahmen oder

    b) für die Aufgabe oder Nichtausübung einer Tätigkeit, für die Aufgabe einer Gewinnbeteiligung oder einer Anwartschaft auf eine solche;

    c) als Ausgleichszahlungen an Handelsvertreter nach § 89 b des Handelsgesetzbuches;

§ 32b EStG
Progressionsvorbehalt

(1) Hat ein zeitweise oder während des gesamten Veranlagungszeitraumes unbeschränkt Steuerpflichtiger oder ein beschränkt Steuerpflichtiger, auf den § 50 Abs. 5 Satz 4 Nr. 2 Anwendung findet,

1. a) Arbeitslosengeld, Teilarbeitslosengeld, Zuschüsse zum Arbeitsentgelt, Kurzarbeitergeld, Winterausfallgeld, Insolvenzgeld, Arbeitslosenhilfe, Übergangsgeld, Altersübergangsgeld, Altersübergangsgeld-Ausgleichsbetrag, Unterhaltsgeld als Zuschuss, Eingliederungshilfe und Überbrückungsgeld nach dem Dritten Buch Sozialgesetzbuch oder dem Arbeitsförderungsgesetz, das aus dem Europäischen Sozialfonds finanzierte Unterhaltsgeld sowie Leistungen nach § 10 des Dritten Buches Sozialgesetzbuch, die dem Lebensunterhalt dienen; Insolvenzgeld, das nach § 188 Abs. 1 des Dritten Buches Sozialgesetzbuch einem Dritten zusteht, ist dem Arbeitnehmer zuzurechnen,

    b) Krankengeld, Mutterschaftsgeld, Verletztengeld, Übergangsgeld oder vergleichbare Lohnersatzleistungen nach dem Fünften, Sechsten oder Siebten Buch Sozialgesetzbuch, dem Gesetz über die Krankenversicherung der Landwirte oder dem Zweiten Gesetz über die Krankenversicherung der Landwirte,

c) Mutterschaftsgeld, Zuschuss zum Mutterschaftsgeld, die Sonderunterstützung nach dem Mutterschutzgesetz sowie den Zuschuss nach § 4a der Mutterschutzverordnung oder einer entsprechenden Landesregelung,

d) Arbeitslosenbeihilfe oder Arbeitslosenhilfe nach dem Soldatenversorgungsgesetz,

e) Entschädigungen für Verdienstausfall nach dem Infektionsschutzgesetz vom 20. Juli 2000 (BGBl. I S. 1045),

f) Versorgungskrankengeld oder Übergangsgeld nach dem Bundesversorgungsgesetz,

g) nach § 3 Nr. 28 steuerfreie Aufstockungsbeträge oder Zuschläge,

h) Verdienstausfallentschädigung nach dem Unterhaltssicherungsgesetz,

i) Vorruhestandsgeld nach der Verordnung über die Gewährung von Vorruhestandsgeld vom 8. Februar 1990 (GBl. I Nr. 7 S. 42), die nach Anlage II Kapitel VIII Sachgebiet E Abschnitt III Nr. 5 des Einigungsvertrages vom 31. August 1990 in Verbindung mit Artikel 1 des Gesetzes vom 23. September 1990 (BGBl. 1990 II S. 885, 1209) mit Änderungen und Maßgaben fortgilt, oder

2. ausländische Einkünfte, die im Veranlagungszeitraum nicht der deutschen Einkommensteuer unterlegen haben; dies gilt nur für Fälle der zeitweisen unbeschränkten Steuerpflicht einschließlich der in § 2 Abs. 7 Satz 3 geregelten Fälle,

3. Einkünfte, die nach einem Abkommen zur Vermeidung der Doppelbesteuerung oder einem sonstigen zwischenstaatlichen Übereinkommen unter dem Vorbehalt der Einbeziehung bei der Berechnung der Einkommensteuer steuerfrei sind, oder bei Anwendung von § 1 Abs. 3 oder § 1 a oder § 50 Abs. 5 Satz 4 Nr. 2 im Veranlagungszeitraum nicht der deutschen Einkommensteuer unterliegende Einkünfte, wenn deren Summe positiv ist,

bezogen, so ist auf das nach § 32a Abs. 1 zu versteuernde Einkommen ein besonderer Steuersatz anzuwenden.

(2) Der besondere Steuersatz nach Absatz 1 ist der Steuersatz, der sich ergibt, wenn bei der Berechnung der Einkommensteuer das nach § 32a Abs. 1 zu versteuernde Einkommen vermehrt oder vermindert wird um

1. im Fall des Absatzes 1 Nr. 1 die Summe der Leistungen nach Abzug des Arbeitnehmer-Pauschbetrags (§ 9a Satz 1 Nr. 1), soweit er nicht bei der Ermittlung der Einkünfte aus nichtselbständiger Arbeit abziehbar ist;

2. im Fall des Absatzes 1 Nr. 2 und 3 die dort bezeichneten Einkünfte, wobei die darin enthaltenen außerordentlichen Einkünfte mit einem Fünftel zu berücksichtigen sind.

(3) Die Träger der Sozialleistungen im Sinne des Absatzes 1 Nr. 1 haben bei Einstellung der Leistung mit Ausnahme des Insolvenzgeldes oder spätestens am Ende des jeweiligen Kalenderjahres dem Empfänger die Dauer des Leistungszeitraums sowie Art und Höhe der während des Kalenderjahrs gezahlten Leistungen zu bescheinigen. In der Bescheinigung ist der Empfänger auf die steuerliche Behandlung dieser Leistungen und seine Steuererklärungspflicht hinzuweisen.

(4) Die Bundesagentur für Arbeit hat die Daten über das im Kalenderjahr gewährte Insolvenzgeld für jeden Empfänger bis zum 28. Februar des Folgejahres nach amtlich vorgeschriebenem Datensatz durch Datenfernübertragung an die amtlich bestimmte Übermittlungsstelle zu übermitteln; § 41b Abs. 2 gilt entsprechend. Der Arbeitnehmer ist entsprechend zu informieren und auf die steuerliche Behandlung des Insolvenzgeldes und seine Steuererklärungspflicht hinzuweisen. In den Fällen des § 188 Abs. 1 des Dritten Buches Sozialgesetzbuch ist Empfänger des an Dritte ausgezahlten Insolvenzgeldes der Arbeitnehmer, der seinen Arbeitsentgeltanspruch übertragen hat.

§ 34 EStG
Außerordentliche Einkünfte (Abs.1,2)

(1) Sind in dem zu versteuernden Einkommen außerordentliche Einkünfte enthalten, so ist die auf alle im Veranlagungszeitraum bezogenen außerordentlichen Einkünfte entfallende Einkommensteuer nach den Sätzen 2 bis 4 zu berechnen. Die für die außerordentlichen Einkünfte anzusetzende Einkommensteuer beträgt das Fünffache des Unterschiedsbetrags zwischen der Einkommensteuer für das um diese Einkünfte verminderte zu versteuernde Einkommen (verbleibendes zu versteuerndes Einkommen) und der Einkommensteuer für das verbleibende zu versteuernde Einkommen zuzüglich eines Fünftels dieser Einkünfte. Ist das verbleibende zu versteuernde Einkommen negativ und das zu versteuernde Einkommen positiv, so beträgt die Einkommensteuer das Fünffache der auf ein Fünftel des zu versteuernden Einkommens entfallenden Einkommensteuer. Die Sätze 1 bis 3 gelten nicht für außerordentliche Einkünfte im Sinne des Abs. 2 Nr. 1, wenn der Steuerpflichtige auf diese Einkünfte ganz oder teilweise § 6b oder § 6c anwendet.

(2) Als außerordentliche Einkünfte im Sinne des Absatzes 1 kommen nur in Betracht

1. Veräußerungsgewinne im Sinne der §§ 14, 14 a Abs. 1, §§ 16 und 18 Abs. 3 mit Ausnahme des steuerpflichtigen Teils der Veräußerungsgewinne, die nach § 3 Nr. 40 Buchstabe b in Verbindung mit § 3c Abs. 2 teilweise steuerbefreit sind;

2. Entschädigungen im Sinne des § 24 Nr. 1;

3. Nutzungsvergütungen und Zinsen im Sinne des § 24 Nr. 3, soweit sie für einen Zeitraum von mehr als drei Jahren nachgezahlt werden;

4. Vergütungen für mehrjährige Tätigkeiten; mehrjährig ist eine Tätigkeit, soweit sie sich über mindestens zwei Veranlagungszeiträume erstreckt und einen Zeitraum von mehr als zwölf Monaten umfasst;

5. Einkünfte aus außerordentlichen Holznutzungen im Sinne des § 34b Abs. 1 Nr. 1.

§ 39b Abs. 2 und 3 EStG
Durchführung des Lohnsteuerabzugs für unbeschränkt einkommensteuerpflichtige Arbeitnehmer

(2) Für die Einbehaltung der Lohnsteuer vom laufenden Arbeitslohn hat der Arbeitgeber die Höhe des laufenden Arbeitslohns und den Lohnzahlungszeitraum festzustellen. Vom Arbeitslohn sind der auf den Lohnzahlungszeitraum entfallende Anteil des Versorgungsfreibetrags und des Zuschlags zum Versorgungsfreibetrag (§ 19 Abs. 2) sowie der auf den Lohnzahlungszeitraum entfallende Anteil des Altersentlastungsbetrags (§ 24a) abzuziehen, wenn die Voraussetzungen für den Abzug dieser Beträge jeweils erfüllt sind. Außerdem ist der Arbeitslohn nach Maßgabe der Eintragungen auf der Lohnsteuerkarte des Arbeitnehmers um einen etwaigen Freibetrag (§ 39a Abs. 1) zu vermindern oder um einen etwaigen Hinzurechnungsbetrag (§ 39a Abs. 1 Nr. 7) zu erhöhen. Der verminderte oder erhöhte Arbeitslohn des Lohnzahlungszeitraums ist auf einen Jahresarbeitslohn hochzurechnen. Dabei ist der Arbeitslohn eines monatlichen Lohnzahlungszeitraums mit 12, der Arbeitslohn eines wöchentlichen Lohnzahlungszeitraums mit 360/7 und der Arbeitslohn eines täglichen Lohnzahlungszeitraums mit 360 zu vervielfältigen. Der hochgerechnete Jahresarbeitslohn, vermindert um

1. den Arbeitnehmer-Pauschbetrag (§ 9a Satz 1 Nr. 1 Buchstabe a) oder bei Versorgungsbezügen den Pauschbetrag (§ 9a Satz 1 Nr. 1 Buchstabe b) in den Steuerklassen I bis V,

2. den Sonderausgaben-Pauschbetrag (§10c Abs. 1) in den Steuerklassen I, II und IV und den verdoppelten Sonderausgaben-Pauschbetrag in der Steuerklasse III.

3. die Vorsorgepauschale

   a) in den Steuerklassen I, II und IV nach Maßgabe des § 10c Abs. 2 oder Abs. 3, jeweils in Verbindung mit § 10c Abs. 5,

   b) in der Steuerklasse III nach Maßgabe des § 10c Abs. 2 oder Abs. 3, jeweils in Verbindung mit § 10c Abs. 4 Satz 1 und Abs. 5,

4. den Entlastungsbetrag für Alleinerziehende (§ 24b) in der Steuerklasse II,

ergibt den zu versteuernden Jahresbetrag. Für den zu versteuernden Jahresbetrag ist die Jahreslohnsteuer in den Steuerklassen I, II und IV nach § 32a Abs. 1 sowie in der Steuerklasse III nach § 32a Abs. 5 zu berechnen. In den Steuerklassen V und VI ist die Jahreslohnsteuer zu berechnen, die sich aus dem Zweifachen des Unterschiedsbetrags zwischen dem Steuerbetrag für das Eineinviertelfache und dem Steuerbetrag für das Dreiviertelfache des zu versteuernden Jahresbetrags nach § 32a Abs. 1 ergibt; die Jahreslohnsteuer beträgt jedoch mindestens 15 vom Hundert des Jahresbetrags, für den 9.144,00 € übersteigenden Teil des Jahresbetrags höchstens 45 vom Hundert und für den 25.812,00 € übersteigenden Teil des zu versteuernden Jahresbetrags jeweils 42 vom Hundert sowie für den 200.000,00 € übersteigenden Teil des zu versteuernden Jahresbetrags jeweils 45 Prozent. Für die Lohnsteuerberechnung ist die auf der Lohnsteuerkarte eingetragene Steuerklasse maßgebend. Die monatliche Lohnsteuer ist 1/12, die wöchentliche Lohnsteuer sind 7/360 und die tägliche Lohnsteuer ist 1/360 der Jahreslohnsteuer. Bruchteile eines Cents, die sich bei der Berechnung nach den Sätzen 5 und 10 ergeben, bleiben jeweils außer Ansatz. Die auf den Lohnzahlungszeitraum entfallende Lohnsteuer ist vom Arbeitslohn einzubehalten. Das Betriebsstättenfinanzamt kann allgemein oder auf Antrag zulassen, dass die Lohnsteuer unter den Voraussetzungen des § 42b Abs. 1 nach dem voraussichtlichen Jahresarbeitslohn ermittelt wird, wenn gewährleistet ist, dass die zutreffende Jahreslohnsteuer (§ 38a Abs. 2) nicht unterschritten wird.

(3) Für die Einbehaltung der Lohnsteuer von einem sonstigen Bezug hat der Arbeitgeber den voraussichtlichen Jahresarbeitslohn ohne den sonstigen Bezug festzustellen. Hat der Arbeitnehmer Lohnsteuerbescheinigungen aus früheren Dienstverhältnissen des Kalenderjahres nicht vorgelegt, so ist bei der Ermittlung des voraussichtlichen Jahresarbeitslohns der Arbeitslohn für Beschäftigungszeiten bei früheren Arbeitgebern mit dem Betrag anzusetzen, der sich ergibt, wenn der laufende Arbeitslohn im Monat der Zahlung des sonstigen Bezugs entsprechend der Beschäftigungsdauer bei früheren Arbeitgebern hochgerechnet wird. Von dem voraussichtlichen Jahresarbeitslohn sind der Versorgungsfreibetrag und der Zuschlag zum Versorgungsfreibetrag (§ 19 Abs. 2) sowie der Altersentlastungsbetrag (§ 24a), wenn die Voraussetzungen für den Abzug dieser Beträge jeweils erfüllt sind, sowie nach Maßgabe der Eintragungen auf der Lohnsteuerkarte ein etwaiger Jah-

resfreibetrag abzuziehen und ein etwaiger Jahreshinzurechnungsbetrag zuzurechnen. Für den so ermittelten Jahresarbeitslohn (maßgebender Jahresarbeitslohn) ist die Jahreslohnsteuer nach Maßgabe des Absatzes 2 Sätze 6 bis 8 zu ermitteln. Außerdem ist die Jahreslohnsteuer für den maßgebenden Jahresarbeitslohn unter Einbeziehung des sonstigen Bezugs zu ermitteln. Dabei ist der sonstige Bezug, soweit es sich nicht um einen sonstigen Bezug im Sinne des Satzes 9 handelt, um den Versorgungsfreibetrag, den Zuschlag zum Versorgungsfreibetrag und den Altersentlastungsbetrag zu vermindern, wenn die Voraussetzungen für den Abzug dieser Beträge jeweils erfüllt sind und soweit sie nicht bei der Steuerberechnung für den maßgebenden Jahresarbeitslohn berücksichtigt worden sind. Für die Lohnsteuerberechnung ist die auf der Lohnsteuerkarte eingetragene Steuerklasse maßgebend. Der Unterschiedsbetrag zwischen den ermittelten Jahreslohnsteuerbeträgen ist die Lohnsteuer, die vom sonstigen Bezug einzubehalten ist. Die Lohnsteuer ist bei einem sonstigen Bezug im Sinne des § 34 Abs. 1 und 2 Nr. 2 und 4 in der Weise zu ermäßigen, dass der sonstige Bezug bei der Anwendung des Satzes 5 mit einem Fünftel anzusetzen und der Unterschiedsbetrag im Sinne des Satzes 8 zu verfünffachen ist; § 34 Abs. 1 Satz 3 ist sinngemäß anzuwenden.

§ 40b EStG
Pauschalierung der Lohnsteuer bei bestimmten Zukunftssicherungsleistungen

(1) Der Arbeitgeber kann die Lohnsteuer von den Zuwendungen zum Aufbau einer nicht kapitalgedeckten betrieblichen Altersversorgung an eine Pensionskasse mit einem Pauschsteuersatz von 20 vom Hundert der Zuwendungen erheben.

(2) Absatz 1 gilt nicht, soweit die zu besteuernden Zuwendungen des Arbeitgebers für den Arbeitnehmer 1.752,00 € im Kalenderjahr übersteigen oder nicht aus seinem ersten Dienstverhältnis bezogen werden. Sind mehrere Arbeitnehmer gemeinsam in der Pensionskasse versichert, so gilt als Zuwendung für den einzelnen Arbeitnehmer der Teilbetrag, der sich bei einer Aufteilung der gesamten Zuwendungen durch die Zahl der begünstigten Arbeitnehmer ergibt, wenn dieser Teilbetrag 1.752,00 € nicht übersteigt; hierbei sind Arbeitnehmer, für die Zuwendungen von mehr als 2.148,00 € im Kalenderjahr geleistet werden, nicht einzubeziehen. Für Zuwendungen, die der Arbeitgeber für den Arbeitnehmer aus Anlass der Beendigung des Dienstverhältnisses erbracht hat, vervielfältigt sich der Betrag von 1.752,00 € mit der Anzahl der Kalenderjahre, in denen das Dienstverhältnis des Arbeitnehmers zu dem Arbeitgeber bestanden hat; in diesem Fall ist Satz 2 nicht anzuwenden. Der vervielfältigte Betrag vermindert sich um die nach Absatz 1 pauschal besteuerten Zuwendungen, die der Arbeitgeber in dem Kalen-

derjahr, in dem das Dienstverhältnis beendet wird, und in den sechs vorangegangenen Kalenderjahren erbracht hat.

(3) Von den Beiträgen für eine Unfallversicherung des Arbeitnehmers kann der Arbeitgeber die Lohnsteuer mit einem Pauschsteuersatz von 20 vom Hundert der Beiträge erheben, wenn mehrere Arbeitnehmer gemeinsam in einem Unfallversicherungsvertrag versichert sind und der Teilbetrag, der sich bei einer Aufteilung der gesamten Beiträge nach Abzug der Versicherungssteuer durch die Zahl der begünstigten Arbeitnehmer ergibt,62,00 € im Kalenderjahr nicht übersteigt.

(4) In den Fällen des § 19 Abs. 1 Satz 1 Nr. 3 Satz 2 hat der Arbeitgeber die Lohnsteuer mit einem Pauschalsteuersatz in Höhe von 15 Prozent der Sonderzahlungen zu erheben.

(5) § 40 Abs. 3 ist anzuwenden. Die Anwendung des § 40 Abs. 1 Satz 1 Nr. 1 auf Bezüge im Sinne des Absatzes 1, des Absatzes 3 und des Absatzes 4 ist ausgeschlossen.

§ 41 EStG
Aufzeichnungspflichten beim Lohnsteuerabzug

(1) Der Arbeitgeber hat am Ort der Betriebsstätte (Absatz 2) für jeden Arbeitnehmer und jedes Kalenderjahr ein Lohnkonto zu führen. In das Lohnkonto sind die für den Lohnsteuerabzug erforderlichen Merkmale aus der Lohnsteuerkarte oder aus einer entsprechenden Bescheinigung zu übernehmen. Bei jeder Lohnzahlung für das Kalenderjahr, für das das Lohnkonto gilt, sind im Lohnkonto die Art und Höhe des gezahlten Arbeitslohns einschließlich der steuerfreien Bezüge sowie die einbehaltene oder übernommene Lohnsteuer einzutragen; an die Stelle der Lohnzahlung tritt in den Fällen des § 39b Abs. 5 Satz 1 die Lohnabrechnung. Ist die einbehaltene oder übernommene Lohnsteuer unter Berücksichtigung der Versorgungspauschale nach § 10c Abs. 3 ermittelt worden, so ist dies durch Eintragung des Großbuchstabens B zu vermerken. Ferner sind das Kurzarbeitergeld, das Schlechtwettergeld, das Winterausfallgeld, der Zuschuss zum Mutterschaftsgeld nach dem Mutterschutzgesetz, der Zuschuss nach § 4a Mutterschutzverordnung oder einer entsprechenden Landesregelung, die Entschädigungen für Verdienstausfall nach dem Bundesseuchengesetz, Aufstockungsbeträge nach dem Infektionsschutzgesetz vom 20. Juli 2000 (BGBl. I S. 1045) sowie die nach § 3 Nr. 28 steuerfreien Aufstockungsbeträge oder Zuschläge einzutragen. Ist während der Dauer des Dienstverhältnisses in anderen Fällen als in denen des Satzes 5 der Anspruch auf Arbeitslohn für mindestens fünf aufeinander folgende Arbeitstage im Wesentlichen weggefallen, so ist dies jeweils durch Eintragung des Großbuchstabens U zu vermerken. Hat der Arbeitgeber die Lohnsteuer von einem sons-

tigen Bezug im ersten Dienstverhältnis berechnet und ist dabei der Arbeitslohn aus früheren Dienstverhältnissen des Kalenderjahres außer Betracht geblieben, so ist dies durch Eintragung des Großbuchstabens S zu vermerken. Die Bundesregierung wird ermächtigt, durch Rechtsverordnung mit Zustimmung des Bundesrates vorzuschreiben, welche Einzelangaben im Lohnkonto aufzuzeichnen sind. Dabei können für Arbeitnehmer mit geringem Arbeitslohn und für die Fälle der §§ 40 bis 40b Aufzeichnungserleichterungen sowie für steuerfreie Bezüge Aufzeichnungen außerhalb des Lohnkontos zugelassen werden. Die Lohnkonten sind bis zum Ablauf des sechsten Kalenderjahres, das auf die zuletzt eingetragene Lohnzahlung folgt, aufzubewahren.

(2) Betriebsstätte ist der Betrieb oder Teil des Betriebs des Arbeitgebers, in dem der für die Durchführung des Lohnsteuerabzugs maßgebende Arbeitslohn ermittelt wird. Wird der maßgebende Arbeitslohn nicht in dem Betrieb oder einem Teil des Betriebs des Arbeitgebers oder nicht im Inland ermittelt, so gilt als Betriebsstätte der Mittelpunkt der geschäftlichen Leitung des Arbeitgebers im Inland; im Fall des § 38 Abs. 1 Nr. 2 gilt als Betriebsstätte der Ort im Inland, an dem die Arbeitsleistung ganz oder vorwiegend stattfindet. Als Betriebsstätte gilt auch der inländische Heimathafen deutscher Handelsschiffe, wenn die Reederei im Inland keine Niederlassung hat.

§ 41b EStG
Abschluss des Lohnsteuerabzugs

(1) Bei Beendigung eines Dienstverhältnisses oder am Ende des Kalenderjahres hat der Arbeitgeber das Lohnkonto des Arbeitnehmers abzuschließen. Aufgrund der Eintragungen im Lohnkonto hat der Arbeitgeber spätestens bis zum 28. Februar des Folgejahres nach amtlich vorgeschriebenem Datensatz durch Datenfernübertragung an die amtlich bestimmte Übermittlungsstelle insbesondere folgende Angaben zu übermitteln (elektronische Lohnsteuerbescheinigung):

1. Name, Vorname, Geburtsdatum und Anschrift des Arbeitnehmers, die auf der Lohnsteuerkarte oder der entsprechenden Bescheinigung eingetragenen Besteuerungsmerkmale, den amtlichen Schlüssel der Gemeinde, die die Lohnsteuerkarte ausgestellt hat, die Bezeichnung und die Nummer des Finanzamts, an das die Lohnsteuer abgeführt worden ist sowie die Steuernummer des Arbeitgebers,

2. die Dauer des Dienstverhältnisses während des Kalenderjahres sowie die Anzahl der nach § 41 Abs. 1 Satz 6 vermerkten Großbuchstaben U,

3. die Art und Höhe des gezahlten Arbeitslohns sowie den nach § 41 Abs. 1 Satz 7 vermerkten Großbuchstaben S,

4. die einbehaltene Lohnsteuer, den Solidaritätszuschlag und die Kirchensteuer sowie zusätzlich den Großbuchstaben B, wenn der Arbeitnehmer für einen abgelaufenen Lohnzahlungszeitraum oder Lohnabrechnungszeitraum des Kalenderjahres unter Berücksichtigung der Vorsorgepauschale nach § 10c Abs. 3 zu besteuern war,

5. das Kurzarbeitergeld, das Schlechtwettergeld, das Winterausfallgeld, den Zuschuss zum Mutterschaftsgeld nach dem Mutterschutzgesetz, die Entschädigungen für Verdienstausfall nach dem Infektionsschutzgesetz vom 20. Juli 2000 (BGBl. I S. 1045), zuletzt geändert durch Artikel 11 § 3 des Gesetzes vom 6. August 2002 (BGBl. I S. 3082), in der jeweils geltenden Fassung, sowie die nach § 3 Nr. 28 steuerfreien Aufstockungsbeträge oder Zuschläge,

6. die auf die Entfernungspauschale anzurechnenden steuerfreien Arbeitgeberleistungen für Fahrten zwischen Wohnung und Arbeitsstätte,

7. die pauschal besteuerten Arbeitgeberleistungen für Fahrten zwischen Wohnung und Arbeitsstätte,

8. den Großbuchstaben V, wenn steuerfreie Beiträge nach § 3 Nr. 63 geleistet wurden,

9. für die steuerfreie Sammelbeförderung nach § 3 Nr. 32 den Großbuchstaben F,

10. die nach § 3 Nr. 13 und 16 steuerfrei gezahlten Verpflegungszuschüsse und Vergütungen bei doppelter Haushaltsführung,

11. Beiträge zu den gesetzlichen Rentenversicherungen und an berufsständische Versorgungseinrichtungen, getrennt nach Arbeitgeber- und Arbeitnehmeranteil,

12. die nach § 3 Nr. 62 gezahlten Zuschüsse zur Kranken- und Pflegeversicherung,

13. den Arbeitnehmeranteil am Gesamtsozialversicherungsbeitrag ohne den Arbeitnehmeranteil an den Beiträgen nach Nummer 11 und die Zuschüsse nach Nummer 12.

Der Arbeitgeber hat dem Arbeitnehmer einen nach amtlich vorgeschriebenem Muster gefertigten Ausdruck der elektronischen Lohnsteuerbescheinigung mit Angabe des lohnsteuerlichen Ordnungsmerkmals (Absatz 2) auszuhändigen oder elektronisch bereitzustellen. Wenn das Dienstverhältnis vor Ablauf des Kalenderjahres beendet wird, hat der Arbeitgeber dem Arbeitnehmer die Lohnsteuerkarte auszuhändigen. Nach Ablauf des Kalenderjahres darf der Arbeitgeber die Lohnsteuerkarte nur aushändigen, wenn sie eine Lohnsteuerbescheinigung enthält und der Arbeitnehmer zur Einkommensteuer veranlagt wird. Dem Arbeitnehmer nicht ausgehändigte

Lohnsteuerkarten ohne Lohnsteuerbescheinigungen kann der Arbeitgeber vernichten; nicht ausgehändigte Lohnsteuerkarten mit Lohnsteuerbescheinigungen hat er dem Betriebsstättenfinanzamt einzureichen.

(2) Für die Datenfernübertragung hat der Arbeitgeber aus dem Namen, Vornamen und Geburtsdatum des Arbeitnehmers ein Ordnungsmerkmal nach amtlich festgelegter Regel für den Arbeitnehmer zu bilden und zu verwenden. Das lohnsteuerliche Ordnungsmerkmal darf nur erhoben, gebildet, verarbeitet oder genutzt werden für die Zuordnung der elektronischen Lohnsteuerbescheinigung oder sonstiger für das Besteuerungsverfahren erforderlicher Daten zu einem bestimmten Steuerpflichtigen und für Zwecke des Besteuerungsverfahrens.

(3) Ein Arbeitgeber ohne maschinelle Lohnabrechnung, der ausschließlich Arbeitnehmer im Rahmen einer geringfügigen Beschäftigung in seinem Privathaushalt im Sinne des § 8a des Vierten Buches Sozialgesetzbuch beschäftigt und keine elektronische Lohnsteuerbescheinigung erteilt, hat an Stelle der elektronischen Lohnsteuerbescheinigung eine entsprechende Lohnsteuerbescheinigung auf der Lohnsteuerkarte des Arbeitnehmers zu erteilen. Liegt dem Arbeitgeber eine Lohnsteuerkarte des Arbeitnehmers nicht vor, hat er die Lohnsteuerbescheinigung nach amtlich vorgeschriebenem Muster zu erteilen. Der Arbeitgeber hat dem Arbeitnehmer die Lohnsteuerbescheinigung auszuhändigen, wenn das Dienstverhältnis vor Ablauf des Kalenderjahres beendet wird oder der Arbeitnehmer zur Einkommensteuer veranlagt wird. In den übrigen Fällen hat der Arbeitgeber die Lohnsteuerbescheinigung dem Betriebsstättenfinanzamt einzureichen.

(4) Die Absätze 1 bis 3 gelten nicht für Arbeitnehmer, soweit sie Arbeitslohn bezogen haben, der nach den §§ 40 bis 40b pauschal besteuert worden ist.

5 Kündigungsschutzgesetz

§ 7 KSchG
Wirksamwerden der Kündigung

Wird die Rechtsunwirksamkeit einer Kündigung nicht rechtzeitig geltend gemacht (§ 4 Satz 1, §§ 5 und 6), so gilt die Kündigung als von Anfang an rechtswirksam; ein vom Arbeitnehmer nach § 2 erklärter Vorbehalt erlischt.

§ 17 KSchG
Anzeigepflicht

(1) Der Arbeitgeber ist verpflichtet, der Agentur für Arbeit Anzeige zu erstatten, bevor er

1. in Betrieben mit in der Regel mehr als 20 und weniger als 60 Arbeitnehmern mehr als 5 Arbeitnehmer,

2. in Betrieben mit in der Regel mindestens 60 und weniger als 500 Arbeitnehmern 10 vom Hundert der im Betrieb regelmäßig beschäftigten Arbeitnehmer oder aber mehr als 25 Arbeitnehmer,

3. in Betrieben mit in der Regel mindestens 500 Arbeitnehmern mindestens 30 Arbeitnehmer

innerhalb von 30 Kalendertagen entlässt. Den Entlassungen stehen andere Beendigungen des Arbeitsverhältnisses gleich, die vom Arbeitgeber veranlasst werden.

(2) Beabsichtigt der Arbeitgeber, nach Absatz 1 anzeigepflichtige Entlassungen vorzunehmen, hat er dem Betriebsrat rechtzeitig die zweckdienlichen Auskünfte zu erteilen und ihn schriftlich insbesondere zu unterrichten über

1. die Gründe für die geplanten Entlassungen,

2. die Zahl und die Berufsgruppen der zu entlassenden Arbeitnehmer,

3. die Zahl und die Berufsgruppen der in der Regel beschäftigten Arbeitnehmer,

4. den Zeitraum, in dem die Entlassungen vorgenommen werden sollen,

5. die vorgesehenen Kriterien für die Auswahl der zu entlassenden Arbeitnehmer,

6. die für die Berechnungen etwaiger Abfindungen vorgesehenen Kriterien.

Arbeitgeber und Betriebsrat haben insbesondere die Möglichkeiten zu beraten, Entlassungen zu vermeiden oder einzuschränken und ihre Folgen zu mildern.

(3) Der Arbeitgeber hat gleichzeitig der Bundesagentur für Arbeit eine Abschrift der Mitteilung an den Betriebsrat zuzuleiten; sie muss zumindest die in Absatz 2 Satz 1 Nr. 1 bis 5 vorgeschriebenen Angaben enthalten. Die Anzeige nach Absatz 1 ist schriftlich unter Beifügung der Stellungnahme des Betriebsrates zu den Entlassungen zu erstatten. Liegt eine Stellungnahme des Betriebsrates nicht vor, so ist die Anzeige wirksam, wenn der Arbeitgeber glaubhaft macht, dass er den Betriebsrat mindestens zwei Wochen vor Erstattung der Anzeige nach Absatz 2 Satz 1unterrichtet hat, und er den Stand der Beratungen darlegt. Die Anzeige muss Angaben über den Namen des Arbeitgebers, den Sitz und die Art des Betriebes enthalten, ferner die Gründe für die geplanten Entlassungen, die Zahl und die Berufsgruppen der zu entlassenden und der in der Regel beschäftigten Arbeitnehmer, den Zeitraum, in dem die Entlassungen vorgenommen werden sollen und die vorge-

sehenen Kriterien für die Auswahl der zu entlassenden Arbeitnehmer. In der Anzeige sollen ferner im Einvernehmen mit dem Betriebsrat für die Arbeitsvermittlung Angaben über Geschlecht, Alter, Beruf und Staatsangehörigkeit der zu entlassenden Arbeitnehmer gemacht werden. Der Arbeitgeber hat dem Betriebsrat eine Abschrift der Anzeige zuzuleiten. Der Betriebsrat kann gegenüber der Agentur für Arbeit weitere Stellungnahmen abgeben. Er hat dem Arbeitgeber eine Abschrift der Stellungnahme zuzuleiten.

(3a) Die Auskunfts-, Beratungs- und Anzeigepflichten nach den Absätzen 1 bis 3 gelten auch dann, wenn die Entscheidung über die Entlassungen von einem den Arbeitgeber beherrschenden Unternehmen getroffen wurde. Der Arbeitgeber kann sich nicht darauf berufen, dass das für die Entlassungen verantwortliche Unternehmen die notwendigen Auskünfte nicht übermittelt hat.

(4) Das Recht zur fristlosen Entlassung bleibt unberührt. Fristlose Entlassungen werden bei Berechnung der Mindestzahl der Entlassungen nach Absatz 1 nicht mitgerechnet.

(5) Als Arbeitnehmer im Sinne dieser Vorschrift gelten nicht

1. in Betrieben einer juristischen Person die Mitglieder des Organs, das zur gesetzlichen Vertretung der juristischen Person berufen ist,

2. in Betrieben einer Personengesamtheit die durch Gesetz, Satzung oder Gesellschaftsvertrag zur Vertretung der Personengesamtheit berufenen Personen,

3. Geschäftsführer, Betriebsleiter und ähnliche leitende Personen, soweit diese zur selbständigen Einstellung oder Entlassung von Arbeitnehmern berechtigt sind.

§ 18 KSchG
Entlassungssperre

(1) Entlassungen, die nach § 17 anzuzeigen sind, werden vor Ablauf eines Monats nach Eingang der Anzeige bei der Agentur für Arbeit nur mit dessen Zustimmung wirksam; die Zustimmung kann auch rückwirkend bis zum Tage der Antragstellung erteilt werden.

(2) Die Agentur für Arbeit kann im Einzelfall bestimmen, dass die Entlassungen nicht vor Ablauf von längstens zwei Monaten nach Eingang der Anzeige wirksam werden.

(3) (aufgehoben)

(4) Soweit die Entlassungen nicht innerhalb von 90 Tagen nach dem Zeitpunkt, zu dem sie nach den Absätzen 1 und 2 zulässig sind, durchgeführt

werden, bedarf es unter den Voraussetzungen des § 17 Abs. 1 einer erneuten Anzeige.

6 Sozialgesetzbücher

§ 117 SGB III
Anspruch auf Arbeitslosengeld

(1) Arbeitnehmer haben Anspruch auf Arbeitslosengeld

1. bei Arbeitslosigkeit oder
2. bei beruflicher Weiterbildung.

(2) Arbeitnehmer, die das fünfundsechzigste Lebensjahr vollendet haben, haben vom Beginn des folgenden Monats an keinen Anspruch auf Arbeitslosengeld.

§ 118 SGB III
Anspruchsvoraussetzungen bei Arbeitslosigkeit

(1) Anspruch auf Arbeitslosengeld bei Arbeitslosigkeit haben Arbeitnehmer, die

1. arbeitslos sind,
2. sich bei der Agentur für Arbeit arbeitslos gemeldet und
3. die Anwartschaftszeit erfüllt haben.

(2) Der Arbeitnehmer kann bis zur Entscheidung über den Anspruch bestimmen, dass dieser nicht oder zu einem späteren Zeitpunkt entstehen soll.

§ 119 SGB III
Arbeitslosigkeit

(1) Arbeitslos ist ein Arbeitnehmer, der

1. nicht in einem Beschäftigungsverhältnis steht (Beschäftigungslosigkeit),
2. sich bemüht, seine Beschäftigungslosigkeit zu beenden (Eigenbemühungen) und
3. den Vermittlungsbemühungen der Agentur für Arbeit zur Verfügung steht (Verfügbarkeit).

(2) Eine ehrenamtliche Betätigung schließt Arbeitslosigkeit nicht aus, wenn dadurch die berufliche Eingliederung des Arbeitslosen nicht beeinträchtigt wird.

(3) Die Ausübung einer Beschäftigung, selbstständigen Tätigkeit oder Tätigkeit als mithelfender Familienangehöriger (Erwerbstätigkeit) schließt die Beschäftigungslosigkeit nicht aus, wenn die Arbeits- oder Tätigkeitszeit (Arbeitszeit) weniger als 15 Stunden wöchentlich umfasst; gelegentliche Abweichungen von geringer Dauer bleiben unberücksichtigt. Die Arbeitszeiten mehrerer Erwerbstätigkeiten werden zusammengerechnet.

(4) Im Rahmen der Eigenbemühungen hat der Arbeitslose alle Möglichkeiten zur beruflichen Eingliederung zu nutzen. Hierzu gehören insbesondere

1. die Wahrnehmung der Verpflichtungen aus der Eingliederungsvereinbarung,

2. die Mitwirkung bei der Vermittlung durch Dritte und

3. die Inanspruchnahme der Selbstinformationseinrichtungen der Agentur für Arbeit.

(5) Den Vermittlungsbemühungen der Agentur für Arbeit steht zur Verfügung, wer

1. eine versicherungspflichtige, mindestens 15 Stunden wöchentlich umfassende zumutbare Beschäftigung unter den üblichen Bedingungen des für ihn in Betracht kommenden Arbeitsmarktes ausüben kann und darf,

2. Vorschlägen der Agentur für Arbeit zur beruflichen Eingliederung zeit- und ortsnah Folge leisten kann,

3. bereit ist, jede Beschäftigung im Sinne der Nummer 1 anzunehmen und auszuüben und

4. bereit ist, an Maßnahmen zur beruflichen Eingliederung in das Erwerbsleben teilzunehmen.

§120 SGB III
Sonderfälle der Verfügbarkeit

(1) Nimmt der Leistungsberechtigte an einer Maßnahme der Eignungsfeststellung, an einer Trainingsmaßnahme oder an einer Berufsfindung oder Arbeitserprobung im Sinne des Rechts der beruflichen Rehabilitation teil, leistet er vorübergehend zur Verhütung oder Beseitigung öffentlicher Notstände Dienste, die nicht auf einem Arbeitsverhältnis beruhen, übt er eine freie Arbeit im Sinne des Artikels 293 Abs. 1 des Einführungsgesetzes zum Strafgesetzbuch oder aufgrund einer Anordnung im Gnadenwege aus oder erbringt er gemeinnützige Leistungen oder Arbeitsleistungen nach den in Arti-

kel 293 Abs. 3 des Einführungsgesetzes zum Strafgesetzbuch genannten Vorschriften oder aufgrund derer entsprechender Anwendung, so schließt dies die Verfügbarkeit nicht aus

(2) Bei Schülern oder Studenten einer Schule, Hochschule oder sonstigen Ausbildungsstätte wird vermutet, dass sie nur versicherungsfreie Beschäftigungen ausüben können. Die Vermutung ist widerlegt, wenn der Schüler oder Student darlegt und nachweist, dass der Ausbildungsgang die Ausübung einer versicherungspflichtigen, mindestens 15 Stunden wöchentlich umfassenden Beschäftigung bei ordnungsgemäßer Erfüllung der in den Ausbildungs- und Prüfungsbestimmungen vorgeschriebenen Anforderungen zulässt.

(3) Nimmt der Leistungsberechtigte an einer Maßnahme der beruflichen Weiterbildung teil, für die die Voraussetzungen nach § 77 nicht erfüllt sind, schließt dies Verfügbarkeit nicht aus, wenn

1. die Agentur für Arbeit der Teilnahme zustimmt und

2. der Leistungsberechtigte seine Bereitschaft erklärt, die Maßnahme abzubrechen, sobald eine berufliche Eingliederung in Betracht kommt und zu diesem Zweck die Möglichkeit zum Abbruch mit dem Träger der Maßnahme vereinbart hat.

(4) Ist der Leistungsberechtigte nur bereit Teilzeitbeschäftigungen auszuüben, so schließt dies Verfügbarkeit nicht aus, wenn sich die Arbeitsbereitschaft auf Teilzeitbeschäftigungen erstreckt, die versicherungspflichtig sind, mindestens 15 Stunden wöchentlich umfassen und den üblichen Bedingungen des für ihn in Betracht kommenden Arbeitsmarktes entsprechen. Eine Einschränkung auf Teilzeitbeschäftigungen aus Anlass eines konkreten Arbeits- oder Maßnahmeangebotes ist nicht zulässig. Die Einschränkung auf Heimarbeit schließt Verfügbarkeit nicht aus, wenn die Anwartschaftszeit durch eine Beschäftigung als Heimarbeiter erfüllt worden ist und der Leistungsberechtigte bereit und in der Lage ist, Heimarbeit unter den üblichen Bedingungen auf dem für ihn in Betracht kommenden Arbeitsmarkt auszuüben.

§ 121 SGB III
Zumutbare Beschäftigungen

(1) Einem Arbeitslosen sind alle seiner Arbeitsfähigkeit entsprechenden Beschäftigungen zumutbar, soweit allgemeine oder personenbezogene Gründe der Zumutbarkeit einer Beschäftigung nicht entgegenstehen.

(2) Aus allgemeinen Gründen ist eine Beschäftigung einem Arbeitslosen insbesondere nicht zumutbar, wenn die Beschäftigung gegen gesetzliche, tarifliche oder in Betriebsvereinbarungen festgelegte Bestimmungen über

Arbeitsbedingungen oder gegen Bestimmungen des Arbeitsschutzes verstößt.

(3) Aus personenbezogenen Gründen ist eine Beschäftigung einem Arbeitslosen insbesondere nicht zumutbar, wenn das daraus erzielbare Arbeitsentgelt erheblich niedriger ist als das der Bemessung des Arbeitslosengeldes zugrunde liegende Arbeitsentgelt. In den ersten drei Monaten der Arbeitslosigkeit ist eine Minderung um mehr als 20 Prozent und in den folgenden drei Monaten um mehr als 30 Prozent dieses Arbeitsentgelts nicht zumutbar. Vom siebten Monat der Arbeitslosigkeit an ist dem Arbeitslosen eine Beschäftigung nur dann nicht zumutbar, wenn das daraus erzielbare Nettoeinkommen unter Berücksichtigung der mit der Beschäftigung zusammenhängenden Aufwendungen niedriger ist als das Arbeitslosengeld.

(4) Aus personenbezogenen Gründen ist einem Arbeitslosen eine Beschäftigung auch nicht zumutbar, wenn die täglichen Pendelzeiten zwischen seiner Wohnung und der Arbeitsstätte im Vergleich zur Arbeitszeit unverhältnismäßig lang sind. Als unverhältnismäßig lang sind im Regelfall Pendelzeiten von insgesamt mehr als zweieinhalb Stunden bei einer Arbeitszeit von mehr als sechs Stunden und Pendelzeiten von mehr als zwei Stunden bei einer Arbeitszeit von sechs Stunden und weniger anzusehen. Sind in einer Region unter vergleichbaren Arbeitnehmern längere Pendelzeiten üblich, bilden diese den Maßstab. Ein Umzug zur Aufnahme einer Beschäftigung außerhalb des zumutbaren Pendelbereichs ist einem Arbeitslosen zumutbar, wenn nicht zu erwarten ist, dass der Arbeitslose innerhalb der ersten drei Monate der Arbeitslosigkeit eine Beschäftigung innerhalb des zumutbaren Pendelbereichs aufnehmen wird. Vom vierten Monat der Arbeitslosigkeit an ist einem Arbeitslosen ein Umzug zur Aufnahme einer Beschäftigung außerhalb des zumutbaren Pendelbereichs in der Regel zumutbar. Die Sätze 4 und 5 sind nicht anzuwenden, wenn dem Umzug ein wichtiger Grund entgegensteht. Ein wichtiger Grund kann sich insbesondere aus familiären Bindungen ergeben.

(5) Eine Beschäftigung ist nicht schon deshalb unzumutbar, weil sie befristet ist, vorübergehend eine getrennte Haushaltsführung erfordert oder nicht um Kreis der Beschäftigungen gehört, für die der Arbeitnehmer ausgebildet ist oder die er bisher ausgeübt hat.

§ 122 SGB III
Persönliche Arbeitslosmeldung

(1) Der Arbeitslose hat sich persönlich beim zuständigen Arbeitsamt arbeitslos zu melden. Eine Meldung ist auch zulässig, wenn die Arbeitslosigkeit noch nicht eingetreten, der Eintritt der Arbeitslosigkeit aber innerhalb der nächsten zwei Monate zu erwarten ist.

(2) Die Wirkung der Meldung erlischt

1. bei einer mehr als sechswöchigen Unterbrechung der Arbeitslosigkeit,
2. mit der Aufnahme der Beschäftigung, selbständigen Tätigkeit oder Tätigkeit als mithelfender Familienangehöriger, wenn der Arbeitslose diese dem Arbeitsamt nicht unverzüglich mitgeteilt hat, sowie
3. mit Ablauf eines Zeitraumes von drei Monaten nach der letzten persönlichen Meldung des Arbeitslosen, wenn der Arbeitslose die Meldung nicht vor Ablauf dieses Zeitraums beim zuständigen Arbeitsamt oder einem Dritten, der an der Vermittlung des Arbeitslosen beteiligt ist (§ 37 Abs. 2), erneuert, sofern sich aus einer Rechtsverordnung nach § 151 Abs. 3 nichts anderes ergibt.

(3) Ist das zuständige Arbeitsamt an einem Tag, an dem der Arbeitslose sich persönlich arbeitslos melden will, nicht dienstbereit, so wirkt eine persönliche Meldung an dem nächsten Tag, an dem das Arbeitsamt dienstbereit ist, auf den Tag zurück, an dem das Arbeitsamt nicht dienstbereit war.

§ 123 SGB III
Anwartschaftszeit

Die Anwartschaftszeit hat erfüllt, wer in der Rahmenfrist mindestens zwölf Monate, als Saisonarbeiter mindestens sechs Monate, in einem Versicherungspflichtverhältnis gestanden hat. Zeiten, die vor dem Tag liegen, an dem der Anspruch auf Arbeitslosengeld oder Arbeitslosenhilfe wegen des Eintritts einer Sperrzeit erloschen ist, dienen nicht zur Erfüllung der Anwartschaftszeit.

§ 124 SGB III
Rahmenfrist

(1) Die Rahmenfrist beträgt drei Jahre und beginnt mit dem Tag vor der Erfüllung aller sonstigen Voraussetzungen für den Anspruch auf Arbeitslosengeld.

(2) Die Rahmenfrist reicht nicht in eine vorangegangene Rahmenfrist hinein, in der der Arbeitslose eine Anwartschaftszeit erfüllt hatte.

(3) In die Rahmenfrist werden nicht eingerechnet

1. Zeiten der Pflege eines Angehörigen, der Anspruch auf Leistungen aus der sozialen oder einer privaten Pflegeversicherung hat,
2. Zeiten der Betreuung und Erziehung eines Kindes des Arbeitslosen, das das dritte Lebensjahr noch nicht vollendet hat,

3. Zeiten einer selbstständigen Tätigkeit,

4. Zeiten, in denen der Arbeitslose Unterhaltsgeld nach diesem Buch bezogen oder nur wegen des Vorrangs anderer Leistungen nicht bezogen hat.

5. Zeiten, in denen der Arbeitslose von einem Rehabilitationsträger Übergangsgeld wegen einer berufsfördernden Maßnahme bezogen hat.

Die Rahmenfrist endet im Falle der Nummern 3 bis 5 spätestens nach fünf Jahren seit ihrem Beginn.

§ 127 SGB III
Grundsatz (Abs. 1, 4)

(1) Die Dauer des Anspruchs auf Arbeitslosengeld richtet sich

1. nach der Dauer der Versicherungspflichtverhältnisse innerhalb der um ein Jahr erweiterten Rahmenfrist und

2. dem Lebensalter, das der Arbeitslose bei der Entstehung des Anspruchs vollendet hat.

Die Vorschriften des Ersten Titels zum Ausschluss von Zeiten bei der Erfüllung der Anwartschaftszeit und zur Begrenzung der Rahmenfrist durch eine vorangegangene Rahmenfrist gelten entsprechend.

(2) Die Dauer des Anspruchs auf Arbeitslosengeld beträgt

nach Versicherungspflichtigverhältnissen mit einer Dauer von insgesamt mindestens ... Monaten	und nach Vollendung des ... Lebensjahres	... Monate
12		6
16		8
20		10
24		12
30	55.	15
36	55.	18

(2a) weggefallen

(3) weggefallen

(4) Die Dauer des Anspruchs verlängert sich um die Restdauer des wegen Entstehung eines neuen Anspruchs erloschenen Anspruchs, wenn nach der

Entstehung des erloschenen Anspruchs noch nicht vier Jahre verstrichen sind; sie verlängert sich längstens bis zu der dem Lebensalter des Arbeitslosen zugeordneten Höchstdauer.

§ 128 SGB III
Minderung der Anspruchsdauer

(1) Die Dauer des Anspruchs auf Arbeitslosengeld mindert sich um

1. die Anzahl von Tagen, für die der Anspruch auf Arbeitslosengeld erfüllt worden ist,
2. jeweils einen Tag für jeweils zwei Tage, für die ein Anspruch auf Teilarbeitslosengeld innerhalb der letzten zwei Jahre vor der Entstehung des Anspruchs erfüllt worden ist,
3. die Anzahl von Tagen einer Sperrzeit bei Arbeitsablehnung, unzureichenden Arbeitsbemühungen, Ablehnung oder Abbruch einer beruflichen Eingliederungsmaßnahme, Meldeversäumnis oder verspäteter Arbeitssuchendmeldung,
4. die Anzahl von Tagen einer Sperrzeit wegen Arbeitsaufgabe; in Fällen einer Sperrzeit von zwölf Wochen mindestens jedoch um ein Viertel der Anspruchsdauer, die dem Arbeitslosen bei erstmaliger Erfüllung der Voraussetzungen für den Anspruch auf Arbeitslosengeld nach dem Ereignis, das die Sperrzeit begründet, zusteht,
5. weggefallen,
6. die Anzahl von Tagen, für die dem Arbeitslosen das Arbeitslosengeld wegen fehlender Mitwirkung (§ 66 Erstes Buch) versagt oder entzogen worden ist,
7. die Anzahl von Tagen der Beschäftigungslosigkeit nach der Erfüllung der Voraussetzungen für den Anspruch auf Arbeitslosengeld, an denen der Arbeitslose nicht arbeitsbereit ist, ohne für sein Verhalten einen wichtigen Grund zu haben,
8. jeweils einen Tag für jeweils zwei Tage, für die ein Anspruch auf Arbeitslosengeld bei beruflicher Weiterbildung nach diesem Buch erfüllt worden ist.

(2) In den Fällen des Absatzes 1 Nr. 6 und 7 mindert sich die Dauer des Anspruchs auf Arbeitslosengeld höchstens um vier Wochen. In den Fällen des Absatzes 1 Nr. 3 und 4 entfällt die Minderung bei Sperrzeiten bei Abbruch einer beruflichen Eingliederungsmaßnahme oder Arbeitsaufgabe, wenn das Ereignis, das die Sperrzeit begründet, bei Erfüllung der Voraussetzungen für den Anspruch auf Arbeitslosengeld länger als ein Jahr zurückliegt. In den

Fällen des Absatzes 1 Nr. 8 unterbleibt eine Minderung, soweit sich dadurch eine Anspruchsdauer von weniger als einem Monat ergibt. Ist ein neuer Anspruch entstanden, erstreckt sich die Minderung nur auf die Restdauer des erloschenen Anspruchs (§ 127 Abs. 4).

§ 129 SGB III
Grundsatz

Das Arbeitslosengeld beträgt

1. für Arbeitslose, die mindestens ein Kind im Sinne des § 32 Abs. 1, 3 bis 5 des Einkommensteuergesetzes haben, sowie für Arbeitslose, deren Ehegatte oder Lebenspartner mindestens ein Kind im Sinne des § 32 Abs. 1, 4 und 5 des Einkommensteuergesetzes hat, wenn beide Ehegatten oder Lebenspartner unbeschränkt einkommensteuerpflichtig sind und nicht dauernd getrennt leben, 67 Prozent (erhöhter Leistungssatz),

2. für die übrigen Arbeitslosen 60 Prozent (allgemeiner Leistungssatz)

des pauschalierten Nettoentgelts (Leistungsentgelt), das sich aus dem Bruttoentgelt ergibt, das der Arbeitslose im Bemessungszeitraum erzielt hat (Bemessungsentgelt).

§ 130 SGB III
Bemessungszeitraum und Bemessungsrahmen

(1) Der Bemessungszeitraum umfasst die beim Ausscheiden des Arbeitslosen aus dem jeweiligen Beschäftigungsverhältnis abgerechneten Entgeltabrechnungszeiträume der versicherungspflichtigen Beschäftigungen im Bemessungsrahmen. Der Bemessungsrahmen umfasst ein Jahr; er endet mit dem letzten Tag des letzten Versicherungspflichtverhältnisses vor der Entstehung des Anspruchs.

(2) Bei der Ermittlung des Bemessungszeitraums bleiben außer Betracht

1. Zeiten einer Beschäftigung, neben der Übergangsgeld wegen einer Leistung zur Teilhabe am Arbeitsleben, Teilübergangsgeld oder Teilarbeitslosengeld geleistet worden ist,

2. Zeiten einer Beschäftigung als Helfer im Sinne des Gesetzes zur Förderung eines freiwilligen sozialen Jahres oder als Teilnehmer im Sinne des Gesetzes zur Förderung eines freiwilligen ökologischen Jahres, wenn sich die beitragspflichtige Einnahme nach § 344 Abs. 2 bestimmt,

3. Zeiten, in denen der Arbeitslose Erziehungsgeld bezogen oder nur wegen der Berücksichtigung von Einkommen nicht bezogen hat oder ein Kind unter drei Jahren betreut und erzogen hat, wenn wegen der Betreuung

und Erziehung des Kindes das Arbeitsentgelt oder die durchschnittliche wöchentliche Arbeitszeit gemindert war,

4. Zeiten, in denen die durchschnittliche regelmäßige wöchentliche Arbeitszeit aufgrund einer Teilzeitvereinbarung nicht nur vorübergehend auf weniger als 80 Prozent der durchschnittlichen regelmäßigen Arbeitszeit einer vergleichbaren Vollzeitbeschäftigung, mindestens um fünf Stunden wöchentlich, vermindert war, wenn der Arbeitslose Beschäftigungen mit einer höheren Arbeitszeit innerhalb der letzten dreieinhalb Jahre vor der Entstehung des Anspruchs während eines sechs Monate umfassenden zusammenhängenden Zeitraums ausgeübt hat. Satz 1 Nr. 4 gilt nicht in Fällen einer Teilzeitvereinbarung nach dem Altersteilzeitgesetz, es sei denn, das Beschäftigungsverhältnis ist wegen Zahlungsunfähigkeit des Arbeitgebers beendet worden.

(3) Der Bemessungsrahmen wird auf zwei Jahre erweitert, wenn

1. der Bemessungszeitraum weniger als 150 Tage mit Anspruch auf Arbeitsentgelt enthält oder

2. es mit Rücksicht auf das Bemessungsentgelt im erweiterten Bemessungsrahmen unbillig hart wäre, von dem Bemessungsentgelt im Bemessungszeitraum auszugehen. Satz 1 Nr. 2 ist nur anzuwenden, wenn der Arbeitslose dies verlangt und die zur Bemessung erforderlichen Unterlagen vorlegt.

§ 141 SGB III
Anrechnung von Nebeneinkommen

(1) Übt der Arbeitslose während einer Zeit, für die ihm Arbeitslosengeld zusteht, eine weniger als 15 Stunden wöchentlich umfassende Beschäftigung aus, ist das Arbeitsentgelt aus der Beschäftigung nach Abzug der Steuern, der Sozialversicherungsbeiträge und der Werbungskosten sowie eines Freibetrages in Höhe von 165,00 € auf das Arbeitslosengeld für den Kalendermonat, in dem die Beschäftigung ausgeübt wird, anzurechnen. Satz 1 gilt für selbstständige Tätigkeiten und Tätigkeiten als mithelfender Familienangehöriger entsprechend mit der Maßgabe, dass pauschal 30 Prozent der Betriebseinnahmen als Betriebsausgaben angesetzt werden, es sei denn, der Arbeitslose weist höhere Betriebsausgaben nach.

(2) Hat der Arbeitslose in den letzten 18 Monaten vor der Entstehung des Anspruches neben einem Versicherungspflichtverhältnis eine geringfügige Beschäftigung mindestens zwölf Monate lang ausgeübt, so bleibt das Arbeitsentgelt bis zu dem Betrag anrechnungsfrei, der in den letzten zwölf Monaten vor der Entstehung des Anspruches aus einer geringfügigen Beschäf-

tigung durchschnittlich auf den Monat entfällt, mindestens jedoch ein Betrag in Höhe des Freibetrages, der sich nach Absatz 1 ergeben würde.

(3) Hat der Arbeitslose in den letzten 18 Monaten vor der Entstehung des Anspruches neben einem Versicherungspflichtverhältnis eine selbstständige Tätigkeit oder Tätigkeit als mithelfender Familienangehöriger von weniger als 15 Stunden wöchentlich mindestens zwölf Monate lang ausgeübt, so bleibt das Arbeitseinkommen bis zu dem Betrag anrechnungsfrei, der in den letzten zwölf Monaten vor der Entstehung des Anspruches durchschnittlich auf den Monat entfällt, mindestens jedoch ein Betrag in Höhe des Freibetrages, der sich nach Absatz 1 ergeben würde.

(4) Leistungen, die ein Bezieher von Arbeitslosengeld bei beruflicher Weiterbildung

1. von seinem Arbeitgeber oder dem Träger der Weiterbildung wegen der Teilnahme oder

2. aufgrund eines früheren oder bestehenden Arbeitsverhältnisses ohne Ausübung einer Beschäftigung für die Zeit der Teilnahme erhält, werden nach Abzug der Steuern, des auf den Arbeitnehmer entfallenden Anteils der Sozialversicherungsbeiträge und eines Freibetrages von 400,00 € monatlich auf das Arbeitslosengeld angerechnet.

§ 142 SGB III
Ruhen des Anspruchs bei anderen Sozialleistungen

(1) Der Anspruch auf Arbeitslosengeld ruht während der Zeit, für die dem Arbeitslosen ein Anspruch auf eine der folgenden Leistungen zuerkannt ist:

1. Berufsausbildungsbeihilfe für Arbeitslose,

2. Krankengeld, Versorgungskrankengeld, Verletztengeld, Mutterschaftsgeld oder Übergangsgeld nach diesem oder einem anderen Gesetz, den eine Leistung zur Teilhabe zugrunde liegt, wegen der der Arbeitslose keine ganztätige Erwerbstätigkeit ausüben kann,

3. Rente wegen voller Erwerbsminderung aus der gesetzlichen Rentenversicherung oder

4. Altersrente aus der gesetzlichen Rentenversicherung oder Knappschaftsausgleichsleistung oder ähnliche Leistungen öffentlich-rechtlicher Art.

Ist dem Arbeitslosen eine Rente wegen teilweiser Erwerbsminderung zuerkannt, kann er sein Restleistungsvermögen jedoch unter den üblichen Bedingungen des allgemeinen Arbeitsmarktes nicht mehr verwerfen, hat die Agentur für Arbeit den Arbeitslosen unverzüglich aufzufordern, innerhalb eines Monats einen Antrag auf Rente wegen voller Erwerbsminderung zu stellen. Stellt der Arbeitslose den Antrag nicht, ruht der Anspruch auf Arbeitslosengeld vom Tage nach Ablauf der Frist an bis zu dem Tage, an dem der Arbeitslose den Antrag stellt.

(2) Abweichend von Absatz 1 ruht der Anspruch

1. im Falle der Nummer 2 nicht, wenn für denselben Zeitraum Anspruch auf Verletztengeld und Arbeitslosengeld nach § 126 besteht,
2. im Falle der Nummer 3 vom Beginn der laufenden Zahlung der Rente an und
3. im Falle der Nummer 4

    a) mit Ablauf des dritten Kalendermonats nach Erfüllung der Voraussetzungen für den Anspruch auf Arbeitslosengeld, wenn dem Arbeitslosen für die letzten sechs Monate einer versicherungspflichtigen Beschäftigung eine Teilrente oder eine ähnliche Leistung öffentlich-rechtlicher Art zuerkannt ist,

    b) nur bis zur Höhe der zuerkannten Leistung, wenn die Leistung auch während einer Beschäftigung und ohne Rücksicht auf die Höhe des Arbeitsentgelts gewährt wird.

Im Falle des Satzes 1 Nr. 2 gilt § 125 Abs. 3 entsprechend.

(3) Die Absätze 1 und 2 gelten auch für einen vergleichbaren Anspruch auf eine andere Sozialleistung, den ein ausländischer Träger zuerkannt hat.

(4) Der Anspruch auf Arbeitslosengeld ruht auch während der Zeit, für die der Arbeitslose wegen seines Ausscheidens aus dem Erwerbsleben Vorruhestandsgeld oder eine vergleichbare Leistung des Arbeitgebers mindestens in Höhe von 65 Prozent des Bemessungsentgelts bezieht.

§ 143 SGB III
Ruhen des Anspruchs bei Arbeitsentgelt und Urlaubsabgeltung

(1) Der Anspruch auf Arbeitslosengeld ruht während der Zeit, für die der Arbeitslose Arbeitsentgelt erhält oder zu beanspruchen hat.

(2) Hat der Arbeitslose wegen Beendigung des Arbeitsverhältnisses eine Urlaubsabgeltung erhalten oder zu beanspruchen, so ruht der Anspruch auf Arbeitslosengeld für die Zeit des abgegoltenen Urlaubs. Der Ruhenszeitraum beginnt mit dem Ende des die Urlaubsabgeltung begründenden Arbeitsverhältnisses.

(3) Soweit der Arbeitslose die in den Absätzen 1 und 2 genannten Leistungen (Arbeitsentgelt im Sinne des § 115 des Zehnten Buches) tatsächlich nicht erhält, wird das Arbeitslosengeld auch für die Zeit geleistet, in der der

Anspruch auf Arbeitslosengeld ruht. Hat der Arbeitgeber die in den Absätzen 1 und 2 genannten Leistungen trotz des Rechtsübergangs mit befreiender Wirkung an den Arbeitslosen oder an einen Dritten gezahlt, hat der Bezieher des Arbeitslosengeldes dieses insoweit zu erstatten.

§ 143a SGB III
Ruhen des Anspruchs bei Entlassungsentschädigung

(1) Hat der Arbeitslose wegen der Beendigung des Arbeitsverhältnisses eine Abfindung, Entschädigung oder ähnliche Leistung (Entlassungsentschädigung) erhalten oder zu beanspruchen und ist das Arbeitsverhältnis ohne Einhaltung einer der ordentlichen Kündigungsfrist des Arbeitgebers entsprechenden Frist beendet worden, so ruht der Anspruch auf Arbeitslosengeld von dem Ende des Arbeitsverhältnisses an bis zu dem Tage, an dem das Arbeitsverhältnis bei Einhaltung dieser Frist geendet hätte. Diese Frist beginnt mit der Kündigung, die der Beendigung des Arbeitsverhältnisses vorausgegangen ist, bei Fehlen einer solchen Kündigung mit dem Tage der Vereinbarung über die Beendigung des Arbeitsverhältnisses. Ist die ordentliche Kündigung des Arbeitsverhältnisses durch den Arbeitgeber ausgeschlossen, so gilt bei

1. zeitlich unbegrenztem Ausschluss eine Kündigungsfrist von 18 Monaten,

2. zeitlich begrenztem Ausschluss oder bei Vorliegen der Voraussetzungen für eine fristgebundene Kündigung aus wichtigem Grund die Kündigungsfrist, die ohne den Ausschluss der ordentlichen Kündigung maßgebend gewesen wäre.

Kann dem Arbeitnehmer nur bei Zahlung einer Entlassungsentschädigung ordentlich gekündigt werden, so gilt eine Kündigungsfrist von einem Jahr. Hat der Arbeitslose auch eine Urlaubsabgeltung (§ 143 Abs. 2) erhalten oder zu beanspruchen, verlängert sich der Ruhenszeitraum nach Satz 1 um die Zeit des abgegoltenen Urlaubs. Leistungen, die der Arbeitgeber für den Arbeitslosen, dessen Arbeitsverhältnis frühestens mit Vollendung des 55. Lebensjahres beendet wird, unmittelbar für dessen Rentenversicherung nach § 187a Abs. 1 des Sechsten Buches aufwendet, bleiben unberücksichtigt. Satz 6 gilt entsprechend für Beiträge des Arbeitgebers zu einer berufsständischen Versorgungseinrichtung.

(2) Der Anspruch auf Arbeitslosengeld ruht nach Absatz 1 längstens ein Jahr. Er ruht nicht über den Tag hinaus,

1. bis zu dem der Arbeitslose bei Weiterzahlung des während der letzten Beschäftigungszeit kalendertäglich verdienten Arbeitsentgelts einen Betrag in Höhe von sechzig Prozent der nach Absatz 1 zu berücksichtigenden Entlassungsentschädigung als Arbeitsentgelt verdient hätte,

2. an dem das Arbeitsverhältnis infolge einer Befristung, die unabhängig von der Vereinbarung über die Beendigung des Arbeitsverhältnisses bestanden hat, geendet hätte oder

3. an dem der Arbeitgeber das Arbeitsverhältnis aus wichtigem Grunde ohne Einhaltung einer Kündigungsfrist hätte kündigen können.

Der nach Satz 2 Nr. 1 zu berücksichtigende Anteil der Entlassungsentschädigung vermindert sich sowohl für je fünf Jahre des Arbeitsverhältnisses in demselben Betrieb oder Unternehmen als auch für je fünf Lebensjahre nach Vollendung des fünfunddreißigsten Lebensjahres um je fünf Prozent; er beträgt nicht weniger als fünfundzwanzig Prozent der nach Absatz 1 zu berücksichtigenden Entlassungsentschädigung. Letzte Beschäftigungszeit sind die am Tage des Ausscheidens aus dem Beschäftigungsverhältnis abgerechneten Entgeltabrechnungszeiträume der letzten 12 Monate; § 130 Abs. 2 Satz 1 Nr. 3 und Abs. 3 gilt entsprechend. Arbeitsentgeltkürzungen infolge von Krankheit, Kurzarbeit, Arbeitsausfall oder Arbeitsversäumnis bleiben außer Betracht.

(3) Hat der Arbeitslose wegen Beendigung des Beschäftigungsverhältnisses unter Aufrechterhaltung des Arbeitsverhältnisses eine Entlassungsentschädigung erhalten oder zu beanspruchen, gelten die Absätze 1 und 2 entsprechend.

(4) Soweit der Arbeitslose die Entlassungsentschädigung (Arbeitsentgelt im Sinne des § 115 des Zehnten Buches) tatsächlich nicht erhält, wird das Arbeitslosengeld auch für die Zeit geleistet, in der der Anspruch auf Arbeitslosengeld ruht. Hat der Verpflichtete die Entlassungsentschädigung trotz des Rechtsübergangs mit befreiender Wirkung an den Arbeitslosen oder an einen Dritten gezahlt, hat der Bezieher des Arbeitslosengeldes dieses insoweit zu erstatten.

§ 144 SGB III
Ruhen bei Sperrzeit

(1) Hat der Arbeitnehmer sich versicherungswidrig verhalten, ohne dafür einen wichtigen Grund zu haben, ruht der Anspruch für die Dauer einer Sperrzeit. Versicherungswidriges Verhalten liegt vor, wenn

1. der Arbeitslose das Beschäftigungsverhältnis gelöst oder durch ein arbeitsvertragswidriges Verhalten Anlass für die Lösung des Beschäftigungsverhältnisses gegeben und dadurch vorsätzlich oder grob fahrlässig die Arbeitslosigkeit herbeigeführt hat (Sperrzeit bei Arbeitsaufgabe),

2. der bei der Agentur für Arbeit als arbeitssuchend gemeldete Arbeitnehmer (§ 37b) oder der Arbeitslose trotz Belehrung über die Rechtsfolgen eine von der Agentur für Arbeit unter Benennung des Arbeitgebers und der Art

der Tätigkeit angebotene Beschäftigung nicht annimmt oder nicht antritt oder die Anbahnung eines solchen Beschäftigungsverhältnisses, insbesondere das Zustandekommen eines Vorstellungsgespräches, durch sein Verhalten verhindert (Sperrzeit bei Arbeitsablehnung),

3. der Arbeitslose trotz Belehrung über die Rechtsfolgen die von der Agentur für Arbeit geforderten Eigenbemühungen nicht nachweist (Sperrzeit bei unzureichenden Eigenbemühungen),

4. der Arbeitslose sich weigert, trotz Belehrung über die Rechtsfolgen an einer Maßnahme der Eignungsfeststellung, einer Trainingsmaßnahme oder einer Maßnahme zur beruflichen Ausbildung oder Weiterbildung oder einer Maßnahme zur Teilhabe am Arbeitsleben teilzunehmen (Sperrzeit bei Ablehnung einer beruflichen Eingliederungsmaßnahme),

5. der Arbeitslose die Teilnahme an einer in Nummer 4 genannten Maßnahme abbricht oder durch maßnahmewidriges Verhalten Anlass für den Ausschluss aus einer dieser Maßnahmen gibt (Sperrzeit bei Abbruch einer beruflichen Eingliederungsmaßnahme),

6. der Arbeitslose einer Aufforderung der Agentur für Arbeit, sich zu melden oder zu einem ärztlichen oder psychologischen Untersuchungstermin zu erscheinen (§ 309), trotz Belehrung über die Rechtsfolgen nicht nachkommt (Sperrzeit bei Meldeversäumnis),

7. der Arbeitslose seiner Meldepflicht nach § 37b nicht nachgekommen ist (Sperrzeit bei verspäteter Arbeitsuchendmeldung).

Beschäftigungen im Sinne des Satzes 2 Nr. 1 und 2 sind auch Arbeitsbeschaffungsmaßnahmen (§ 27 Abs. 3 Nr. 5). Der Arbeitnehmer hat die für die Beurteilung eines wichtigen Grundes maßgebenden Tatsachen darzulegen und nachzuweisen, wenn diese in seiner Sphäre oder in seinem Verantwortungsbereich liegen.

(2) Die Sperrzeit beginnt mit dem Tag nach dem Ereignis, das die Sperrzeit begründet, oder, wenn dieser Tag in eine Sperrzeit fällt, mit dem Ende dieser Sperrzeit. Werden mehrere Sperrzeiten durch dasselbe Ereignis begründet, folgen sie in der Reihenfolge des Absatzes 1 Satz 2 Nr. 1 bis 7 einander nach.

(3) Die Dauer der Sperrzeit bei Arbeitsaufgabe beträgt zwölf Wochen. Sie verkürzt sich

1. auf drei Wochen, wenn das Arbeitsverhältnis innerhalb von sechs Wochen nach dem Ereignis, das die Sperrzeit begründet, ohne eine Sperrzeit geendet hätte,

2. auf sechs Wochen, wenn

a) das Arbeitsverhältnis innerhalb von zwölf Wochen nach dem Ereignis, das die Sperrzeit begründet, ohne eine Sperrzeit geendet hätte oder

b) eine Sperrzeit von zwölf Wochen für den Arbeitslosen nach den für den Eintritt der Sperrzeit maßgebenden Tatsachen eine besondere Härte bedeuten würde.

(4) Die Dauer der Sperrzeit bei Arbeitsablehnung, bei Ablehnung einer beruflichen Eingliederungsmaßnahme oder bei Abbruch einer beruflichen Eingliederungsmaßnahme beträgt

1. drei Wochen

a) im Falle des Abbruchs einer beruflichen Eingliederungsmaßnahme, wenn die Maßnahme innerhalb von sechs Wochen nach dem Ereignis, das die Sperrzeit begründet, ohne eine Sperrzeit geendet hätte,

b) im Falle der Ablehnung einer Arbeit oder einer beruflichen Eingliederungsmaßnahme, wenn die Beschäftigung oder Maßnahme bis zu sechs Wochen befristet war oder

c) im Falle der erstmaligen Ablehnung einer Arbeit oder beruflichen Eingliederungsmaßnahme oder des erstmaligen Abbruchs einer beruflichen Eingliederungsmaßnahme nach Entstehung des Anspruchs,

2. sechs Wochen

a) im Falle des Abbruchs einer beruflichen Eingliederungsmaßnahme, wenn die Maßnahme innerhalb von zwölf Wochen nach dem Ereignis, das die Sperrzeit begründet, ohne eine Sperrzeit geendet hätte,

b) im Falle der Ablehnung einer Arbeit oder einer beruflichen Eingliederungsmaßnahme, wenn die Beschäftigung oder Maßnahme bis zu zwölf Wochen befristet war oder

c) im Falle der zweiten Ablehnung einer Arbeit oder beruflichen Eingliederungsmaßnahme oder des zweiten Abbruchs einer beruflichen Eingliederungsmaßnahme nach Entstehung des Anspruchs,

3. zwölf Wochen in den übrigen Fällen.

Im Falle der Ablehnung einer Arbeit oder einer beruflichen Eingliederungsmaßnahme nach der Meldung zur frühzeitigen Arbeitssuche (§ 37b) im Zusammenhang mit der Entstehung des Anspruchs gilt Satz 1 entsprechend.

(5) Die Dauer einer Sperrzeit bei unzureichenden Eigenbemühungen beträgt zwei Wochen.

(6) Die Dauer einer Sperrzeit bei Meldeversäumnis oder bei verspäteter Arbeitsuchendmeldung beträgt eine Woche.

§ 147 SGB III
Erlöschen des Anspruchs

(1) Der Anspruch auf Arbeitslosengeld erlischt

1. mit der Entstehung eines neuen Anspruchs,
2. wenn der Arbeitslose Anlass für den Eintritt von Sperrzeiten mit einer Dauer von insgesamt mindestens 21 Wochen gegeben hat, der Arbeitslose über den Eintritt der Sperrzeiten schriftliche Bescheide erhalten hat und auf die Rechtsfolgen des Eintritts von Sperrzeiten mit einer Dauer von insgesamt mindestens 21 Wochen hingewiesen worden ist; dabei werden auch Sperrzeiten berücksichtigt, die in einem Zeitraum von zwölf Monaten vor der Entstehung des Anspruchs eingetreten sind und nicht bereits zum Erlöschen eines Anspruchs geführt haben.

(2) Der Anspruch auf Arbeitslosengeld kann nicht mehr geltend gemacht werden, wenn nach seiner Entstehung vier Jahre verstrichen sind.

§ 147a SGB III
Erstattungspflicht des Arbeitgebers

(1) Der Arbeitgeber, bei dem der Arbeitslose innerhalb der letzten vier Jahre vor dem Tag der Arbeitslosigkeit, durch den nach § 124 Abs. 1 die Rahmenfrist bestimmt wird, mindestens 24 Monate in einem Versicherungspflichtverhältnis gestanden hat, erstattet der Bundesagentur vierteljährlich das Arbeitslosengeld für die Zeit nach Vollendung des 57. Lebensjahres des Arbeitslosen, längstens für 32 Monate. Die Erstattungspflicht tritt nicht ein, wenn das Arbeitsverhältnis vor Vollendung des 55. Lebensjahres des Arbeitslosen beendet worden ist, der Arbeitslose auch die Voraussetzungen für eine der in § 142 Abs. 1 Nr. 2 bis 4 genannten Leistungen oder für eine Rente wegen Berufsunfähigkeit erfüllt oder der Arbeitgeber darlegt und nachweist, dass

1. der Arbeitslose innerhalb der letzten zwölf Jahre vor dem Tag der Arbeitslosigkeit, durch den nach § 124 Abs. 1 die Rahmenfrist bestimmt wird, weniger als zehn Jahre zu ihm in einem Arbeitsverhältnis gestanden hat,
2. er in der Regel nicht mehr als 20 Arbeitnehmer ausschließlich der zu ihrer Berufsausbildung Beschäftigten beschäftigt; § 3 Abs. 1 Satz 2 bis 6 des Aufwendungsausgleichsgesetzes gilt entsprechend mit der Maßgabe, dass das Kalenderjahr maßgebend ist, das dem Kalenderjahr vorausgeht, in dem die Voraussetzungen des Satzes 1 für die Erstattungspflicht erfüllt sind,
3. der Arbeitslose das Arbeitsverhältnis durch Kündigung beendet und weder eine Abfindung noch eine Entschädigung oder ähnliche Leistung we-

gen der Beendigung des Arbeitsverhältnisses erhalten oder zu beanspruchen hat,

4. er das Arbeitsverhältnis durch sozial gerechtfertigte Kündigung beendet hat; § 7 des Kündigungsschutzgesetzes findet keine Anwendung; die Agentur für Arbeit ist an eine rechtskräftige Entscheidung des Arbeitsgerichts über die soziale Rechtfertigung einer Kündigung gebunden,

5. er bei Beendigung des Arbeitsverhältnisses berechtigt war, das Arbeitsverhältnis aus wichtigem Grund ohne Einhaltung einer Kündigungsfrist oder mit sozialer Auslauffrist zu kündigen,

6. sich die Zahl der Arbeitnehmer in dem Betrieb, in dem der Arbeitslose zuletzt mindestens zwei Jahre beschäftigt war, um mehr als drei Prozent innerhalb eines Jahres vermindert und unter den in diesem Zeitraum ausscheidenden Arbeitnehmern der Anteil der Arbeitnehmer, die das 55. Lebensjahr vollendet haben, nicht höher ist als es ihrem Anteil an der Gesamtzahl der im Betrieb Beschäftigten zu Beginn des Jahreszeitraumes entspricht. Vermindert sich die Zahl der Beschäftigten im gleichen Zeitraum um mindestens zehn Prozent, verdoppelt sich der Anteil der älteren Arbeitnehmer, der bei der Verminderung der Zahl der Arbeitnehmer nicht überschritten werden darf. Rechnerische Bruchteile werden aufgerundet. Wird der gerundete Anteil überschnitten, ist in allen Fällen eine Einzelfallentscheidung erforderlich,

7. der Arbeitnehmer im Rahmen eines kurzfristigen drastischen Personalabbaus von mindestens 20 Prozent aus dem Betrieb, in dem er zuletzt mindestens zwei Jahre beschäftigt war, ausgeschieden ist und dieser Personalabbau für den örtlichen Arbeitsmarkt von erheblicher Bedeutung ist.

(2) Die Erstattungspflicht entfällt, wenn der Arbeitgeber

1. darlegt und nachweist, dass in dem Kalenderjahr, das dem Kalenderjahr vorausgeht, für das der Wegfall geltend gemacht wird, die Voraussetzungen für den Nichteintritt der Erstattungspflicht nach Absatz 1 Satz 2 Nr. 2 erfüllt sind, oder

2. insolvenzfähig ist und darlegt und nachweist, dass die Erstattung für ihn eine unzumutbare Belastung bedeuten würde, weil durch die Erstattung der Fortbestand des Unternehmens oder die nach Durchführung des Personalabbaus verbleibenden Arbeitsplätze gefährdet wären. Insoweit ist zum Nachweis die Vorlage einer Stellungnahme einer fachkundigen Stelle erforderlich.

(3) Die Erstattungsforderung mindert sich, wenn der Arbeitgeber darlegt und nachweist, dass er

1. nicht mehr als 40 Arbeitnehmer oder

2. nicht mehr als 60 Arbeitnehmer

im Sinne des Absatzes 1 Satz 2 Nr. 2 beschäftigt, um zwei Drittel im Falle der Nummer 1 und um ein Drittel im Falle der Nummer 2. Für eine nachträgliche Minderung der Erstattungsforderung gilt Absatz 2 Nr. 1 entsprechend.

(4) Die Verpflichtung zur Erstattung des Arbeitslosengeldes schließt die auf diese Leistung entfallenden Beiträge zur Kranken-, Pflege- und Rentenversicherung ein.

(5) Konzernunternehmen im Sinne des § 18 des Aktiengesetzes gelten bei der Ermittlung der Beschäftigungszeiten als ein Arbeitgeber. Die Erstattungspflicht richtet sich gegen den Arbeitgeber, bei dem der Arbeitnehmer zuletzt in einem Arbeitsverhältnis gestanden hat.

(6) Die Agentur für Arbeit berät den Arbeitgeber auf Verlangen über Voraussetzungen und Umfang der Erstattungsregelung. Auf Antrag des Arbeitgebers entscheidet die Agentur für Arbeit im Voraus, ob die Voraussetzungen des Absatzes 1 Satz 2 Nr. 6 oder 7 erfüllt sind.

(7) Der Arbeitslose ist auf Verlangen der Agentur für Arbeit verpflichtet, Auskünfte zu erteilen, sich bei der Agentur für Arbeit persönlich zu melden oder sich einer ärztlichen oder psychologischen Untersuchung zu unterziehen, soweit das Entstehen oder der Wegfall des Erstattungsanspruchs von dieser Mitwirkung abhängt. Voraussetzung für das Verlangen der Agentur für Arbeit ist, dass bei der Agentur für Arbeit Umstände in der Person des Arbeitslosen bekannt sind, die für das Entstehen oder den Wegfall der Erstattungspflicht von Bedeutung sind. Die §§ 65 und 65a des Ersten Buches gelten entsprechend.

(8) Der Erstattungsanspruch verjährt in vier Jahren nach Ablauf des Kalenderjahres, für das das Arbeitslosengeld zu erstatten ist. § 50 Abs. 4 Satz 2 und 3 des Zehnten Buches gilt entsprechend.

§§ 147b – 149 SGB III
(weggefallen)

§ 150 SGB III
Teilarbeitslosengeld

(1) Anspruch auf Teilarbeitslosengeld hat ein Arbeitnehmer, der

1. teilarbeitslos ist,

2. sich teilarbeitslos gemeldet und

3. die Anwartschaftszeit für Teilarbeitslosengeld erfüllt hat.

(2) Für das Teilarbeitslosengeld gelten die Vorschriften über das Arbeitslosengeld und für Empfänger dieser Leistung entsprechend, soweit sich aus den Besonderheiten des Teilarbeitslosengeldes nichts anderes ergibt, mit folgenden Maßgaben:

1. Teilarbeitslos ist, wer eine versicherungspflichtige Beschäftigung verloren hat, die er neben einer weiteren versicherungspflichtigen Beschäftigung ausgeübt hat, und eine versicherungspflichtige Beschäftigung sucht.

2. Die Anwartschaftszeit für das Teilarbeitslosengeld hat erfüllt, wer in der Teilarbeitslosengeld-Rahmenfrist von zwei Jahren neben der weiterhin ausgeübten versicherungspflichtigen Beschäftigung mindestens zwölf Monate eine weitere versicherungspflichtige Beschäftigung ausgeübt hat. Für die Teilarbeitslosengeld-Rahmenfrist gelten die Regelungen zum Arbeitslosengeld über die Rahmenfrist entsprechend.

3. Die Dauer des Anspruchs auf Teilarbeitslosengeld beträgt sechs Monate.

4. Bei der Feststellung der Lohnsteuer (§ 133 Abs. 2) ist die Lohnsteuerklasse maßgeblich, die auf der Lohnsteuerkarte für das Beschäftigungsverhältnis, das den Anspruch auf Teilarbeitslosengeld begründet, zuletzt eingetragen war.

5. Der Anspruch auf Teilarbeitslosengeld erlischt,

    a) wenn der Arbeitnehmer nach der Entstehung des Anspruchs eine Beschäftigung, selbständige Tätigkeit oder Tätigkeit als mithelfender Familienangehöriger für mehr als zwei Wochen oder mit einer Arbeitszeit von mehr als fünf Stunden wöchentlich aufnimmt,

    b) wenn die Voraussetzungen für einen Anspruch auf Arbeitslosengeld erfüllt sind oder

    c) spätestens nach Ablauf eines Jahres seit Entstehung des Anspruchs.

§ 169 SGB III
Anspruch
(Auszug)

Arbeitnehmer haben Anspruch auf Kurzarbeitergeld, wenn

1. ein erheblicher Arbeitsausfall mit Entgeltausfall vorliegt,

2. die betrieblichen Voraussetzungen erfüllt sind,

3. die persönlichen Voraussetzungen erfüllt sind und

4. der Arbeitsausfall der Agentur für Arbeit angezeigt worden ist.

§ 170 SGB III
Erheblicher Arbeitsausfall

(1) Ein Arbeitsausfall ist erheblich, wenn

1. er auf wirtschaftlichen Gründen oder einem unabwendbaren Ereignis beruht,
2. er vorübergehend ist,
3. er nicht vermeidbar ist und
4. im jeweiligen Kalendermonat (Anspruchszeitraum) mindestens ein Drittel der in dem Betrieb beschäftigten Arbeitnehmer von einem Entgeltausfall von jeweils mehr als zehn Prozent ihres monatlichen Bruttoentgelts betroffen ist; dabei sind Auszubildende nicht mitzuzählen.

(2) Ein Arbeitsausfall beruht auch auf wirtschaftlichen Gründen, wenn er durch eine Veränderung der betrieblichen Strukturen verursacht wird, die durch die allgemeine wirtschaftliche Entwicklung bedingt ist.

(3) Ein unabwendbares Ereignis liegt insbesondere vor, wenn ein Arbeitsausfall auf ungewöhnlichen, dem üblichen Witterungsverlauf nicht entsprechenden Witterungsgründen beruht. Ein unabwendbares Ereignis liegt auch vor, wenn ein Arbeitsausfall durch behördliche oder behördlich anerkannte Maßnahmen verursacht ist, die vom Arbeitgeber nicht zu vertreten sind.

(4) Ein Arbeitsausfall ist nicht vermeidbar, wenn in einem Betrieb alle zumutbaren Vorkehrungen getroffen wurden, um den Eintritt des Arbeitsausfalls zu verhindern. Als vermeidbar gilt insbesondere ein Arbeitsausfall, der

1. überwiegend branchenüblich, betriebsüblich oder saisonbedingt ist oder ausschließlich auf betriebsorganisatorischen Gründen beruht,
2. bei Gewährung von bezahltem Erholungsurlaub ganz oder teilweise verhindert werden kann, soweit vorrangige Urlaubswünsche der Arbeitnehmer der Urlaubsgewährung nicht entgegenstehen, oder
3. bei der Nutzung von im Betrieb zulässigen Arbeitszeitschwankungen ganz oder teilweise vermieden werden kann.

Die Auflösung eines Arbeitszeitguthabens kann vom Arbeitnehmer nicht verlangt werden, soweit es

1. vertraglich ausschließlich zur Überbrückung von Arbeitsausfällen außerhalb der Schlechtwetterzeit (§ 175 Abs. 1) bestimmt ist und 50 Stunden nicht übersteigt,
2. ausschließlich für eine vorzeitige Freistellung eines Arbeitnehmers vor einer altersbedingten Beendigung des Arbeitsverhältnisses oder, bei Rege-

legung in einem Tarifvertrag oder aufgrund eines Tarifvertrages in einer Betriebsvereinbarung, zum Zwecke der Qualifizierung bestimmt ist,

3. zur Vermeidung der Inanspruchnahme von Saison-Kurzarbeitergeld angespart worden ist und den Umfang von 150 Stunden nicht übersteigt,

4. den Umfang von zehn Prozent der ohne Mehrarbeit geschuldeten Jahresarbeitszeit eines Arbeitnehmers übersteigt oder

5. länger als ein Jahr unverändert bestanden hat.

In einem Betrieb, in dem eine Vereinbarung über Arbeitszeitschwankungen gilt, nach der mindestens zehn Prozent der ohne Mehrarbeit geschuldeten Jahresarbeitszeit für einen unterschiedlichen Arbeitsanfall eingesetzt werden, gilt ein Arbeitsausfall, der im Rahmen dieser Arbeitszeitschwankungen nicht mehr ausgeglichen werden kann, als nicht vermeidbar.

§ 171 SGB III
Betriebliche Voraussetzungen

Die betrieblichen Voraussetzungen sind erfüllt, wenn in dem Betrieb mindestens ein Arbeitnehmer beschäftigt ist. Betrieb im Sinne der Vorschriften über das Kurzarbeitergeld ist auch eine Betriebsabteilung.

§ 172 SGB III
Persönliche Voraussetzungen

(1) Die persönlichen Voraussetzungen sind erfüllt, wenn

1. der Arbeitnehmer nach Beginn des Arbeitsausfalls eine versicherungspflichtige Beschäftigung

   a) fortsetzt,

   b) aus zwingenden Gründen aufnimmt oder

   c) im Anschluss an die Beendigung eines Berufsausbildungsverhältnisses aufnimmt,

2. das Arbeitsverhältnis nicht gekündigt oder durch Aufhebungsvertrag aufgelöst ist und

3. der Arbeitnehmer nicht vom Kurzarbeitergeldbezug ausgeschlossen ist.

(1a) Die persönlichen Voraussetzungen sind auch erfüllt, wenn der Arbeitnehmer während des Bezuges von Kurzarbeitergeld arbeitsunfähig wird, solange Anspruch auf Fortzahlung des Arbeitsentgelts im Krankheitsfalle besteht oder ohne den Arbeitsausfall bestehen würde.

(2) Ausgeschlossen sind Arbeitnehmer während der Teilnahme an einer beruflichen Weiterbildungsmaßnahme mit Bezug von Arbeitslosengeld bei beruflicher Weiterbildung oder Übergangsgeld, wenn diese Leistung nicht für eine neben der Beschäftigung durchgeführte Teilzeitmaßnahme gezahlt wird, sowie während des Bezuges von Krankengeld.

(3) Ausgeschlossen sind Arbeitnehmer, wenn und solange sie bei einer Vermittlung nicht in der von der Agentur für Arbeit verlangten und gebotenen Weise mitwirken. Arbeitnehmer, die von einem erheblichen Arbeitsausfall mit Entgeltausfall betroffen sind, sind in die Vermittlungsbemühungen der Agentur für Arbeit einzubeziehen. Hat der Arbeitnehmer trotz Belehrung über die Rechtsfolgen eine von der Agentur für Arbeit unter Benennung des Arbeitgebers und der Art der Tätigkeit angebotene zumutbare Beschäftigung nicht angenommen oder nicht angetreten, ohne für sein Verhalten einen wichtigen Grund zu haben, sind die Vorschriften über die Sperrzeit beim Arbeitslosengeld entsprechend anzuwenden.

§ 173 SGB III
Anzeige

(1) Der Arbeitsausfall ist bei der Agentur für Arbeit, in dessen Bezirk der Betrieb liegt, schriftlich anzuzeigen. Die Anzeige kann nur vom Arbeitgeber oder der Betriebsvertretung erstattet werden. Der Anzeige des Arbeitgebers ist eine Stellungnahme der Betriebsvertretung beizufügen. Mit der Anzeige sind das Vorliegen eines erheblichen Arbeitsausfalls und die betrieblichen Voraussetzungen für das Kurzarbeitergeld glaubhaft zu machen.

(2) Kurzarbeitergeld wird frühestens von dem Kalendermonat an geleistet, in dem die Anzeige über den Arbeitsausfall beim Arbeitsamt eingegangen ist. Beruht der Arbeitsausfall auf einem unabwendbaren Ereignis, gilt die Anzeige für den entsprechenden Kalendermonat als erstattet, wenn sie unverzüglich erstattet worden ist.

(3) Die Agentur für Arbeit hat dem Anzeigenden unverzüglich einen schriftlichen Bescheid darüber zu erteilen, ob auf Grund der vorgetragenen und glaubhaft gemachten Tatsachen ein erheblicher Arbeitsausfall vorliegt und die betrieblichen Voraussetzungen erfüllt sind.

§ 177 Abs. 1 bis 3 SGB III
Dauer
(Auszug)

(1) Kurzarbeitergeld wird für den Arbeitsausfall während der Bezugsfrist geleistet. Die Bezugsfrist gilt einheitlich für alle in einem Betrieb beschäftigten

Arbeitnehmer. Sie beginnt mit dem ersten Kalendermonat, für den in einem Betrieb Kurzarbeitergeld gezahlt wird, und beträgt längstens sechs Monate.

(2) Wird innerhalb der Bezugsfrist für einen zusammenhängenden Zeitraum von mindestens einem Monat Kurzarbeitergeld nicht geleistet, verlängert sich die Bezugsfrist um diesen Zeitraum.

(3) Sind seit dem letzten Kalendermonat, für den Kurzarbeitergeld geleistet worden ist, drei Monate vergangen und liegen die Anspruchsvoraussetzungen erneut vor, beginnt eine neue Bezugsfrist.

§ 178 SGB III
Höhe

Das Kurzarbeitergeld beträgt

1. für Arbeitnehmer, die beim Arbeitslosengeld die Voraussetzungen für den erhöhten Leistungssatz erfüllen würden, 67 Prozent,

2. für die übrigen Arbeitnehmer 60 Prozent

der Nettoentgeltdifferenz im Anspruchszeitraum.

§ 179 SGB III
Nettoentgeltdifferenz

(1) Die Nettoentgeltdifferenz entspricht dem Unterschiedsbetrag zwischen

1. dem pauschalierten Nettoentgelt aus dem Sollentgelt und

2. dem pauschalierten Nettoentgelt aus dem Istentgelt.

Sollentgelt ist das Bruttoarbeitsentgelt, das der Arbeitnehmer ohne den Arbeitsausfall und vermindert um Entgelt für Mehrarbeit in dem Anspruchszeitraum erzielt hätte. Istentgelt ist das in dem Anspruchszeitraum tatsächlich erzielte Bruttoarbeitsentgelt des Arbeitnehmers zuzüglich aller ihm zustehenden Entgeltanteile. Bei der Ermittlung von Sollentgelt und Istentgelt bleibt Arbeitsentgelt, das einmalig gezahlt wird, außer Betracht. Sollentgelt und Istgentgelt sind auf den nächsten durch 20 teilbaren Euro-Betrag zu runden. Die Vorschriften beim Arbeitslosengeld über die Berechnung des Leistungsentgelts gelten mit Ausnahme der Regelungen über den Zeitpunkt der Zuordnung der Lohnsteuerklassen und den Steuerklassenwechsel für die Berechnung der pauschalierten Nettoarbeitsentgelte beim Kurzarbeitergeld entsprechend.

(2) Erzielt der Arbeitnehmer aus anderen als wirtschaftlichen Gründen kein Arbeitsentgelt, ist das Istentgelt um den Betrag zu erhöhen, um den das Arbeitsentgelt aus diesen Gründen gemindert ist. Arbeitsentgelt, das unter An-

rechnung des Kurzarbeitergeldes gezahlt wird, bleibt bei der Berechnung des Istentgelts außer Betracht.

(3) Erzielt der Arbeitnehmer für Zeiten des Arbeitsausfalls ein Entgelt aus einer anderen während des Bezuges von Kurzarbeitergeld aufgenommenen Beschäftigung, selbstständigen Tätigkeit oder Tätigkeit als mithelfender Familienangehöriger, ist das Istentgelt um dieses Entgelt zu erhöhen.

(4) Lässt sich das Sollentgelt eines Arbeitnehmers in dem Anspruchszeitraum nicht hinreichend bestimmt feststellen, ist als Sollentgelt das Arbeitsentgelt maßgebend, das der Arbeitnehmer in den letzten drei abgerechneten Kalendermonaten vor Beginn des Arbeitsausfalls, vermindert um Entgelt für Mehrarbeit, in dem Betrieb durchschnittlich erzielt hat. Ist eine Berechnung nach Satz 1 nicht möglich, ist das durchschnittliche Sollentgelt eines vergleichbaren Arbeitnehmers zugrunde zu legen. Änderungen der Grundlage für die Berechnung des Arbeitsentgelts sind zu berücksichtigen, wenn und solange sie auch während des Arbeitsausfalls wirksam sind.

(5) Die Absätze 1 bis 4 gelten für Heimarbeiter mit der Maßgabe, dass als Sollentgelt das durchschnittliche Bruttoarbeitsentgelt der letzten sechs abgerechneten Kalendermonate vor Beginn des Entgeltausfalls zugrunde zu legen ist. War der Heimarbeiter noch nicht sechs Kalendermonate für den Auftraggeber tätig, so ist das in der kürzeren Zeit erzielte Arbeitsentgelt maßgebend.

§ 180 SGB III
Anwendung anderer Vorschriften

Die Vorschriften über das Ruhen des Anspruchs auf Arbeitslosengeld bei Sperrzeiten, bei Meldeversäumnis und Zusammentreffen mit anderen Sozialleistungen gelten für den Anspruch auf Kurzarbeitergeld entsprechend. Die Vorschriften über das Ruhen des Anspruchs bei Zusammentreffen mit anderen Sozialleistungen gelten jedoch nur für die Fälle, in denen eine Altersrente als Vollrente zuerkannt ist.

§ 182 SGB III
Verordnungsermächtigung

Das Bundesministerium für Arbeit und Sozialordnung wird ermächtigt, durch Rechtsverordnung

1. jeweils für ein Kalenderjahr die für die Berechnung des Kurzarbeitergeldes maßgeblichen pauschalierten monatlichen Nettoarbeitsentgelte festzulegen,

2. weggefallen

3. die Bezugsfrist für das Kurzarbeitergeld über die gesetzliche Bezugsfrist hinaus

a) bis zur Dauer von zwölf Monaten zu verlängern, wenn in bestimmten Wirtschaftszweigen oder Bezirken außergewöhnliche Verhältnisse auf dem Arbeitsmarkt vorliegen und

b) bis zur Dauer von 24 Monaten zu verlängern, wenn außergewöhnliche Verhältnisse auf dem gesamten Arbeitsmarkt vorliegen.

§ 216b SGB III
Transferkurzarbeitergeld

(1) Zur Vermeidung von Entlassungen und zur Verbesserung ihrer Vermittlungsaussichten haben Arbeitnehmer Anspruch auf Kurzarbeitergeld zur Förderung der Eingliederung bei betrieblichen Restrukturierungen (Transferkurzarbeitergeld), wenn

1. und solange sie von einem dauerhaften unvermeidbaren Arbeitsausfall mit Entgeltausfall betroffen sind,

2. die betrieblichen Voraussetzungen erfüllt sind,

3. die persönlichen Voraussetzungen erfüllt sind und

4. der dauerhafte Arbeitsausfall der Agentur für Arbeit angezeigt worden ist.

(2) Ein dauerhafter Arbeitsausfall liegt vor, wenn infolge einer Betriebsänderung im Sinne des § 216a Abs. 1 Satz 3 die Beschäftigungsmöglichkeiten für die Arbeitnehmer nicht nur vorübergehend entfallen.

(3) Die betrieblichen Voraussetzungen für die Gewährung von Transferkurzarbeitergeld sind erfüllt, wenn

1. in einem Betrieb Personalanpassungsmaßnahmen aufgrund einer Betriebsänderung durchgeführt und

2. die von Arbeitsausfall betroffenen Arbeitnehmer zur Vermeidung von Entlassungen und zur Verbesserung ihrer Eingliederungschancen in einer betriebsorganisatorisch eigenständigen Einheit zusammengefasst werden.

(4) Die persönlichen Voraussetzungen sind erfüllt, wenn der Arbeitnehmer

1. von Arbeitslosigkeit bedroht ist,

2. nach Beginn des Arbeitsausfalls eine versicherungspflichtige Beschäftigung

a) fortsetzt oder

b) im Anschluss an die Beendigung eines Berufsausbildungsverhältnisses aufnimmt,

3. nicht vom Kurzarbeitergeldbezug ausgeschlossen ist und

4. vor der Überleitung in die betriebsorganisatorisch eigenständige Einheit aus Anlass der Betriebsänderung an einer arbeitsmarktlich zweckmäßigen Maßnahme zur Feststellung der Eingliederungsaussichten teilgenommen hat; können in berechtigten Ausnahmefällen trotz Mithilfe der Agentur für Arbeit die notwendigen Feststellungsmaßnahmen nicht rechtzeitig durchgeführt werden, sind diese im unmittelbaren Anschluss an die Überleitung innerhalb eines Monats nachzuholen.

§ 172 Abs. 1a bis 3 gilt entsprechend.

(5) Für die Anzeige des Arbeitsausfalls gilt § 173 Abs. 1, 2 Satz 1 und Abs. 3 entsprechend. Die Anzeige über den Arbeitsausfall hat bei der Agentur für Arbeit zu erfolgen, in deren Bezirk der Personalabgebende Betrieb seinen Sitz hat. § 216a Abs. 4 gilt entsprechend.

(6) Während des Bezugs von Transferkurzarbeitergeld hat der Arbeitgeber den geförderten Arbeitnehmern Vermittlungsvorschläge zu unterbreiten. Hat die Maßnahme zur Feststellung der Eingliederungsaussichten ergeben, dass Arbeitnehmer Qualifizierungsdefizite aufweisen, soll der Arbeitgeber geeignete Maßnahmen zur Verbesserung der Eingliederungsaussichten anbieten. Als geeignete Maßnahme gilt auch eine zeitlich begrenzte, längstens sechs Monate dauernde Beschäftigung zum Zwecke der Qualifizierung bei einem anderen Arbeitgeber. Nimmt der Arbeitnehmer während seiner Beschäftigung in einer betriebsorganisatorisch eigenständigen Einheit an einer Qualifizierungsmaßnahme teil, die das Ziel der anschließenden Beschäftigung bei einem anderen Arbeitgeber hat, steht bei Nichterreichung dieses Zieles die Rückkehr des Arbeitnehmers in den bisherigen Betrieb seinem Anspruch auf Transferkurzarbeitergeld nicht entgegen.

(7) Der Anspruch ist ausgeschlossen, wenn die Arbeitnehmer nur vorübergehend in der betriebsorganisatorisch eigenständigen Einheit zusammengefasst werden, um anschließend einen anderen Arbeitsplatz in dem gleichen oder einem anderen Betrieb des Unternehmens oder, falls das Unternehmen einem Konzern angehört, in einem Betrieb eines anderen Konzernunternehmens des Konzerns zu besetzen. § 216a Abs. 3 Satz 3 gilt entsprechend.

(8) Die Bezugsfrist für das Transferkurzarbeitergeld beträgt längstens zwölf Monate.

(9) Der Arbeitgeber hat der Agentur für Arbeit jeweils zum Stichtag 30. Juni und 31. Dezember eines Jahres unverzüglich Daten über die Struktur der betriebsorganisatorisch eigenständigen Einheit, die Zahl der darin zusam-

mengefassten Arbeitnehmer sowie Angaben über die Altersstruktur und die Integrationsquote der Bezieher von Transferkurzarbeitergeld zuzuleiten.

(10) Soweit nichts Abweichendes geregelt ist, finden die für das Kurzarbeitergeld geltenden Vorschriften mit Ausnahme der ersten beiden Titel und des § 182 Nr. 3 Anwendung.

§ 7 SGB IV
Beschäftigung

(1) Beschäftigung ist die nichtselbstständige Arbeit, insbesondere in einem Arbeitsverhältnis. Anhaltspunkte für eine Beschäftigung sind eine Tätigkeit nach Weisungen und eine Eingliederung in die Arbeitsorganisation des Weisungsgebers.

(1a) Ist für Zeiten einer Freistellung von der Arbeitsleistung Arbeitsentgelt fällig, das mit einer vor oder nach diesen Zeiten erbrachten Arbeitsleistung erzielt wird (Wertguthaben), besteht während der Freistellung eine Beschäftigung gegen Arbeitsentgelt, wenn

1. die Freistellung aufgrund einer schriftlichen Vereinbarung erfolgt und
2. die Höhe des für die Zeit der Freistellung und des für die vorausgegangenen zwölf Kalendermonate monatlich fälligen Arbeitsentgelts nicht unangemessen voneinander abweichen und diese Arbeitsentgelte 400,00 € übersteigen.

Beginnt ein Beschäftigungsverhältnis mit einer Zeit der Freistellung, gilt Satz 1 Nr. 2 mit der Maßgabe, dass die Höhe des für die Zeit der Freistellung und des für die Zeit der Arbeitsleistung, mit der das Arbeitsentgelt später erzielt werden soll, monatlich fälligen Arbeitsentgelts nicht unangemessen voneinander abweichen darf und diese Arbeitsentgelte 400,00 € übersteigen müssen. Eine Beschäftigung gegen Arbeitsentgelt besteht während der Zeit der Freistellung auch, wenn die Arbeitsleistung, mit der das Arbeitsentgelt später erzielt werden soll, wegen einer im Zeitpunkt der Vereinbarung nicht vorhersehbaren vorzeitigen Beendigung des Beschäftigungsverhältnisses nicht mehr erbracht werden kann. Die Vertragsparteien können beim Abschluss der Vereinbarung nur für den Fall, dass Wertguthaben wegen der Beendigung der Beschäftigung aufgrund verminderter Erwerbsfähigkeit, des Erreichens einer Altersgrenze, zu der eine Rente wegen Alters beansprucht werden kann, oder des Todes des Beschäftigten nicht mehr Zeiten einer Freistellung von der Arbeitsleistung verwendet werden können, einen anderen Verwendungszweck vereinbaren. Die Sätze 1 bis 4 gelten nicht für Beschäftigte, auf die Wertguthaben übertragen werden. Bis zur Herstellung einheitlicher Einkommensverhältnisse im Inland werden Wertguthaben, die durch Arbeitsleistung im Beitrittsgebiet erzielt werden, getrennt erfasst; sind für die

Beitrags- oder Leistungsberechnung im Beitrittsgebiet und im übrigen Bundesgebiet unterschiedliche Werte vorgeschrieben, sind die Werte maßgebend, die für den Teil des Inlandes gelten, in dem das Wertguthaben erzielt worden ist.

(1b) Die Möglichkeit eines Arbeitnehmers zur Vereinbarung flexibler Arbeitszeiten gilt nicht als eine die Kündigung des Arbeitsverhältnisses durch den Arbeitgeber begründende Tatsache im Sinne des § 1 Abs. 2 Satz 1 des Kündigungsschutzgesetzes.

(2) Als Beschäftigung gilt auch der Erwerb beruflicher Kenntnisse, Fertigkeiten oder Erfahrungen im Rahmen betrieblicher Berufsbildung.

(3) Eine Beschäftigung gegen Arbeitsentgelt gilt als fortbestehend, solange das Beschäftigungsverhältnis ohne Anspruch auf Arbeitsentgelt fortdauert, jedoch nicht länger als einen Monat. Satz 1 gilt nicht, wenn Krankengeld, Verletztengeld, Versorgungskrankengeld, Übergangsgeld oder Mutterschaftsgeld oder nach gesetzlichen Vorschriften Erziehungsgeld bezogen oder Elternzeit in Anspruch genommen oder Wehrdienst oder Zivildienst geleistet wird.

§ 8 SGB IV
Geringfügige Beschäftigung und geringfügige selbständige Tätigkeit

(1) Eine geringfügige Beschäftigung liegt vor, wenn

1. die Beschäftigung regelmäßig weniger als fünfzehn Stunden in der Woche ausgeübt wird und das Arbeitsentgelt regelmäßig im Monat 400,00 Euro nicht übersteigt,

2. die Beschäftigung innerhalb eines Jahres seit ihrem Beginn auf längstens zwei Monate oder fünfzig Arbeitstage nach ihrer Eigenart begrenzt zu sein pflegt oder im voraus vertraglich begrenzt ist, es sei denn, dass die Beschäftigung berufsmäßig ausgeübt wird und ihr Entgelt 400,00 Euro im Monat übersteigt.

(2) Bei der Anwendung des Absatzes 1 sind mehrere geringfügige Beschäftigungen nach Nummer 1 oder Nummer 2 sowie geringfügige Beschäftigungen nach Nummer 1 und nicht geringfügige Beschäftigungen zusammenzurechnen. Eine geringfügige Beschäftigung liegt nicht mehr vor, sobald die Voraussetzungen des Absatzes 1 entfallen.

(3) Die Absätze 1 und 2 gelten entsprechend, soweit anstelle einer Beschäftigung eine selbständige Tätigkeit ausgeübt wird. Dies gilt nicht für das Recht der Arbeitsförderung.

§ 14 Abs. 1,2 SGB IV
Arbeitsentgelt

(1) Arbeitsentgelt sind alle laufenden oder einmaligen Einnahmen aus einer Beschäftigung, gleichgültig, ob ein Rechtsanspruch auf die Einnahmen besteht, unter welcher Bezeichnung oder in welcher Form sie geleistet werden und ob sie unmittelbar aus der Beschäftigung oder im Zusammenhang mit ihr erzielt werden. Steuerfreie Aufwandsentschädigungen gelten nicht als Arbeitsentgelt.

(2) Ist ein Nettoarbeitsentgelt vereinbart, gelten als Arbeitsentgelt die Einnahmen des Beschäftigten einschließlich der darauf entfallenden Steuern und der seinem gesetzlichen Anteil entsprechenden Beiträge zur Sozialversicherung und zur Arbeitsförderung.

§ 17 SGB IV
Verordnungsermächtigung

(1) Die Bundesregierung wird ermächtigt, durch Rechtsverordnung mit Zustimmung des Bundesrates zur Wahrung der Belange der Sozialversicherung und der Arbeitsförderung, insbesondere zur Vereinfachung des Beitragseinzugs, zu bestimmen,

1. dass einmalige Einnahmen oder laufende Zulagen, Zuschläge, Zuschüsse oder ähnliche Einnahmen, die zusätzlich zu Löhnen oder Gehältern gewährt werden, ganz oder teilweise nicht dem Arbeitsentgelt zuzurechnen sind,
2. wie das Arbeitsentgelt, das Arbeitseinkommen und das Gesamteinkommen zu ermitteln und zeitlich zuzurechnen sind,
3. den Wert der Sachbezüge nach dem tatsächlichen Verkehrswert im Voraus für jedes Kalenderjahr.

Dabei ist eine möglichst weitgehende Übereinstimmung mit den Regelungen des Steuerrechts sicherzustellen.

(2) Der Bundesminister für Arbeit und Sozialordnung bestimmt im Voraus für jedes Kalenderjahr durch Rechtsverordnung mit Zustimmung des Bundesrates die Bezugsgröße (§ 18). Der Bundesminister für Arbeit und Sozialordnung wird ermächtigt, durch Rechtsverordnung mit Zustimmung des Bundesrates auch sonstige aus der Bezugsgröße abzuleitende Beträge zu bestimmen.

§ 18 SGB IV
Bezugsgröße

(1) Bezugsgröße im Sinne der Vorschriften für die Sozialversicherung ist, soweit in den besonderen Vorschriften für die einzelnen Versicherungszweige

nichts Abweichendes bestimmt ist, das Durchschnittsentgelt der gesetzlichen Rentenversicherung im vorvergangenen Kalenderjahr, aufgerundet auf den nächst höheren, durch achthundertvierzig teilbaren Betrag.

(2) Die Bezugsgröße für das Beitrittsgebiet (Bezugsgröße (Ost)) verändert sich zum 1. Januar eines jeden Kalenderjahres auf den Wert, der sich ergibt, wenn der für das vorvergangene Kalenderjahr geltende Wert der Anlage 1 zum Sechsten Buch Sozialgesetzbuch durch den für dieses Kalenderjahr bestimmten vorläufigen Wert der Anlage 10 zum Sechsten Buch Sozialgesetzbuch geteilt wird, aufgerundet auf den nächst höheren, durch achthundertvierzig teilbaren Betrag.

(3) Beitrittsgebiet ist das in Artikel 3 des Einigungsvertrages genannte Gebiet.

§ 5 SGB V
Versicherungspflicht
(Auszug)

(1) Versicherungspflichtig sind

1. Arbeiter, Angestellte und zu ihrer Berufsausbildung Beschäftigte, die gegen Arbeitsentgelt beschäftigt sind,

2. Personen in der Zeit, für die sie Arbeitslosengeld oder Unterhaltsgeld nach dem Dritten Buch beziehen oder nur deshalb nicht beziehen, weil der Anspruch ab Beginn des zweiten Monats bis zur zwölften Woche einer Sperrzeit (§ 144 des Dritten Buches) oder ab Beginn des zweiten Monats wegen einer Urlaubsabgeltung (§ 143 Abs. 2 des Dritten Buches) ruht; dies gilt auch, wenn die Entscheidung, die zum Bezug der Leistung geführt hat, rückwirkend aufgehoben oder die Leistung zurückgefordert oder zurückgezahlt worden ist.

.
.
.
.
.

(3) Als gegen Arbeitsentgelt beschäftigte Arbeiter und Angestellte im Sinne des Absatzes 1 Nr. 1 gelten Bezieher von Vorruhestandsgeld, wenn sie unmittelbar vor Bezug des Vorruhestandsgeldes versicherungspflichtig waren und das Vorruhestandsgeld mindestens in Höhe von 65 vom Hundert des Bruttoarbeitsentgelts im Sinne des § 3 Abs. 2 des Vorruhestandsgesetzes gezahlt wird.

§ 9 SGB V
Freiwillige Versicherung
(Auszug)

(1) Der Versicherung können beitreten

1. Personen, die als Mitglieder aus der Versicherungspflicht ausgeschieden sind und in den letzten fünf Jahren vor dem Ausscheiden mindestens vierundzwanzig Monate oder unmittelbar vor dem Ausscheiden ununterbrochen mindestens zwölf Monate versichert waren; Zeiten der Mitgliedschaft nach § 189 und Zeiten, in denen eine Versicherung allein deshalb bestanden hat, weil Arbeitslosengeld II zu Unrecht bezogen wurde, werden nicht berücksichtigt,

2. Personen, deren Versicherung nach § 10 erlischt oder nur deswegen nicht besteht, weil die Voraussetzungen des § 10 Abs.3 vorliegen ………,

3. Personen, die erstmals eine Beschäftigung aufnehmen und nach § 6 Abs. 1 Nr. 1 versicherungsfrei sind ………,

5. Arbeitnehmer, deren Mitgliedschaft durch Beschäftigung im Ausland endete, wenn sie innerhalb von zwei Monaten nach Rückkehr in das Inland wieder eine Beschäftigung aufnehmen.

(2) Der Beitritt ist der Krankenkasse innerhalb von drei Monaten anzuzeigen,

1. im Falle des Absatzes 1 Nr. 1 nach Beendigung der Mitgliedschaft,

2. im Falle des Absatzes 1 Nr. 2 nach Beendigung der Versicherung oder nach Geburt des Kindes,

3. im Falle des Absatzes 1 Nr. 3 nach Aufnahme der Beschäftigung,

5. im Falle des Absatzes 1 Nr. 5 nach Rückkehr in das Inland.

§ 19 SGB V
Erlöschen des Leistungsanspruchs

(1) Der Anspruch auf Leistungen erlischt mit dem Ende der Mitgliedschaft, soweit in diesem Gesetzbuch nichts Abweichendes bestimmt ist.

(2) Endet die Mitgliedschaft Versicherungspflichtiger, besteht Anspruch auf Leistungen längstens für einen Monat nach dem Ende der Mitgliedschaft, solange keine Erwerbstätigkeit ausgeübt wird.

(3) Endet die Mitgliedschaft durch Tod, erhalten die nach § 10 versicherten Angehörigen Leistungen längstens für einen Monat nach dem Tode des Mitglieds.

§ 47b SGB V
Höhe und Berechnung des Krankengeldes bei Beziehern von Arbeitslosengeld, Unterhaltsgeld oder Kurzarbeitergeld

(1) Das Krankengeld für Versicherte nach § 5 Abs. 1 Nr. 2 wird in Höhe des Betrages des Arbeitslosengeldes oder des Unterhaltsgeldes gewährt, den der Versicherte zuletzt bezogen hat. Das Krankengeld wird vom ersten Tage der Arbeitsunfähigkeit an gewährt.

(2) Ändern sich während des Bezuges von Krankengeld die für den Anspruch auf Arbeitslosengeld oder Unterhaltsgeld maßgeblichen Verhältnisse des Versicherten, so ist auf Antrag des Versicherten als Krankengeld derjenige Betrag zu gewähren, den der Versicherte als Arbeitslosengeld oder Unterhaltsgeld erhalten würde, wenn er nicht erkrankt wäre. Änderungen, die zu einer Erhöhung des Krankengeldes um weniger als zehn vom Hundert führen würden, werden nicht berücksichtigt.

(3) Für Versicherte, die während des Bezuges von Kurzarbeitergeld arbeitsunfähig erkranken, wird das Krankengeld nach dem regelmäßigen Arbeitsentgelt, das zuletzt vor Eintritt des Arbeitsausfalls erzielt wurde (Regelentgelt), berechnet.

(4) Für Versicherte, die arbeitsunfähig erkranken, bevor in ihrem Betrieb die Voraussetzungen für den Bezug von Kurzarbeitergeld nach dem Dritten Buch erfüllt sind, wird, solange Anspruch auf Fortzahlung des Arbeitsentgelts im Krankheitsfalle besteht, neben dem Arbeitsentgelt als Krankengeld der Betrag des Kurzarbeitergeldes gewährt, den der Versicherte erhielte, wenn er nicht arbeitsunfähig wäre. Der Arbeitgeber hat das Krankengeld kostenlos zu errechnen und auszuzahlen. Der Arbeitnehmer hat die erforderlichen Angaben zu machen.

(5) Bei der Ermittlung der Bemessungsgrundlage für die Leistungen der gesetzlichen Krankenversicherung ist von dem Arbeitsentgelt auszugehen, das bei der Bemessung der Beiträge zur gesetzlichen Krankenversicherung zugrunde gelegt wurde.

(6) In den Fällen des § 232 a Abs. 3 wird das Krankengeld abweichend von Absatz 3 nach dem Arbeitsentgelt unter Hinzurechnung des Winterausfallgeldes berechnet. Die Absätze 4 und 5 gelten entsprechend.

§ 186 Abs. 2a SGB V
Beginn der Mitgliedschaft Versicherungspflichtiger

(2a) Die Mitgliedschaft der Bezieher von Arbeitslosengeld II nach dem Zweiten Buch und Arbeitslosengeld oder Unterhaltsgeld nach dem Dritten Buch beginnt mit dem Tag, von dem an die Leistung bezogen wird.

§ 192 SGB V
Fortbestehen der Mitgliedschaft Versicherungspflichtiger

(1) Die Mitgliedschaft Versicherungspflichtiger bleibt erhalten, solange

1. sie sich in einem rechtmäßigen Arbeitskampf befinden,
2. Anspruch auf Krankengeld oder Mutterschaftsgeld besteht oder eine dieser Leistungen oder nach gesetzlichen Vorschriften Erziehungsgeld bezogen oder Elternzeit in Anspruch genommen wird,
3. von einem Rehabilitationsträger während einer Leistung zur medizinischen Rehabilitation Verletztengeld, Versorgungskrankengeld oder Übergangsgeld gezahlt wird oder
4. Kurzarbeitergeld nach dem SGB III bezogen wird.

(2) Während der Schwangerschaft bleibt die Mitgliedschaft Versicherungspflichtiger auch erhalten, wenn das Beschäftigungsverhältnis vom Arbeitgeber zulässig aufgelöst oder das Mitglied unter Wegfall des Arbeitsentgelts beurlaubt worden ist, es sei denn, es besteht eine Mitgliedschaft nach anderen Vorschriften.

§ 232a SGB V
Beitragspflichtige Einnahmen der Bezieher von Arbeitslosengeld, Unterhaltsgeld oder Kurzarbeitergeld

(1) Als beitragspflichtige Einnahmen gelten

1. bei Personen, die Arbeitslosengeld oder Unterhaltsgeld nach dem Dritten Buch beziehen, 80 vom Hundert des der Leistung zugrunde liegenden, durch sieben geteilten wöchentlichen Arbeitsentgelts nach § 226 Abs. 1 Satz 1 Nr. 1, soweit es ein Dreihundertsechzigstel der Jahresarbeitsentgeltgrenze nach § 6 Abs. 7 nicht übersteigt; 80 vom Hundert des beitragspflichtigen Arbeitsentgelts aus einem nicht geringfügigen Beschäftigungsverhältnis sind abzuziehen,
2. bei Personen, die Arbeitslosengeld II beziehen, der dreißigste Teil des 0,3450-fachen der monatlichen Bezugsgröße; in Fällen, in denen diese Personen weitere beitragspflichtige Einnahmen haben, wird der Zahlbetrag des Arbeitslosengeldes II für die Beitragsbemessung diesen beitragspflichtigen Einnahmen mit der Maßgabe hinzugerechnet, dass als beitragspflichtige Einnahmen insgesamt der in diesem Satz genannte Teil der Bezugsgröße gilt.

Die Festlegung der beitragspflichtigen Einnahmen von Personen, die Arbeitslosengeld II beziehen, wird jeweils bis zum 30. September, erstmals bis zum 30. September 2007, für den gesamten Zeitraum der zweiten Hälfte des Vorjahres und der ersten Hälfte des laufenden Jahres im Vergleich zum Zeitraum vom 1. Juli 2005 bis zum 30. Juni 2006 überprüft. Unterschreiten die Beitragsmehreinnahmen der Krankenkassen aus der Erhöhung des pauschalen Krankenversicherungsbeitrags für geringfügig Beschäftigte im gewerblichen Bereich (§ 249b) in dem in Satz 1 genannten Zeitraum den Betrag von 170 Millionen Euro im Vergleich zum Zeitraum 1. Juli 2005 bis 30. Juni 2006, haben die Krankenkassen gegen den Bund einen entsprechenden Ausgleichsanspruch, der jeweils bis zum Ende des Jahres, in dem die Festlegung durchgeführt wird, abzuwickeln ist. Die Spitzenverbände der Krankenkassen und das Bundesversicherungsamt regeln im Einvernehmen mit dem Bundesministerium für Arbeit und Soziales, dem Bundesministerium für Gesundheit sowie dem Bundesministerium der Finanzen das Nähere über die Höhe des Ausgleichsanspruchs und dessen Verteilung an die Krankenkassen. Dabei ist die Veränderung der Anzahl der geringfügig Beschäftigten zu berücksichtigen.

Bei Personen, die Teilarbeitslosengeld oder Teilunterhaltsgeld nach dem Dritten Buch beziehen, ist Satz 1 Nr. 1 zweiter Teilsatz nicht anzuwenden. Ab Beginn des zweiten Monats bis zur zwölften Woche einer Sperrzeit oder ab Beginn des zweiten Monats des Ruhenszeitraumes wegen einer Urlaubsabgeltung gelten die Leistungen als bezogen.

(2) Soweit Kurzarbeitergeld nach dem Dritten Buch gewährt wird, gelten als beitragspflichtige Einnahmen nach § 226 Abs. 1 Satz 1 Nr. 1 80 vom Hundert des Unterschiedsbetrages zwischen dem Sollentgelt und dem Istentgelt nach § 179 des Dritten Buches.

(3) § 226 gilt entsprechend.

§ 249 SGB V
Tragung der Beiträge bei versicherungspflichtiger Beschäftigung

(1) Die nach § 5 Abs. 1 Nr. 1 versicherungspflichtig Beschäftigten und ihre Arbeitgeber tragen die nach dem Arbeitsentgelt zu bemessenden Beiträge jeweils zur Hälfte; den zusätzlichen Beitragssatz trägt der versicherungspflichtige Beschäftigte allein.

(2) Der Arbeitgeber trägt den Beitrag allein für Beschäftigte, soweit Beiträge für Kurzarbeitergeld zu zahlen sind.

(3) weggefallen.

(4) Abweichend von Absatz 1 werden die Beiträge bei versicherungspflichtig Beschäftigten mit einem monatlichen Arbeitsentgelt innerhalb der Gleitzone nach § 20 Abs. 2 des Vierten Buches vom Arbeitgeber in Höhe der Hälfte des Betrages, der sicher ergibt, wenn der Beitragssatz der Krankenkasse

auf das der Beschäftigung zugrunde liegende Arbeitsentgelt angewendet wird, im Übrigen vom Versicherten getragen.

§ 1 SGB VI
Beschäftigte

Versicherungspflichtig sind

1. Personen, die gegen Arbeitsentgelt oder zu ihrer Berufsausbildung beschäftigt sind; während des Bezuges von Kurzarbeitergeld nach dem SGB III besteht die Versicherungspflicht fort.

.
.
.
.

§ 3 SGB VI
Sonstige Versicherte

Versicherungspflichtig sind Personen in der Zeit,

3. für die sie von einem Leistungsträger Krankengeld, Verletztengeld, Versorgungskrankengeld, Übergangsgeld oder Arbeitslosengeld beziehen, wenn sie im letzten Jahr vor Beginn der Leistung zuletzt versicherungspflichtig waren,

4. für die sie Vorruhestandsgeld beziehen, wenn sie unmittelbar vor Beginn der Leistung versicherungspflichtig waren.

§ 5 Abs. 4 SGB VI
Versicherungsfreiheit

(4) Versicherungsfrei sind Personen, die

1. eine Vollrente wegen Alters beziehen.

.
.
.
.

§ 34 Abs. 1 bis 3 SGB VI
Voraussetzungen für einen Rentenanspruch und Hinzuverdienstgrenze

(1) Versicherte und ihre Hinterbliebenen haben Anspruch auf Rente, wenn die für die jeweilige Rente erforderliche Mindestversicherungszeit (Wartezeit) er-

füllt ist und die jeweiligen besonderen versicherungsrechtlichen und persönlichen Voraussetzungen vorliegen.

(2) Anspruch auf eine Rente wegen Alters besteht vor Erreichen der Altersgrenze nur, wenn die Hinzuverdienstgrenze nicht überschritten wird. Sie wird nicht überschritten, wenn das Arbeitsentgelt oder Arbeitseinkommen aus einer Beschäftigung oder selbstständigen Tätigkeit oder vergleichbares Einkommen im Monat die in Absatz 3 genannten Beträge nicht übersteigt, wobei ein zweimaliges Überschreiten um jeweils einen Betrag bis zur Höhe der Hinzuverdienstgrenze nach Absatz 3 im Laufe eines jeden Kalenderjahres außer Betracht bleibt. Die in Satz 2 genannten Einkünfte werden zusammengerechnet.

Nicht als Arbeitsentgelt gilt das Entgelt, das

1. eine Pflegeperson von dem Pflegebedürftigen erhält, wenn es das dem Umfang der Pflegetätigkeit entsprechende Pflegegeld im Sinne des § 37 des Elften Buches nicht übersteigt, oder

2. ein behinderter Mensch von dem Träger einer in § 1 Satz 1 Nr. 2 genannten Einrichtung erhält.

(3) Die Hinzuverdienstgrenze beträgt

1. bei einer Rente wegen Alters als Vollrente ein Siebtel der monatlichen Bezugsgröße,

2. bei einer Rente wegen Alters als Teilrente von

  a) einem Drittel der Vollrente das 0,25-fache,

  b) der Hälfte der Vollrente das 0,19-fache,

  c) zwei Dritteln der Vollrente das 0,13-fache

der monatlichen Bezugsgröße, vervielfältigt mit der Summe der Entgeltpunkte (§ 66 Abs. 1 Nr. 1 bis 3 SGB VI) der letzten drei Kalenderjahre vor Beginn der ersten Rente wegen Alters, mindestens jedoch mit 1,5 Entgeltpunkten.

§ 42 SGB VI
Vollrente und Teilrente

(1) Versicherte können eine Rente wegen Alters in voller Höhe (Vollrente) der als Teilrente in Anspruch nehmen.

(2) Die Teilrente beträgt ein Drittel, die Hälfte oder zwei Drittel der erreichten Vollrente.

(3) Versicherte, die wegen der beabsichtigten Inanspruchnahme einer Teilrente ihre Arbeitsleistung einschränken wollen, können von ihrem Arbeitgeber verlangen, dass er mit ihnen die Möglichkeiten einer solchen Einschränkung

erörtert. Macht der Versicherte hierzu für seinen Arbeitsbereich Vorschläge, hat der Arbeitgeber zu diesen Vorschlägen Stellung zu nehmen.

§ 168 SGB VI
Beitragstragung bei Beschäftigten
(Auszug)

(1) Die Beiträge werden getragen

.
.
.
.

6. bei Arbeitnehmern, die nach dem Altersteilzeitgesetz Aufstockungsbeträge zum Arbeitsentgelt erhalten, für den sich jeweils nach § 163 Abs. 5 Satz 1 ergebende beitragspflichtige Einnahme von den Arbeitgebern.

7. bei Arbeitnehmern, die nach dem Altersteilzeitgesetz Aufstockungsbeträge zum Krankengeld, Versorgungskrankengeld, Verletztengeld, Übergangsgeld oder Krankentagegeld erhalten, für die sie sich nach § 163 Abs. 5 Satz 2 ergebende beitragspflichtige Einnahme

a) von der Bundesagentur oder, im Fall der Leistungserbringung nach § 10 Abs. 2 Satz 2 des Altersteilzeitgesetzes, von den Arbeitgebern, wenn die Voraussetzungen des § 4 des Altersteilzeitgesetzes vorliegen,

b) von den Arbeitgebern, wenn die Voraussetzungen des § 4 des Altersteilzeitgesetzes nicht vorliegen.

§ 1 SGB IX
Selbstbestimmung und Teilhabe am Leben in der Gesellschaft

Behinderte oder von Behinderung bedrohte Menschen erhalten Leistungen nach diesem Buch und den für die Rehabilitationsträger geltenden Leistungsgesetzen, um ihre Selbstbestimmung und gleichberechtigte Teilhabe am Leben in der Gesellschaft zu fördern, Benachteiligungen zu vermeiden oder ihnen entgegenzuwirken. Dabei wird den besonderen Bedürfnissen behinderter und von Behinderung bedrohter Frauen und Kinder Rechnung getragen.

§ 2 SGB IX
Behinderung

(1) Menschen sind behindert, wenn ihre körperliche Funktion, geistige Fähigkeit oder seelische Gesundheit mit hoher Wahrscheinlichkeit länger als sechs Monate von dem für das Lebensalter typischen Zustand abweichen und daher ihre Teilhabe am Leben in der Gesellschaft beeinträchtigt ist. Sie sind von Behinderung bedroht, wenn die Beeinträchtigung zu erwarten ist.

(2) Menschen sind im Sinne des Teils 2 schwerbehindert, wenn bei ihnen ein Grad der Behinderung von wenigstens 50 vorliegt und sie ihren Wohnsitz, ihren gewöhnlichen Aufenthalt oder ihre Beschäftigung auf einem Arbeitsplatz im Sinne des § 73 rechtmäßig im Geltungsbereich dieses Gesetzbuches haben.

(3) Schwerbehinderte Menschen gleichgestellt werden sollen behinderte Menschen mit einem Grad der Behinderung von weniger als 50, aber wenigstens 30, bei denen die übrigen Voraussetzungen des Absatzes 2 vorliegen, wenn sie infolge ihrer Behinderung ohne die Gleichstellung einen geeigneten Arbeitsplatz im Sinne des § 73 nicht erlangen oder nicht behalten können (gleichgestellte behinderte Menschen).

§ 20 SGB XI
Versicherungspflicht in der sozialen Pflegeversicherung
für Mitglieder der gesetzlichen Krankenversicherung

(1) Versicherungspflichtig in der sozialen Pflegeversicherung sind die versicherungspflichtigen Mitglieder der gesetzlichen Krankenversicherung. Dies sind:

1. Arbeiter, Angestellte und zu ihrer Berufsausbildung Beschäftigte, die gegen Arbeitsentgelt beschäftigt sind; für die Zeit des Bezugs von Kurzarbeiter- oder Winterausfallgeld nach dem Dritten Buch bleibt die Versicherungspflicht unberührt,

2. Personen in der Zeit, für die sie Arbeitslosengeld nach dem Dritten Buch beziehen, auch wenn die Entscheidung, die zum Bezug der Leistung geführt hat, rückwirkend aufgehoben oder die Leistung zurückgefordert oder zurückgezahlt worden ist; ab Beginn des zweiten Monats bis zur zwölften Woche einer Sperrzeit (§ 144 des Dritten Buches) oder ab Beginn des zweiten Monats der Ruhenszeit wegen einer Urlaubsabgeltung (§ 143 Abs. 2 des Dritten Buches) gelten die Leistungen als bezogen.

§ 49 SGB XI
Mitgliedschaft

(1) Die Mitgliedschaft bei einer Pflegekasse beginnt mit dem Tag, an dem die Voraussetzungen des § 20 oder des § 21 vorliegen. Sie endet mit dem Tod des Mitglieds oder mit Ablauf des Tages, an dem die Voraussetzungen des § 20 oder des § 21 entfallen, sofern nicht das Recht zur Weiterversicherung nach § 26 ausgeübt wird.

(2) Für das Fortbestehen der Mitgliedschaft gelten die §§ 189, 192 des Fünften Buches sowie § 25 des Zweiten Gesetzes über die Krankenversicherung der Landwirte entsprechend.

(3) Die Mitgliedschaft freiwillig Versicherter nach den §§ 26 und 26a endet:

1. mit dem Tod des Mitglieds oder

2. mit Ablauf des übernächsten Kalendermonats, gerechnet von dem Monat, in dem das Mitglied den Austritt erklärt, wenn die Satzung nicht einen früheren Zeitpunkt bestimmt.

Die Mitgliedschaft der freiwillig Versicherten endet darüber hinaus mit Ablauf des nächsten Zahltages, wenn für zwei Monate die fälligen Beiträge trotz Hinweises auf die Folgen nicht entrichtet wurden.

§ 55 SGB XI
Beitragssatz, Beitragsbemessungsgrenze

(1) Der Beitragssatz beträgt in der Zeit vom 1. Januar 1995 bis zum 30. Juni 1996 bundeseinheitlich 1 vom Hundert, in der Zeit ab 1. Juli 1996 bundeseinheitlich 1,7 vom Hundert der beitragspflichtigen Einnahmen der Mitglieder; er wird durch Gesetz festgesetzt. Für Personen, bei denen § 28 Abs. 2 Anwendung findet, beträgt der Beitragssatz die Hälfte des Beitragssatzes nach Satz 1.

(2) Beitragspflichtige Einnahmen sind bis zu einem Betrag von 1/360 der in § 6 Abs. 7 des Fünften Buches festgelegten Jahresarbeitsentgeltgrenze für den Kalendertag zu berücksichtigen (Beitragsbemessungsgrenze).

§ 57 SGB XI
Beitragspflichtige Einnahmen

(1) Bei Mitgliedern der Pflegekasse, die in der gesetzlichen Krankenversicherung pflichtversichert sind, gelten für die Beitragsbemessung die §§ 226 bis 238 und § 244 des SGB IV sowie die §§ 23a und 23b Abs. 2 bis 4 des SGB IV. Bei Personen, die Arbeitslosengeld II beziehen, ist abweichend

von § 232a Abs. 1 Satz 1 Nr. 2 SGB V der 30. Teil des 0,3620-fachen der monatlichen Bezugsgröße zugrunde zu legen.

Stichwortverzeichnis

A

Abfindungen
- Altersteilzeit • 48, 104
- Anrechnung auf Arbeitslosengeld • 196
- Ansprüche • 26, 34
- Beiträge • 246
- Berechnung • 259, 290
- Steuerrecht • 36, 259 ff.
- Vereinbarung • 48-49

Abgeltung von Urlaub
- Berechnung • 288

Altersregelungsmodelle • 61 ff.
- Altersteilzeit • 66 ff.
- Ausscheiden mit gekürzten Bezügen • 131
- Ausscheiden im beiderseitigen Einvernehmen • 132
- Fortzahlung der Bezüge • 61, 62
- Kündigung mit Abfindung • 132
- Teilzeitarbeit mit Rentenbezug • 118-120
- Transferkurzarbeitergeld • 122-129
- Vorruhestandsleistungen • 133 ff.

Altersrenten
- Allgemeines • 141-143
- Beiträge • 223 ff.
- für Frauen • 172-179
- für langjährig Versicherte • 146-152
- für Schwerbehinderte • 153-160
- nach Altersteilzeitarbeit • 161-172
- Regelaltersrente • 143-145
- wegen Arbeitslosigkeit • 161-172

Altersteilzeitarbeit
- allgemein • 66 ff.
- Arbeitsverträge • 105 ff.
- Beiträge • 237 ff.
- Vereinbarungen • 46-48

Anhörung des Betriebsrates • 53

Anzeigepflicht Entlassungen • 29, 30

Arbeitslosengeld
- Anrechnung von Entlassungsentschädigungen • 196-202
- Berechnung, Höhe, Dauer • 187 ff.
- Nebenbeschäftigung • 195
- Ruhen des Anspruchs • 196 ff.

Arbeitsrecht (allgemein) • 19 ff.

Arbeitsverträge Altersteilzeit • 105 ff.

Aufhebungsvereinbarungen • 23-45

Aufstockungsbeträge bei Altersteilzeitarbeit
- Erfassung in der Entgeltabrechnung • 291
- Leistungen der Bundesagentur für Arbeit • 74 ff.
- Rentenversicherungsbeiträge • 78, 79
- Sozialversicherungsrecht • 237 ff.
- Steuerrecht • 265

Ausgleichszahlungen für Rentenminderungen • 101-104, 182 ff.

381

Ausscheiden
- mit Abfindung • 132
- mit Aufhebungsvertrag • 132 ff.
- mit gek. Bezügen • 131
- mit Kündigung des Arbeitgebers • 132

Auswahlrichtlinien • 57

B

Beendigung des Arbeitsverhältnisses • 22, 33

Beitragsausgleich bei Rentenminderung • 101 ff.

Beitragsrecht
- Abfindung • 246
- Altersrentner • 221 ff.
- Altersteilzeitarbeit • 237 ff.
- Grundsätzliches • 233-235
- Kurzarbeit • 248
- Vorruhestandsleistungen • 246
- Weiterbestehen des Arbeitsverh. • 236
- Wertguthaben • 112-117

Beitragszuschüsse des Arbeitgebers zur KV, PV bei Altersteilzeit • 243-244

Besteuerung
- Abfindungen • 36, 259 ff.
- Arbeitslohn bei Altersteilzeitarbeit • 259, 281
- Aufstockungsbeträge • 265

Beteiligungsrechte des BR • 51

D

Direktversicherung • 279

E

Ersatzeinstellung
- bei Altersteilzeitarbeit • 83 ff.

Erstattungspflicht des Arbeitgebers
- Arbeitsentgelt/Beiträge • 207 ff.

F

Förderfall der BA bei Altersteilzeitarbeit • 83 ff.

Förderleistungen der BA • 83 ff.

Fortzahlung der Bezüge • 61

Freistellung von der Arbeit • 61 ff.

H

Hinzuverdienste
- bei Altersteilzeitarbeit • 68-72
- bei Arbeitslosengeldbezug • 190-191
- bei Rentenbezug • 1146, 153, 157, 161, 173, 181
- Hinzuverdienstgrenzen bei Rentenabzug • 120

I

Interessenausgleich • 57

K

Kranken- und Pflegeversicherungsschutz • 221 ff.

Krankenversicherung der Rentner
• 223 ff.

Pflegeversicherung der Rentner •
229

Kurzarbeit
- allgemein • 122-123
- Beiträge • 248

L

Leistungen der BA
- Altersteilzeitarbeit • 74 ff.
- Arbeitslosengeld • 187 ff.

Lohnkonto • 269

Lohnsteuerbescheinigung • 269

Lohnsteuer-Jahresausgleich • 270

Lohnzahlungszeitraum • 269

M

Meldeverfahren der Sozialvers. •
251 ff.

Mindestleistungen bei Altersteilzeit
• 77 ff.

Mitbestimmungsrechte des Betriebsrates • 51 ff.

Mustervertrag Altersteilzeitarbeit •
105

N

Nebenbeschäftigung

- Altersteilzeitarbeit • 68-72
- Arbeitslosengeldbezug • 190
- Rentenbezug • 146, 153, 157, 161, 173, 181

Neueinstellung
- Altersteilzeitarbeit • 83 ff.

P

Progressionsvorbehalt • 270-273

R

Rechtsvorschriften • 299 ff.

Regelaltersrente • 143-145

Rentenarten
- Allgemeines • 141-143
- Altersrente für Frauen • 173-179
- Altersrente für langjährig Versicherte • 146-152
- Altersrente für unter Tage Beschäftigte • 180
- Altersrente wegen Arbeitslosigkeit, Altersteilzeitarbeit • 161-172
- Regelaltersrente • 143-145
- Schwerbehinderte • 153-160

Rentenrecht
- Bezieher von Arbeitslosengeld • 296
- Grundsätzliches • 295, 297
- Leistungen unter erleichterten Bedingungen • 298

Ruhenszeiten
- Arbeitslosengeld • 195, 196

S

Sozialplan • 57

Sozialversicherungsrecht
- Beitragsrecht • 233 ff.
- Kranken- und Pflegeversicherungsschutz • 221 ff.

Sperrzeiten Arbeitslosengeld • 195 ff.

Steuerrecht
- Abfindungen • 259-265
- allgemein • 259
- Altersteilzeitarbeit • 281, 282
- Aufstockungsbeträge • 265-268
- Direktversicherung • 279-281
- Lohnkonto • 269
- Lohnsteuerbescheinigung • 269
- Lohnsteuer-Jahresausgleich • 270
- Lohnzahlungszeitraum • 269
- Progressionsvorbehalt • 270-273
- Versorgungs-Freibetrag • 273 ff.

T

Teilentgeltberechnung • 283-287

Teilrente • 118 ff.

Teilzeitarbeit
- Altersteilzeitmodell • 66 ff.
- mit Rentenbezug • 118 ff.

Transferkurzarbeitergeld • 122-129

U

Umlageverfahren (U1/U2) • 255-257

Urlaubsbarabgeltung
- Berechnung • 288
- Steuer- und Beitragsrecht • 288

V

Verblockung
- Altersteilzeitarbeit • 75 ff.

Vereinbarungen über Altersteilzeit • 46-48

Versicherungsschutz
- allgemein • 221
- Altersteilzeitarbeit • 98
- Rentenbezug • 223-229
- Sperr- und Ruhenszeiten • 222

Versorgungsbezüge
- Steuerrecht • 273

Versorgungs-Freibetrag • 273

Vertrauensschutz
- Renten • 141 ff.

Vorruhestand
- betriebliche Regelungen • 61 ff.
- Sozialversicherungsrecht • 246, 247

Vorruhestandsgeld
- Beitragsrecht • 246, 247

Vorruhestandsmodelle • 61 ff.

W

Wartezeiten, Renten • 141 ff.

Wertguthaben
- Beiträge zur SV • 112-117
- Einbringung bei Altersteilzeitarbeit • 112-117

Wiederbesetzung bei Altersteilzeit
- Arbeitsplatz • 83, 84

Z

Zuschüsse
- zum Kurzarbeitergeld • 129-131
- zur Kranken- u. Pflegevers. bei Altersteilzeitarbeit • 243, 244

Neuauflage: Kommentar Altersteilzeit

Nimscholz/Oppermann/Ostrowicz
Altersteilzeit
Handbuch für die Personal- und Abrechnungspraxis

6. vollständig überarb. und erw. Auflage 2008 i. V.
ca. 600 Seiten
Hardcover
ca. € 69,-
ISBN 978-3-89577-485-0

- Auswirkungen des neuen Altersvermögensgesetzes
- Umfassende neue Rechtsprechung
- Kommentierung zu Tarifverträgen
- Auslandsentsendung und Altersteilzeit
- Neue Dienstanweisung der Bundesagentur
- Neues Gesetz zur sozialrechtlichen Absicherung flexibler Arbeitszeitregelungen
- Rentenrechtliche Neuerungen und Änderungen
- Vollständige Aktualisierung aller Praxisfälle und umfangreiche Erweiterungen

„Für die tägliche Bearbeitung von Altersteilzeit-Fällen in der Personalabteilung ist diese übersichtliche, gut lesbare Darstellung der Altersteilzeit absolut zu empfehlen."
Der ARBEITGEBER

DATAKONTEXT

Tel. 02234/96610-0 · Fax 02234/9 6610-9 · www.datakontext.com · bestellung@datakontext.com

Betriebliche Altersversorgung

Thomas Fromme
Das Einmaleins der bAV-Praxis
1. Auflage 2008
167 Seiten
Paperback – DIN A4
€ 29,80
ISBN 978-3-89577-498-0

Auf aktuellem Rechtsstand erklärt dieser Ratgeber anschaulich die verschiedenen Formen betrieblicher Altersversorgung. Insbesondere werden die Auswirkungen auf die Personalarbeit und Entgeltabrechnung unter Berücksichtigung des Arbeits-, Lohnsteuer- und Sozialversicherungsrechts ausführlich dargestellt. Die Erläuterungen führen sicher durch den Dschungel von Vorschriften und die Vielfalt der Möglichkeiten. Zahlreiche Beispiele und Tabellen machen diesen Ratgeber zu einem unentbehrlichen Helfer in der betrieblichen Praxis. Durch die zusätzliche Darstellung der Möglichkeiten privater Altersvorsorge und deren steuerrechtlichen Besonderheiten ist es auch eine gute Basis für die Beratung und Entscheidungsfindung.

DATAKONTEXT

Tel. 02234/96610-0 · Fax 02234/9 6610-9 · www.datakontext.com · bestellung@datakontext.com

Rechtssicher Archivieren

Peter Pulte
Aufbewahrungsnormen und -fristen im Personalbereich

7. überarbeitete und erweiterte Auflage 2007
348 Seiten – Paperback
€ 49,-
ISBN 978-3-89577-460-7

Im Personalbereich muss jedes Unternehmen mit zahlreichen Schriftstücken, Dateien und sonstigen Unterlagen arbeiten, ohne die ein ordnungsgemäßer Betriebsablauf nicht möglich wäre.

Die 7. überarbeitete und erweiterte Auflage dieses Ratgebers und Nachschlagewerkes schafft Übersicht und Transparenz in der hier anzutreffenden Regelungsdichte.

Der Hauptteil des Buches enthält eine alphabetisch lexikalische Übersicht der aufzubewahrenden Urkunden, den Aufbewahrungsgrund und die Rechtsgrundlage.

Neu in das Buch aufgenommen wurden:
- Auszug zum SignaturGesetz.
- Die Beitragsüberwachungsverordnung wurde ersetzt durch die Beitragsverfahrensverordnung.
- Neue Gefahrstoff-Verordnung: Mit dieser Verordnung werden drei EG-Richtlinien zum Arbeitsschutz (Richtlinien 98/24/EG, 99/38/EG und 2003/18/EG) in nationales Recht umgesetzt.
- Aufgrund der zum 01.01.2005 in Kraft getretenen neuen GefStoffV, BioStoffV und GenTSV sind von diesen Verordnungen inhaltlich abweichende Bestimmungen zur arbeitsmedizinischen Vorsorge in der BGV A 4 zu ändern.

Außer Kraft gesetzt sind: BGV A 5 (Erste Hilfe), BGV B 12 (Biologische Arbeitsstoffe), BGV B1 (Umgang mit Gefahrstoffen), BGV C 4 (Biotechnologie).

„Das Werk ist jedem zu empfehlen, der sich mit Aufbewahrungsnormen und -fristen im Personalbereich zu beschäftigen hat."
Zeitschrift für Sozialversicherung

DATAKONTEXT

Tel. 02234/96610-0 · Fax 02234/9 6610-9 · www.datakontext.com · bestellung@datakontext.com